LES HABITUÉS

DES PRISONS DE PARIS

LES HABITUÉS

DES

PRISONS DE PARIS

ETUDE

D'ANTHROPOLOGIE & DE PSYCHOLOGIE CRIMINÉLLES

Par le D' Emile LAURENT

Ancien interne à l'Infirmerie centrale des Prisons de Paris

70 figures dans le texte, 14 portraits en phototypie, planches et graphiques en couleurs

Préface de M. le D' A. LACASSAGNE

Professeur de médecine légale à la Faculté de Lyon

LYON	PARIS
A. STORCK, Éditeur	G. MASSON, Éditeur
78, rue de l'Hôtel-de-Ville	120, boulevard St-Germain

1890

A M. LACASSAGNE

PROFESSEUR DE MÉDECINE LÉGALE A LA FACULTÉ DE LYON

HOMMAGE

de son très dévoué et très reconnaissant.

D'EMILE LAURENT.

PRÉFACE

Je n'ai pas donné l'idée de ces études à M. le Dr Emile Laurent, mais une heureuse circonstance nous ayant mis en relation, je lui ai conseillé de réunir les nombreux maté-riaux qu'il avait patiemment accumulés. Le livre est fait et je dois le présenter au public.

Ce ne sont pas seulement les hommes de science ou de loi, qui trouveront dans cet ouvrage de précieux renseigne-ments. Nous pensons aussi que le grand public, cette foule composée de gens qui lisent pour s'instruire un peu en s'amusant beaucoup, curieux d'apprendre et désireux de se distraire, pourra trouver quelque plaisir à parcourir ce volume.

On m'a souvent demandé pourquoi l'on s'attache avec tant de passion aux questions relatives aux affaires crimi-nelles : on suit avec avidité l'évolution d'une enquête, les tâtonnements d'une instruction, les débats de la Cour d'assises. Il faut donner une pâture à ce véritable besoin: c'est là l'origine du succès marqué des romans judiciaires et de leur publication indispensable dans la presse populaire.

L'homme a besoin de sensations, il aime à être ému. Cet amour des causes criminelles remplace l'engouement extraordinaire du moyen-âge pour les contes ou fabliaux. Nous sommes plus réalistes, et cependant, comme les enfants, nous aimons les histoires de brigands, les récits qui agissent à la fois sur les sens et le cœur. C'est une vogue comparable à celle qu'eurent pendant cinq siècles les romans de chevalerie.

Ce n'est pas le résultat d'une curiosité malsaine. C'est le fait d'une préoccupation qui se montre dans tous les rangs de la société. Il y a là une question sociale. Nous nous sentons tous unis par des liens de solidarité et l'animalité d'un acte, la monstruosité d'une action nous frappent d'autant plus qu'à notre époque, les mille voix de la presse mettent au courant de tout ce qui se passe et nous donnent la crainte instinctive d'un danger menaçant pour chacun de nous.

Cette sollicitude inquiète est de l'effroi. Le désir de connaître est enfanté par l'instinct de préservation.

Ajoutons aussi que la civilisation nous a rendus bons et que nous nous attachons aux faibles, aux déshérités, aux malheureux. Le petit voleur, l'escroc ordinaire n'intéressent pas plus que des maraudeurs ou des commerçants imbéciles. Mais le grand criminel, par l'atrocité de ses meurtres, le nombre de ses victimes, ses mouvements passionnels, ses combinaisons compliquées, paraît sortir du vulgaire. Il semble qu'il y a là comme des forces perdues, et chacun cherche ce qui a pu ainsi les faire dévoyer. La conscience sociale s'interroge et se demande de quel côté est la responsabilité.

Qu'est-ce donc que le criminel ? Il y a deux écoles en présence : l'école italienne et l'école française.

Les Italiens avec Lombroso font jouer un grand rôle à l'hérédité, à l'atavisme même. Le criminel, disait-on d'abord, est un sauvage égaré dans notre civilisation, un homme des époques préhistoriques, né tout à coup parmi nous avec les instincts et les passions de ces premiers âges. On a ensuite soutenu que le criminel-né était un homme pathologique : chez lui, on constatait plus souvent des dispositions anatomiques ou des particularités que l'on rencontre avec une moindre fréquence chez les honnêtes gens. On a même assimilé le criminel au fou moral à mesure que les progrès de la science dans l'étude des maladies mentales eurent montré l'existence de certaines folies, les folies morales, caractérisées par der troubles dans les sentiments. La folie morale peut être rapprochée de ces formes épileptiques dites larvées dans lesquelles il n'y a pas les manifestations bruyantes du haut-mal ; comme la véritable épilepsie, elle est capable de provoquer tout à coup du délire avec impulsions soudaines, c'est pour cela que Lombroso a définitivement avancé que le criminel-né pouvait bien n'être qu'un épileptique. La criminalité est ainsi devenue une névrose.

Depuis dix ans que nous avons commencé ces études, dans nos travaux, dans ceux de nos élèves. nous nous sommes placé sur un autre terrain. A Rome, au premier Congrès d'Anthropologie criminelle, dans les discussions que nous avons soutenues avec Lombroso, nous avons essayé de prouver qu'il fallait admettre l'existence de deux facteurs : facteur individuel et facteur social; ce dernier étant le plus important. Le facteur individuel n'a qu'une influence tout à fait restreinte. S'il prédomine et si le côté pathologique s'accuse à tel point que son évidence soit manifeste, on a alors affaire a un fou et non à un criminel. C'est la volonté accomplissant un acte et non l'acte lui-même qui fait le crime.

Nous ne croyons pas à ce fatalisme et à cette tare origi-
nelle. On naît prédisposé à la folie, on devient fou. Mais
c'est la société qui fait et prépare les criminels.

Nous croyons, et le livre d'Emile Laurent le montre
clairement, que les criminels présentent un plus grand nombre
d'anomalies ou de défauts physiques et moraux que les
honnêtes gens. Mais on peut trouver chez ces derniers les
mêmes particularités, ce qui prouve bien que ces signes ne
sont pas à eux seuls une caractéristique suffisante de la criminalité. Sans doute, dans l'organisation psychique et physique
du criminel, il y a des anomalies, mais celles-ci proviennent
de l'état social défectueux. S'il est anormal au point
d'être malade, il faut le déclarer irresponsable, et nous
déclarons tel : celui qui, après examen, nous montre des
symptômes physiques et moraux attestant une maladie des
centres nerveux, maladie qui, au moment de l'acte incriminé,
l'a mis dans l'impossibilité d'agir autrement qu'il n'a fait.

Nous naissons avec des aptitudes, des instincts, des passions, mais non avec ce qu'on appelle le « *sens moral* ».
Celui-ci n'a pas de localisation cérébrale proprement dite.
Cette faculté de discerner ce qui est le bien ou le mal dans
une société, d'en apprécier la morale, est un effet et une
conséquence de l'adaptation et de la vie dans ce milieu
social. C'est ainsi que nous acquérons ce sentiment avec ses
qualités et ses défauts, que nous prenons les vertus et les
erreurs du moment, les préjugés mêmes de notre époque.

Tous les modificateurs agissent sur l'état physique,
intellectuel et moral de l'homme. Une collectivité humaine
est une agrégation d'individus dont le système nerveux est
différent et qui n'a pas évolué de la même manière.

Ce sont ces variétés qui constituent les couches sociales.
Comment les distinguer? Ce ne sera pas par la position, la
richesse, l'instruction, mais par les manifestations de leur
existence cérébrale. L'homme aime, pense et agit, de là des
distinctions par la prédominance ou des sentiments, ou de
l'intelligence ou de l'activité.

D'après la localisation qui a été faite de chacune de ces
trois facultés, nous distinguons les couches sociales en
frontales, pariétales, occipitales.

Ces dernières sont les plus nombreuses : elles sont
composées d'instinctifs. Les couches supérieures ou
frontales sont les plus intelligentes. Dans les couches
pariétales, on rencontre surtout les individus d'activité, de
caractère, les impulsifs.

A cette division répondent trois grandes catégories de
criminels : les frontaux, les pariétaux, les occipitaux. C'est
parmi les *criminels de pensée* qu'on rencontre les criminels
aliénés. Le Dʳ Emile Laurent a montré le grand nombre de
ces pathologiques dans les prisons de Paris. Il est en effet
bien certain que le nombre des malades augmente, que celui
des criminels vrais diminue et que grandit ainsi de plus en
plus l'intervention médicale.

Les criminels d'actes sont les criminels par impulsion ou
par occasion. C'est sur eux que peuvent avoir quelque
influence les châtiments et les peines.

Les criminels de sentiments ou d'instincts sont les vrais
criminels, les insociables par l'énergie et la fréquence de
manifestation des instincts les plus égoïstes.

La topographie cérébrale nous a appris que c'est dans ces
trois groupes d'organes cérébraux : la partie occipitale, la

partie frontale, la partie pariétale que résident les sentiments, l'activité, l'intelligence. Mais nous ne savons pas
encore exactement le siège des instincts ou facultés essen-
tielles, primordiales, que l'on constate chez les animaux et
chez l'homme, ainsi que l'a prouvé Gall dans son admirable
livre sur *les fonctions du cerveau et sur celles de chacune de
ses parties*. Plus tard, Auguste Comte, dans ses efforts pour
constituer une *théorie cérébrale* dont il a montré l'importance
et la nécessité pour l'explication des phénomènes sociaux,
a fixé à dix-huit le nombre de ces fonctions du cerveau.

Si la clinique, l'expérimentation n'ont pas encore établi
leur siège exact, nous savons au moins, d'une manière positive, que l'existence de quelques-unes de ces fonctions ne
saurait être douteuse. Il y a des instincts qui président à
la conservation de l'individu, de l'espèce, des instincts de
perfectionnement (par destruction ou par construction), des
besoins de domination (orgueil), ou d'approbation (vanité),
des instincts sociaux tels que l'attachement, la vénération, la
bonté.

Nous ne citons que les principaux, ceux de la région
affective ou occipitale. Mais il en est d'autres pour les fonctions intellectuelles et les qualités pratiques. Tous sont localisés dans des ganglions ou organes spéciaux qui président
à des fonctions isolées. Le cerveau n'est qu'un agglomérat,
une colonie de ces ganglions.

Ce qu'il faut bien savoir surtout c'est qu'un de ces ganglions peut être assez prédominant pour caractériser à un
moment donné l'existence cérébrale. De là, ces faits qui
paraissent inexplicables, d'individus si débauchés parfois,

malgré une vie extérieure d'apparence respectable, d'autres ayant tous les dons de la fortune et se laissant aller à voler des objets d'une valeur insignifiante, et enfin des scélérats ou des voleurs assassins manifestant pour leurs enfants et leurs femmes les sentiments de tendresse les plus exquis.

C'est par la prédominance de cette partie occipitale et les relations de celle-ci avec les viscères que s'établit cette véritable personnalité *double* si évidente de certains sujets émotifs, mais plus ou moins accusée, physiologique, naturelle chez tous. De là ces tendances, ces penchants, ces désirs, ces besoins irrésistibles finissant même par annihiler toute volonté ou toute pondération des parties qui président à l'intelligence, à la méditation, à la réflexion. La satisfaction d'un de ces instincts c'est le calme, le bien-être. Souvent le bonheur parait être là.

Lorsqu'il y a développement harmonieux entre les différentes parties, c'est l'équilibre cérébral, la vertu ou la disposition organique la plus favorable aux relations du milieu social. S'il y a, au contraire, atrophie ou exagération d'une de ces parties, c'est la déséquilibration, ou le vice, ou le crime.

Et comme la partie purement instinctive est en relation avec les viscères, c'est dire que toutes les circonstances sociales les détermineront. C'est le « mal de misère » qui produira le plus grand nombre de criminels. Le milieu social est à améliorer, car bien souvent le bien-être moral n'est que la conséquence du bien-être physique. C'est un proverbe, ancien et toujours vrai, que l'excuse du méchant est d'être un malheureux.

L'homme s'agite, mais c'est la société qui le mène, c'est-à-dire le pousse, le conduit, l'aiguille dans telle ou telle direction. Le remarquable ouvrage du D' Colajanni sur la *Sociologie criminelle* le démontre à chaque chapitre,

Les criminels sont surtout des passionnels, c'est-à-dire des occipitaux. Mon excellent ami Tarde a dit : « le criminel n'est pas plus, à vrai dire, un produit social qu'un produit naturel ; il est — qu'on me passe le mot — un excrément social. » Est-ce une image ou une comparaison ? Nous préférons dire que c'est parfois un produit tératologique, un monstre, quelque chose comme une tumeur maligne, ou un parasite.

Il faut bien tenir compte aussi des habitudes longuement acquises par plusieurs générations. Si l'habitude est une seconde nature, avance Pascal, la nature est aussi une première habitude. N'est-ce pas ainsi qu'il faut comprendre l'influence de l'hérédité.

Les signes de dégénérescence physique et morale que nous constatons ne proviennent pas comme une résurrection d'une manifestation de l'atavisme, c'est une déviation véritable du type de l'homme normal, comme l'a montré Morel. Ce sont les influences du milieu, de l'alimentation, des boissons mauvaises et perturbatrices des fonctions du système nerveux, des maladies comme la tuberculose, la syphilis, etc., dont les microbes grouillent comme les poux dans les demeures des misérables.

Les organisateurs du Congrès de Rome de 1885 nous firent l'honneur de nous demander une maxime indiquant nos idées sur les criminels et la réforme pénitentiaire. Je répondis par cette phrase qui résume toute ma pensée : « A notre époque la justice flétrit, la prison corrompt et les sociétés ont les criminels qu'elles méritent ».

Le milieu social a une influence si grande qu'il imprime sa caractéristique aux criminels qu'il produit ou voit naître. De là, la nécessité de différencier le *criminel rural* et le *criminel urbain*. Dans l'étude de la criminalité française, j'ai montré depuis longtemps qu'il fallait faire une place distincte au *milieu parisien*. C'est ce que met bien en évidence le livre de Laurent. Le type, le plus souvent décrit, est le « pâle voyou » le dernier terme de la dégénérescence du parisien. C'est un produit de « *parisinose* », sorte de cachexie de la capitale, de malaria lutécienne.

Le Dʳ Emile Laurent, qui a été pendant quelques années interne à l'infirmerie de la Prison de la Santé, n'a étudié que des hommes. Nous ne tarderons pas, grâce à la généreuse initiative de notre éditeur, à publier dans cette bibliothèque des études semblables sur la criminalité des femmes et des enfants, observée dans des conditions semblables.

Nous réaliserons ainsi les désirs de la direction du Service pénitentiaire au Ministère de l'Intérieur et ce sera une gloire pour M. Herbette, qui apporte à son œuvre tant de science et tout son cœur, d'avoir transformé les prisons en lieux d'étude. Nous espérons bien y voir un jour une clinique médico-légale.

L'ouvrage du Dʳ Emile Laurent est un premier jalon et nous le croyons appelé à un grand succès. Il intéresse les personnes compétentes que ces questions préoccupent par profession comme les magistrats, les avocats, les médecins, les administrateurs.

Mais le grand public, lui aussi philosophe et moraliste, qui sent là une question vitale trouvera dans ce livre, essentiellement documentaire, des renseignements précis, des observations judicieuses. Il verra de près cette plaie, il comprendra cette misère. Peut-être même en saisira-t-il les causes. Pour moi, elles paraissent se dégager de ce travail.

La plupart de ces criminels parisiens sont des paresseux, sans habitude de travail réglé, et demandant, dès le début de la vie, à des professions étranges ou inavouables, le plus souvent improvisées, des moyens d'existence.

La société souffre de cette libre initiative des jeunes gens, livrés à toute la fantaisie de leur âge, à l'entraînement des exemples. De notre temps, tout individu, de 18 à 25 ans qui ne travaille pas, devrait être considéré comme dangereux et envoyé dans une armée coloniale.

Les statistiques montrent que plus un peuple est paresseux, plus il renferme de criminels.

Il n'y a pas de meilleure preuve de la nécessité et de la glorification du travail. Qui ne travaille pas est coupable et tôt ou tard peut devenir criminel. C'est le travail qui nous fait libres cérébralement en nous affranchissant des suggestions de la partie occipitale où sont localisés les instincts les plus égoïstes.

Le progrès social doit consister à ne pas faire de déclassés et à donner à tous la possibilité de travailler. Georges Leroy a dit dans ses *Lettres sur les Animaux* : « Quand on considère toutes les conditions et tout l'appareil devenus nécessaires au bonheur de l'homme oisif et civilisé, au petit nombre de ceux qui jouissent et au nombre prodigieux de ceux qui souffrent, parce qu'ils désirent, on serait presque tenté de croire que l'espèce entière aurait gagné à être moins instruite ». Cette criminalité parisienne, plus douce et comme plus civilisée, est plus fourbe et plus astucieuse. Elle a perdu en férocité ce qu'elle a gagné en bassesse et en lâcheté.

Le Dr Emile Laurent aborde tous ces problèmes qu'il a vus de près et nous recommandons vivement son ouvrage dont la lecture attrayante vous empoigne tout entier et vous livre aux réflexions les plus tristes sur les misères humaines.

A. LACASSAGNE

Lyon, le 29 avril 1890.

INTRODUCTION

Malgré la remarquable impulsion qu'elle a reçue ces dernières années en Italie avec Lombroso et ses élèves, en France avec le Professeur Lacassagne et tous les hommes de talent qu'il a groupés autour de lui, l'Anthropologie Criminelle est encore une science jeune où il reste bien des lacunes à combler. Et cependant les prisons sont des mines inépuisables.

Henri Maudsley a exposé en quelques lignes la marche à suivre pour l'utilisation de ces documents précieux. Voici en effet ce qu'il disait dans la réunion trimestrielle de l'Association médico-psychologique qui s'est tenue à Londres à Bethleems hospital le 6 mai 1888 (1) : « Il semble que le but actuel et le chemin à suivre pour l'étude scientifique de l'Anthropologie Criminelle doive être l'examen serré et la définition exacte, d'abord des crimes commis par des individus atteints d'une maladie positive, telle que la folie et l'épilepsie, et secondement des formes d'organisation mentale défectueuse qui sont le résultat d'une mauvaise hérédité. Les premiers sujets ont été et sont étudiés cliniquement dans les asiles et ailleurs. Les seconds n'ont pas encore été sérieusement examinés, parce que les matériaux considérables et importants qui existent dans les prisons n'ont pas encore fait l'objet d'une utilisation scientifique systématique. Ce qui est actuellement nécessaire, c'est un examen complet et exact et un rapport fidèle de sujets de cette espèce, obtenus par des recherches

(1) Voyez *Remarks on crime and criminals*. In *The journal of mental science*. Juillet 1888. Traduit par le Dr H. Coutagne.

laborieuses et pénétrantes sur leurs antécédents héréditaires, leurs caractères mentaux et corporels, les conditions de leur éducation et les circonstances exactes de leurs crimes. Il est certain qu'un recueil de rapports biographiques aussi soigneux se composerait de faits servant à acquérir des inductions saines ; il conduirait ainsi à établir les connaissances les plus positives que la science pourrait présenter pour l'instruction et pour l'usage de ceux qui font et qui administrent les lois criminelles. Le temps est venu où nous devons nous servir de nos prisons comme nous le faisons de nos hôpitaux, non seulement pour le soin et le traitement de leurs pensionnaires, mais pour les progrès dans la connaissance et l'amélioration de l'état de l'homme. En agissant ainsi, nous pouvons espérer faire des contributions utiles à l'édification d'une psychologie individuelle. C'est cette édification qui me paraît être le besoin de notre époque. Dans les départements de la psychologie saine, morbide et criminelle, nous devons abandonner les généralités et les phrases vides et nous appliquer à l'observation laborieuse des cas particuliers, si nous voulons recueillir des fruits pratiques. »

C'est dans cette voie indiquée par l'auteur anglais que je me suis engagé.

J'ai été pendant plus de deux ans interne à l'infirmerie centrale des prisons de Paris, à la prison de la Santé. J'ai vu non seulement un nombre considérable de criminels, mais encore j'en ai interrogé plus de deux mille dont j'ai les observations entre les mains. Comme j'habitais à la prison même, que j'y passais toutes mes journées, j'ai vécu dans un contact presque perpétuel avec les détenus. J'étais devenu l'ami d'un grand nombre d'entre eux et plusieurs m'ont fait des confessions très détaillées. J'ai pu ainsi disséquer leur conscience, mettre leur âme à nu, et surprendre leurs pensées les plus secrètement cachées.

D'autre part, ayant en même temps rempli les fonctions d'interne à l'asile d'aliénés de Sainte-Anne pendant près d'une année, j'ai pu voir dans les services des D⁰ˢ Dagonet et Bouchereau un grand nombre d'aliénés et j'ai pu ainsi comparer avec les criminels.

Laissant de côté les statistiques et même les mensurations anthropométriques qui ne m'ont conduit le plus souvent qu'à des résultats contradictoires, je me suis surtout attaché aux faits, remontant à l'hérédité nerveuse des criminels, les interrogeant sur leurs antécédents personnels, sur leurs habitudes génitales, sur leur éducation et les milieux où ils ont vécu; j'ai étudié leur développement intellectuel, leur degré d'instruction, leurs vices et leurs passions et en particulier leur soif de l'alcool; j'ai noté toutes leurs malformations physiques, fixant leur physionomie et les traits de leur visage par la photographie. Je n'ai pas négligé non plus de m'informer des circonstances qui avaient amené ou accompagné leurs crimes, à quel mobile ils avaient obéi. En un mot, j'ai fait ce qu'on a fait avec tant de succès et une si sûre méthode pour les aliénés : j'ai pris des observations médico ou mieux anthropo-psychologiques, ce qui, je crois, avait encore peu été fait pour les criminels. J'ai analysé et classé ces observations et ce sont elles qui rempliront toutes les pages de cet ouvrage.

Je m'en suis donc tenu exclusivement aux faits, laissant systématiquement de côté les questions d'ordre spéculatif. A part quelques observations empruntées à différents auteurs et rapportées à côté des miennes pour leur donner plus de valeur et en quelque sorte les consolider, tous les faits publiés ici me sont personnels et ont été recueillis à la prison de la Santé.

Aussi cet ouvrage est surtout un recueil de faits, de rapports biographiques; on ne saurait par conséquent y trouver une bibliographie complète de la matière. Si j'ai fait assez souvent

appel à l'appui d'une citation empruntée à des maîtres comme
les Professeurs Lacassagne et Lombroso, si j'ai pris quelques
pages au beau et tout récent livre de M. H. Joly : *Le Crime*,
je n'ai ordinairement invoqué ces noms que pour rendre plus
acceptables les conséquences quelquefois un peu invraisemblables de certains faits. Telle idée audacieuse émise en mon
propre nom et d'après quelques centaines de faits observés, eût
pu paraître pleine de présomption : c'est surtout dans ces cas
que j'ai fait appel à l'autorité de ces maîtres, me couvrant
ainsi de leur drapeau.

En général, j'ai peu cherché à tirer des conclusions des faits
que j'ai cités, estimant qu'il valait mieux attendre la publication d'autres séries qui viendraient les corroborer ou les infirmer.
Néanmoins certaines déductions s'imposaient avec une telle
netteté et une telle évidence qu'il était impossible de ne les pas
faire ressortir, fussent-elles contraires à une théorie admise,
voulant toujours placer les faits en face des idées et des raison-
nements. Qu'on veuille ne voir en cela que franchise et probité
scientifiques et non pas un orgueil téméraire. L'anthropologie
criminelle est comme la médecine et la psychiatrie, une
science d'observation : j'ai observé et j'ai dit tout ce que j'avais
observé. Tant pis pour les doctrines ! C'est ce qui fait que, ne voulant parler que de ce que j'avais vu, je ne me suis point proposé
d'écrire un traité dogmatique et complet de criminologie et certaines questions importantes seront nécessairement passées sous
silence et d'autres à peine touchées.

Ainsi n'ayant observé à la prison de la Santé que des hommes,
je n'étudierai que les adultes criminels, laissant complètement
de côté la criminalité féminine et la criminalité chez les enfants.

Enfin, avant de clore cette introduction, j'ai un juste tribut
de reconnaissance à payer à tous ceux qui m'ont aidé à mener
ce travail à bonne fin.

Je tiens d'abord à remercier M. le Professeur Lacassagne de toute la bienveillante sympathie qu'il m'a témoigné. C'est lui qui m'a donné l'idée de réunir tous ces documents épars. En ouvrant charitablement les colonnes des *Archives de l'Anthropologie criminelle* à quelques chapitres, il m'a encouragé dans ce travail et ses conseils m'ont été du plus précieux secours pour en achever la rédaction.

Que M. le docteur Variot, médecin en chef à l'infirmerie centrale des prisons, reçoive également tous mes remerciments et le témoignage public de ma gratitude. C'est à son instigation que je me suis engagé dans cette voie de l'anthropologie criminelle ; il m'y a non seulement encouragé par ses conseils et son appui moral en me soutenant contre des administrateurs tracassiers et à vues étroites, il m'a encore donné son appui matériel en me mettant entre les mains un appareil photographique, des compas crâniométriques et en me faisant imprimer à ses frais des feuilles d'observations spéciales qui m'ont considérablement simplifié et facilité mes recherches.

Je remercierai enfin M. le docteur Petit, médecin à l'infirmerie de la Santé, pour la généreuse largesse avec laquelle il m'a laissé puiser dans son service.

CHAPITRE I.

LA POPULATION DES PRISONS DE PARIS

Une foule de classifications des criminels ont été proposées : toutes prêtent à la critique et toutes ont été critiquées (1). Je n'ai point l'intention d'en proposer une nouvelle ici. C'est une question plutôt spéculative que clinique et hors de ma compétence. Je veux simplement, pour donner plus de clarté aux études qui vont suivre, établir une distinction de simple bon sens et indispensable pour l'analyse de l'homme criminel.

La population des prisons de la Seine peut se diviser en deux parties : la population fixe et la population flottante. Cette dernière est composée d'individus qui ne comptent qu'une ou deux condamnations, rarement plus : le marchand de vin maladroit qui a frelaté son vin et s'est laissé prendre ; le commis-voyageur qui, dans un moment d'oubli, a escroqué pour payer une robe neuve à sa maîtresse ; le garçon de Banque ou l'employé qui, dans un moment de gêne, a emprunté sur sa caisse et n'a pu restituer la somme à temps ; le banquier ou le commerçant qui a tripoté ; l'ouvrier plombier qui a « mangé du gras-double » (2) pour s'offrir un dîner bien arrosé ; l'ouvrier pochard qui a insulté un sergent de ville, etc., etc... Mais tous ces indi-

(1) Voir le livre tout récent de H. Joly : *Le crime, Etude sociale.* L. Cerf Paris-1888.
(2) Volé du plomb.

vidus ne sont dans les prisons que des oiseaux de passage. Plusieurs ont une position qui leur permet de vivre et quelques
uns une petite fortune. Généralement un seul séjour en prison
cellulaire suffit pour les rendre plus honnêtes ou au moins
plus adroits. Ce sont les criminels d'occasion, les criminels
d'accident.

La population fixe est composée d'habitués, d'individus qui
comptent de vingt à trente condamnations et même plus, individus qui ne font que sortir de prison pour y rentrer. Cette
population se décompose en deux catégories : la première
comprend les infirmes, les mendiants et les vagabonds, les uns
incapables de gagner leur vie, les autres amenés là par paresse,
par inertie et manque de volonté, et pour qui la prison est
une espèce de refuge. Rarement condamnés pour vol, ils se
font perpétuellement arrêter pour mendicité ou vagabondage.
La seconde catégorie comprend alors les vrais criminels, ceux
que le vol, le vagabondage, l'ivrognerie, les attentats aux mœurs,
le meurtre ramènent constamment en prison. Ce sont des individus pour ainsi dire fatalement voués au mal et au vice et par
suite à la prison.

C'est cette catégorie d'individus que je veux spécialement
étudier, catégorie que je considère comme entièrement formée
de criminels d'habitude, de fous moraux, d'épileptiques, en un
mot de dégénérés, c'est-à-dire d'individus qui, par suite d'un
nombre considérable d'états morbides ayant affecté chez leurs
ascendants le système cérébro-spinal, présenteront un état mental et moral anormal.

Mais, avant d'entrer dans cette étude, une question se pose :
à quel chiffre s'élève cette armée du crime? A un chiffre colossal.
La prison de la Santé contient à elle seule environ douze cents
détenus et elle est toujours pleine. Je n'apporterai point ici de
chiffres et je renverrai à l'Annuaire du Dr Bertillon, le chef du

Calendrier Criminel

(Faculté de médecine de Lyon, Prof A. Lacassagne, Cours de médecine légale).

Répartition Mensuelle ramenée à 10.000 Crimes annuels
Calculée sur les données statistiques de 1827 à 1870

Crimes contre les propriétés.

	Janvier	Février	Mars	Avril	Mai	Juin	Juillet	Août	Septembre	Octobre	Novembre	Décembre
Vols sur chemins publics avec violence	1148	893	874	674	790	697	648	576	679	944	998	1084
Vols qualifiés	949	847	841	758	793	762	771	749	741	834	985	1084
Vols sans violence	880	838	786	633	824	687	860	854	792	855	1060	1322
Vols par domestique	944	771	761	764	785	808	761	800	860	905	854	986
Vols des églises	1318	851	849	898	692	599	732	666	607	808	1056	985
Faux en écrit privé	1067	978	812	778	786	676	778	787	752	765	872	994
Fausse monnaie	1191	860	790	1001	791	697	642	827	730	736	790	945
Incend. édif. habités	885	805	885	849	791	780	760	982	909	848	810	884
Incend. éd. non hab.	686	719	742	797	599	540	1123	1434	1087	762	808	795
Total de la Criminalité (Échelle spéciale)	8929	7658	7880	7177	6810	6863	7013	7654	7187	7384	8150	8648

Calendrier Criminel

(Faculté de médecine de Lyon, Prof. A. Lacassagne, Cours de médecine légale).

Répartition Mensuelle ramenée à 10.000 Crimes annuels
Calculée sur les données statistiques de 1827 à 1870

Crimes contre les personnes

	Janvier	Février	Mars	Avril	Mai	Juin	Juillet	Août	Septembre	Octobre	Novembre	Décembre
Rébellions	765	791	892	846	807	800	714	925	908	846	774	866
Blessures aux ascendants	793	745	727	783	855	890	1041	903	805	861	721	847
Bles. graves	751	799	787	783	809	858	826	898	923	816	843	838
Bles. mortelles	789	782	786	759	900	844	859	855	851	814	876	789
Meurtres	759	822	813	751	798	844	832	870	874	865	666	801
Empoison.t	823	793	936	936	1108	966	930	555	680	698	576	978
Assassinats	447	861	782	704	826	848	793	867	819	832	992	854
Parricides	878	704	862	576	953	878	786	446	865	848	831	880
Viols s/enfants	559	526	688	856	1088	1897	1234	1124	897	789	497	802
		639		739		826	1240				0	557
Infanticides	934	985	1150	926	961	772	708	723	692	690	697	782
Avortement	864	617	1015	686	919	1070	864	755	768	878	727	837
Total de la Criminalité (Échelle spéciale)	9471	9088	10199	9288	11194	11505	10686	10485	9883	9599	8956	9538

Calendrier Criminel

Répartition Mensuelle

Calculée d'après les crimes commis de 1827 à 1870
et réduites pour cette époque à 10.000 par an

— Crimes contre les propriétés —

Janvier	Février	Mars	Avril	Mai	Juin	Juillet	Août	Septembre	Octobre	Novembre	Décembre
1818 Vols dans les églises	976 Faux	926 Incendies édif. habités	1061 Fausse monnaie	874 Vols sans violence	808 Vols par un domestique	1173 Incendies édif non habités	1126 Incendies édif. non habités	1057 Incendies édif non habités	944 Vols avec violence	1036 Vols dans les églises	1084 Vols avec violence
1201 Fausse monnaie	893 Vols avec violence	874 Vols avec violence	898 Vols dans les églises	793 Vols qualifiés	780 Incendies d'édif habités	850 Vols sans violence	932 Incendies édif. habités	909 Incendies édif. habités	906 Vols par un domestique	1060 Vols sans violence	1024 Vols qualifiés
1148 Vols sur un chemin public avec violences	860 Fausse monnaie	849 Vols dans les églises	819 Incendies d'édif. habités	791 Incendies d'édif habités	769 Vols qualifiés	778 Faux en écriture privée	854 Vols sans violence	860 Vols par un domestique	896 Vols qualifiés	995 Vols av. violences	1022 Vols sans violence
1027 Faux en écriture privée	847 Vols qualifiés	841 Vols qualifiés	797 Incendies d'édif non hab.	790 Vols avec violence	697 Fausse monnaie	771 Vols qualifiés	837 Fausse monnaie	793 Vols sans violence	835 Vols sans violence	925 Vols qualifiés	994 Faux
949 Vols qualifiés	838 Vols sans violence	812 Faux	776 Faux	785 Vols par un dom.	697 Vols av. violences	761 Vols sans domestique	800 Vols par un domestique	762 Faux	808 Vols dans églises	872 Faux	986 Vols par un domestique
944 Vols par un domestique	831 Vols dans les églises	790 Fausse monnaie	764 Vols par un domestique	785 Faux	687 Vols sans violence	740 Incendies édif. habités	787 Faux	741 Vols qualifiés	802 Incendies éd. habités	854 Vols par un domestique	965 Vols églises
880 Vols sans violence	803 Incendies édif habités	785 Vols sans violence	755 Vols qualifiés	751 Fausse monnaie	676 Faux	732 Vols Églises	749 Vols qualifiés	720 Fausse monnaie	762 Incendies éd non habités	810 Incendies éd habités	945 Fausse monnaie
836 Incendies éd. habités	771 Vols par domestiq.	761 Vols par un domestique	674 Vols violences	692 Vols Églises	599 Vols Églises	648 Vols violences	665 Vols Églises	679 Vols violences	755 Faux	808 Incendies d'édifices habités	832 Incendies éd habités
626 Incendies éd. non habités	719 Incendies éd non habités	742 Incendies éd non habités	633 Vols sans violences	599 Incendies éd non habités	540 Incendies éd non habités	612 Fausse monnaie	576 Vols violences	607 Vols Églises	736 Fausse monnaie	790 Fausse monnaie	793 Incendies éd non habités
8929	7538	7380	7177	6810	6253	7015	7654	7127	7384	8150	8645

Janvier	Février	Mars	Avril	Mai	Juin	Juillet	Août	Septembre	Octobre	Novembre	Décembre
934 Infanticide	985 Infanticide	1130 Infanticide	930 Empoison.t	1103 Empoisons.t	1297 Viols enfants	1234 Viols enfants	1124 Viols enfants	923 Blessures et coups	942 Parricides	932 Assassinats	978 Empoisons.t
878 Parricide	861 Assassinat	1015 Avortements	926 Infanticide	1098 Viols adultes	1267 Viols adultes	1046 Viols adultes	970 Meurtres	908 Rébellion	855 Meurtres	878 Blessures mort	884 Assassinats
864 Avortements	822 Meurtres	936 Empoisons.t	835 Viols enfants	1032 Viols enfants	1070 Avortements	1041 Blessures à ascendants	964 Viols adultes	897 Viols enfants	878 Avortements	853 Meurtres	866 Rébellion
847 Assassinat	799 Blessures coups	892 Rébellion	816 Rébellion	961 Infanticide	996 Empoisons.t	930 Empoisons.t	935 Blessures mort	874 Meurtres	861 Blessures à	843 Blessures et coups	847 Blessures à ascendants
823 Empoisons.t	793 Empoisons.t	862 Parricide	783 Blessures coups	958 Parricides	975 Parricides	843 Blessures mort	925 Rébellion	863 Parricides	834 Blessures mort	831 Parricides	837 Avortements
793 Blessures aux ascendants	791 Rébellion	813 Meurtres	763 Blessures à des ascendants	919 Avortements	909 Blessures un ascendant	864 Avortements	903 Blessures à ascendants	851 Blessures mort	832 Assassinats	774 Rébellion	835 Blessures et coups
789 Blessures suivies de mort	762 Blessures mort	787 Blessures et coups	759 Blessures, mort	909 Blessures et coups	866 Rébellion	832 Meurtres	898 Blessures et coups	829 Assassinats	816 Rébellion	727 Avortements	830 Parricides
765 Rébellion	745 Blessures suivies à mort	786 Blessures mort	751 Meurtres	900 Blessures à mort	852 Blessures et coups	826 Blessures et coups	867 Assassinats	805 Blessures à ascendants	816 Blessures et coups	721 Blessures à ascendants	801 Meurtres
759 Meurtres	704 Parricides	782 Assassinats	739 Viols adultes	845 Blessures à des ascendants	844 Meurtres	783 Assassinats	846 Parricides	793 Viols adultes	729 Viols enfants	691 Infanticides	769 Blessures et mort
751 Blessures et coups graves	683 Viols adultes	781 Viols adultes	704 Assassinats	826 Assassinats	843 Assassinats	774 Rébellion	755 Avortements	768 Avortements	698 Empoison.t	635 Viols adultes	782 Infanticides
709 Viols adultes	617 Avortements	727 Blessures aux ascendants	686 Avortements	807 Rébellion	814 Blessures mort	785 Parricides	723 Infanticides	692 Infanticides	690 Infanticides	578 Empoison.t	649 Viols adultes
559 Viols enfants	526 Viols enfants	688 Viols enfants	576 Parricides	796 Meurtres	772 Infanticides	708 Infanticides	585 Empoison.t	680 Empoison.t	646 Viols adultes	497 Viols enfants	502 Viols enfants
9471	9088	10199	9288	11194	11505	10666	10485	9883	9599	8956	9598

Evolution saisonnière de la criminalité à la Guadeloupe

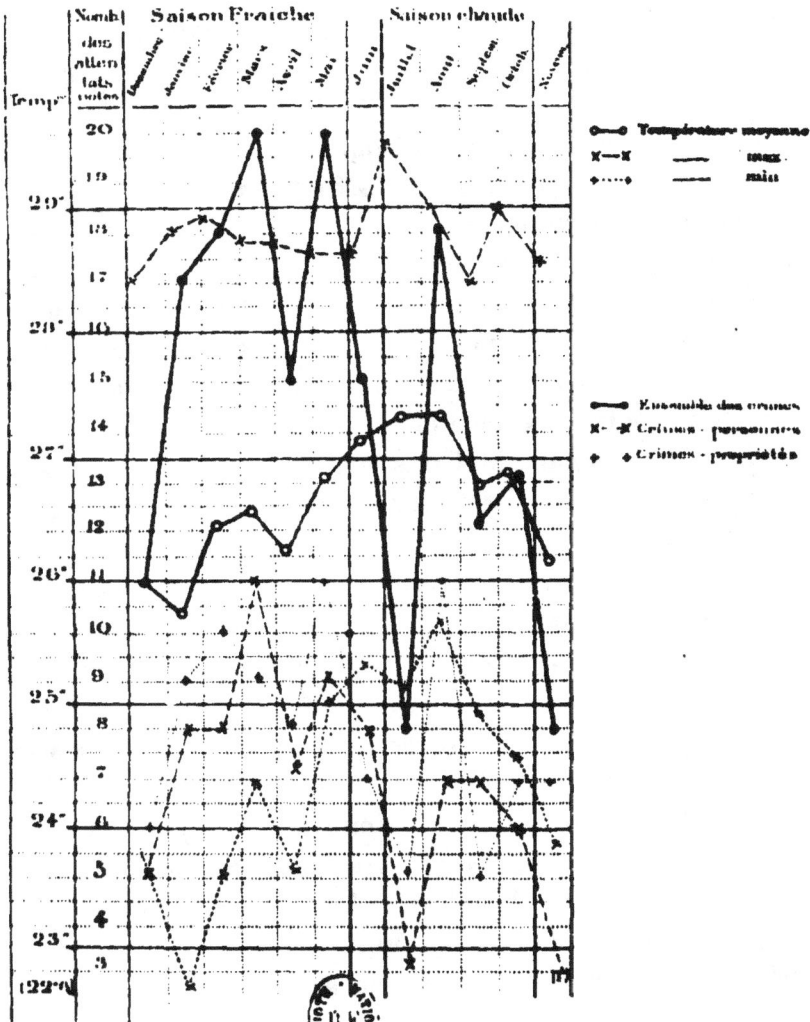

service anthropométrique, où l'on pourra trouver toutes ces statistiques très complètes. Qu'il nous suffise de savoir que les six prisons de Paris renferment plusieurs milliers de criminels, qu'elles expédient chaque jour un grand nombre de condamnés et de forçats dans les maisons centrales et les bagnes, qu'enfin leur population se renouvelle très vite et qu'elles sont toujours pleines.

Une autre question de statistique bien plus curieuse a été soulevée et résolue par le Professeur Lacassagne. Il admet une connexion plus ou moins étroite entre les impulsivités criminelles et la marche de la température. Selon lui, les crimes personnes augmentent avec la température et atteignent leur maximum pendant l'été tandis que les crimes propriétés prédominent pendant l'hiver où la misère est plus âpre, la consommation de l'alcool plus grande et les attentats mieux favorisés par la longueur des nuits. M. Lacassagne qui a observé un grand nombre de faits, les a classés sous forme de calendrier. Si on étudie ce calendrier reproduit ici, on voit qu'en France, pays à saisons bien tranchées, la température élève qualitativement la criminalité, c'est-à-dire la dirige plus particulièrement vers l'attentat de haute intensité, celui qui se traduit par le meurtre et le viol.

Le Dr Corre qui a fait des recherches analogues à la Guadeloupe, pays à température élevée et uniforme, a constaté au contraire que le maximum de la criminalité coïncide avec les minima thermiques (1). Voyez le graphique reproduit ici et emprunté à son livre. « A mon avis, dit-il, dans un milieu intertropical, à température élevée et uniforme, comme la Guadeloupe, la chaleur énerve plus qu'elle ne stimule, affadit plus qu'elle n'excite et c'est précisément quand elle devient sinon

(1) Dr Corre. *Le crime en pays créole*, chez Storck, Lyon (*Bibliothèque de l'Avocat et du Magistrat*)

Néanmoins, il ne faudrait pas exagérer cette influence de l'hérédité. Sans doute on s'en trouve pas mal d'exemples plus ou moins frappants et beaucoup sont cités dans les livres. Pour mon compte, j'en ai observé aussi un certain nombre, mais beaucoup moins qu'on pourrait le croire. Presque tous les criminels ont une tare héréditaire, mais cette tare est bien plus souvent une tare nerveuse.

Prenons quelques exemples.

Un cordonnier âgé de 28 ans, monorchide, condamné une première fois pour abus de confiance et une seconde fois pour viol complet d'une femme de trente ans qu'il assaillit une nuit d'ivresse dans une plaine déserte, m'a avoué que son père avait été condamné autrefois pour vol d'une montre.

Autre fait. — Un microcéphale de 41 ans, à figure simiesque et inintelligente, à oreilles larges et écartées, ne sachant ni lire ni écrire, ayant subi deux condamnations l'une pour mendicité et l'autre pour escroquerie, est fils d'un contrebandier qui a subi lui-même six condamnations.

Enfin, je rapporterai ailleurs l'histoire d'un criminel incorrigible, d'un criminel-né qui a subi cinq condamnations pour vol et tentative de meurtre sur son père. Or son père était un ivrogne et avait été lui-même condamné pour vol.

Ces faits semblent assez probants et donnent jusqu'à un certain point raison à la théorie de Voisin. Sans doute les mauvais instincts se transmettent des ascendants aux descendants et ainsi de la tendance à voler. Mais je crois qu'il faut plutôt regarder la criminalité chez les ascendants comme un accident. Ils transmettent à leurs héritiers la tare nerveuse ou alcoolique qui les a portés au vol ou au meurtre et ceux-ci comme ceux-là deviennent voleurs ou meurtriers.

Ainsi dans le dernier fait que je viens de citer, le père est un voleur sans doute, mais c'est aussi un alcoolique et je crois que l'alcool est la cause de tout et du vol chez le père et de la perversion morale chez l'enfant. Les faits en faveur de cette idée abondent. Ainsi j'ai vu encore à la Santé un alcoolique délirant qui avait subi deux condamnations, dont une à dix ans de travaux forcés. Cet individu était père de huit enfants : il m'avoua avec des réticences que plusieurs d'entre eux avaient passé dans les prisons pour différents motifs.

Aussi est-ce bien plus souvent chez les collatéraux que chez les ascendants qu'on retrouve la criminalité.

Le père n'est parfois qu'un alcoolique ou un déséquilibré, les enfants sont alcooliques ou déséquilibrés, mais en plus ils sont criminels. Il n'est·même pas rare que la tare manque ou reste mystérieusement cachée chez les ascendants : néanmoins tous les descendants sont marqués du même sceau. Telle est la famille suivante.

Fils d'un pauvre instituteur du Luxembourg, A... fut toujours un enfant indiscipliné et n'en faisant qu'à sa tête. Intelligent et assez instruit, parlant bien l'allemand et le français, il avait une position qui lui permettait de vivre heureux et respecté ; il se mit à boire et se perdit avec une fille de joie qu'il épousa. De plus il a subi deux condamnations pour escroquerie. Or deux de ses frères sont également des détraqués et des dévoyés, frisant à tout instant la police correctionnelle, ayant peut-être déjà fait de la prison : l'un cherche fortune en Amérique et l'autre à Batavia.

On lira plus loin un abrégé de la vie d'une brute à face humaine, ivrogne et voleur, violent et brutal, ayant déjà subi huit condamnations pour vols et batteries et dont le frère est également un ivrogne et une brute violente et dangereuse : on l'a envoyé dernièrement aux travaux publics en Algérie parce qu'il avait frappé son caporal.

Enfin j'ai connu plusieurs membres d'une famille de criminels.

C'est un des cas les plus intéressants que j'aie observé. Le voici en deux mots. Un alcoolique engendre cinq enfants. L'aîné est un individu violent, brutal, grand buveur d'absinthe (il n'en « étrangle » jamais moins de dix ou quinze par jour) ; il a subi trois ou quatre condamnations pour ivresse ou rebellion envers les agents. Le cadet est un vagabond et un voleur dont on n'a jamais pu rien faire.

Il compte une douzaine de condamnations, et il a même été condamné à mort, puis gracié au moment de la Commune. C'est le type du criminel d'habitude. Je dirai ailleurs son odyssée à travers les bagnes et les prisons. La famille comprend encore deux autres garçons ayant subi chacun cinq ou six condamnations pour vols, et une fille danseuse dans un théâtre de genre et prostituée à ses moments perdus. Quelle famille !

Ces faits sont des plus nets. On le voit, il faut tenir compte sans doute de la criminalité des ascendants, mais comme d'un phénomène secondaire.

II

Il est une tare qui semble avoir une importance beaucoup plus considérable : la folie. On verra plus loin combien on trouve de dégénérés parmi les criminels ; assez souvent, si on remonte aux sources, on trouve une vésanie. Un vésanique fait souche : il en résulte des névrosés, des débiles, des détraqués, des criminels. Cela n'est plus une exception, comme pour la tare criminelle, c'est un fait que j'ai souvent constaté, et, à mon avis relativement très fréquent. Personne, du reste, ne conteste cette opinion, et j'en pourrais citer mille preuves.

B... est fils d'un tuberculeux et d'une hystérique morte folle. Bien qu'âgé de 24 ans seulement, il a déjà subi trois condamnations pour ivresse et outrages aux agents ; lors de sa première condamnation, il n'avait pas encore 16 ans. C'est un individu violent et grossier.

C... mène une vie dévergondée ; il avoue qu'il n'a presque jamais travaillé, vivant d'escroqueries et surtout de ses succès auprès d'une certaine catégorie de femmes. Entre autres cadeaux, l'une d'elles lui a offert la syphilis, qu'il a d'ailleurs acceptée de bonne grâce. A 16 ans, il se faisait arrêter et condamner pour « vol au rendez-moi » (1). Il a aujourd'hui 19 ans, et il a subi deux autres condamnations, l'une pour vagabondage et l'autre pour escroquerie. Or, son père, qui était aveugle, est mort fou.

Tous ces faits sont frappants : ce sont des vésaniques engendrant des criminels. En voici encore deux exemples intéressants.

J'ai vu l'an dernier un employé de commerce arrêté pour outrages aux agents. Son père, qui était médecin-directeur de l'asile d'aliénés de Rotterdam, est mort dans sa propre maison atteint du délire de la persécution. De plus, l'aïeul maternel est mort paralysé.

C'est un garçon intelligent, ayant fait de bonnes études, parlant hollandais, allemand, anglais et français ; il a même été admis à l'École militaire d'Utrecht. Mais son humeur est changeante et versatile ; il ne se trouve bien nulle part et change à tout instant de métier. D'abord employé dans la police à Rotterdam, il vient à Paris comme interprète aux magasins du Printemps, puis comme employé dans une compagnie de publicité, puis dans une agence d'affaires, etc... Un soir, pris de boisson, revenant du théâtre avec sa maîtresse, personne peu distinguée, il insulte les agents, et la femme leur applique

(1) Le vol au *rendez-moi* se pratique de la façon suivante : Un ou mieux deux individus se présentent dans un magasin d'un air très pressé et presque en courant. Ils demandent un menu objet, se font servir vite et payent toujours avec une pièce ordinairement d'argent. On leur rend la monnaie. Dans leur empressement ils ramassent et la monnaie et la pièce qu'ils ont versée. Si on s'en aperçoit, ils ont l'air d'avoir commis une erreur par précipitation et s'excusent. Mais si le commerçant est peu attentif, et si le voleur est adroit, le truc réussit très souvent.

l'épithète sacramentelle : Vaches ! Il fut condamné à deux mois
de prison. C'est sa première condamnation, sans doute ; mais si
on me demandait de porter un pronostic sur lui, je n'hésiterais
pas à dire qu'il reviendra presque certainement.

On arrêtait, il y a quelque temps, un pauvre diable qui venait
de tirer plusieurs coups de revolver sur sa maîtresse, qu'il avait
grièvement blessée. Je l'ai vu encore tout ahuri de ce qu'il
appelait son accident. Il me fit sa confession. Marié d'abord à
une cuisinière qui l'avait abandonné, il s'éprit d'un amour
violent pour une femme de chambre. Mais un jour il lui vient
des soupçons ; il se croit trompé : alors il surveille sa maîtresse,
s'aperçoit qu'elle découche, qu'il a un rival : le lendemain matin
il l'attend, et à son arrivée il lui envoie des balles de revolver
comme explication. C'était un faible d'esprit que la jalousie
avait aveuglé. En étudiant ses antécédents héréditaires, je
m'aperçus que sa mère était morte folle après avoir passé une
grande partie de sa vie dans les asiles.

Enfin on lira encore dans un autre chapitre l'histoire d'un
dégénéré imbécile ayant subi cinq condamnations pour ivrognerie, attentat à la pudeur et mendicité, dont le père est mort
fou.

Mais, dans tous ces cas, il ne s'agit que de vésaniques. La
paralysie générale, elle aussi, fournit son contingent : plus d'un
criminel est fils d'un paralytique.

Je n'en veux citer qu'un exemple, choisi parmi beaucoup
d'autres : un débile, violent et colère, tire un coup de revolver
sur sa « marmite » (1) un soir qu'elle lui refuse de l'argent.
C'était le fils d'un paralytique général.

L'hérédité peut n'être pas immédiatement directe, comme dans
tous ces exemples ; elle peut sauter une génération. Un vésanique,

_____

(1) Le souteneur appelle « marmite » sa femme, sans doute parce qu'elle le
nourrit.

un taré cérébralement engendre un individu dont le système cérébro-spinal, pour des raisons peu connues, reste à peu près complètement indemne ; mais l'hérédité n'est point éteinte, la tare existe toujours et il n'est pas rare de la voir reparaître chez le petit-fils dans toute son intégrité morbide. Un vésanique engendre un homme honnête et assez bien équilibré, mais l'issu de celui-ci est un détraqué et un criminel. Je raconterai en détail, dans un chapitre sur les hystériques, la vie lamentable, à travers les prisons, d'un malheureux hystérique, esprit débile, âme flottante et ballottée par tous les vents. Sa vie n'a été qu'incohérences et contradictions ; bien que plein d'affection pour les siens, il a accumulé sottises sur sottises, malheurs sur malheurs. Or, il m'a souvent dit que son aïeule était morte folle.

Enfin, on peut rencontrer plusieurs tares associées, agissant simultanément sur le descendant. Chacun des facteurs dans l'acte de la procréation peut être atteint et contribuer ainsi pour sa part à la dégénérescence du produit : folie chez l'un ; alcoolisme, hystérie ou nervosisme chez l'autre. Ce phénomène se rencontre, on peut dire fréquemment, chez les ascendants des criminels. Je me contenterai de deux exemples pour le moment.

G... est un individu paresseux et ivrogne ; il a entre les mains un métier qui lui permettrait de gagner sa vie ; mais il ne s'en sert pas ; il préfère vagabonder, vivre au hasard. Il a déjà subi deux condamnations pour mendicité et vagabondage. Or, il est fils d'un alcoolique mort fou et d'une débile déséquilibrée qui s'empoisonna dans un jour de tristesse.

Il y a dans cette observation en quelque sorte trois tares réunies : alcoolisme et folie d'un côté, débilité mentale de l'autre.

Autre fait. — B... est un individu au front étroit, au crâne allongé, au nez aplati, aux lèvres épaisses, aux yeux noirs et brillants. Ayant perdu jeune ses parents (son père, un alcoo-

2

lique, est mort de la rage, et sa mère, une névropathe jalouse et acariâtre, est morte dans un asile d'aliénés); il passa sa vie à vagabonder, et à seize ans il connaissait déjà la prison, ne reculant pas devant le vol.

Conseillé et aidé par ses « aminches » (1), il vole un jour le cheval et la voiture d'un marchand de pommes de terre et se fait arrêter. Aujourd'hui il a vingt ans et il a déjà subi quatre condamnations.

Comme on le voit, deux tares ont pesé sur le système cérébro-spinal de cet individu : l'alcoolisme et le nervosisme.

III

Nous venons déjà de voir les névroses associées à la folie dans l'étiologie de la criminalité. Ce sont des facteurs puissants qui, seuls ou agissant conjointement avec d'autres, tels que la folie ou l'alcoolisme, jouent un grand rôle dans l'hérédité des criminels. Dans les chapitres suivants on verra combien de fois on retrouve ces tares chez les ascendants : hystérie ou nervosisme chez la mère, épilepsie ou alcoolisme chez le père.

On ne saurait croire combien de criminels sont fils d'hystériques. J'ai des centaines d'observations de ce genre. Dernièrement encore, je voyais un fils d'hystérique qui n'a que vingt ans et qui a déjà subi deux condamnations pour coups et blessures.

Autre fait. — Fils d'une hystérique, frère d'un épileptique et d'une strabique, B... est un adolescent de seize ans, à la figure douce et presque angélique, mais au moral déjà profondément perverti et vicié. Un jour il vole des billets au Cirque-d'Hiver

(1) Ses amis.

et s'en va boire avec un ami, un galopin de son âge, le produit de son vol. C'est son premier pas dans le crime, mais il ne s'en tiendra certainement pas là.

J'ai connu encore un autre issu d'hystérique, âgé de 42 ans, qui présentait un grand nombre de stigmates physiques et psychiques de dégénérescence, et qui avait subi douze condamnations pour ivresse.

L'épilepsie se rencontre beaucoup moins souvent que l'hystérie dans les antécédents des criminels que j'ai observés. Néanmoins, cette névrose joue encore un rôle important ; on en verra plusieurs cas dans les observations que je citerai par la suite.

Les descendants des névropathes apportent aussi leur contingent à la criminalité. Que de fois j'ai entendu des détenus nerveux, irritables, parfois violents et coléreux et qui me répondaient, lorsque je les interrogeais sur leur mère : Elle se porte bien, mais c'est une femme très vive, très nerveuse, très irritable, entrant facilement en colère ; ou bien, s'ils me parlaient de leur père : C'était un brave homme, mais un peu emporté et cassant tout quand il se mettait en colère.

Ces névrosés avaient engendré des névrosés à leur image, et ceux-ci, plus lourdement chargés cérébralement encore que ceux-là, étaient devenus, grâce à leur état mental anormal ou insuffisant, des criminels. Voici deux exemples pris au hasard dans mes observations, car ces faits fourmillent.

Le fils d'une névropathe violente et coléreuse, irritable et emporté lui-même, mais assez instruit et assez intelligent, a subi cinq condamnations pour escroquerie. Il n'a que 27 ans.

Un épileptique, âgé également de 27 ans, et dont l'histoire sera rapportée au chapitre des épileptiques en prison, ayant subi dix-sept condamnations pour ivresse et batteries, est fils d'un alcoolique et d'une névropathe.

IV

Mais de toutes les tares héréditaires, sans contredit la plus fréquente, celle que l'on rencontre presque toujours seule ou donnant la main aux autres, c'est l'alcoolisme.

Nous verrons plus loin quel lourd tribut les dégénérés paient à la criminalité : nous verrons les prisons en grande partie peuplées de dégénérés. Or il est un fait bien certain, c'est que l'alcoolisme de l'ascendant est une cause de dégénérescence chez les descendants. Tous les aliénistes ont noté ce fait et y ont avec juste raison insisté. « L'individu qui hérite de l'alcoolique, dit Lancereaux, est en général marqué du sceau d'une dégénérescence qui se manifestera plus spécialement dans les troubles des fonctions nerveuses (1). » Tout dernièrement, le Dr Grenier, dans sa thèse, citait six observations où l'état d'ivresse au moment de la conception avait amené la naissance d'individus idiots ou imbéciles. « L'abus des boissons alcooliques, dit-il, entraîne non-seulement de graves perturbations chez l'intoxiqué, mais nous voyons ces désordres se reproduire héréditairement, s'accumuler en quelque sorte et déterminer un état de dégénérescence irrémédiable qui peut aller, suivant certains auteurs, jusqu'à la stérilité (2). »

Je disais tout à l'heure que les prisons étaient peuplées de dégénérés ; je pourrais tout aussi bien dire, et avec juste raison, qu'elles sont peuplées de fils d'alcooliques. L'alcool, voilà l'ennemi ! Il est en effet doublement néfaste, car c'est lui qui souvent pousse le coupable, et c'est encore lui qui atteint la

(1) Lancereaux. *Art. Dégénérescences du Dict. encyclop.*

(2) Grenier. *Contribution à l'étude de la Descendance des alcooliques.* Thèse de Paris, 1888.

descendance, détraquant le système cérébro-spinal, annihilant la volonté. J'ai déjà cité deux familles de criminels ayant un alcoolique à leur origine.

Quand, en face d'un criminel, vous ne trouverez ni la folie, ni l'épilepsie, ni l'hystérie chez les ascendants, cherchez l'alcool : neuf fois sur dix vous verrez que c'est lui qui est cause de tout le mal.

Je citerai quelques faits en détail lorsque j'étudierai l'hérédité alcoolique des dégénérés criminels. Je pourrais en citer des multitudes, car en tête de presque toutes mes observations on peut lire : Père alcoolique.

Voici seulement quelques exemples :

Un épileptique de 26 ans, à face de brute, à l'intelligence obtuse, à la mémoire parésiée, a subi six condamnations pour vagabondage et vols à l'étalage. C'est le fils d'un ivrogne.

Un fils d'alcoolique devient lui-même un buveur d'absinthe incorrigible. De plus c'est une nature hypocrite, violente, cynique et mauvaise : il a subi treize condamnations pour vols, filouteries et batteries. Aussi mauvais soldat que mauvais citoyen, son service militaire s'est effectué au bataillon d'Afrique, où il faisait punition sur punition.

Tel est encore ce dégénéré tuberculeux, âgé de 19 ans, dont il sera question plus loin, fils d'alcoolique tuberculeux, frère de voleur et voleur lui-même, puisqu'il a été condamné cinq fois pour vols à l'étalage.

Il peut en être de l'alcoolisme comme des vésanies et des névroses : l'hérédité peut sauter une génération, et le fils dont le système nerveux sera épargné enfantera un produit où la tare initiale reparaîtra dans toute son intensité. Néanmoins, je dois reconnaître que cette hérédité retardée d'une génération m'a paru peu fréquente chez les alcooliques : l'alcool est un poison qui ne pardonne pas, mais qui frappe de suite et à coup sûr

mort par les assises, sa peine fut commuée en celle des travaux forcés à perpétuité. (*Voyez fig. 1*).

Ces faits sont en quelque sorte aussi nets et aussi probants que les faits expérimentaux de Combemalle.

VI

Les fils des congestifs et des cérébraux sont également assez fréquemment tarés. Fournissent-ils aussi leur contingent au crime? La chose est logique et très probable. Mais il est fort difficile de se procurer des renseignements précis sur des questions d'un diagnostic médical aussi délicat, surtout quand on songe à quels gens on s'adresse. Bien que plus d'un détenu m'ait assez souvent dit : Mon père est mort d'une attaque d'apoplexie, je me contenterai de signaler le fait sans y insister, les renseignements ne me paraissant pas assez précis.

Il est plus facile de se renseigner sur les antécédents tuberculeux des criminels. Aussi je n'hésite pas à dire que les issus de phthisiques sont nombreux dans les prisons. Mais, dira-t-on, en quoi la diathèse tuberculeuse peut-elle avoir une influence sur le développement de la criminalité chez les descendants? Il n'est plus à démontrer aujourd'hui que la tuberculose est une cause puissante de dégénérescence physique et assez souvent intellectuelle. On sait combien les tuberculeux engendrent d'efféminés, de ces êtres indécis, indéfiniment juvéniles, aux formes grêles, aux muscles pauvres, à la barbe rare, rebuts de la nature avare, faibles d'esprit et de volonté, proies faciles pour les vices et le crime.

Ainsi, pour ne citer que quelques exemples, un individu de vingt et un ans, dont l'organisation psychique est aussi pauvre que l'organisation physique, issu de père et mère tuberculeux, frère d'un alcoolique, alcoolique lui-même, masturbateur effréné dans l'enfance, a déjà subi deux condamnations pour vols à l'étalage et une pour insulte aux agents.

Un autre individu à l'intelligence débile, au physique misérable, est né d'une mère morte phthisique. Son frère, qui a subi quatre ou cinq condamnations, est condamné à la relégation, et il a lui-même subi déjà deux condamnations pour batteries.

Je vois encore tous les jours deux débiles issus de parents phthisiques et qui ont subi tous deux plusieurs condamnations pour différents motifs.

Le tuberculeux engendre des dégénérés, et le dégénéré est frère du criminel; il est bâti à son image.

VII

En résumé, plusieurs raisons étiologiques plus ou moins puissantes agissent héréditairement sur le développement de la criminalité. En première ligne se place l'alcoolisme, puis viennent les vésanies et les névroses, et enfin, à titre secondaire, la tuberculose.

Mais comme on a pu le voir, il est très fréquent de rencontrer ces raisons pathogéniques associées et agissant simultanément. Chaque facteur étiologique apporte sa tare plus ou moins lourde, et chacune d'elles agit plus ou moins puissamment sur le produit, qui sera plus ou moins défectueux au point de vue physique, psychique et moral.

CHAPITRE III

CRIMINELS D'ACCIDENT ET CRIMINELS D'OCCASION

I

Ces sortes de criminels sont ceux qui, comme je l'ai déjà dit, forment la population flottante des prisons; c'est le premier pas dans le crime. Sans doute, assez souvent le criminel ne s'en tient pas là ; si le remords ou le châtiment n'ont pas suffi à le ramener dans le droit chemin, il devient un criminel d'habitude. Mais il en est qui, après une première chute, se relèvent et ne retombent plus. Ce sont les criminels d'accident et les criminels d'occasion.

Or, quelle différence y a-t-il entre les criminels d'accident et les criminels d'occasion? A mon avis, elle est immense. Si on prend chaque fait et qu'on l'étudie à part, on en trouvera beaucoup où il sera bien difficile de dire si on a affaire à un criminel d'accident ou à un criminel d'occasion. Souvent, en effet, il est impossible de mettre à jour la conscience du coupable et d'y lire le motif secret auquel il a obéi. Mais il est d'autres faits où, par une étude attentive et minutieuse, par des aveux sincères et contrôlés, on peut savoir exactement comment il en est arrivé à commettre un acte délictueux. J'en ai relevé quelques-uns qui m'ont paru très nets.

Le criminel d'accident cède à l'occasion, tandis que le criminel d'occasion en profite; c'est là une première différence. Le premier a agi subitement, avant que la raison ait eu le temps d'intervenir; le second, au contraire, bien qu'il n'y ait pas eu préméditation, a agi avec un certain discernement, il a pu réfléchir et peser en quelques minutes les conséquences et la gravité de la faute commise.

Prenons des exemples.

Un individu de 18 ans, à la figure douce et sympathique, excellent ouvrier cordonnier, sobre et honnête, n'ayant jamais subi la moindre contravention, s'en va se promener un dimanche à Montreuil, avec sa maîtresse. En passant devant la grille d'un jardin, ils aperçoivent un pêcher couvert de fruits magnifiques. La jeune fille qui n'était ni méchante ni criminelle, mais peut-être simplement un peu gourmande, sent l'eau lui venir à la bouche et s'écrie : Oh ! les belles pêches ! qu'elles doivent être bonnes! Ce n'était pas une demande ni une prière, mais l'allusion était trop visible. Quand on est jeune, qu'on a une maîtresse jolie et qu'on tient à la garder, il faut bien se montrer galant. Aussi, sans hésitation et presque sans prendre la peine de s'assurer que personne ne le regardait, l'amoureux escalade la grille, saute dans le jardin et revient avec deux pêches. Mais malheureusement le jardinier n'était pas loin et l'avait vu : il l'appréhende au collet et le fait arrêter. Il y avait vol et escalade ; le malheureux fut condamné à trois mois de prison. Il est évident que, dans ce cas, la réflexion n'est point intervenue. Il n'a obéi à aucun sentiment de lucre ou de possession, il a voulu simplement être agréable à sa maîtresse ; seulement il n'a pas pesé les conséquences que pourrait avoir l'acte, en apparence insignifiant, qu'il allait commettre. C'est un simple accident.

Voici un autre fait qui, malgré les apparences, diffère essentiellement du premier.

Un individu de vingt et un ans, peintre sur porcelaine, appartenant à une assez bonne famille, n'ayant jamais eu de condamnation et ayant toujours bien travaillé, devient l'amant de cœur d'une fille de joie du quartier Bréda qui s'était éprise de lui dans un concours de gymnastique où il avait particulièrement brillé, grâce à sa structure athlétique et à la magnificence de sa musculature superbe. Cette femme l'entraîna, le débaucha, lui fit quitter ses parents. En peu de temps il perdit l'habitude du travail, devint rapidement un mauvais ouvrier, et son irrégularité le fit renvoyer de l'atelier. Un soir sa maîtresse « fait la montre d'un miché sérieux » (1). Le lendemain, l'amant de cœur la voit accrochée au clou ; sa maîtresse, qui l'avait prise à son intention, la lui offre. Il refuse d'abord, surpris et presque offensé. Certainement, de lui-même, il n'aurait point pensé à commettre une telle action. Mais après quelques instants de réflexion la chose ne lui paraît pas si condamnable. C'est une occasion, une bonne. Pourquoi n'en profiterait-il pas ? Après tout, lui n'a rien volé ; sa maîtresse lui fait un cadeau ; il n'est pas obligé d'en savoir la provenance ; il ne court aucun risque, et, si l'affaire venait à se découvrir, toute la faute retomberait, pense-t-il, sur celle qui a commis le larcin. Il accepte, et le soir, se trouvant sans argent, puisqu'il ne travaillait plus, il va porter la montre au Mont-de-Piété. L'amoureux volé se plaignit, on fit une enquête, le pot aux roses se découvrit et notre homme fut condamné à huit mois de prison.

Il est manifeste qu'ici il ne s'agit plus d'un simple accident. Il n'y a pas non plus préméditation, c'est certain ; mais la réflexion est intervenue, a pu peser le pour et le contre, les avantages et les dangers de l'acte, cela est tout aussi certain. Le coupable, conscience peu délicate, a profité d'une occasion qui lui a paru bonne.

(1) Vole la montre d'un amoureux sérieux, c'est-à-dire payant bien.

Voilà donc une première différence très nette.

Les suites du crime ou de l'acte délictueux ne sont pas moins différentes dans les deux cas.

Le criminel d'accident est plutôt étonné et surpris de l'entraînement qu'il a subi et auquel il a cédé. Non-seulement il n'y a pas eu préméditation dans le crime, mais encore il ne s'attendait pas à le commettre. « Le malheur, une fois accompli, le jette dans un état de stupéfaction douloureuse ; la vivacité de ses regrets prouve bien que l'acte coupable n'avait aucun rapport avec ses intentions habituelles et avec ses sentiments préférés (1). » Ainsi, dans le premier exemple que je viens de citer, le coupable resta d'abord dans une immense désespérance, torturé par le remords. Et tout cela n'était ni simulation, ni grimace. La preuve, c'est qu'un jour il se jeta du haut d'un second étage à Mazas et se fractura un bras. Je l'ai observé pendant plusieurs mois à l'infirmerie centrale de la Santé ; son chagrin des premiers jours finit par se dissiper, et les paroles d'encouragement d'un entourage bienveillant lui firent reprendre courage.

Tout autrement se comporta le deuxième individu que j'ai cité. Je l'ai également observé pendant un certain temps à l'infirmerie centrale ; il était très ennuyé de son arrestation, qui allait lui causer un grand préjudice, se montrait irrité contre les juges qui, disait-il, l'avaient condamné à faux, puisqu'il n'avait rien volé. Mais sa conscience le laissait en repos ; il ne regrettait que sa liberté perdue et son avenir compromis.

Voilà encore une différence souvent assez difficile à constater. je le confesse, mais néanmoins très appréciable.

(1) H. Joly. *Le Crime*, chap. IV, p. 79.

II

Le criminel d'accident n'a point prémédité son crime, il n'y a pas même réfléchi ; néanmoins un mobile l'a poussé à commettre cet acte. Il ne serait pas sans intérêt de rechercher dans quelles circonstances ce mobile sera assez puissant pour l'entraîner à commettre un acte répréhensible. En effet, « le crime accidentel, dit encore M. Joly, a une cause, et cette cause est chez l'homme même qui l'a commis ». Il faut chez l'individu une sorte de prédisposition, sans quoi tout homme succomberait. Il faut un état mental spécial, état différent de celui du commun des hommes. Chez le criminel d'occasion, cet état est très facile à définir : c'est un homme très normalement équilibré, mais dont la conscience, soit congénitalement, soit par éducation, soit par habitude, est élastique, comme disait un confesseur du siècle dernier, auteur de plusieurs ouvrages de casuistique. L'esprit discerne parfaitement le bien du mal, mais la conscience juge les actes avec une indulgence malhonnête et une complaisance indélicate. Pas vu, pas pris : tel est un peu son raisonnement.

Tout différent est l'état mental du criminel d'accident. Son esprit peut être normalement équilibré, sa conscience sévère et équitable dans ses jugements ; mais chez lui la réflexion n'arrive pas toujours à temps pour régler et pondérer les actes, réprimer les passions toujours prêtes à se déchaîner. Chez lui cette opération cérébrale n'est pas assez puissante pour amener un équilibre parfait.

Aussi les criminels d'accident se rencontrent surtout parmi les natures inertes qui se laissent entraîner et n'ont pas le courage de réagir, et plus encore parmi ces hommes au caractère prompt et vif « qu'un moment d'effervescence précipite tête baissée dans quelque attentat ».

Il arrive quelquefois que la tentation est trop violente et au-dessus des forces ordinaires, c'est un outrage sanglant qu'on a reçu, c'est une injustice méchante que l'on vient de subir, c'est un piège où l'on se trouve pris sans l'avoir vu. Le péril a été d'autant plus difficile à éviter qu'il a été soudain. Il y a en effet dans tout homme des passions toujours prêtes à se déchaîner parce qu'elles touchent de près à l'instinct, tandis que la force de résistance de la vertu semble avoir besoin d'être plus consolidée par l'effort. Si l'individu tenté n'a pas le temps de la réflexion, il a de grandes chances d'être perdu (1) ».

Tel est le cas suivant :

J'ai connu un garçon boucher, âgé de 28 ans, garçon robuste et superbement musclé, buvant chaque jour de deux à trois litres de vin, marié et menant une vie très régulière. Un jour il a une discussion des plus vives avec son patron, la colère l'emporte, la réflexion n'arrive pas à temps pour maîtriser son bras et il frappe : d'où condamnation. C'est un accident auquel il s'est laissé entraîner malgré lui et dont la vive irritabilité de son caractère est seule cause.

Dans d'autres circonstances, le coupable obéit à une influence extérieure. Caractère faible, volonté indécise et hésitante, il se laisse entraîner par les conseils perfides d'un faux ami. On a fait miroiter à ses yeux l'espoir de quelque gain considérable, de quelque plaisir chimérique. Comme à l'enfant indocile dont parle Lucrèce, on lui a enduit de miel les bords de la coupe pleine d'absinthe, on lui a doré son crime, on l'a paré de noms trompeurs, et sous les fleurs on lui a caché le serpent. Chez cet esprit, où toutes les opérations se font lentes et paresseuses, la réflexion n'est point venue l'éclairer et le détromper : séduit, il

(1) Joly. *Le Crime.*

a commis l'action coupable. Au réveil de sa conscience, il s'est vu joué par le faux ami, condamné, et il a été pris d'un doulou- reux étonnement. Beaucoup de crimes se commettent dans des conditions semblables : ce sont toujours des accidents.

Je n'en veux pour preuve que l'exemple suivant.

Un torero espagnol vient à Paris pour se faire soigner par des spécialistes d'un coup de corne qu'il a reçu, dit-il, autrefois dans le flanc. C'est un garçon assez intelligent, assez instruit, parlant

Fig. 2

correctement l'espagnol et assez bien le portugais. Bien qu'il eût été employé comme banderillero dans la quadrilla de Marinero, c'était un garçon sans volonté, sans caractère et je dirai presque sans courage. Je l'ai vu pleurer comme un enfant et rester

profession. Sans doute, la peine subie, ses conséquences terribles
suffiront le plus souvent à le rendre plus prévoyant et plus
réfléchi dans ses actes. Mais la même tentation, qu'il n'a pu
vaincre une première fois, peut reparaître tout aussi violente
et tout aussi impérieuse, au point d'empêcher la réflexion et
d'amener la répétition du même acte.

Ainsi, j'ai connu un malheureux lithographe de 19 ans qui
avait subi deux condamnations pour vol et qui cependant était
un excellent garçon, au caractère doux et qui ne demandait qu'à
bien faire. Enfant naturel, fils d'une phtisique, le pauvre
diable était chétif, maladif, ne trouvait pas toujours de l'ouvrage
et avait toutes les peines du monde à gagner sa vie. Un matin il
se lève, sans le sou, sans travail et la faim au ventre. Il n'y
tient plus : il vole un fromage qu'on ne lui laisse même pas
manger : on l'emmène en prison. Trois mois après, il se retrouve
dans la même situation douloureuse : cette fois il vole une boîte
de homard et se fait condamner de nouveau. Le malheureux
était-il si coupable ? Ce n'étaient que des accidents imprévus,
suites de la faim qui rend aveugle et en quelque sorte incon-
sciente la main qui dérobe.

Dans d'autres circonstances, une première condamnation
peut être la cause de plusieurs autres qui n'en sont que la conséquence presque inévitable pour certains individus. Ainsi, j'ai
connu un pauvre jardinier qui avait subi cinq condamnations et
qui cependant n'était pas un criminel d'habitude, ni même un
mauvais homme. Voici pourquoi. Un soir de noce avec des
amis, se trouvant un peu gris, il vole une poule chez son patron,
non pas pour la vendre et en retirer quelque profit, mais simplement pour mener la fête jusqu'au bout et pouvoir régaler ses
amis. Ce n'était qu'un accident regrettable dont le vin était en
grande partie la cause. Mais le patron volé se montre inexorable
et porte plainte : le malheureux jardinier est condamné et, sa

peine expirée, il doit quitter le département. Or, il a là sa famille, tous ceux qu'il connaît, qu'il aime. S'il les quitte, c'est tout perdre, le bonheur et peut-être le travail. Je vais rester tout de même, pense-t-il ; en me conduisant bien, je me ferai oublier et personne ne pensera à m'arrêter. Il en fut tout autrement, puisqu'il fut condamné successivement quatre fois pour rupture de ban. C'était la conséquence de sa première faute.

Le criminel d'occasion retombe beaucoup plus rarement encore que le criminel d'accident. Le séjour de la prison suffit ordinairement à le rendre plus honnête ou au moins plus adroit. S'il persévère, s'il continue à profiter des occasions criminelles que le hasard lui offre, sa conscience s'obscurcit de plus en plus, devient de plus en plus indulgente et de plus en plus large : il devient un criminel d'habitude.

CHAPITRE IV

I

Le code pénal français définit le vagabondage « l'état de ceux qui n'ont ni domicile certain, ni moyens d'existence et qui n'exercent habituellement ni métier ni profession ».

Mais parmi les vagabonds que l'on enferme dans les prisons, il faut distinguer plusieurs catégories très différentes les unes des autres et que nous allons énumérer.

D'abord faut-il distinguer les mendiants des vagabonds ? En mettant de côté quelques rares exceptions, en éliminant les quelques individus ayant un domicile et même quelques ressources leur permettant de vivre, et qui cependant s'en vont tendre la main, jouant la misère et exploitant la charité des passants, les délits de mendicité et vagabondage vont rarement l'un sans l'autre. Qui dit vagabond dit mendiant, et qui dit mendiant dit vagabond. Le malheureux qui court les chemins, traîne toute la journée dans les rues et sur les places publiques, dort sur les bancs des boulevards ou sous les ponts de la Seine, n'a certes pas d'argent en poche, et, s'il veut manger un morceau de pain, il faut bien qu'il mendie. Donc, mendiant ou vagabond, pour nous c'est la même chose.

II

Il est une première catégorie de vagabonds et de mendiants constituée par des individus qui se trouvent dans une impossibilité plus ou moins complète de gagner leur vie : ce sont les infirmes. Tel individu naît aveugle : tel autre, à la suite de convulsions, devient paralysé d'un ou des deux membres. Comment ces individus pourront-ils pourvoir à leurs besoins ? S'ils appartiennent à une famille je ne dirai pas riche, mais un peu aisée, leurs parents pourront leur faire donner une certaine instruction, et alors ils gagneront leur vie tantôt comme employés de bureau, tantôt comme caissiers dans un magasin, etc. Sans être des heureux, ils auront au moins le nécessaire et ils pourront se mettre à l'abri du besoin. Mais si l'estropié appartient à une famille pauvre et misérable, qu'adviendra-t-il de lui ? Maltraité et mal vu de ses parents, qui le considèrent comme une bouche inutile qu'il faut nourrir, il se trouvera un jour dans la rue sans le sou et avec des bras impuissants à lui donner du pain et un gîte. S'il n'a pas la chance d'être accueilli et placé dans un asile spécial, il tombera fatalement dans la misère, il deviendra un mendiant et un vagabond, peut-être même un criminel. Un soir qu'il aura tendu vainement la main toute une journée sans pouvoir apitoyer les passants, si son estomac crie trop fort, il volera. Eh quoi ! dira-t-on, on trouve de ces déshérités en prison ? Oui, certes, et on ne les compte pas. Pour ma part, j'en ai vu et interrogé des quantités. J'ai connu ces temps derniers, à la Santé, un individu qui a passé presque toute sa vie en prison, qui est né et a vécu dans le malheur. Enfant naturel, sa mère l'accueille comme une faute et un fardeau et elle essaie de se détruire avec lui. Plus tard, les convulsions le tordent sur un lit d'hôpital et il reste hémiplégique. Sachant à peine lire et écrire, il ne voit presque pas clair, car une taie opaque voile son œil gauche ; il a subi plus de vingt condamnations pour mendicité et vagabondage, et il n'a encore que 37 ans. Il ne sort de prison que pour y rentrer. Aussi il se plaint avec amertume, récrimine contre les autorités judiciaires qui, au lieu de le placer dans un hospice, où il serait à sa vraie place, le jettent en prison parce que, dit-il, la nourriture y coûte moins cher.

Un individu âgé de 29 ans, fils d'un ivrogne et d'une tuberculeuse, a déjà subi sept condamnations pour mendicité. Il est hémiplégique depuis l'âge de 13 mois et ne peut marcher qu'avec des béquilles. Epileptique par-dessus le marché, il roule de prison en prison.

Ces faits sont très fréquents, et on ne saurait se figurer combien de ces pauvres diables vivent dans les prisons, qui sont pour eux des espèces de refuges. Dernièrement je voyais un aveugle arrêté pour mendicité et condamné à quinze jours de prison.

Ceux-là sont en quelque sorte des vagabonds-nés ; les malheureux sont condamnés au vagabondage en venant au monde. Mais, chose qui surprendra plus encore, il est des individus qui ont toujours vécu honorablement, qui ont toujours bien travaillé et qui un jour, devenus infirmes par accident, tombent dans la misère et viennent échouer en prison. Ces faits sont lamentables sans doute, mais ils n'en existent pas moins. J'ai connu à la Santé un maçon qui jusqu'à 45 ans avait toujours travaillé et vécu honorablement. Un jour il se laisse tomber du haut d'un échafaudage et se casse le bras droit. La fracture ne guérit pas et nécessite la résection d'une portion de l'humérus. Dès lors cet homme, peu instruit quoique assez intelligent, ne peut plus travailler ; ses petites économies d'ouvrier sont vite épuisées et il tombe dans la misère. Depuis il a été amené en prison je ne sais combien de fois pour mendicité et vagabondage.

III

Une seconde classe de vagabonds comprend ces individus faibles de caractère et de volonté, peu laborieux et peu intelligents, ne sachant pas réagir et lutter pour l'existence, se laissant abattre dès le premier choc et incapables de se relever ensuite. Ce sont des individus mal armés pour la lutte de la vie, corps frêles et maladifs, âmes débiles et légères. Ce sont d'abord des ouvriers peu adroits, irréguliers, négligents, qu'on renvoie de partout et qui chôment la moitié du temps. Puis le découragement les envahit ; ils acceptent mélancoliquement leur sort, désespèrent de pouvoir jamais remonter dans les sphères du travail régulier ; alors ils s'en vont au hasard des chemins, poussés presque toujours vers les grandes villes où les attire on ne sait quel chimérique mirage. Ils mendient pour vivre et couchent n'importe où jusqu'au jour où la police les ramasse et les amène en prison, lieu de repos qu'ils sont toujours sûrs de trouver au bout de leur route. Ils sortent : leur vie errante recommence et ils ne tardent pas à revenir.

Je voyais dernièrement un individu de vingt ans qui a déjà subi cinq condamnations pour vagabondage. C'est un garçon peu courageux, sans caractère et sans volonté, maladif, gagnant péniblement sa vie en travaillant dans les fermes, le plus souvent errant de village en village, vivant d'aumônes et couchant dans les écuries ou dans les granges. Ce malheureux ne sait ce qu'est devenu son père, qui déserta le ménage alors qu'il était encore tout enfant, et, lorsqu'il perdit sa mère, il n'avait que six ans. Tout jeune il fut voué à la vie incertaine du vagabond.

Un autre individu, âgé de 45 ans et en paraissant au moins 55, a subi plus de vingt condamnations pour mendicité et vagabondage. C'est une intelligence très obtuse, pouvant à peine donner des renseignements sur ses parents, sachant à peine lire et écrire, bien qu'il soit allé à l'école jusqu'à l'âge de quatorze ans. Tout ce qu'il sait, c'est que la misère a veillé au chevet de son berceau, qu'elle l'a suivi enfant dans le pauvre ménage de ses parents et que depuis elle ne l'a jamais quitté. Il travaillait à la campagne, tantôt comme jardinier, tantôt comme vigneron, tantôt comme garçon de ferme. Mais c'était un ouvrier peu habile, qu'on n'occupait que lorsqu'on n'en trouvait pas d'autres, le plus souvent par charité ou par commisération. Il est arrivé à la Santé dans un état de cachexie profonde, mourant presque de faim. La moitié de sa vie au moins s'est passée en prison. Il n'a jamais connu les jouissances qui font le bonheur des hommes et les attachent à la vie. Son cœur comme son esprit sont restés fermés à toutes choses : il n'a point connu les joies des enfants qu'on aime et qu'on choye ; il affirme qu'il ne connaît point les plaisirs de l'amour et qu'il n'a jamais vu de femme de sa vie; il n'a même jamais eu la satisfaction moins élevée de sentir son estomac rempli et il me dit avec des larmes de regret dans les yeux : « Je ne sais pas encore ce que c'est que d'avoir bu un coup de trop! »

Il est évident que ces deux individus sont nés mal armés pour l'existence. Ils n'ont point su trouver en eux l'énergie nécessaire pour lutter contre l'adversité et en sortir. Nés dans la misère, ils y sont restés sans presque avoir fait un effort sérieux pour en sortir.

IV

Les individus dont je viens de parler naissent en quelque sorte mendiants et vagabonds : il en est qui le deviennent. Ils diffèrent peu au point de vue mental des précédents, néanmoins ils présentent certaines particularités qui doivent les faire classer dans une catégorie à part.

Ce sont toujours des faibles, des mal armés, mais par suite de circonstances plus favorables, ils se trouvent dans une situation meilleure qui leur permet de vivre dans une aisance relative : ce sont ordinairement des individus sans ambition, qui n'avancent point, restent stationnaires. Mais ils se contentent de cet état puisqu'ils gagnent leur vie et ont le nécessaire. Généralement ils n'ont point d'économies et ils vivent au jour le jour. Qu'une catastrophe survienne, qu'ils perdent la petite situation qui leur assurait le pain quotidien, si la femme qui les soutenait et les armait chaque jour d'une nouvelle dose de courage pour la lutte, est morte ou partie : si les enfants sont dispersés ou bien que l'ingratitude leur fasse repousser leur père, alors ils seront comme anéantis. Au lieu de chercher une autre place, de se remuer et d'intriguer, comme on dit, ils resteront plongés dans une torpeur désespérée, ne comptant plus sur rien que sur la misère qui demain frappera à leur porte et les jettera dans la rue sans argent et sans pain, obligés de mendier et de coucher dans les asiles de nuit. Ils viendront grossir la troupe des vagabonds qui peuplent les prisons. Tel est le cas de ce malheureux qui pendant longtemps avait exercé le métier peu lucratif, mais suffisant néanmoins, de chef d'orchestre, tantôt au théâtre de Belleville, tantôt au théâtre des Batignolles. Un jour, je ne sais trop pour quel motif, il perdit sa place. Sa femme est morte, ses onze enfants sont dispersés de tous les côtés et il ne sait même pas ce qu'ils sont devenus; du jour au lendemain il tombe dans la misère la plus profonde. Il a déjà subi trois condamnations pour mendicité et vagabondage.

Assez souvent à cette sorte de dépression intellectuelle qui paralyse la volonté et anéantit tout courage, s'ajoute l'âge avancé du sujet. Ainsi j'ai connu un vieux comptable qui à 60 ans se trouva sans travail par suite de la ruine de la maison où il était employé depuis fort longtemps. Son manque d'initiative, ses manies de gratte papier de routine, son grand âge firent qu'on le refusa dans toutes les maisons où il se présenta. Sans amis, sa femme et tous ses enfants morts, son goût trop prononcé pour la bouteille ne lui ayant pas perm... de faire des économies, il tomba dans la misère et depuis il n'a plus guère vécu qu'en prison, puisqu'il compte quinze condamnations pour mendicité et vagabondage.

V

Enfin une dernière classe de vagabonds est constituée par ces individus qui, à la suite d'une première faute, se sont vu fermer la porte de tous les ateliers et n'ont pu retrouver du travail.

Prenons des exemples.

C... fut condamné à la déportation en 1871 comme communard et envoyé d'abord à Brest sur les pontons, puis en Nou-

velle-Calédonie. Il resta de 1873 à 1881 à l'île des Pins où,
dit-il, il gagnait bien sa vie. Revenu à Paris au moment de
l'amnistie, il ne retrouve plus ni parents ni amis ; tous ceux
qu'il connaissait ont disparu. Il se met à chercher du travail,
mais partout on le repousse. Puis bien   , à la suite de privations de toutes sortes, la maladie s'   mêle, il lui est absolument impossible de trouver aucune occupation et cinq fois de
suite il se fait arrêter comme vagabond.

Tel est encore le cas suivant.

Fig. 3

D... est un pauvre estropié de 24 ans ; il présente une luxation
iliaque de la hanche droite datant de l'enfance et survenue à la
suite de convulsions. Il existe de l'atrophie des muscles de la
cuisse et u raccourcissement de huit centimètres (*Voyez fig. 3*).

Fils de pauvres bûcherons, D... avait réussi à se procurer une occupation dans une ferme, où il n'était pas malheureux. Mais un jour il voit son compagnon de lit, un domestique comme lui, laisser un matin une pièce de cinq francs dans la poche de son gilet. Une abominable tentation le harcèle et triomphe de ses scrupules : il vole ces cinq francs. On ne tarde pas à connaître qu'il est l'auteur du larcin, on le chasse impitoyablement et il est condamné à quinze jours de prison. Plein de honte, il n'ose retourner à la ferme où on ne le reprendrait plus sans doute ; ailleurs on le refuse à cause de son infirmité ; on préfère un ouvrier valide à cet infirme. Alors sans trop savoir pourquoi, il se met en route pour Paris. Là, moins que partout ailleurs, il ne peut trouver de l'ouvrage. Il se met à mendier, couchant sous les ponts et dans les maisons en construction, restant quelquefois deux jours sans manger un morceau de pain. Cette vie errante l'a déjà amené trois fois en prison comme vagabond. En ce moment il finit sa peine à l'infirmerie centrale où il va mourir de tuberculose.

Sans doute ces deux individus ont manqué de fermeté et de volonté, sans compter que le second était tout à fait déshérité au point de vue physique. Mais si les douloureux événements de la Commune ne s'étaient point produits, si le premier de ces individus n'avait point cédé à cet emportement qui a entraîné et perdu tant de détraqués et de naïfs, il serait probablement resté un ouvrier, très ordinaire sans doute, mais au moins aujourd'hui il gagnerait honorablement sa vie au lieu de finir une existence misérable dans une infirmerie de prison. Le second quoique estropié avait eu la chance de pouvoir trouver un emploi qui le mettait à l'abri du besoin. Sans ce vol ridicule de 5 francs, il serait peut-être encore dans cette ferme où, dit-il, il se trouvait si bien ; ainsi il se serait sauvé de la prison et peut-être de la tuberculose.

VI

« En principe, dit Macé, tout vagabond contient l'étoffe d'un malfaiteur et le devient tôt ou tard » (1). Cette assertion me paraît exagérée. Sans doute beaucoup de criminels commencent par être des vagabonds mais ce sont des vagabonds d'une espèce toute différente de celle dont nous venons de parler ; ils forment « cette phalange de déclassés volontaires, chevaliers d'industrie inavouable, émigrant chaque nuit de garni en garni, vivant du vice, aujourd'hui du jeu clandestin organisé dans quelque carrefour, demain de la débauche qu'ils encouragent et dont ils perçoivent les profits » (2). Mais ce ne sont plus des vagabonds : ce sont des souteneurs et des filous, et nous les retrouverons au chapitre suivant parmi les criminels d'habitude. Un vagabond, un mendiant peut, comme je l'ai déjà expliqué, devenir un voleur, un soir qu'il a faim ; il peut même persister dans cette voie et devenir un voleur de profession, quelquefois un souteneur ; mais alors il cesse d'être un vagabond. Il est au contraire des individus qui, soit par crainte de la loi et du châtiment, soit par scrupules d'une conscience restée droite et honnête dans la misère, résistent aux tentations et refusent de se laisser enrôler dans l'armée du vice. Ils restent vagabonds toute leur vie ; ils ont des multitudes de condamnations pour mendicité et vagabondage, mais aucune pour vol. Le 13 juin 1888, le tribunal de Domfront jugeait un vagabond qui allait être condamné pour la soixante et onzième fois. Il appartenait à cette catégorie de vagabonds dont j'ai parlé et qui,

(1) G. Macé. *Le Service de la Santé*, p. 270.
(2) *Loi Waldeck Rousseau*. **Exposé des motifs.**

à la suite d'une première faute, ne peuvent plus se relever. Son histoire est rapportée dans l'excellent livre de M. Joly, à qui je l'emprunte. « Issu d'une famille aisée, bachelier ès-sciences, élève externe de l'Ecole des mines, beau-frère d'un sénateur, il avait été successivement condamné pour vol, pour vente d'effets militaires et pour escroquerie. Abandonné des siens, il avait tenté de revenir à une vie laborieuse et s'était vu repoussé, malgré ses efforts et ses diplômes. Il avait donc vécu dans le vagabondage, mais il avait su n'en pas sortir. Chose plus étonnante encore chez un malheureux jadis condamné pour d'autres méfaits, que chez des hommes restés jusque-là hors du crime ! Depuis 25 ans, a-t-il pu dire à l'audience, je n'ai pas subi une seule condamnation pour vol, mais je ne puis désormais que vivre en prison ». (1)

On amenait il n'y a qu'un instant, à l'infirmerie centrale, un individu qui compte plus de trente condamnations. Ce pauvre diable a perdu très jeune ses parents et s'est vu de bonne heure livré à lui-même, obligé de gagner sa vie et de subvenir à tous ses besoins. Néanmoins, d'après ce qu'il raconte, ses débuts ne furent point trop durs et il a connu (trop peut-être) les joies que procure l'alcool. Peu intelligent, ne sachant ni lire ni écrire, esprit indécis, volonté hésitante, il se laisse un jour convaincre et entraîner par un mauvais garnement et commet un vol. Oh ! un vol bien insignifiant : quelques mouchoirs dérobés à un étalage. On le jette en prison. Le remords et la cellule ont le plus salutaire effet : il sort amendé et se propose bien de ne plus recommencer. Mais avant tout il faut trouver du travail. Il se présente dans une foule de maisons, d'ateliers ; partout la même réponse : nous n'avons besoin de personne. Néanmoins on finit par l'accepter ; mais huit jours après on connaît son passé et le samedi, en le payant, on lui dit : l'ouvrier que vous

(1) H. Joly. *Le Crime*, chap. II

4

remplaciez est rentré, il était à l'hôpital, il est guéri, il va reprendre son travail ; nous n'avons par conséquent plus besoin de vous. Quand on a un peu d'idée, dit le pauvre diable, on comprend ce que cela veut dire. Et il repart essuyer ailleurs le même refus ou le même affront. Et cet ostracisme impitoyable lui ferme toutes les portes. Et le voilà roulant de prison en prison, perdu à tout jamais. Aujourd'hui il a 59 ans et il en paraît 70 ; il a passé plus de la moitié de sa vie en prison. Il est cassé, usé, meurtri et déprimé aussi bien intellectuellement que physiquement. Il sait qu'il ne peut plus rien, qu'il doit mourir en prison, et il attend patiemment la mort comme une délivrance. « Oui, me dit-il, je suis fini. Je voudrais bien être mort. Oh ! allez, monsieur, je n'ai pas été heureux dans ma vie. Et cependant je n'étais pas un méchant homme. J'ai volé si peu de chose ! J'ai toujours bien travaillé, même en prison ». Tout cela est dit d'un ton navrant.

Emile Gauthier, paraphrasant une boutade de J. Vallès qui trouve aux vieux forçats un air vénérable et reposé, prétend que pour ces gens-là la prison est une sorte d'asile où ils aiment à venir se reposer, parce que, dit-il, ils y trouvent le calme, l'anéantissement de la volonté et de la conscience, « le vivre et le couvert assurés, nul souci du lendemain, aucune autre préoccupation que d'obéir docilement à la consigne imposée, n'être plus, comme le chien à qui il suffit de remuer les pattes pour actionner le tambour du tourne-broche, que le rouage inconscient d'une machine » (1). Quelque lâches et inconscients que soient ces misérables, quelque épris qu'ils soient d'uniformité et de symétrie, la prison n'est point pour eux un paradis indou, un nirvana où ils s'abîment dans une jouissance d'onanisme divin. C'est un endroit où ils souffrent,

(1) Emile Gauthier. Le Monde des prisons. In *Archives de l'anthropologie criminelle*. Novembre 1888.

où ils souffrent de la faim et du froid, où ils souffrent ce
supplice atroce pour eux de la privation du tabac, un endroit
où ils souffrent quoiqu'on dise de la privation des plaisirs de
l'amour et du manque de liberté. J'ai vu et interrogé bien des
détenus, tous aspiraient à sortir et je n'en ai connu qu'un qui
préférait la vie de la prison à la vie en plein air. C'est une
exception. J'en reparlerai ailleurs.

Dans les deux cas que je viens de citer, il s'agit d'individus
qui ont débuté par le crime et qui cependant ne sont restés que
des vagabonds. Il n'est pas rare de voir des individus qui n'ont
jamais subi d'autres condamnations que pour délit de vagabondage. Un jour, on amenait à l'infirmerie centrale un pauvre
diable de 48 ans qui en paraissait bien 60, amaigri, débilité,
pouvant à peine se tenir sur ses jambes. Lorsque je lui posai la
question habituelle : Où souffrez-vous ? Il me répondit d'une
voix cassée et suppliante : J'ai faim, Monsieur ! Et il me raconta
qu'il était fils d'un cultivateur de Seine-et-Oise, qu'il avait
perdu très jeune ses parents, qu'à huit ans on l'arrêta comme
enfant vagabond et qu'on l'enferma à la Roquette jusqu'à 21
ans. Depuis il a subi plus de trente condamnations pour vagabondage et passé plus de vingt ans en prison. Il n'a jamais
commis un seul vol. Cette vie l'a brisé, et lui aussi il souhaite
mourir. Pendant son séjour à l'infirmerie, au moyen du gavage
et de la suralimentation, nous avons fait le miracle de mettre
des couleurs sur son visage et de l'engraisser. On eut dit une
résurrection. Mais à quoi bon ? Le malheureux reviendra en
prison et y mourra.

Enfin, je citerai ailleurs l'histoire d'un dégénéré imbécile qui
a subi dix-huit condamnations, toutes pour vagabondage.

Ces cas sont très fréquents ; j'en ai observé des quantités.

VII

Sont-ce là des criminels ? Evidemment non. Ce sont des faibles, des désarmés pour le *struggle for life*, des détenus, voilà tout.

Or, avec le système pénitentiaire actuel, ces individus vivent mélangés dans les prisons avec les criminels d'habitude, avec les criminels-nés.

Il est inutile de faire ressortir ici quelles conséquences peut avoir et a souvent cette promiscuité. Combien il sera facile aux criminels d'influencer ces esprits faibles, de vaincre ces volontés fluctuantes, d'entraîner ces âmes sans force et sans consistance, de les façonner et de les pétrir comme une argile molle et malléable, d'en faire des complices faciles à tromper et qui tireront les marrons du feu. Ce sont des recrues dociles pour les malfaiteurs habiles. Combien de vagabonds sont devenus criminels par suite de leur séjour en prison !

CHAPITRE V

I

L'habitude est une disposition acquise à reproduire certains actes déjà exécutés plusieurs fois et qui, par cette répétition même, deviennent plus faciles, plus rapides et plus sûrs. C'est, a-t-on dit, un instinct acquis, une seconde nature.

Certains hommes naissent en quelque sorte avec un penchant naturel à faire le bien et ils en prennent facilement l'habitude : ce sont ces âmes d'élite que les anciens décoraient du beau nom de justes ; d'autres, au contraire, apportent en naissant un invincible penchant au mal, et, quoiqu'on fasse, ils prennent aussi facilement l'habitude de faire le mal que les premiers de faire le bien : ce sont les fous moraux ou criminels-nés que nous étudierons dans le chapitre suivant. Mais il est d'autres individus, et ils forment la majorité, qui, au seuil de la vie, hésitent entre le bien et le mal. Comme Hercule, placé entre le vice et la vertu, ils écoutent deux voix parlant un langage tout différent. Leur conscience se laisse convaincre par l'une ou par l'autre ; les uns deviendront des hommes de bien et les autres des criminels.

Pour commettre une mauvaise action, l'homme est obligé de vaincre les scrupules de sa conscience, scrupules innés ou

acquis par l'éducation, de vaincre le respect de la loi et la
crainte du châtiment : la première faute demande un effort
considérable. Mais si cette action mauvaise se répète, la conscience s'émousse, la crainte de la loi diminue graduellement et
l'acte s'accomplit sans effort et sans secousse, presque naturellement. Ainsi, dans l'ordre des choses matérielles, l'habitude
est une condition d'existence physique : *Nemo duraret*, dit le
vieux Sénèque, *si rerum adversarum eamdem vim assiduitas
haberet quam primus ictus.* Il en est de même dans l'ordre
moral : la répétition du crime fait que le coupable l'accomplit
sans hésitation et sans remords. La conscience parle de plus en
plus bas ; elle finit même par s'endormir ; elle devient la
muette, comme on dit en argot. Or, quand l'homme ne porte
plus en lui ce tribunal équitable de la conscience, il lui paraît
tout aussi naturel de faire le mal que de faire le bien, et chaque
fois qu'il peut trouver avantage à commettre un vol ou un
meurtre, il le commet sans hésitation et sans retenue, par habitude.

C'est cette variété de criminels que nous allons essayer
d'analyser.

II

Et d'abord faut-il séparer le criminel d'habitude du criminel
de profession? Cette distinction me paraît bien subtile. Existe-
il réellement des criminels de profession? En effet, qui dit
profession dit plus qu'habitude et un criminel de profession
serait un criminel qui, chaque jour, pourrait répéter avec une
quasi certitude d'impunité le même délit, délit lui fournissant

des moyens d'existence à peu près réguliers et assurés. Je ne vois guère que deux variétés de criminels qui puissent rentrer dans cette classe: ce sont d'abord les mendiants qui chaque jour viennent tendre la main au même endroit ou exploiter le même village, sans que la police les inquiète, les souteneurs qui reçoivent quotidiennement de la femme qu'ils protègent une somme plus ou moins considérable. A la rigueur on pourrait peut-être encore faire rentrer dans cette catégorie les prostitués hommes, les pédérastes et plus spécialement ceux qu'on a appelés « petits Jésus », ceux qui font commerce de leur corps et en vivent. Enfin certains auteurs considèrent encore comme telles les prostituées. Mais peut-on dire qu'une femme qui vend son corps soit une criminelle de profession? Le pédéraste lui, commet un crime contre nature, une chose abominable et impie. La prostituée ne froisse en rien les lois de la nature. Les anciens ne les appelaient-ils pas les servantes des dieux et dans les fêtes païennes des Dyonisiaques où le phallus était glorifié, ne tenaient-elles pas les places d'honneur? Aujourd'hui encore les Chinois ne leur donnent-ils pas le premier rang dans leurs processions? Sans doute les anciens se montraient peu sévères, car faire de son corps une chose mercantile, trafiquer de l'amour, exploiter les passions et les faiblesses humaines, est un métier peu estimable, mais dire que ce soit un crime, c'est tomber dans l'excès contraire. D'autre part si la prostituée en vendant son corps commet un crime, l'homme qui va avec elle, contribue à la perpétration du même crime. Or si l'on prenait jamais la population masculine d'une grande ville et qu'on dise au juge de faire son choix, y trouverait-il dix justes?

Les criminels de profession, comme on le voit, diffèrent bien peu des criminels d'habitude. Le souteneur et le prostitué pédéraste ont passé, avant d'arriver à leur état de criminels professionnels, par les mêmes phases que le criminel d'habitude. Leur

conscience a subi les mêmes révoltes et plus tard les mêmes
apaisements. Ils en diffèrent seulement en ce que le délit qu'ils
commettent peut se répéter quotidiennement sans leur faire
courir de trop grands risques. Le criminel d'habitude vit également de ses larcins, mais il peut manquer d'ouvrage et rester
plusieurs jours sans pouvoir travailler : il faut trouver des coups
à faire et surtout ne pas se laisser prendre. Le souteneur qui
veille sur sa « marmite », le « petit jésus » qui joue de la prunelle
avec les vieux messieurs, se trouvent le plus souvent ,hors
d'atteinte de la loi, et le châtiment est peu à redouter pour eux :
de plus, chaque soir ils sont sûrs de trouver, le premier, une fille
à exploiter: le second, « une rivette à plumer ».(1) Ce ne sont en
somme que des nuances, des sous-variétés d'une même variété.

II

   Parmi les criminels d'habitude il en est qui sont amenés à
commettre et à répéter le même délit en quelque sorte par suite
de leur profession. Un marchand de vin se fera toujours condamner pour avoir vendu du vin falsifié et nuisible. J'ai connu un
herboriste qui avait subi six condamnations. Pour exercice
illégal de la médecine ou de la pharmacie! pensez-vous. Pas
du tout, c'était pour avoir herborisé et cueilli des simples dans
des endroits défendus. « Un jour, me dit-il, on me condamne
pour avoir ramassé dans un champ des bourgeons de sapin ou
des feuilles de pervenche, un autre jour pour avoir pris quelques fleurs de violette ou une feuille de vigne alors qu'on
condamne tant de gens parce qu'ils n'en mettent pas sur leurs
dessins. C'est mon métier qui veut ça. » Chez d'autres c'est

_____
(1) Un client à voler.

une habitude passionnelle: tels sont les braconniers. J'ai vu à la Santé deux vieux braconniers qui avaient subi chacun une douzaine de condamnations pour ce seul motif: ils ne braconnaient pas parce qu'ils en vivaient, puisqu'ils avaient les moyens de gagner beaucoup plus facilement et beaucoup plus largement leur vie ; c'était pour eux beaucoup moins un gagne-pain qu'un plaisir. Il fallait les entendre raconter les joies âcres du métier : les longues promenades dans les bois solitaires, la crainte et la fuite des gardes-chasse, l'attente patiente du gibier avec qui il faut jouer de ruse et d'adresse ! Pour eux, ne plus braconner, c'était ne plus vivre. Leur demander de renoncer à cette passionnante habitude, c'eut été demander à un fumeur de renoncer au tabac.

Tel est encore l'ivrogne, qui n'en veut en aucune façon et qui n'a aucune raison d'en vouloir aux agents et qui cependant, chaque fois qu'il cède à sa passion pour le vin ou l'alcool, se fait arrêter pour insultes et rébellion. Il ne peut s'empêcher de boire et chaque fois qu'il boit, il retombe dans les mêmes errements.

L... est fils d'un ivrogne. Son père en effet s'enivrait presque quotidiennement avec du genièvre. C'est une pauvre intelligence, une volonté faible. Il ne sait ni lire ni écrire.

Jeune encore il s'est mis à boire comme son père. Depuis plusieurs années il ne boit jamais moins de quatre à cinq litres de vin par jour et des quantités d'alcool. Il assure qu'il lui est arrivé fréquemment de boire une bouteille de rhum par jour.(1)

Sous l'influence de l'alcool, L... devient un individu brutal, insolent et tapageur. Aussi il a subi douze condamnations pour batteries, tapage nocturne, rébellion envers les agents.

(1) Cet individu a été soigné à l'infirmerie de la Santé dans le service de M. Petit pour une affection rare et curieuse: une hypertrophie douloureuse des mamelles. Son observation médicale a été publiée. Voyez *Gazette médicale de Paris*. Juillet 1883. Mammite douloureuse hypertrophique chez l'homme par Em. Laurent.

Sans doute tous ces individus sont des habitués du crime ou
mieux du vice. Mais chez eux il faut tenir compte, non seulement
de l'habitude mais encore et plus peut-être de la passion. Il serait
peut-être plus logique de les appeler des criminels passionnels.
Je reviendrai sur cette question lorsque j'étudierai les différents
genres de délits et les mobiles qui poussent à les commettre.

IV

Nous arrivons maintenant aux véritables criminels d'habitude
qui peuvent encore se présenter sous des aspects variés et très
différents.

Voici d'abord le criminel d'occasion, dont les méfaits se
renouvellent et qui devient criminel d'habitude. C'est encore
un timide. La conscience ne parle plus, mais la crainte de la loi
le retient encore. Il n'ose pas provoquer les occasions, seulement il en profite toutes les fois qu'elles se présentent. Ordinairement peu hardi, il ne commet que de petits vols; il n'a pas
encore l'initiative et l'audace nécessaires pour bien « travailler ».
C'est un débutant.

D... est un individu peu intelligent, sachant néanmoins lire
et écrire, au regard sec et dur; il est très nerveux et présente
du tremblement des mains assez prononcé. Son père était un
détraqué qui déserta de bonne heure le foyer conjugal et on ne
sait ce qu'il est devenu. Elevé par sa mère, qui était blanchisseuse et qui ne l'a jamais laissé manquer de rien, D..., après
avoir été soldat au bataillon d'Afrique, revint à Paris, exerçant
tantôt la profession de plombier, tantôt celle de couvreur et
plus souvent celle de souteneur. Il a eu un certain temps pour
« marmite » une fille qui eut une fin tragique. Un soir, deux

« dos » (1) la voyant « persiller » (2) aux environs du pont
Saint-Michel, l'un deux, pris de gaîté, s'écrie: « Gageons un petit
noir de deux ronds que je la fous dans la limonade ! » (3) Le pari
fut tenu, et cinq minutes après la malheureuse se débattait au
fond de la Seine et s'y noyait. D..., d'abord inculpé dans cette
sinistre affaire, fut ensuite reconnu innocent. Pourquoi aurait-il
voulu détruire son gagne-pain ? Mais le nombre de ses condamnations est déjà respectable puisqu'elles l'ont amené cinq fois
en prison. Une première fois il se fait condamner pour escro-

Fig. 4

querie, puis une seconde fois pour vol d'une grille de fonte,
puis deux fois de suite pour vol de menus objets à l'étalage,
enfin la dernière fois pour vol d'un panier de volailles sur un
camion, aux Halles (*Voyez fig. 4*).

(1) Souteneurs.
(2) Travailler, c'est-à-dire raccoler.
(3) Gageons un café de deux sous que je la jette à l'eau.

Comme on le voit, cet individu, bien qu'habitué du crime et
des prisons, n'a commis que des délits presque insignifiants.
C'est un petit criminel d'habitude, mais qu'il fasse un pas de
plus, il ne se contentera plus seulement des occasions que le
hasard lui offrira, il les provoquera et le vol deviendra sa préoccupation constante, son travail de chaque jour. Au lieu de voler
à un étalage des articles sans valeur, il combinera des coups,
étudiera les maisons riches et ne reculera pas devant l'effraction
ni même la défense à main armée. Il ne vivra plus que du crime.

Tel est le cas suivant.

V... est un garçon intelligent et instruit, appartenant à une
famille pauvre. Il perdit jeune son père. Sa mère, qui avait été
domestique chez le comte de X..., intéressa ce personnage à son
fils. Le comte lui fit donner une assez bonne instruction au
lycée de Bourges, où il obtint une bourse, grâce à sa protection.
Il avait, dit-il, le désir de poursuivre ses études, mais sa mère
l'en dissuada. Il vint à Paris à l'âge de quinze ans et entra
comme employé aux écritures dans les bureaux des Halles centrales. Au bout de quelque temps il trouva une place de
comptable dans un magasin de chaussures, d'où il ne serait sorti
que depuis peu de temps. Néanmoins, depuis trois ans bientôt,
il avait fait de mauvaises connaissances, des gens tarés ayant
subi déjà une ou plusieurs condamnations et qui l'entraînèrent
dans la mauvaise voie. Il m'a confié qu'il avait commis cent
vingt-huit vols avant d'être arrêté et qu'il avait trois acolytes
avec lesquels il partageait les prises. Il prétend qu'un soir, à
Passy, il vola vingt-deux mille francs d'un coup sans se laisser
prendre. Il est condamné aujourd'hui à sept ans de travaux
forcés pour vol à main armée. Complètement perverti maintenant, pour se procurer de l'argent il ne reculerait devant rien,
pas même devant le crime; le bagne le réclame. C'est un petit
Lacenaire, un type de criminel d'habitude.

CHAPITRE VI

I

« La folie morale est un genre dont le criminel constitue une espèce », dit Lombroso. Fous moraux et criminels-nés sont en effet des membres d'une même et unique famille. Chez le premier, l'absence ou la perversion des sentiments moraux est plus prononcée, plus évidente; chez le second, les actes criminels semblent à première vue amenés par une certaine logique, mais ils ne sont pas moins inexplicables et pas moins étrangement pervertis que dans le premier cas. Ce sont deux anneaux voisins plus ou moins étroitement unis d'une même chaine. Où commence la folie morale et où finit la criminalité ? Il serait bien difficile de le dire. Je crois avec Lombroso qu'il est impossible de distinguer le fou moral du criminel-né. Sans doute il existe au sommet et au bas de l'échelle des types faciles à classer, mais il est une foule de types intermédiaires qui peuvent tout aussi bien être classés dans la première variété que dans la seconde.

Tous deux, fou moral et criminel-né, sont des héréditaires,

des malheureux qui naissent avec le vice dans le sang. Tous deux sont des daltoniques de la conscience, des êtres frappés de cécité morale et dont la rétine psychique ne répond pas aux impressions lumineuses du juste et du bien ; tous deux sont des individus qui n'ont point « la faculté d'utiliser les notions d'esthétique et de morale qu'ils ont reçues, de sorte que les instincts cachés en tout cœur humain, chez eux montent à la surface » (1).

Cette théorie semble renverser toutes les idées que nous possédons sur la justice et la responsabilité. Je ne veux point entrer dans la discussion de cette délicate question. J'ai observé : je rapporte strictement et exactement tout ce que j'ai vu. Tant pis si les faits sont en contradiction avec les idées courantes ! Un fait clinique bien observé et bien démontré a rarement tort devant une idée qui, le plus souvent, ne s'appuie que sur des raisons métaphysiques. Si j'ai aidé à détruire une erreur, à abattre un préjugé, tant mieux ! Et d'ailleurs ces faits ne sont pas bien difficiles à interpréter. Dans le règne animal même, ces phénomènes ont été observés. On a remarqué que certains chevaux présentaient une malformation du nez qui devenait busqué. Eh bien ! chez tous les chevaux qui présentent cette malformation on est presque sûr de rencontrer de mauvais instincts, à tel point que les Arabes refusent de les admettre dans leurs haras. Avec la malformation du nez ces chevaux se transmettent leurs vices. L'homme transmet à sa descendance ses maladies et souvent les traits de son visage, les beautés ou les imperfections de son corps. Pourquoi ne lui transmettrait-il pas un encéphale anatomiquement et physiologiquement semblable au sien, et par conséquent ses instincts, ses passions, ses vices !

D'un autre côté, nous montrerons que la dégénérescence peut

(1) Lombroso. *Il uomo deliquente*. p. 552

envahir l'encéphale comme les autres organes. Or « chez l'homme normal, dit Legrain, les centres cérébraux antérieurs et postérieurs agissent synergiquement : les premiers réservés aux plus hautes fonctions de l'individualité, les derniers aux appétits et aux instincts » (1). Mais que cette synergie vienne à être détruite comme c'est, croyons-nous, le cas chez les fous moraux et les criminels-nés, que les centres antérieurs viennent à être paralysés, immobilisés, les centres postérieurs commanderont alors en maîtres ; le déséquilibré sera le jouet de ses passions ; il sera emporté par ses instincts ; il n'aura plus qu'une préoccupation, celle de satisfaire ses appétits, et tous les moyens lui paraîtront bons, puisque les notions du juste et de l'injuste, du bien et du mal n'existent plus pour lui. Il y a, selon la pittoresque expression de Magnan, des trous dans sa substance cérébrale. Chez le criminel-né, la conscience n'est plus seulement muette comme chez le criminel d'habitude, elle déraisonne ; celui-ci ne fait le mal que parce qu'il en tire bien et profit, celui-là fait le plus souvent le mal pour le mal.

Fous moraux et criminels-nés sont donc des dégénérés héréditaires. Les faits que je citerai dans un instant en donneront les preuves. D'ailleurs on n'a qu'à jeter les yeux sur les tableaux étiologiques de Lombroso : ce fait est de la dernière évidence. Schüle écrit de son côté : « Fils ou petits-fils de fous, ils présentent de fréquentes anomalies du crâne, des dents, du palais, de la langue. Ils sont portés à la névrose, au somnambulisme, aux convulsions, à la folie, surtout périodique, à l'hypocondrie. Pour produire ces accidents, il suffit d'une occasion, le moment de la puberté, une maladie grave, etc » (2).

(1) Legrain. *Etude du délire chez les dégénérés.* Th. de Paris 1887.
(2) Schüle. Geisteskrankheiten, 1881.

II

Jusqu'ici les cas de folie morale ont été surtout observés dans les asiles, et les aliénistes en ont publié un certain nombre d'exemples caractéristiques. J'emprunte d'abord un fait typique à la thèse du D' Legrain (1), fait observé dans le service du D' Magnan, à l'asile Sainte-Anne. C'est l'histoire de toute une famille de fous moraux.

Le grand-père paternel est mort d'une affection cardiaque à soixante-sept ans. Travailleur et très sobre, il était d'une grande faiblesse de caractère, subissant l'autorité de sa femme; c'était une intelligence médiocre.

La grand'mère paternelle, nerveuse et méchante, battait son mari à tout propos. Très colère, elle éprouvait du plaisir à fouetter sa sœur lorsqu'elle était malade. D'ailleurs travailleuse, sobre, économe. Elle avait d'injustes préférences pour l'un de ses fils, qui en était indigne, au détriment du second, dont elle n'avait qu'à se louer. Intelligence faible, on croit qu'elle a eu un amant.

Le père était très nerveux, violent, mais poltron. D'une faiblesse de caractère extrême, il voyait la vie désordonnée de sa femme sans avoir le courage d'intervenir. Sa faiblesse de caractère alla jusqu'à lui faire tolérer chez lui la présence d'un amant de celle-ci. La crainte qu'elle lui inspirait suffisait à lui clore la bouche. Il tenta cependant une demande en séparation, sans oser précipiter l'issue du procès, craignant « que sa femme lui fît donner un mauvais coup par son amant ». Il vient de mourir d'une insuffisance aortique.

(1) Legrain. *Du délire chez les dégénérés.* Th. Paris, 1886.

Un oncle paternel, frère du précédent, est très vicieux et très violent. Il battait ses parents et menaçait de les tuer parce qu'ils ne voulaient pas lui donner d'argent. Il profita un jour de leur absence pour vendre une partie de leurs meubles. Il a voulu tuer son frère par jalousie, dans un moment de colère. Tout jeune, il est parti pour l'Amérique et il y est resté sept ans, jouant la comédie pour vivre, se faisant entretenir par des femmes. Revenu en France, il vécut plusieurs années avec une femme borgne et mère de quatre enfants d'un premier amant, puis il l'épousa et en eut deux enfants. Il est très paresseux, mais il ne serait pas buveur.

Un cousin germain des deux précédents est vicieux. Dès l'âge de seize ou dix-sept ans, il se livrait à la pédérastie.

Le grand-père maternel était intelligent, mais ivrogne, buvant dix et douze verres d'absinthe par jour. Il a subi deux ans de prison pour vol. Capitaine sous la Commune, il a encore été de ce chef puni de prison. Très mal équilibré, brutal, grossier, il affectait de ne garder aucune retenue devant qui que ce fût. Marié une première fois, il eut quatre filles, dont nous étudierons plus loin l'état mental. Devenu veuf, il se remarie et n'a pas d'enfants. Veuf une seconde fois, à cinquante-six ans, il se mit alors en ménage avec une femme de vingt-quatre ans, mariée, débauchée, alcoolique, profondément dégradée. Pour mener cette vie de débauche, loin de se cacher de ses enfants, il leur imposait la fréquentation de sa maîtresse; tous se grisaient ensemble très fréquemment.

La grand'mère maternelle était peu intelligente et également mal équilibrée au point de vue moral; elle laissait ses enfants seuls et mangeait en compagnie de son mari l'argent de la semaine. Elle est morte d'un cancer utérin.

La mère, très vicieuse dans l'enfance, paresseuse et emportée, se marie à vingt ans et a deux enfants les deux années suivantes.

A vingt-trois ans elle quitte son mari pour fréquenter les bals publics. Elle se lie avec un jeune homme, vit maritalement avec lui pendant dix-huit mois et met au monde une fille. Elle rentre ensuite dans son ménage et a un quatrième enfant, une fille. Pendant ce temps, elle était la maîtresse d'un marchand de vins chez qui elle était entrée comme bonne, et revenait chez elle fréquemment ivre. A cet amant en succédèrent d'autres. Elle se servait de ses enfants pour correspondre avec eux. Elle se faisait secourir par le bureau de bienfaisance et recevait de toutes parts des dons qui lui servaient à satisfaire sa gourmandise. Elle achetait à crédit des bijoux, du linge qu'elle portait ensuite au Mont-de-Piété et dont le produit était dépensé en orgies. A trente-cinq ans, elle accouche d'un cinquième enfant. Elle recommence alors sa vie de débauche. Sa fréquentation la plus habituelle était celle des Fenayrou, les auteurs du fameux crime du Pecq. Laissant son ménage et ses enfants sans soins, elle passait son existence dans des bouges, jouant aux cartes, se disputant avec les ivrognes, rentrant elle-même ivre-morte. Elle a plusieurs fois, en état d'ivresse, voulu tuer son mari. Elle se mit alors à découcher fréquemment. A trente-sept ans, elle a d'un de ses amants un sixième enfant, une fille qui meurt de méningite avec convulsions. Dès lors elle découche plus fréquemment encore, ne cherchant même plus à donner un prétexte à ses absences et répondant aux observations de son mari par des menaces de le frapper. Elle cherchait à lui nuire de toutes façons, engageant ses enfants à mépriser leur père et à dire qu'il les prostituait. A trente-huit ans elle se met en ménage avec un individu de vingt-et-un ans, pendant deux mois, puis avec un autre du même âge, et n'apparaît plus qu'à de rares intervalles au foyer conjugal. Elle devient enceinte une huitième fois et quitte alors tout à fait le domicile de son mari, attire ses filles et en garde avec elle deux qu'elle conduit dans les bals publics, les laissant à la merci du premier venu pendant qu'elle se grise. A trente-neuf ans, neuvième grossesse, du fait d'un individu dont elle consent à subir les mauvais traitements. Elle est actuellement dans cette situation, fréquentant toujours les cabarets, dont elle sort ivre tous les jours.

Cette femme avait trois sœurs.

La première sœur était vicieuse dès le plus bas âge. Débauchée, à seize ans elle se livrait à la prostitution. Irascible, elle a, dans un moment de jalousie, arraché l'oreille d'une femme. Absolument désordonnée, elle cousait ses bottines à ses bas pour en dissimuler les trous.

La deuxième sœur, âgée de trente-huit ans, mariée, est alcoolique, sale et inintelligente. Elle a eu trois enfants, dont l'un a des impulsions au suicide. A neuf ans, pour un motif futile, il se précipite par la fenêtre; une autre fois, sans raison apparente, il s'est jeté sous une voiture. Il y a peu de temps, on lui a arraché des mains une fiole de laudanum dont il avalait le contenu. Il vient d'être atteint d'une méningite dont il a guéri.

La troisième sœur, inintelligente et sale, se grise en compagnie de son mari.

Passons maintenant à l'examen de la troisième génération, qui comprend huit enfants.

1° Une fille âgée de dix-neuf ans. Peu intelligente, très blonde de cheveux, elle a la voûte palatine ogivale avec développement exagéré des bosses frontales. Le système pileux est très développé sur le corps et d'une coloration noire foncée. Son instruction est rudimentaire; elle s'est fait chasser trois fois des écoles pour son insubordination. Méchante, jalouse, elle mettait des épingles dans la soupe de son frère. Elle avait de la tendance à boire et à voler dès la première enfance. A dix ans, on la trouvait dans les caves avec de petits garçons, se livrant à une débauche précoce; elle écrivait des lettres passionnées avec des expressions triviales. A treize ans, elle vagabondait avec des jeunes gens et leur faisait distribuer de l'argent à ses sœurs, afin qu'elles ne dévoilassent pas sa conduite. D'un autre côté, elle était d'une pudibonderie exagérée devant ses parents, affectant de ne vouloir pas relever plus haut que son poignet les manches de son vêtement, alors qu'elle se prostituait déjà. Elle a toujours, depuis sa plus tendre enfance, refusé de se laisser embrasser par les membres de sa famille. « Je ne sais pourquoi, dit-elle, je voudrais bien, mais je ne puis pas, c'est plus fort que moi, ça me dégoûte ». Très coquette, lorsqu'elle était frappée par son père, sa première préoccupation était de porter vivement ses mains a sa tête pour préserver sa coiffure. Par un contraste singulier, elle est propre, courageuse, travailleuse, ordonnée, mais d'un vice sans exemple. A quinze ans, elle fréquentait les bals publics avec sa mère. Elle y lit connaissance d'un jeune homme de dix-neuf ans, contracta la syphilis et séjourna pour ce fait à l'hôpital Lourcine pendant quinze jours. A sa sortie, elle recommença ses fréquentations, se livrant à une prostitution clandestine et dut, à cinq reprises différentes, faire un nouveau séjour à l'hôpital susmentionné.

Puis elle se livre à la prostitution publique et est incarcérée à Saint-Lazare et ensuite au couvent des dames Saint-Michel d'où, usant de supercherie et confiante dans la faiblesse de son père, elle essaie un retour vers lui en lui adressant une lettre de repentir: mais quinze jours après sa sortie elle recommença sa vie désordonnée, se prostituant de nouveau et vivant en compagnie de souteneurs.

En ce moment elle est, avec une autre fille, détenue sous l'inculpation de vol.

2° Un garçon de dix-huit ans, travailleur, économe, honnête, bon sujet, mais nerveux et très entêté; il est aussi faible de caractère que son père. Sobre et d'une intelligence médiocre, ses qualités nombreuses sont d'autant plus frappantes qu'elles contrastent avec l'immoralité absolue de tous les membres de sa famille.

3° Une fille adultérine de quinze ans, d'une intelligence ordinaire. mais très vicieuse, buveuse et gourmande. Elle entre sans hésitation chez les marchands de vins, se fait servir du café et demande à haute voix « la goutte ». Elle vole aux étalages des épiciers.

4° Une fille de quatorze ans, paresseuse, menteuse, gourmande, voleuse, irascible. Elle a la face constamment animée de tics, et sa physionomie n'est qu'une grimace continuelle. Ses dents sont mal plantées et mal conformées. Sans aucun sentiment affectif. sans aucun respect pour la famille, elle profite la nuit du sommeil de sa grand'mère pour lui pincer les jambes et se venger ainsi des réprimandes dont elle a été l'objet pendant la journée. Egoïste, coquette, mais sale, elle est d'une intelligence médiocre.

5° Un garçon de huit ans, rachitique, scrofuleux, très nerveux. irascible. Impérieux, il a des emportements avec impulsions à frapper avec toute espèce d'objets. C'est un dolichocéphale d'une intelligence très ordinaire.

6° Une fille adultérine, morte à seize mois d'une méningite avec convulsions.

7° et 8° Garçons adultérins en bas âge.

Tous ces malheureux sont des détraqués qui sont nés avec le vice dans le sang.

Hack Tuke, sous le titre « *Moral insanity or congenital moral defect* » a cité également plusieurs observations de cette aberration dans *The journal of mental science* de juillet et d'octobre 1885. Dans ce dernier numéro, Percy Smith, assistant à Bethleem hospital, rapporte également deux faits du même genre. J'ai choisi un de ces faits, qui m'a paru absolument caractéristique; j'en ai fait une traduction aussi précise que possible; qu'on me permette de le citer ici. Ces observations n'ayant encore jamais été traduites en français, celle-ci aura pour nous tout l'intérêt et tout l'attrait d'une nouveauté.

B... est né à Wansea (Wales), le 26 juin 1843. A dix ans il émigra au Canada avec son père, sa belle-mère et sa sœur. La belle-mère ne l'a connu que dix jours avant leur départ pour le Canada ; il avait toujours été à l'école. Elle raconte qu'il a sans cesse été dans les mêmes dispositions depuis qu'elle l'a connu : taciturne, paresseux, traître et méchant. Dès son premier âge, il aimait à torturer les animaux domestiques ; il traitait avec cruauté les membres plus jeunes de la famille.

Une fois, sous prétexte d'aller cueillir des baies sauvages, il entraîna avec lui un jeune garçon. Arrivé dans un endroit écarté, il dépouilla l'enfant de ses vêtements et se mit à le fouetter avec une longue gaule de saule ; non content de cela, il le mordit cruellement et l'égratigna au bras et sur différentes parties du corps, le menaçant, s'il poussait un cri, de le tuer avec un couteau de table qu'il avait secrètement emporté avec lui. Les cris de l'enfant attirèrent l'attention d'un laboureur qui accourut à son secours et lui sauva vraisemblablement la vie.

Peu après cet acte de cruauté, B... fut arrêté pour avoir coupé la gorge d'un cheval de prix appartenant à un voisin. Quelque temps avant ce fait, les gens qui habitaient dans le voisinage de B... s'étaient vivement émus, craignant pour leur bétail. Les chevaux n'étaient plus en sûreté la nuit dans leurs haras ; souvent, en effet, on en avait trouvé le matin avec la gorge blessée. Ils n'étaient même plus en sûreté dans les écuries, puisque quelques-uns avaient eu la gorge coupée en plein jour. A la même époque, les gens du voisinage remarquèrent que le nombre de leurs volailles diminuait d'une façon inaccoutumée. Lorsque B... fut arrêté pour le cheval qu'il avait blessé à la gorge, il avoua qu'il était non-seulement l'auteur de cette vile action, mais encore qu'il avait mutilé les autres animaux dont nous venons de parler, qu'il avait tué les volailles en leur tordant le cou, les cachant ensuite. Pour ce délit il fut condamné à un an de prison. Lorsque, sa condamnation purgée, il revint à la maison, sa famille se montra plus défiante et le surveilla avec plus de soin, épié dans la journée et placé dans une chambre séparée pendant la nuit. Ces mesures étaient nécessaires pour la sécurité de la famille, car il avait essayé d'étrangler son jeune frère, qui occupait le même lit que lui.

Un jour, peu de temps après sa sortie de prison, la belle-mère de B... laissa à la maison un petit enfant endormi, ne sachant pas que B... s'y trouvait. Peu de temps après, un autre enfant l'avertit que le baby criait, et, en arrivant dans la chambre où elle l'avait laissé endormi, elle s'aperçut qu'il avait disparu. B... avait porté l'enfant dans sa propre chambre, l'avait placé sur son lit et l'avait couvert d'une pile d'habits. Quand on arriva, l'enfant était presque étouffé, et ce fut avec beaucoup de difficulté qu'on le rappela à la vie. Immédiatement après cet attentat, B... vola une somme d'argent considérable dans le secrétaire de son père et essaya de s'enfuir avec; il fut arrêté et on lui reprit l'argent. Pour ce délit, reconnu coupable, il fut condamné à passer sept ans dans un pénitencier. Pendant l'accomplissement de sa peine, il fut transféré à l'asile de criminels annexé à la prison; mais, à l'expiration de son temps, il fut relâché. Redevenu libre, il s'engagea dans un régiment de cavalerie. Le cheval qu'on lui donna n'étant pas bon, il dut, pendant une marche, rester en arrière; profitant de cette occasion qui lui parut favorable, il conduisit le pauvre animal dans un marais profond, le frappa jusqu'à ce qu'il fut complètement dans la vase et l'abandonna. Le lendemain matin le cheval fut trouvé mort. B..., déserteur, revint chez lui où il fut comme auparavant attentivement surveillé.

Sa dernière fuite eut lieu à la suite d'un accident. B... et son

père étaient un soir chez un voisin : en pelant une pomme, le
vieillard se coupa si profondément la main que le sang se mit
à couler abondamment. On remarqua que B... était devenu
inquiet, nerveux, pâle et qu'il s'était produit un grand change-
ment en lui. Il profita du trouble produit par l'accident pour
s'échapper de la maison et s'introduire dans la cour d'une ferme
voisine où il coupa la gorge d'un cheval et le tua.

Comprenant la gravité de ce crime, il se sauva dans les bois,
où il resta caché jusqu'à ce que l'occasion se présentât pour lui
de commettre un autre crime beaucoup plus grave. Observant
une jeune fille qui ramassait du bois, il l'attendit jusqu'à ce
qu'elle vînt près de l'endroit où il était caché, se rua sur elle, la
renversa et la viola (*and commited a criminal assault on her*) ;
pour ce dernier crime, il fut condamné à être pendu ; mais la
peine fut commuée en un emprisonnement à perpétuité. Pendant qu'il subissait sa peine, il fut transféré à l'asile-prison. Au
bout de dix ans à peu près, il fut gracié. Pourquoi ? Cela est
resté un mystère. Dans son voyage de la prison à son domicile,
à quelque distance de la maison de son père, il entra dans un
haras, prit un cheval, l'attacha à un poteau télégraphique, le
mutila d'une façon abominable (*mutilated it in a shocking
manner*), lui faisant une incision au cou, une autre au ventre et
lui coupant le bout de la langue. Pour cet acte d'atrocité, il fut
arrêté, et, quoiqu'il n'y eût aucun doute sur sa culpabilité, il fut
acquitté sous prétexte de folie et envoyé à l'asile de Kingston.

Cinq ans plus tard il s'échappa. Il y avait à peine une heure
qu'il était absent de l'asile et déjà les employés le poursui-
vaient ; néanmoins il attrapa une jeune fille et essaya de la
violer.

Outre ces crimes il commit encore une foule d'autres délits.
A l'asile des criminels il essaya de castrer un pauvre imbécile
avec un vieux couteau de cordonnier qu'il s'était procuré on ne

sait comment. Il piqua avec une fourchette le ventre d'un autre imbécile sans défense et, non satisfait de cela, il mordit sur le ventre, la poitrine et nombre d'autres endroits le pauvre garçon, qui n'avait même plus assez d'idée pour crier. Il tua beaucoup de petits animaux et d'oiseaux, tels que des chiens, des chats, des pigeons, des volailles. Il poussa beaucoup de malades innocents à se masturber et introduisit les plus vicieuses habitudes dans la maison.

C'était un grand poltron, et il n'a jamais osé attaquer des personnes capables de lui faire de la résistance. Les jeunes filles, les enfants, les aliénés sans défense, les animaux et les oiseaux étaient les sujets qu'il choisissait de préférence.

C'est là un type accompli de perversion morale.

Cet individu ne vivait que pour faire le mal ; on peut le placer au sommet de l'échelle. Est-ce un fou ou un criminel ? L'aliéniste anglais semblerait pencher pour cette dernière idée.

Pour mieux faire sentir le peu de différence qui existe entre le fou moral et le criminel-né, je citerai une autre observation, empruntée au traité de R. von Krafft-Ebing (1). On verra mieux ainsi par quelles dégradations pour ainsi dire insensibles on peut passer de l'un à l'autre. Comme la précédente, cette observation n'a pas encore été traduite en français. C'est pour nous presque un fait inédit. Elle est publiée dans l'ouvrage allemand sous le titre : *Angeborenes moralische Irresein* (Folie morale congénitale).

F..., trente-cinq ans, servante, non mariée, descend d'un père excentrique et déséquilibré. Sa mère est inconnue. Un de ses frères est atteint de folie périodique et un autre est un individu bizarre.

La malade vint au monde chétive : c'était une enfant maladive, très émotive. Elle était maladroite, inappliquée, indo-

---

(1) Krafft-Ebing. *Lehrbuch der Psychiatrie*. T. II, p. 123. Beobach. 29.

5·

lente, entêtée, irritable au plus haut point, sauvage, gourmande, versatile, incapable de s'attacher à un travail quelconque, brutale, insensible, n'obéissant qu'à ses goûts et à ses caprices.

Ses règles apparurent à dix-sept ans sans troubles. A dix-neuf ans, à la mort de ses parents, elle dut se chercher une place de servante. Elle ne pouvait rester longtemps nulle part, ordinairement renvoyée au bout de peu de temps parce qu'elle était corrompue et menteuse, qu'elle recherchait les hommes et se livrait à la prostitution. Toutes les tentatives de son honorable famille pour la remettre dans le bon chemin restèrent inutiles. Elle vendait ses habits et dépensait en friandises tout l'argent que ses sœurs lui laissaient et tout ce qu'elle gagnait par son travail et la prostitution. L'amour-propre, l'attachement pour ses braves sœurs, lui étaient des sentiments inconnus. Quand elle n'avait plus rien, elle recherchait ses sœurs pour les mettre à contribution. Sa mauvaise conduite lui attira souvent des difficultés avec la police, dont elle violait ouvertement les règlements par des scandales déplorables.

Comme définitivement elle ne pouvait plus trouver de service, ses sœurs la prirent avec elles. Elle se rendit bientôt insupportable à son honnête famille par ses actes d'une grossièreté révoltante, par sa corruption, sa négligence, son entêtement et sa dissipation. Elle s'en allait rôder aux environs avec des habits malpropres, jetait des allumettes enflammées sur le sol et ne craignait pas, le soir, de se tenir sur la porte de la maison pour raccoler des hommes. Enfin ses parents reconnurent que c'était une malheureuse incorrigible et la chassèrent de chez eux.

F .. traîna dans les lupanars de toutes sortes, dans les bouges et les asiles, souvent sans abri, jusqu'au jour où elle fut arrêtée par la police. Elle entra alors dans une violente colère, gesticulant comme une furieuse, à tel point qu'on dut l'envoyer de la salle d'observation à l'hôpital.

Elle jouait la vertu offensée, ne voulait pas se plier au règlement de la maison, chassait les autres malades. Son irritabilité la jetait perpétuellement dans de grandes colères. Elle était devenue violente, ne cherchant que disputes, et la méchanceté était le mobile de tous ses actes.

La malade est de taille moyenne, laide, avec des traits grossiers. Sa communauté et sa frivolité sont écrites sur son front étroit, plat, sur son visage aux narines écrasées, au nez aplati et court, aux contractions spasmodiques des muscles du coin de la bouche.

Elle est lourde dans ses mouvements; elle a la démarche traînante. Pour des riens elle se querelle et entre dans de violentes colères. Elle est intraitable, grossière et brutale, paresseuse, cherchant à détourner les autres malades du travail, violente et injurieuse, épiant les hommes, réclamant sans cesse sa sortie sans savoir ce qu'elle veut faire dehors.

Je présenterai maintenant deux observations recueillies à l'infirmerie centrale des prisons de Paris, dans le service de M. le Dr Variot. On verra combien ces individus diffèrent peu de ceux dont on vient de lire la triste histoire. Tous leurs actes sont empreints de cette même aberration morale étrange et presque inexpliquée, de ce même amour du mal qui épouvante et remplit l'âme de l'observateur d'un douloureux étonnement.

R... est un garçon de vingt-quatre ans, marchand des quatre saisons. Ayant perdu sa mère de bonne heure, il a vécu avec son père, qui l'amena jeune encore à Paris. Ce dernier est un alcoolique et a été lui-même enfermé pour vol.

R... sait à peine lire et pas du tout écrire, bien qu'il soit allé assez longtemps à l'école. Ce fut un enfant indocile et vicieux, plein de méchanceté. Il refusa de faire sa première communion, ne mettant jamais les pieds à l'église. Il déserta jeune le toit paternel, où il ne recevait, dit-il, que des coups; marchand des

quatre saisons pendant la journée, tous ses bénéfices étaient sa-
crifiés au dieu alcool.

C'est un microcéphale à figure simiesque, aux yeux cruels,
au regard terne et louche, individu très irritable, sournois et
vindicatif (*Voyez fig. 5*).

Fig. 5

R... se fait condamner une première fois pour avoir volé des
fleurs destinées à orner le corsage de filles avec qui il rôdait près
des barrières. Une autre fois il vole la couverture d'un cocher
de fiacre, puis une boîte de jouets qu'il va vendre ensuite sur

les boulevards. Il est arrêté une quatrième fois sur les fortifications en train de s'expliquer à coups de poing et de pied avec sa « môme » (1). Enfin, dernièrement, il entraîne son père avec lui, le grise et le dévalise après avoir tenté de l'étrangler avec un foulard.

Mais ce sont là, paraît-il, ses moindres méfaits. Je l'ai fait surveiller à l'infirmerie, où on le soignait comme tuberculeux. Sa conversation fut des plus instructives. L'existence d'un homme n'est rien pour lui. Pour cent sous, disait-il, je ne regarderais pas à « trancher le kiki à un gandin » (2) ! Rodeur de barrière, sa spécialité était les attaques nocturnes, dévalisant les individus endormis sur les bancs. A son dire, il aurait « refroidi » (3) une demi-douzaine d'individus. Aussi lâche que cruel, il vendrait ses complices pour un litre de vin.

Lorsqu'on lui reproche le monstrueux attentat qu'il a commis sur son père, il répond cyniquement : « Alors pourquoi ne voulait-il pas me donner de l'argent ! »

C'est là, certes, un beau cas de tératologie morale.

L'observation suivante n'est pas moins curieuse sous ce rapport.

P... est un garçon de vingt-quatre ans. Il refuse de donner des renseignements sur sa famille ; néanmoins, je sais qu'un de ses frères s'est fait condamner aux travaux publics, étant soldat, pour insulte grave envers un supérieur.

P... était le type de l'enfant indiscipliné et mauvais sujet, fuyant l'école, n'ayant jamais pu apprendre à lire ni à écrire. Malgré toutes ses fredaines, ses parents, bons pour lui jusqu'à la faiblesse, l'ont toujours hébergé et nourri. Il avoue qu'il s'enivre presque quotidiennement et que tuer un homme lui semble une

1. Sa maitresse.
2. A couper le cou à un bourgeois.
3. Tué.

chose naturelle pour se procurer de l'argent. « D'ailleurs, dit-il, j'aime bien voir du sang. » Aussi lâche que féroce, il rendrait volontiers des services à la Préfecture et dénoncerait un compagnon ou un ami pour cent sous.

Pendant son séjour à l'infirmerie, où on l'a soigné pour des accidents syphilitiques graves, il était une cause constante de trouble, se prostituant à ses codétenus pour un verre de vin ou une cigarette.

Fig. 6

C'était presque une brute, un homme animal, à la voix rauque, aux yeux ternes, au front fuyant (*Voyez fig. 6*).

J'ai encore en ce moment sous les yeux l'histoire et la photographie d'un homme à face de brute, ivrogne et souteneur des plus dangereux, rôdeur de barrière, pour qui les attaques nocturnes sont « d'agréables parties de campagne », selon ses propres paroles.

On pourrait encore rapprocher de ces monstres le meurtrier Albert Bacquet, ce gamin sinistre qui assassina froidement, à coup de poing américain, deux vieillards pour leur voler leurs maigres économies et s'en alla ensuite se coucher tranquillement, cynique et inconscient.

« C'est un enfant de chœur déchu aux grands yeux bleus, beau comme une fille et candide comme un chérubin de vitrail. Pendant l'audience, il ricane, interpellant le président d'une voix de faubourien aviné, repassant sur son visage une main énorme, toute rouge, d'une musculature effrayante, avec le pouce démesurément long des assassins de profession, promenant sur l'auditoire son regard clair d'enfant de chœur qui effeuille les roses à la procession de la Fête-Dieu (1). » Ce même Bacquet menaçait un jour une de ses voisines, enceinte, de lui flanquer « une trempe et de lui crever le veau qu'elle avait dans le ventre ».

Enfin, tout dernièrement, quatre meurtriers féroces exécutaient une danse macabre autour de leur victime lâchement assassinée, avec des bougies plantées dans les plaies du cadavre. Peut-on rêver quelque chose de plus monstrueux? Les félins tuent, mais ignorent ces aberrations.

Ces faits sont frappants. Ces hommes sont uniquement menés par leurs instincts et ils ne se sont jamais douté un seul instant de ce que leur conduite avait de monstrueux. « Qui n'a pas de remords n'est pas coupable », disait le parricide Agnoletti.

(1) Alb. Bataille. *Causes criminelles et mondaines de 1888*, p. 283.

Évidemment ils font partie de ces individus chez qui « l'idée du devoir paraît complètement renversée. Ils croient avoir le droit de voler, de tuer et rejettent la faute sur les autres qui ne les laissent point agir à leur guise » (1).

Nous les reconnaissons sans peine dans ce portrait saisissant tracé par le frère Battanoli, prêtre aliéniste :

« Les fous moraux sont des infortunés qui ont la folie dans le sang ; elle date pour eux de l'acte même de la conception, elle a été nourrie avec eux dans le sein de leur mère. Ils manquent de sentiments affectifs et de sens moral : ils sont nés pour étudier le mal et pour le commettre. Toujours en guerre avec la société, dont ils se regardent comme des victimes, ce sont eux qu'on voit au premier rang dans les révolutions politiques ; leur naturel aisément inflammable les rend extrêmement dangereux.

« Ils sont égoïstes et manquent absolument de sentiments affectifs. Alors que toutes nos actions sont réglées par le cœur, eux se laissent guider uniquement par l'instinct, s'occupent du présent seul, ne songent nullement à l'avenir. L'amour-propre leur est inconnu ; après s'être rendus coupables d'une action répréhensible, ils restent indifférents, comme s'ils n'en étaient pas les auteurs ; leur sommeil n'en est point troublé. Ils ont le verbe haut, l'expression emphatique ; vous trouverez dans leurs écrits des phrases gonflées et sonores, d'un style facile d'ailleurs et plein d'esprit, mais sans onction. Quelque malheur qui frappe leurs parents les plus proches, leurs amis ou leurs connaissances, ils n'éprouvent aucune émotion. Ils parlent de la vertu et du vice ; mais ce sont là des phrases qu'ils répètent, dont ils entendent le sens et qu'ils ne sentent point ; aussi leurs actions les plus vertueuses ne sont-elles dues qu'à la vanité (2) ».

---

(1) Lombroso. *Il uomo delinquente*, page 395.
(2) Battanoli. *Relazione statistica di San-Servolo*. Venise 1880.

Fou moral ou criminel-né, c'est encore lui que Brancaleone
a décrit dans cette page éloquente :

« Doué d'un caractère changeant et versatile, excentrique,
inconséquent, paradoxal, systématiquement hostile à toute tendance moralisatrice, irrésolu dans ses projets, irritable à l'excès,
insensible aux joies domestiques, inaccessible aux douceurs de
l'amitié, instinctivement porté à la révolte, aux extravagances
et aux scandales, il déclaré hautement qu'il ne croit pas à la
vertu; il soutient avec un grand luxe d'érudition et de logique
les théories les plus immorales, les plus capables de porter
atteinte à la dignité humaine et à l'ordre social.

« L'hypocrisie et le mensonge lui paraissent choses toutes
naturelles s'il doit en tirer profit. »

L'argot même de ces individus révèle leur absence de sens
moral. Voler leur semble tellement naturel qu'ils appellent cela
travailler, comme la prostituée qui, après s'être livrée vingt fois
dans la soirée, s'endort la conscience satisfaite en disant : J'ai
bien travaillé.

Et pour exprimer la conscience, chose qui pour eux n'existe
pas, ils ont trouvé ce mot effrayant : la muette !

Ces individus sont absolument incorrigibles. Quoique lâches
et poltrons, le châtiment ne peut rien sur eux et n'a aucune
influence rétroactive. « Il est fréquent, dit Schüle, de leur voir
passer toute leur existence à vagabonder et à faire le mal sans
que la prison et les souffrances qu'ils endurent puissent les
corriger ». En prison, ils refusent de travailler et sont les
fauteurs de tous les désordres: perpétuellement punis, ce sont
eux qui peuplent les cachots.

Je n'ai cité que deux faits qui m'ont paru irréfutables, mais
je pourrais en citer des quantités. Je vois à la Santé environ
vingt ou trente criminels par jour, par suite du mouvement des
entrées et des sorties; je n'hésite pas à dire que parmi ces vingt

ou trente individus, il s'en trouve en moyenne au moins un ou deux qui soient frappés de cette aberration du sens moral.

Fous moraux, criminels-nés, criminels d'habitude et même criminels d'occasion forment les anneaux non interrompus de la chaîne criminelle. Si l'on voulait représenter une idée par un schème, on pourrait dire avec assez d'exactitude que le crime est un triangle dont les deux côtés sont constitués par l'habitude du mal et l'absence du sens moral, côtés qui convergent en un sommet qu'occupe la dégénérescence. Les deux autres extrémités des côtés sont réunies par l'alcool, qui sert de base et de trait d'union.

CHAPITRE VII

HISTOIRE D'UN CRIMINEL

J'ai dit au premier chapitre de cet ouvrage que toute classification des criminels avait ses défauts, qu'elle ne pouvait s'appliquer qu'à certains types dont j'ai cité quelques exemples assez nets choisis parmi mes observations. Il en est d'autres, en effet mal définis, qu'on est fort embarrassé de classer, et ce ne sont pas les moins intéressants. Sont-ce des criminels-nés, des criminels d'habitude ou même d'occasion? Ce sont des individus chez qui la prédisposition, l'habitude et l'éducation ont apporté chacun leur contingent. Ces exemples complexes sont nombreux. Vouloir les ranger dans telle ou telle catégorie serait peu raisonnable. Ce sont des criminels, voilà tout ; ils font partie de la phalange qui vit du crime, de ce que j'ai appelé la population fixe des prisons. Pour preuve, je me contenterai de rapporter une histoire plus instructive que toutes les théories.

J'ai pu observer un individu qui resta assez longtemps employé comme infirmier à l'infirmerie centrale des prisons. Je savais qu'il comptait un grand nombre de condamnations et que sa vie avait été très accidentée. Par la bienveillance je le poussai aux confidences, et un beau jour il finit par étaler devant moi sa conscience à nu. C'est un curieux récit, riche de documents précieux. Malgré sa longueur, je le rapporterai ici intégralement. J'ai pu vérifier l'exactitude des principaux faits que m'a racontés cet individu en interrogeant soit les membres de sa famille, soit des co-détenus. Quelques détails paraîtront peut-être insignifiants, mais je tiens avant tout à être exact. Ce sont le plus souvent des détails en apparence sans importance qui font le mieux ressortir la physionomie et le caractère des coupables. D'autre part, c'est un tableau précis et très minutieux de la vie des prisons et des bagnes ; aussi j'aurai souvent à y faire des emprunts dans le cours de cet ouvrage.

Enfin, pour laisser au récit toute sa couleur pittoresque, je le transcrirai en conservant beaucoup d'expressions et de mots d'argot, en somme tel qu'il est sorti de la bouche du narrateur.

Pour que l'observation soit complète au point de vue médical comme au point de vue psychologique, je reprendrai les choses d'un peu loin et je relaterai d'abord les antécédents héréditaires du sujet. Ils sont en effet fort intéressants, et j'en ai déjà dit quelques mots dans un autre chapitre.

Le père fut d'abord employé des postes et ensuite employé des chemins de fer. C'était un homme violent, brutal, frappant sa femme et ses enfants ; ses brutalités redoublaient quand il était ivre, ce qui lui arrivait assez régulièrement une fois toutes les semaines. Il est mort du choléra.

La mère était une femme honnête, douce et bonne. Elle eut cinq enfants :

1° Un garçon aujourd'hui marié, âgé de quarante et quelques années, ayant déjà subi quatre ou cinq condamnations pour ivresse et rébellion envers les agents. C'est un individu brutal et ivrogne, et chaque jour il « étrangle » en moyenne une vingtaine d'absinthes. Sa femme, qui est marchande de fromages aux halles, est une « gonzesse » forte en gueule et en appas, sachant lui tenir tête devant le comptoir des « mastroquets »

et ne boudant jamais devant une « verte ». Ces deux époux
distingués ont engendré un garçon aujourd'hui âgé de sept ans,
et dont on admire déjà les vices et la méchanceté. On cite de cet
aimable enfant des traits qui permettent d'espérer beaucoup.
Un jour que son père ivre marchait sur sa mère, menaçant de
la frapper, il s'approche de lui sournoisement, un marteau à la
main : Cogne donc avec cela ! lui dit-il. Un autre jour, le père
rentre saoûl et tombe sans pouvoir se relever; l'enfant appelle
sa mère : A ton tour, lui crie-t-il, prends ta revanche ; casse-lui
la gueule pendant qu'il est plein et qu'il ne peut plus bouger.

Fig. 7

2° Un garçon ; c'est le sujet de cette observation.
3° Un autre garçon qui a déjà subi cinq ou six condamnations
pour vol, et ivrogne comme ses frères.

4° Un dernier garçon qui est également venu plusieurs fois en prison pour vol.

5° Enfin, une fille danseuse dans un théâtre de genre et menant une vie plus que légère.

Voilà, en somme, une belle famille. Notre homme a tenu à lui faire honneur.

E... est un garçon intelligent, à la physionomie plutôt douce, aux cheveux noirs et crépus. Il sait bien lire et écrire, et il reconnaît qu'à l'école il apprenait avec beaucoup de facilité. (Voyez fig. 7).

Dès son enfance il se montra indocile et se fit remarquer par ses mauvais instincts. Le manque de surveillance des parents, les mauvaises fréquentations achevèrent ce que la nature avait commencé, et il devint bientôt ce qu'on est convenu d'appeler un mauvais garnement.

Un jour, il avait alors six ou sept ans, sa mère le rossa pour quelque fredaine. Venge-toi donc! lui conseilla un vaurien de deux ou trois ans plus âgé. Plein de colère et de rancune, E... va trouver son père: J'ai vu maman embrasser un homme dans la rue, lui dit-il; elle l'a appelé mon chéri. C'était un abominable mensonge; la pauvre femme n'en fut pas moins battue et presque assommée.

A l'école comme au catéchisme, c'était un enfant insupportable, ne cherchant qu'à faire des niches, et à tout instant on le mettait à la porte. Un jour, étant enfant de chœur, il vole tout l'encens de la sacristie et le jette dans le poêle de l'école pour s'amuser et amuser ses camarades. D'ailleurs, il faisait souvent l'école buissonnière, ne rentrant pas même le soir chez ses parents, couchant au hasard, le plus souvent à la belle étoile, sous les ponts et dans les maisons en démolition. Il passait alors son temps à « vendre des prospectus anglais » (1) sur les boulevards.

(1) C'est-à-dire à mendier.

A douze ans il commit son premier vol. En se promenant avec son frère, ils s'arrêtèrent devant l'étalage d'un bazar. Pour l'un comme pour l'autre, la tentation fut trop forte ; E... réussit à voler un couteau ; mais son frère, moins heureux et moins adroit, se laissa pincer en voulant voler un petit canon. Le commerçant ne porta pas plainte et se contenta de leur tirer les oreilles. — Ils eurent une telle peur, que tous deux « déballèrent dans leur culbutant » (1).

Il se fit condamner pour la première fois à douze ans et demi. En flânant dans les rues, un individu le chargea, moyennant deux sous, de porter une lettre à sa femme, une fruitière du quartier Saint-Antoine. E... commença d'abord par décacheter la lettre et la lire : c'était un mari repentant qui, après avoir cogné sa femme dans un jour de cuite, demandait pardon et voulait réintégrer le domicile conjugal. Lorsqu'il en eut bien ri avec ses camarades, E... porta la lettre à son adresse. La brave femme émue du repentir de son mari, reçut à bras ouverts le porteur de ce message heureux et lui donna à goûter.

Tout en mangeant, l'enfant remarqua sournoisement que la fruitière plaçait dans le coin d'un tiroir un porte-monnaie où il avait vu briller une pièce d'or. Une convoitise s'alluma dans son âme et, sans un instant de lutte, de crainte ou d'hésitation, il s'empara du porte-monnaie et fila. Ce premier larcin devait peu lui profiter. Après s'être acheté quelques sucreries et une magnifique ceinture de flanelle rouge, il fit rencontre d'un individu âgé d'une quinzaine d'années à qui il raconta son vol. « Si nous allions louer des chevaux au bois de Boulogne ? » proposa celui-ci. La partie fut acceptée.

E.... fut entraîné dans une allée détournée, rossé et dévalisé. Comme le mari de Boccace cocu, battu et content, E... se garda bien de se plaindre, ce qui ne l'empêcha pas de se faire arrêter

(1) Faire dans son pantalon.

le soir au théàtre Beaumarchais, où il s'était offert un poulailler
avec des aumônes qu'il venait de recevoir. Son père trouva
l'occasion bonne pour se débarrasser de lui et ne vint pas le
réclamer; il fut condamné à être placé jusqu'à l'âge de quinze
ans dans une maison de correction.

Il assure qu'il passa alors deux ans en cellule à la Petite
Roquette. Il s'y trouvait quand l'impératrice Eugénie vint visiter
la prison. « Combien gagnez-vous par jour, mon ami? » lui
demanda-t-elle doucement en passant devant sa cellule. « Qu'est-
ce que cela peut vous foute! » répondit-il insolemment. « Vous
n'êtes pas poli » observa le directeur. « Eh bien! riposta-t-il,
je ne lui demande rien à cette vieille morue-là ».

E... fut ensuite placé comme relieur dans un établissement
spécial dans le département de la Haute-Marne. Lorsqu'il sortit,
son père tenta vainement de le faire travailler; il reprit tout de
suite ses habitudes de vagabondage et de mendicité. Il s'en
allait, avec des gamins et des fillettes de son âge, sur les boulevards exploiter la charité des passants. Ce fut, dit-il, le meilleur
temps de sa misérable existence. Chacun avait sa préférée,
sa petite femme. Chaque soir on rassemblait l'argent de la
journée et on faisait la dînette ensemble, mais, assure-t-il,
on n'allait pas au-delà.

A cette époque, son père mourut du choléra. Comme il ne
craignait que lui, il fut impossible désormais d'en tirer le
moindre travail, et à seize ans il était de nouveau condamné à
quatre mois de prison pour vagabondage.

A peine sorti du dépôt de Saint-Denis, où sa mère était venue
le réclamer, il reprit sa vie errante, exploitant les acteurs et les
auteurs dramatiques, chez qui il se présentait comme un ouvrier
pauvre; on lui donnait généralement un billet qu'il s'empressait
de revendre, se contentant pour lui d'un simple poulailler, car
il a toujours eu une véritable passion pour le théâtre. Pour

augmenter ses bénéfices, il ouvrait les portières ou bien allumait les cigares des messieurs de l'orchestre avec des allumettes volées dans les cafés. Il récoltait ainsi quelques sous.

Malgré tous ces expédients, il se trouva un soir sans argent, sans pain et sans gîte, ne sachant trop que devenir ; un escroc de profession qui rôdait autour des théâtres lui proposa d'aller coucher avec lui aux carrières d'Amérique. On appelait ainsi, à cette époque, des carrières situées sur les plus ultimes hauteurs de la Villette. Beaucoup de vagabonds et de voleurs s'y réfugiaient chaque soir et y passaient la nuit. Sans trop savoir. E... accepta ; mais il fut fort étonné, en arrivant, de voir là une foule d'infirmes, de vagabonds, de mendiants, de va-nu-pieds, une véritable cour des miracles. « Qu'apportes-tu, toi? » lui demanda un des hôtes des carrières d'Amérique. « Mais rien », répondit timidement le nouveau venu. — « Passe pour ce soir riposta l'autre ; mais si tu veux rester ici, on ne reçoit pas de feignants, tu turbineras demain comme les aminches, et tâche d'apporter de la galette ou de quoi se mettre sous la dent. »

E..., peu rassuré, coucha dans un coin sur de la paille sèche. Le lendemain matin un drôle se chargea du nouveau, lui fit son apprentissage. « Tu t'appelleras Androwitch », lui dit-il. Et, en même temps qu'il lui faisait la leçon, il lui remettait des lettres qu'il devait porter à différentes adresses. Ces lettres contenaient toutes à peu près la même chose ; un Polonais exilé et pauvre se recommandait à la charité d'un haut personnage et envoyait son malheureux enfant porter la demande de secours. C'était un appel pressant et on y répondait assez souvent. E... se faisait ainsi de dix à vingt francs par jour. Cela dura environ quinze jours ; mais un beau soir on fit une rafle aux carrières d'Amérique et la police ramassa plus de 150 vagabonds dans cette nuit. Grâce à un pieux mensonge de sa mère qui assura qu'il couchait chaque soir chez elle, E... fut relaché. Il se mit alors à voler des lorgnettes aux étalages, allant ensuite les louer dans les théâtres et filant avec les garanties qu'il ne manquait pas d'exiger. On lui remettait quelquefois des sommes assez importantes, même des montres. Il avait soin d'ailleurs de remettre un numéro assurant que la garantie était déposée au vestiaire. Un jour il vole deux lorgnettes à un étalage, puis trouvant l'occasion bonne, il appelle son frère: « L'affaire est batte, lui dit-il, repique au truc! » Celui-ci se laissa maladroitement pincer et cela leur valut chacun quatre mois de prison.

E... purgea sa condamnation à Sainte Pélagie; il se prit alors à regretter sa liberté perdue et pour la première fois il pensa sérieusement à changer de vie.

Aussitôt sorti, il se rendit chez sa mère qui lui procura du travail dans un atelier de reliure. Il mangeait et couchait chez un marchand de vin du quartier dont la femme était l'amie de sa mère. Tout alla bien pendant quelques jours; mais la femme du marchand de vin qui avait près de quarante ans, s'était sentie reprise aux approches de la ménopause d'une grande soif de lubricité que son mari, devenu impuissant, ne pouvait satisfaire. Elle remarqua que E..., avec sa tête brune frisée, ne manquait pas de grâce et la concupiscence lui vint de cet adolescent. Chaque soir elle montait dans sa chambre à coucher le dorloter, glissant de temps en temps la main sous les couvertures pour lui toucher les organes génitaux. Quand elle le sentit préparé à point pour sa maturité libertine, elle le fit « descendre au lac »(1). E... fit bien d'abord quelque résistance; mais devant les promesses d'argent et de voluptés nouvelles, il se décida. « Au bout d'un instant, dit-il, je sentis une odeur forte et une saveur âcre sur la langue; je voulus me retirer; mais elle serra les cuisses, me menaçant de m'étouffer, si je ne voulais pas continuer ». La

(1) Expression impossible à traduire, signifiant que E... faisait à sa vieille maîtresse des caresses saphiques.

marchande de vin le laissa ensuite pratiquer le coït ; mais chaque
fois que la scène ne renouvelait, il devait auparavant « aller
prendre son café aux deux colonnes » (1). Le coït et quelques
pièces blanches étaient sa récompense.

E... ne dormait plus guère la nuit, travaillé par la mégère
lubrique : il avait grande peine à se lever le matin et chaque
jour il « allait à la messe d'une heure ou deux » (2) ; puis il
déserta complètement l'atelier.

La marchande de vin le logeait, le nourrissait, lui donnait
même de l'argent de poche pour ses menus plaisirs et le théâtre.
De temps en temps il glissait lui-même la main dans le comptoir et « s'accordait une petite gratification quand il avait bien
travaillé la nuit précédente ».

Il passait alors son temps à rôder sur les boulevards. Là il
rencontra des « frappeurs » (3), anciens amis avec qui il renoua
connaissance. Il se mit à « chiner » (4) avec eux pour augmenter les appointements que lui donnait la marchande de vin
amoureuse. Puis, sur le conseil de ses amis, il prit une femme
pour la faire « turbiner », une fillette de douze ou quatorze ans.
Ils allaient surtout au bois de Boulogne, dans certaines allées
spéciales. Quand la fillette voyait arriver un vieux monsieur
bien mis, elle allait à lui, provocante, et lui proposait de lui
montrer ses organes génitaux. Si le promeneur acceptait, la
petite allait s'accroupir à quelques pas, dans la posture d'une
personne qui satisfait un besoin naturel, et relevait un peu haut
ses jupes pour permettre de voir. Le prix de chaque séance
variait de dix sous à cinq francs, selon la générosité du client.
S'il commençait à faire nuit et s'ils se croyaient en sûreté, la

(1) Expression ayant le même sens que la précédente. « Aller prendre son
café aux deux colonnes » signifie en argot pratiquer l'onanisme bucco-clito-
ridien.

(2) Arrivait en retard.

(3) Mendiants.

(4) Mendier.

petite proposait au monsieur de lui « coller un rassis » (1). La
somme touchée alors était généralement plus forte et revenait
toujours à celui qu'on appelait « le petit homme ». Souvent la
fillette négligeait le soir de rentrer chez ses parents ; comme
ceux-ci l'envoyaient mendier, elle prétendait qu'elle avait été
arrêtée et qu'elle avait passé la nuit au poste. Elle couchait
alors avec son amant. E... m'a déclaré que cette fille bien
qu'impubère, avec un pubis glabre, une poitrine veuve de seins,
n'en était pas à son premier amant. Néanmoins, elle n'était pas
vicieuse et n'avait aucun goût pour les plaisirs de l'amour,
subissant plutôt l'homme. Elle était de ces vierges folles qui
n'attendent point, pour laisser piller leur vigne, d'avoir ce que
le prophète Ézéchiel énumère chez la jeune Oolla : « *Ubera tua
intumuerunt et pilus tuus germinavit; et ecce tempus tuum,
tempus amantium* ».

E... voulut encore augmenter ses revenus. Pendant que sa
« môme » travaillait au bois de Boulogne ou aux Champs-
Élysés, il « faisait les rades » (2). Un jour en se promenant dans
la rue Geoffroy-Marie, il aperçut une boutique de pâtisserie où
il n'y avait personne. Il entra avec précaution ; si quelqu'un
s'était présenté, il aurait acheté un gâteau d'un sou. Il entendit
plusieurs personnes discuter et causer avec animation dans la
pièce voisine, mais personne ne vint. Il se glissa derrière le
comptoir et prit dans un tiroir un rouleau de quatre pièces de
vingt francs. En sortant, il aperçut avec frayeur deux sergents
de ville plantés sur le trottoir et guettant. D'un bond il sauta
dans la rue et prit la fuite ; malheureusement, un complice qui
l'attendait au coin de la rue et à qui il cria cependant en passant:
« Gare à la rousse! J'ai les pieds dans le dos! », (3) n'eut pas le

(1) De le masturber.

(2) Le vol à la rade consiste à s'introduire dans une boutique où il n'y a
personne et à vider adroitement les tiroirs des comptoirs.

(3) Gare à la police! Je suis suivi.

temps de se sauver et fut arrêté. Comme bien on pense, ce dernier dénonça son ami et proposa même aux agents d'aider à le retrouver. Prévenu qu'on le recherchait, E... rentra chez la marchande de vin et n'en sortit guère pendant quelques jours. Néanmoins il se fit ramasser un soir, place de la République, avec une vingtaine d'autres gredins. Il fut condamné à treize mois de prison, qu'il purgea à la maison centrale de Poissy. Cette fois encore, E... souffrit moralement et physiquement, et sortit pavé de bonnes intentions. Il se fit placer comme ouvrier relieur à la maison Hachette, où il travailla courageusement pendant quinze jours. Puis ses instincts de paresse reprirent le dessus et il débaucha une ouvrière de la maison, à qui il persuada que le vrai moyen de vivre heureux et tranquille tous les deux était de « truquer » (1). La jeune fille fit des objections et résista pendant un certain temps. Mais E.. avait pour la convaincre des arguments magnifiques. « Tu as eu déjà plusieurs amants, lui disait-il, cinq ou six, par exemple. Alors qu'est-ce que cela peut te faire d'en avoir dix ou vingt? Avoir dix amants ou en avoir cinquante, c'est la même chose ». La jeune fille se rendait presque ; une seule raison la retenait encore, elle craignait de devenir enceinte. E... leva ses derniers scrupules. « On ne peut pas devenir enceinte en allant avec un homme qu'on ne connaît pas. Ça, j'en suis sûr, affirma-t-il ; je l'ai lu dans des livres de médecine ». Sa maîtresse se mit à « truquer » sur les boulevards extérieurs et avec assez de succès. Il l'amena alors sur le boulevard Saint-Michel ; mais « les mangeurs de blanc qui turbinaient avec leurs marmites » (2), sur ce trottoir, les obligèrent à « cavaler » (3). E... essaya de la faire « persiller » (4) sur les grands boulevards, mais « elle avait un

(1) Truquer dans le langage des prostituées est synonyme de raccoler.
(2) Les souteneurs qui travaillaient avec leurs femmes.
(3) S'en aller.
(4) Raccoler.

genre de beauté qui ne réussit point dans ces quartiers trop chouettes ». Ce fut le commencement de brouilles dans le ménage. Après avoir « poiroté » (1) toute une nuit, souvent elle rentrait les poches vides et sans un sou ; de là colère de l'amant, querelles et gifles distribuées avec une généreuse largesse.

Un beau soir, un autre « dos » (2) se présenta plus aimable, et souffla la « marmite » (3). E... dut chercher un autre moyen pour se procurer de l'argent. Dans la journée il pratiquait le « vol au rendez-moi » (4). Le soir il allait à la sortie de l'Opéra, ouvrant les portières, appelant les cochers, allumant les cigares et volant chaque fois que l'occasion s'en présentait, une pelisse, un pardessus, un foulard, un parapluie, voire un porte-monnaie. Pendant la représentation, il rôdait autour des cafés environnants pour « ramasser des orphelins » (5). Un soir que la récolte n'allait pas, il entre dans un bureau de tabac acheter pour un sou de cigarettes. Pendant qu'il choisissait avec une sage lenteur, la buraliste tira un billet de cent francs de son tiroir et se mit à l'examiner par transparence à la lumière d'un bec de gaz. D'un coup d'œil, E... s'assura qu'il était seul avec la marchande, happa le billet avec une adresse de singe et prit la fuite. Cette fois encore, un complice le vendit ; il fut arrêté le lendemain au domicile de sa mère et condamné à quatre mois de prison. Placé en cellule à la Santé, E...fut pris d'un immense ennui et se fit une contusion au genou en se frappant avec le bord de son escabeau ; il voulait se faire placer à l'infirmerie et il y réussit.

A sa sortie, au mois de septembre 1870, on lui assigna comme résidence Carcassonne, qu'il avait demandé à tout hasard, sans

(1) Attendu
(2) Souteneur.
(3) Femme.
(4) J'ai déjà expliqué en quoi consiste le vol au rendez-moi.
(5) Ramasser des bouts de cigares.

savoir, et n'ayant nullement l'intention d'y aller. Néanmoins,
il se mit en route, et, chemin faisant, il rencontra une fille récemment sortie de Saint Lazare et exilée à Vernon. Ils décidèrent
aussitôt de revenir à Paris, et, tournant bride, ils allèrent coucher à Mantes. Après avoir « chiné » le curé, elle d'un « linve » (1)
et lui de deux « crottes » (2), ils se mirent en route pour Paris,
volant et mendiant. Un peu avant d'arriver, ils rencontrèrent
un voiturier qui consentit à les prendre avec lui. « Bon pigeon
à plumer », pensa E... La femme s'assit sur le siège à côté du
voiturier; celui-ci se montra galant et lui fit la cour. E..., couché
dans le fond de la voiture, fermait les yeux et faisait sourde
oreille; mais il profitait de leurs épanchements amoureux pour
manger les provisions du voiturier placées dans un panier
à sa portée. En arrivant à Paris, l'amoureux de plus en plus
émoustillé, proposa à la fille de l'emmener avec lui. E... protesta;
mais une pièce de cinq francs suffit à l'apaiser. « J'ai été bête,
dit-il, c'est peut-être une bonne marmite que j'ai lâchée. »

Aussitôt rentré à Paris, il s'engagea, non point par amour
de la patrie, mais sans trop savoir, pour faire comme tout le
monde. Il fut aussi mauvais soldat que mauvais citoyen, montrant partout l'exemple de l'indiscipline. Aussitôt habillé,
fier de son nouveau costume, il vient se promener sur les
grands boulevards, en compagnie d'une bande de filles. Un
jour il se fabrique une permission de sortie, mais son faux fut
reconnu, grâce à la façon dont il avait orthographié « batalion »;
une autre fois, en voulant faire une fredaine, il tombe avec
son uniforme dans les latrines.

Au premier feu il essaya de se sauver, ce qui ne l'empêchait
pas de se vanter partout d'avoir pris part à des faits d'armes
magnifiques et d'avoir tué des centaines de Prussiens, jusqu'à

(1) Un franc.
(2) Deux sous.

ce qu'un jour un de ses camarades le confondit en racontant devant tous sa couardise et sa lâcheté.

Lorsque son régiment se replia sur Versailles, il déserta et resta à Paris.

Les barricades se dressaient. C... endosse son uniforme et crie : Vive l'ordre! Le lendemain, il s'engageait dans la garde nationale, où on le nommait sergent-major. Son premier exploit fut d'aller expulser le commissaire de police de son quartier et d'installer à sa place un commissaire de la Commune. « Vous m'avez assez souvent mis au clou autrefois, lui disait-il; à mon tour, maintenant. Décampez! » De plus, il lui vola sa montre et insulta sa femme.

Les événements se précipitèrent. Au Père-Lachaise, E... voulut se sauver; mais, en sautant par-dessus le mur, il se fit une blessure à la tête et ne put se relever. On le conduisit à la Roquette. Il fut d'abord condamné à cinq ans de prison et cinq ans de surveillance pour avoir volé et insulté le commissaire de police. Devant le conseil de guerre, grisé et excité par quelques fanatiques, il se montra plein d'insolence, l'injure et la menace à la bouche. Condamné à mort, il entendit prononcer sa sentence sans sourciller. « Cela ne me causa aucune émotion, dit-il; j'espérais être gracié, et l'exécution me paraissait une chose si éloignée et si incertaine, que je n'y pensais même pas. » Placé en prison avec les citoyens Lisbonne et Racine, on vint lui annoncer un matin qu'il allait être exécuté. Alors tout son courage l'abandonna ou mieux toute sa lâcheté remonta à la surface. Il fut pris d'un tremblement général, pouvant à peine marcher et incapable même de rouler une cigarette. En arrivant près de la voiture, on lui annonça qu'on s'était trompé de liste, et qu'au contraire il était commué, ainsi que Lisbonne, qui se trouvait à ses côtés. Il faillit s'évanouir de joie. « J'y allais courageusement! » lui dit Lisbonne. — « Et moi aussi! » répondit-il, ayant déjà recouvré toute son assurance.

Une seule idée l'attrista au milieu de cette immense joie de conserver la vie, ce fut de ne pouvoir toucher au flacon de rhum destiné au condamné. C'était presque un regret. Etrange impression !

E... arriva au bagne de Toulon, blindé du même stoïcisme grossier. Après l'opération du rivage de la manille (1), un condamné qui se trouvait à ses côtés lui dit tristement, avec des larmes dans les yeux : « Chaque coup de marteau me retentissait sur le cœur. » — « Moi, répondit-il, j'avais peur que le forgeron manque son coup et me frappe sur le pied. »

Après avoir endossé son costume de forçat, il resta une journée « au ramas » (2) et dut s'habituer à manger de la « titine (3) ». Il subit ensuite l'opération du mariage et il fut accouplé à un curé de Lyon, condamné pour attentat à la pudeur sur des enfants. C'était un mauvais compagnon, travaillant peu, gémissant toujours et répondant à chaque injure : Dieu vous pardonne, mon fils !

Moyennant vingt sous, E... se fit remarier avec un autre individu qui se chargea de presque toute la besogne et le soir le régala par-dessus le marché. Il était enchanté de ce nouvel accouplement. Mais, à l'heure du coucher, le drôle devint entreprenant, l'appelant sa petite fiancée, voulant l'embrasser et lui « élargir l'oignon » (4). E... refusa, non par pudeur, ni par vertu, mais parce qu'il avait peur que cela lui fît mal. « A cette époque, dit-il, j'étais encore bête et naïf ; j'y suis passé bien des

1) La manille est l'anneau en forme de fer à cheval fermé qu'on scelle autour du pied du forçat et auquel s'attache la chaîne.

(2) Rester au ramas signifie, au bagne, rester au dortoir avec d'autres forçats : la chaîne est prise dans une tringle en fer, et on ne peut ainsi faire que quelques pas.

(3) La titine est un plat qu'on vend un ou deux sous à la cantine du bagne. C'est un ragoût de toutes sortes de choses.

(4) Expression difficile à traduire. E... veut simplement dire que son compagnon fit sur lui des tentatives de sodomie.

fois depuis, et je n'en suis pas mort pour cela. » Néanmoins, le
fiancé, s'irritant de ce refus, commençait à jouer du coup de
poing, gueulant : « Tu te fous de ma cafetière! Tu bouffes ma
tortore! Tu veux me faire casquer! Me prends-tu pour un
pantre? (1) »

Les voisins lui conseillaient de faire comme tout le monde et
de se prêter à la circonstance. « Puisque vous êtes mariés! »
lui disait-on. Mais tout ce bruit attira le gardien rondier, et le
lendemain matin il fallut s'expliquer devant le commissaire.
En allant au prétoire, l'aimable fiancé montra son couteau à E...
« Soupèse-moi ce vingt-deux, lui dit-il; si tu casses du bonnis.
je te scionne (2). » Les autres forçats lui conseillèrent également
de se taire et de ne pas faire la « bourrique (3) ». E... prudem-
ment se tut et se fit accoupler avec un autre individu.

Au bagne de Toulon, il assista une fois à une séance de
bastonnade, châtiment aboli depuis. Le patient était un grand
diable d'Arabe condamné à dix coups de corde pour rébellion.
Au premier coup, de larges raies rouges zébrèrent les reins
de l'Arabe, qui demeura stoïque et cria : « Peau de zobi pour
le commissaire! » Au second coup le sang coula, mais l'Arabe
toujours invaincu répéta : « Peau de zobi pour le correcteur! ».
Et ainsi à chaque coup, jusqu'au dernier, il bafoua tous ses
ennemis avec cette injure : « Peau de zobi pour le directeur!
Peau de zobi pour ceux qui m'écoutent! etc. ». La bastonnade
finie, il ne put se relever, et, tout ensanglanté, on le transporta
à l'infirmerie. E... a gardé de cette scène un souvenir qu'il ne
peut évoquer sans un sentiment d'effroi.

Au bout de quelques semaines, on annonça un départ pour la

(1) Tu te moques de moi! Tu manges mon argent! Tu veux me faire payer!
Me prends-tu pour un imbécile ?
(2) Soupèse-moi ce couteau; si tu dis un mot, je te tue.
(3) Ne pas faire le mouchard.

Nouvelle. E... nagea dans l'allégresse et chanta avec ses compagnons :

> La justice dans sa colère,
> Des tours que nous lui jouons,
> A la Nouvelle nous envoie faire
> Des détours et des chansons.
>
> Là-bas nous nous marierons
> Comme nos amis de Guyane.
> Gais, les enfants de la Canne !
> Pour la Nouvelle partons !
>
> Les filles de repentance
> Du grand couvent de Clermont (1)
> Vont aussi quitter la France.
> Là-bas nous nous marierons ! (etc.).

Pendant les quatre mois que dura la traversée, E.... souffrit horriblement du mal de mer. A peine arrivé au bagne, volé et rossé par les forçats, il se vit condamner à quatre mois de cachot sans savoir pourquoi. Douloureusement étonné, il passa ce temps dans une torpeur profonde, dans un anéantissement complet, restant toute la journée étendu sur son lit sans paroles comme sans pensée, recevant chaque jour, assure-t-il, une ration d'eau dans un de ses souliers et une ration de bouillon dans l'autre. Une fois délivré de cette nuit du cachot, le courage et les forces lui revinrent ; alors il n'eut plus qu'une idée : la vengeance. C'est d'ailleurs le seul moyen de se faire respecter et d'obtenir la tranquillité au bagne : les forçats n'admirent pas seulement l'homme fort et courageux, ils le redoutent. E... ne tarda pas à apprendre que l'individu qui l'avait lâchement frappé et volé à son arrivée, puis fait mettre au cachot, était un Italien condamné pour émission de fausse monnaie. Un soir, il

(1) La maison centrale de femmes de Clermont.

profita du sommeil de son ennemi et lui asséna un coup de bâton terrible au visage, puis, aidé de deux autres forçats, lui vola son argent. Ce fait magnifique le plaça en haute considération au bagne.

Pendant son séjour à la Nouvelle, E... souffrit beaucoup du manque de femmes. Une seule fois il put posséder une femme canaque, une *popinée*, qu'il attira dans une case et séduisit par l'offre d'un pain. Habituellement il avait recours aux complaisances de ses compagnons de chaîne, à qui, du reste, il rendait le même service; d'autres fois, avec une pièce de vingt sous, il décidait un Canaque à se laisser « travailler tourlourou » (1).

E... observa là-bas, et ii décrit dans un langage pittoresque les fêtes canaques du grand Pilou-Pilou, cérémonies plus gastronomiques que religieuses, se terminant ordinairement par des scènes érotiques. A la fin du festin, chaque Canaque s'approche d'une popinée et lui demande: Tivho-li? Si elle répond: oui, ils s'éloignent un peu, et, derrière une haie ou un buisson, ils continuent la fête en faisant tivho-li.

E .. fut un jour invité à la fête du grand Pilou-Pilou avec le gardien qu'il servait et sa femme. Naturellement ils prirent part aux agapes et mangèrent des mets plus ou moins étranges. Mais à l'heure solennelle du tivho-li, un canaque s'approcha de la femme du gardien et lui proposa : Tivho-li? Ne connaissant pas le sens de ces paroles, elle répondit oui, à tout hasard. Vous comprenez facilement la scène qui s'en suivit : les avances significatives et très naturalistes du Canaque, l'effarement de la femme du gardien, la colère de celui-ci, et le mécontentement des autres Canaques blessés de ce manque aux lois de l'étiquette. (2)

(1) Travailler tourlourou est l'expression favorite employée par les Canaques et les forçats pour désigner l'acte sodomique.

(2) Il m'a naturellement été impossible de vérifier ce fait, mais *si non e vero e bene trovato.*

A l'île Nou, E... assista à une cérémonie non moins curieuse, à un mariage de condamnés. Le prétendant était un individu condamné à cinq ans de travaux forcés « pour avoir fait le coup du père François » (1). On l'envoya faire son choix au couvent de Bourrail, au « padoc ». La religieuse lui offrit d'abord une femme de trente-deux ans, condamnée à quinze ans de travaux forcés pour empoisonnement. La première entrevue fut des plus tendres, et cette fiancée peu timide sauta tout de suite au cou du nouveau venu, lui tenant à peu près le langage suivant : « Ah! mon pauvre chéri! on claque rien du bec ici ; tu vas m'en sortir. Quelles sales frangines(2)! J'ai bien envie d'en griller une : t'as pas un peu de perlot et de fafe? »(3) Le candidat mari refusa cette aimable personne, si pleine de distinction dans son langage comme dans ses manières. On lui présenta alors une ancienne truqueuse répondant au beau nom de Rose et condamnée à huit ans de travaux pour avoir aidé à « dégringoler et à refroidir un michet dans sa carrée. (4)» « J'ai truqué un peu dans le temps, dit-elle à son fiancé, mais je suis devenue sage. »

Le mariage fut décidé. E... fut de la noce, ayant à son bras une ancienne truqueuse qu'il appelait Fanny.

Après la messe, le prêtre fit un sermon, parlant aux nouveaux époux de pardon, de rédemption, d'oubli des offenses passées. Mais la mariée, s'impatientant, ne cessait de répéter : « Ah! ce qu'il nous soûle! ce qu'il nous soûle! » (5)

Un festin suivit, très arrosé. E... se versa de telles rasades,

---

1) Le père François fut pendant un certain temps une célébrité à Belleville et à La Villette. Son truc était simple et expéditif. Caché dans un coin, il attendait tranquillement le passant attardé. Il lui jetait prestement un nœud coulant autour du cou, lui serrait la vis non moins prestement, le chargeait sur ses épaules et l'étranglait proprement et sans bruit.

(2) Frangines c'est-à-dire religieuses.

3) Perlot c'est-à-dire tabac. Fafe c'est-à-dire papier.

(4) Pour avoir aidé à voler et à assassiner un homme dans sa chambre.

(5) Ce qu'il nous ennuie! Ce qu'il nous ennuie!

but tant d'alcool falsifié, qu'il « compta ses chemises » (1) en dormant et se laissa chiper son « crapaud ». (2) Le marié n'était pas moins « rond, » et le matin il se réveilla avec un œil poché et ne sachant pas ce que sa nouvelle épouse était devenue. La « gonzesse » avait profité de l'ivresse de son mari pour filer avec un autre libéré qui la ramena le lendemain matin. Le mari prit assez bien la chose, qu'il trouva presque naturelle.

Pendant son ivresse, E... avait eu un rêve: il avait entendu une voix de femme murmurer de douces paroles à son oreille, il avait entrevu le visage de l'épouse lui souriant, et il avait senti des mains molles et caressantes lui palper la peau. Au réveil, il ne lui restait qu'un vague souvenir, mais il n'en constata pas moins que sa bourse avait passé de sa poche dans celle de l'honnête Rose.

Quoique mariée, Rose devint bientôt la fille de joie des libérés et même des condamnés. Elle rôdait constamment autour du pénitencier, se cachant derrière les haies ou les buissons. Quand elle apercevait un homme, elle l'appelait :

— Veux-tu prendre ton plat? (3)
— Combien?
— Un linve (4).

Et l'opération finie, elle le renvoyait en lui disant :
Tâche de m'en « refiler » (5) un autre.

Le mari fermait les yeux et faisait le « gaffe » (6).

Un jour, Rose attira dans un endroit écarté un Arabe libéré qu'elle savait avoir de l'argent; le mari le dévalisa et le tua d'un coup de hache. Mais la femme, prise de peur, alla dénoncer le

(1) S'oublier dans son pantalon.
(2) Crapaud c'est-à-dire porte-monnaie.
(3) C'est-à-dire en style naturaliste : Veux-tu prendre ta ration d'amour?
(4) Un franc.
(5) Envoyer.
(6) L'imbécile.

meurtrier qui fut condamné à mort. Et ainsi finit cet heureux ménage (1).

Pendant le reste du temps qu'il passa à la Nouvelle, E... montra plus d'une fois les ressources dont disposait son esprit malignement inventif.

Il avait obtenu l'autorisation de vendre à boire aux forçats. Pour voler le marchand, il eut des trucs magnifiques. Lors de son premier achat, il se présenta chez lui avec un tonneau à moitié rempli de chiffons. On mesura le tonneau. A l'achat suivant les chiffons avaient disparu, et le marchand qui ne prit pas la peine de mesurer de nouveau le tonneau, fut volé de plusieurs litres et ainsi un certain nombre de fois.

(1) Je n'ai pu non plus vérifier l'authenticité de ces faits. Mais en les rapprochant de ceux rapportés dans la brochure de G. Nicomède : *Un Coin de la colonisation pénale : Bourrail en Nouvelle-Calédonie*, on est frappé des analogies qu'ils présentent. Le récit du mariage que je viens de faire contient des détails peut-être plus intimes et plus précis que ceux rapportés par G. Nicomède, mais ce récit m'a été fait par un individu qui a participé à tous ces faits, a été acteur et a pu voir mieux que n'importe qui. Au fond c'est absolument la même chose.

« Le couvent de Bourrail, écrit Nicomède, est une prison étrange, monstrueuse. On y a expédié les fleurs du mal, le dessus du panier des maisons centrales de France. Un grand nombre de femmes du couvent ont été filles soumises et ont passé par les maisons de tolérance avant de s'échouer sur les bancs de la cour d'assises.

« Malgré l'active surveillance des sœurs, elles fument la cigarette qui avilit, elles s'enivrent en gardant pendant plusieurs jours leur ration de vin. A la moindre querelle, elles s'invectivent dans le jargon des halles et des bouges.

« En attendant que, par le mariage qu'on leur a promis, elles recouvrent la liberté de la débauche, elles se livrent, dévergondées, au tribadisme et au saphisme le plus cynique.

« On devine aisément quels résultats ces mariages peuvent donner ou plutôt ces accouplements. Dès le lendemain du mariage, quelquefois le jour même de la noce, les querelles commencent, les coups sont échangés. On a vu, quelques heures après la cérémonie, une femme du couvent et son nouveau mari H.... concessionnaire de la Foa, s'injurier et se battre dans les rues du village. Il fallut qu'un surveillant accompagnât la femme au domicile conjugal ; quelques jours après on apprenait qu'elle avait été assassinée par H... De pareils faits ne sont pas rares à Bourrail et l'on s'y blase vite sur ces incidents. Deux Arabes de Nessadiou ont ainsi assassiné leurs femmes qui, mariées, continuaient leur première vie de débauche. Tous les maris de Bourrail ne sont pas aussi farouches. »

Sa manière de fabriquer de l'eau-de-vie n'était pas moins ingénieuse. Il rinçait pendant plusieurs jours, avec la même eau, des tonneaux ayant contenu du rhum ou de l'alcool, puis, laissant évaporer une partie des rinçures au soleil, il obtenait une boisson alcoolique que ne dédaignaient pas les forçats. Pour se procurer du rhum pur, il avait un moyen encore plus surprenant. Chaque forçat reçoit deux ou trois fois par semaine une ration de tafia qu'il doit boire devant le gardien. On est certain qu'ainsi ils ne font pas de provisions pour s'enivrer. Beaucoup de forçats faisaient semblant de boire, mais ils gardaient le liquide dans la bouche et, le gardien passé, le recrachaient dans leur gamelle. E...achetait ces régurgitations et, en y ajoutant un peu d'eau ou de rinçures, il faisait des litres de rhum qu'il ne vendait pas moins de dix ou quinze francs.

Ce procédé de fabrication ou plutôt de concentration des alcools paraîtra peut-être peu ragoûtant aux fines bouches. Mais à Paris même cela se fait non pas pour l'alcool, mais bien pour le beurre provenant du goûtage. « Le goûtage consiste à plonger une sonde dans les mottes et à sucer le morceau ainsi extrait pour se rendre compte de sa fraîcheur et de sa qualité. L'acheteur crache le surplus de ce qu'il ne juge pas à propos d'avaler, et, comme à Paris rien n'est perdu, quelqu'un le guette et ramasse le tout derrière lui. Les glaneurs s'attachent ainsi aux pas des goûteurs, et, la moisson faite, vont porter ce régal aux filles en échange de menues pièces de monnaie. Celles-ci le remanient, le refondent et le revendent jusqu'à un franc cinquante centimes le kilogramme aux débitants de soupe à dix centimes (1) ».

S'étant rendu coupable d'un vol dans un atelier de reliure. E... comprit avec terreur qu'il allait subir ce supplice terrible

(1) G. Macé. Gibier de Saint-Lazare.

de la bastonnade, qui l'avait si vivement impressionné à Toulon. Il simula la folie : le médecin s'y laissa prendre, le plaça à l'infirmerie et lui évita ainsi la punition (1).

Sur ces entrefaites, l'amnistie arrivait. E..., après un séjour de huit ans à la Nouvelle, revint en France. Sur le bateau il s'avisa de faire jouer aux dés, et ainsi il gagna ou mieux il vola pas mal d'argent.

En débarquant à Brest, chose étrange chez cet homme et qu'il ne comprend pas bien lui-même, en voyant tous ces gens se reconnaître, se serrer la main, s'embrasser, pleurer, il se mit à pleurer lui-même et à s'attrister de son abandon. Mais cette émotion dura peu. D'ailleurs, pour se raffermir, il alla immédiatement prendre un verre d'eau-de-vie et une absinthe, puis s'en vint coucher au lupanar. En arrivant à Paris, comme en débarquant à Brest, le même sentiment de solitude et d'abandon l'étreignit douloureusement au cœur et de nouveau il pleura.

Il se mit à la recherche de sa famille et apprit de sa sœur que sa pauvre vieille femme de mère était morte. Il s'en alla alors trouver son frère et sa belle-sœur, qui étaient marchands de fromages.

On l'accueillit à bras ouverts et il se mit à vendre des fromages avec eux, mendiant, volant, « lichant tant de glacis », buvant tant de verres d'absinthe, que chaque soir il était « plein ». Mais bientôt l'argent devint rare, et les disputes commencèrent. E.... aimant par-dessus tout la tranquillité, jugea prudent de leur « attacher une gamelle » (2).

Après avoir honteusement exploité les comités qui s'occupaient des amnistiés, il se plaça comme domestique dans une maison de commerce, où il ne tarda pas à commettre un vol de

(1) Pour me donner une idée de son adresse de simulateur, E... a simulé devant moi un accès maniaque assez réussi.

2 De les quitter.

trois cents francs. Le soir même E... s'offrit avec cet argent de généreuses libations et s'en alla passer la nuit dans un lupanar de la rue Saint-Denis. Là, il lui arriva une aventure du plus haut comique. Il était monté avec la dame de son choix et venait de se mettre au lit à ses côtés, lorsqu'on annonça la visite des inspecteurs. E... qui par habitude n'aimait pas à voir ces gens-là en face, se cacha sous le matelas et recommanda à la femme de dire qu'elle était seule. Un inspecteur se présente : « Vous êtes seule, aimable personne ? — Oui, Monsieur ». Et le représentant de l'autorité et de la morale se montre galant, très galant ; mais il s'étonne de la froideur de la demoiselle, de son peu d'empressement à se concilier ses bonnes grâces et sa protection. N'importe ! il devient de plus en plus entreprenant, et, malgré sa faible résistance, la pousse vers le lit. Quand on n'est qu'une pauvre fille de joie sans appui, livrée sans merci à la toute-puissante autorité, on ne peut pas refuser ses faveurs à un inspecteur dont on a tout à redouter. Elle ne pouvait pas dire non plus qu'un client était là, puisque lui-même il l'avait défendu. La pauvre céda, et E..., toujours tapi sous le matelas, recevait le contre-coup de leurs caresses. Mais l'inspecteur parti, il se leva furieux et à son tour fila. « Passer après un mec de la renifle (1) ! jamais ! » L'argent volé fut vite dissipé ; mais une nouvelle occasion se présenta. Un jour un expéditionnaire lui tint à peu près ce langage : « Nous pouvons faire ensemble une affaire batte. (2) J'ai souvent dans ma sacoche plusieurs centaines de francs ; je l'oublierai un jour dans ma voiture, tu la souffleras. Puis, après avoir larmoyé chez mon patron, j'irai te retrouver et nous gouaperons ensemble avec la galette (3) ». Il fut fait comme il vient d'être dit, et E... leva ainsi plus de quatre

(1) Un agent de la police.
(2) Une bonne affaire.
(3) Nous boirons avec l'argent.

cents francs; seulement il oublia de se rendre au rendez-vous que son complice lui avait indiqué et garda tout pour lui. Comme toujours, l'argent fila vite : E... buvait sec et longtemps. « fabriquait des linges et allait plumer avec » (1). Mais un soir il se fit arrêter au Château-Rouge.

Sa condamnation purgée à Sainte-Pélagie, « il se mit sur le trimard avec un aminche » (2) pour se rendre à Besançon qu'on lui avait assigné comme résidence. En route ils rencontrèrent un charretier écrasé sous sa voiture. Ils commencèrent par lui enlever son porte-monnaie et allèrent ensuite prévenir les gendarmes; mais les gredins l'avaient mal fouillé : on trouva sur lui huit mille francs. E... se mordit les poings de rage.

L'exil lui pesa lourdement, et vite il revint à Paris, allant loger chez un de ses amis, qui habitait rue Sainte-Marguerite, et « qui avait les pieds dans le dos » (3) pour avoir fait un « rade » (4). Au bout de trois jours, E... fut arrêté avec lui et condamné pour complicité de vol et rupture de ban Il purgea sa condamnation à Sainte-Pélagie, d'où il sortit avec cinquante deux francs et ordre de se rendre à Grenoble. Il passa sa première journée à Paris à faire la noce et le soir même se rendit à la Scala. A peine était-il entré qu'on crie : au voleur! Sans savoir et par prudence, il se dirigea immédiatement du côté de la porte. Trop tard ! Il était déjà pris. C'était son ancien complice dont il avait dérobé la sacoche, qui venait de le faire arrêter. Après avoir inutilement essayé « d'aller à Niort, il fit le veau et mangea le morceau » (5). Treize mois passés à la Santé et à la Centrale de Poissy, et après avoir mangé à Paris le petit pécule qu'il avait amassé pendant sa captivité, il se met sur le « trimard ». Pen-

(1) Raccolait des femmes et allait coucher avec elles.
(2) Il partit avec un ami.
(3) Qui était recherché.
(4) Pour avoir pratiqué un vol à la rade.
(5) Il essaya de nier, puis fit l'imbécile et avoua.

dant quelques mois il va de ville en ville, à Sens, à Auxerre où il se fait coller pour quelques jours au « mitard » (1). Nous le retrouvons à Draguignan « vendant des prospectus anglais »(2), puis à Marseille, à Toulouse, puis à Carcassonne, associé à une famille de mendiants, « chinant pendant le jour et biffant à la bernarde » (3), puis à Perpignan, puis à Narbonne. puis à Cette, où il se rend à la « piaule » le rendez-vous de tous les « trimardeurs » (4). Là, après avoir crânement déclaré qu'il n'était point « triqué » (5), il fit connaissance d'une aimable « tri-mardeuse » qui lui proposa d'abord de la régaler. Mais la « gigo-lette » (6) comprit vite qu'elle n'avait point affaire à un « ave » (7) et n'essaya pas davantage de se « foutre de son orgue » (8). Ils s'entendirent au contraire ensemble pour « faire casquer un pantre » (9) nouvellement sorti du « ballon » (10).

A Béziers, chez la mère Mikelle, « la piaule » de la ville. E... fit connaissance d'un mendiant et de son aimable moitié, la femme sans mains. Après une noce bien arrosée, ils cou-chèrent ensemble tous les trois. Pendant que le mari dormait dans son vomissement, sa femme le trompait à ses côtés, râlant d'amour sur une botte de paille, aux bras du Frisé, qui le len-demain « dégringole » (11) le passeport du pauvre diable, « le

(1) Au violon.
(2) Mendiant.
(3) Mendiant pendant le jour et chiffonnier pendant la nuit.
(4) Dans le langage de la pègre, la « piaule » est un établissement particulier qui existe dans chaque ville. Tous les vagabonds, tous les exilés s'y ren-dent : ils sont toujours sûrs de rencontrer des amis. Trimardeur est à peu près synonyme de voyageur ou mieux de vagabond.
(5) Triqué, c'est-à-dire condamné.
(6) La fille.
(7) Imbécile.
(8) Se moquer de lui.
(9) Faire payer un imbécile.
(10) Prison.
(11) Vole.

planque » (1) et « cavale » (2) avec sa nouvelle compagne
« chiner du pivre à la gourde » (3), la planquant le soir même
à son tour et filant avec la « braise » (4). Mais la femme sans
mains « n'était pas pure de toute souillure, et elle lui avait laissé
un petit cheval en souvenir ». E... dût aller se faire soigner à
l'hôpital pour un bubon. Là, sa fourberie et son astuce eurent
beau jeu. Il déclara qu'il était israélite, qu'il voulait se faire
chrétien, et fit tant et tant de momeries que les bonnes sœurs le
comblèrent d'attentions et de petits soins.

En sortant, il se fit conducteur d'aveugle, puis partit pour
Marseille, accompagné d'un « social à la bonne » (5). Mais en
route « des hirondelles » (6) les prirent à « chiner », et E... fit
un mois à la prison de Montpellier. L'exil lui pesa et la nostalgie
de Paris le reprit; mais aussitôt rentré, aussitôt coffré à la
Santé. Le jour même de sa sortie il vole une caisse de fromages,
avec un autre individu; mais lorsqu'il fallut partager les bénéfices, une querelle survint et la justice les mit d'accord en leur
donnant à chacun six mois de prison.

Nous retrouvons ensuite E... à Lyon, embauché dans une
famille de bohémiens, faisant danser un ours et travailler un
chien; puis garçon de la piaule à Toulouse; puis infirmier à
l'hôpital de la même ville, où à bout de ressources, il s'était
« maquillé » (7) la main avec de l'acide sulfurique; puis à
Besançon, son pays natal, où il exploite indignement et honteu-

---

(1) Le quitte.

(2) Se sauve.

(3) Mendier du vin avec une outre (genre de mendicité très en usage dans
le pays).

(4) L'argent.

(5) Un ami.

(6) Des gendarmes.

(7) Le maquillage est une maladie, le plus souvent une plaie ou une brûlure,
que l'individu se fait lui-même pour pouvoir mendier et attirer l'attention des
passants.

sement toute sa famille; puis de nouveau détenu à la prison de la Santé; puis infirmier à l'hôpital d'Orléans, où il était entré grâce à un nouveau maquillage à l'acide sulfurique; puis camelot à Paris et amant d'une chiffonnière; puis de nouveau infirmier à la Santé, où je l'ai vu pour la première fois. Il y avait alors à l'infirmerie un individu qui simulait la folie, se disant l'incarnation d'un grand génie. E.., qui était chargé de le veiller, ne trouva rien de mieux, un soir, que de se couvrir d'un drap et de lui rendre tangibles ses prétendues hallucinations. Je dus le renvoyer pour ce fait.

Après sa sortie, nous le voyons errer de ville en ville, exploitant toujours son maquillage, passant la plus grande partie de son temps dans les hôpitaux, à Grenoble, à Versailles, à Paris, puis se faisant arrêter en train d'exploiter une vieille dame charitable. Après un séjour de quatre mois à Sainte-Pélagie, nous le retrouvons successivement à Tours, à Besançon, à Provins, où il joue de nouveau les sœurs avec ses idées de conversion; puis « maquillé » à l'hôpital de Tenon, où « deux mecs de la renifle (1) » viennent l'arrêter et le ramènent encore à la Santé. Cette fois j'ai pu l'observer pendant plus de six mois. Pendant tout ce temps il se montra doux et laborieux, s'ingéniant à me rendre de petits services, mais nullement amélioré au point de vue moral et toujours aussi disposé à mal faire. Il vient de sortir. Qu'adviendra-t-il de lui à Paris ou ailleurs? Il reviendra en prison. « C'est, comme il l'écrit lui-même, un malheureux qui lutte contre l'adversité et qui se laisse aller. »

Dans les premiers jours qui suivirent sa sortie, il m'écrivait des lettres comiques et en même temps navrantes. « Je suis si peu habitué à être libre, écrit-il, que je ne sais rien faire de ma liberté. C'est gai et c'est triste. » Puis, en vers peu littéraires,

(1) Deux agents.

il exhale sa rancune contre un gardien dont il a eu à se plaindre pendant son séjour à la Santé. « Je suis très content, dit-il, d'être débarrassé de ce bonhomme.

Qui n'est pas grand.
Qui n'est pas gros.
C'est pas un hareng,
Mais un maquereau :
Je vais l'appeler
. . . .
Il n'a pas de cœur,
C'est un farceur ;
C'est un crâneur,
C'est un hâbleur.
Il est très bien chez les voleurs.
Il rapporte au Directeur
Contre vous. Monsieur le Docteur ;
Mais de vous il a très peur.
Il est lâche sans honneur ;
C'est un homme sans pudeur.
Devant vous il est trembleur :
Derrière vous il est délateur.
Il flatte Monsieur l'Inspecteur.
Il n'est pas grand, etc.
C'est une canaille,
Un rien qui vaille.
Je voudrais qu'on l'empaille,
Qu'on lui retourne la tripaille,
Qu'on le mette sous les railles
Du chemin de fer de Versailles.
Ou bien lui faire une entaille,
Lui tordre le cou comme une volaille.
Il ne l'aurait pas voler,
S'il pouvait en crever,
Car il m'empêche de digérer
L'verre que je viens d'avaler.
C'est un coquin,
C'est bien certain.
Il a beau faire le malin,
Faire du mal à son prochain.

Débiner le médecin.
Avec sa langue de putain,
Sa place est chez les assassins :
Mais un de ces quatre matins
On va lui casser les reins :
Gare à lui, ce vieux gredin !
Sa place n'est pas parmi les saints.
   C'est une crapule
   Qui sans scrupule
   Insulte et bouscule
Les malheureux aux cellules.

Puis il me raconte une bonne farce qu'il vient de tenter.
« J'ai rencontré le gardien X..., un gaffe (1) de la Santé. Il a payé
un verre que je lui avais offert ; j'ai payé une autre tournée et
lui en ai fait payer une autre et puis encore une. Bref, il a
repayé une tournée et je l'ai lâché place du Châtelet. Je voulais
lui repayer une tournée, mais il n'a pas voulu. Je voulais le
blinder (2); mais pas moyen. C'est ça qui aurait été rigolo de me
voir rapporter un gaffe à la Santé ! »

Ailleurs il rapporte ses mésaventures avec une femme: « Figu-
rez-vous que j'ai casqué (3) de treize sous pour une grue; je voulais partir avec elle pour la faire chiner; mais, hélas! l'homme
propose et la femme dispose ; de sorte qu'elle m'a attaché
une gamelle (4). J'ai été marié deux heures ; c'est pas beaucoup
pour une lune de miel. Pourvu que je n'aie pas attrapé.... un
chaud et froid! C'est que je n'ai pas visité ses papiers. Il faut
prendre garde aux courants d'air avec ces femmes-là. » Enfin
je cite un dernier trait où il se peint lui-même au naturel. « Hier,
à l'Eldorado, je me suis bien amusé : j'ai laissé tomber ma casquette aux stalles d'orquestre. (Ça ne s'écrit pas comme ça:

(1) Un gardien.
(2) De le soûler.
(3) J'ai payé.
(4) Elle m'a quitté.

mais on comprend ce que je veux dire.) J'ai eu beau dire : Avez-vous vu la casquette du Frisé ? On ne l'a pas vue, de sorte que j'ai acheté un programme et je me suis fait un chapeau avec. Voilà ce qui est rupin (1). Mais le soir, en allant me coucher, j'ai vu un client qui poussait sa romance (2) sur un banc. J'ai cru le reconnaître ; ma casquette était là ; il l'avait fait nettoyer, elle était neuve. Comme on ne m'a pas vu, c'est la mienne. Aussi je la lui ai prise sans rien lui dire ; mais j'ai gardé mon programme. »

Enfin, dans une dernière lettre, il m'annonce que je ne recevrai plus de ses nouvelles s'il ne trouve pas un travail lui permettant de gagner sa vie sans voler ni vagabonder.

Comme je n'ai rien reçu depuis, je suppose qu'il s'est fait condamner. Cet homme ne peut vivre qu'en prison.

Tel est la biographie de ce criminel, contée par lui-même. Un romancier y cueillerait une ample moisson de documents. Plus d'un roman naturaliste est moins riche en faits et en observations psychologiques. Cette histoire montre comment dans chaque criminel il faut tenir compte d'une foule de choses et de raisons qui s'aident et s'enchaînent. Je classerais plutôt ce criminel parmi les criminels d'habitude ; mais il faut tenir un grand compte de la prédisposition et surtout de l'éducation et des milieux dont l'influence ici est incontestable et a merveilleusement agi sur un terrain déjà préparé.

———————

(1) Drôle.
(2) Qui dormait.

CHAPITRE VIII

LES DÉGÉNÉRÉS DANS LES PRISONS

Dégénérescences psychiques

I

« L'espèce comme l'individu, dit Bœckel, dégénère et meurt après avoir parcouru son cycle, parce que la dose de vie qui lui est dévolue et qui existe virtuellement dans les premiers couples est épuisée » (1). Suivant cette idée, il en résulte que l'état de débilité vitale d'un couple déjà amoindri se transmet aux couples suivants, qui s'amoindrissent de plus en plus jusqu'à la stérilité.

La dégénérescence est donc, comme l'a très bien défini Morel, « une déviation maladive du type primitif (2) », et Magnan a complété et resserré cette définition en voyant, dans la dégénérescence, « une accumulation plus ou moins considérable, suivant les cas, dans les antécédents d'un malade, d'affections cérébro-spinales susceptibles d'influencer la descendance ».

Le dégénéré est donc un individu qui, de par ses ascendants, apporte avec lui en naissant un terrain spécial, un état anormal

(1) Art. Dégénérescence du *Dict. de Méd. et Chirurgie pratiques*.
(2) Morel — *Les Dégénérescences*.

qui le marque d'un cachet indélébile. Et son être tout entier
est atteint. Au physique, une foule de stigmates dévoilent du
premier coup son état d'infériorité : ce sont des malformations,
des arrêts de développement, des hypertrophies, des atrophies,
la disparition de certains organes. Nous verrons que chez nos
détenus ces anomalies, ces déviations physiques sont très
fréquentes, pour ne pas dire constantes.

D'un autre côté, si la dégénérescence atteint tous les organes,
le cerveau et la moelle épinière ne sauraient lui échapper, et
alors nous voyons se manifester chez le dégénéré les troubles
intellectuels et les tics, ces stigmates psychiques que nous
retrouverons toujours dans la catégorie de détenus dont j'ai
parlé plus haut.

Quelquefois ces difformités cérébrales, ces stigmates d'ordre
psychique se rencontrent seuls ; mais le plus souvent ils s'accompagnent de stigmates d'ordre physique qui seront étudiés dans
le chapitre suivant.

II

Le dégénéré est donc un héréditaire. Dans le premier chapitre,
j'ai déjà montré l'influence de l'hérédité nerveuse sur la criminalité. Je n'y reviendrai point ici.

Pour les dégénérés, c'est un fait acquis ; souvent même chez
eux l'hérédité est très chargée, et, suivant la grande loi établie
par Morel et reprise par l'école de S¹ᵉ Anne, « plus la tare est
lourdement chargée, plus l'héritier est affaibli intellectuellement ». Il suffira, pour s'en convaincre, de parcourir les observations que je rapporte un peu plus loin. Presque toujours on
trouvera l'hystérie du côté maternel, l'épilepsie, la folie, l'alcoolisme du côté paternel. Ce fait est constant et pour ainsi dire fatal.

Mais, comme pour la criminalité, l'alcoolisme tient le premier rang. Père alcoolique, fils dégénéré et souvent criminel. « L'alcool fait de nos jours plus de ravages que ces trois fléaux historiques : la famine, la peste et la guerre » (1).

Cette influence de l'alcoolisme me paraît tellement importante, tellement prépondérante, que je tiens encore à y insister, et je citerai quatre nouveaux faits plus éloquents que tous les commentaires.

X..., peintre en bâtiments, quarante-cinq ans, est né dans le Calvados. Son père était un homme nerveux, emporté, violent; presque tous les jours il se grisait en buvant de l'eau-de-vie du Calvados. Il est mort d'une attaque d'apoplexie.

La mère était une femme inintelligente, pliée devant son mari qu'elle redoutait, et avec qui elle se grisait fréquemment. Elle est morte d'une fluxion de poitrine.

X... se rappelle qu'il a eu des convulsions dans son enfance; de plus, vers l'âge de dix-huit ans, il aurait eu la danse de Saint-Gui. Bien qu'il soit allé à l'école pendant cinq ans, il sait à peine lire et écrire, et il reconnaît lui-même « qu'il avait la tête très dure ».

Venu jeune à Paris, pour apprendre le métier de peintre en bâtiments, il fit beaucoup d'excès, buvant du vin, de la bière, de l'eau-de-vie et de l'absinthe. Ses nuits étaient alors troublées par des cauchemars où il voyait des incendies, des assassinats, des rats monstrueux courant sur son lit; des crampes et des secousses le réveillaient à tout instant, et le matin il avait des pituites.

X... perdit bientôt l'habitude du travail. Un jour qu'il n'avait plus le sou (il avait alors vingt-deux ans), il entre chez un restaurateur et mange sans payer. Ce fut sa première condamnation;

(1) Gladstone. Chambre des Communes, 5 mars 1880.

aujourd'hui il en compte plus de trente pour vol, mendicité, rupture de ban, etc., etc... Il est devenu un habitué de prison.

C'est un homme au front fuyant, au crâne petit, à l'intelligence obtuse, présentant un léger embarras de la parole, du tremble-blement des lèvres en parlant et des mouvements involontaires et saccadés de la tête. Il n'a presque pas de barbe, et, chez lui, le système pileux est peu développé. Bien que normalement conformé au point de vue génital, il ne s'est jamais senti beaucoup d'attraction pour les femmes. Il préfère de beaucoup le culte de Bacchus à celui de Vénus.

Cette observation est intéressante. Nous voyons X..., déchu physiquement, hériter de ses parents alcooliques, d'une tendance à boire, tendance qu'il ne peut réprimer et qui en fait un voleur incorrigible, un dégénéré criminel.

Z..., soixante-cinq ans, chiffonnier, est né en Alsace. Son père et son grand-père étaient des ivrognes. « C'est mon grand-père, dit-il, qui m'a fait boire mon premier verre de kirsch, voulant qu'il n'y eût que des pochards dans la famille. »

Tous ses frères sont des alcooliques depuis l'adolescence. Bien qu'il ait été à l'école assez longtemps, il n'a jamais pu rien apprendre ; il ne sait ni lire ni écrire. Jeune encore, « pour ne point désobéir à son grand-père », dit-il ironiquement, il se mit à boire généreusement vin, bière, eau-de-vie, absinthe.

Il a subi plus de trente condamnations pour ivresse, vol, mendicité, vagabondage, coups et blessures. Il a parcouru une grande partie de l'Europe, prenant le plus souvent la prison de la ville où il se trouvait pour hôtel ; à Londres, il gifle une femme à Piccadilly ; à Cologne, il jette dans le Rhin le chapeau d'un gendarme allemand.

Il avoue cyniquement qu'il n'est qu'un gredin, mais sans témoigner le moindre remords. « C'est de famille », dit-il. Bien qu'ignorant et grossier, il a des saillies d'un naturalisme avancé, mais qui ne manquent pas d'un certain sel.

Il est ombrageux et défiant. Entré à l'infirmerie pour une cirrhose, on cherche à lui faire comprendre que la cause de son mal est l'alcool. « L'alcool n'est pas l'ennemi de l'homme, dit-il; c'est un mastroquet qui a voulu me tuer lentement en me faisant boire un verre d'eau-de-vie empoisonnée. »

L'observation qui suit est peut-être plus nette encore que la précédente. C'est l'alcoolisme se perpétuant de génération en génération pour aboutir au type complètement déchu que nous venons de peindre, un ivrogne volant pour satisfaire sa passion.

R.... dix-neuf ans, imprimeur, est né à Paris. Son père, qui était fort à la halle, était alcoolique. Il est mort tuberculeux. R... se rappelle encore les scènes terribles qu'il faisait dans le ménage lorsqu'il rentrait ivre.

Un de ses frères a déjà subi trois condamnations pour vol, et une de ses sœurs est prostituée.

Il sait un peu lire et écrire. Jeune encore, il fit des excès de boisson, s'enivrant avec du vin, du rhum et de l'absinthe.

Bien qu'il fut à l'abri du besoin chez sa mère et qu'il gagnât bien sa vie, dès l'âge de seize ans, il se mit à voler à l'étalage. Il a déjà subi cinq condamnations pour ce fait. Lorsqu'il passe devant un étalage, il se sent attiré malgré lui et vole n'importe quoi, souvent même des objets sans valeur et dont il ne sait que faire, un peigne, un foulard, etc.

Ses organes génitaux sont bien développés et le pubis est garni de poils. Il prétend n'avoir vu qu'une femme en sa vie; ça l'aurait dégoûté. Il se masturbe régulièrement deux fois par semaine, et pour un verre de vin il se livre à ses co-détenus.

Il a commencé à marcher à dix-huit mois et à parler à deux ans. La première dentition a été retardée, et R... présente encore actuellement des dents de lait. La deuxième dentition a été également retardée, et on trouve sur la mâchoire supérieure deux rangées de dents presque toutes cariées (mâchoire de requin). De plus, R..., dernier héritage de son père, est tuberculeux.

Ici encore, nous voyons un alcoolique engendrer d'autres alcooliques voleurs, et les deux frères deviennent des habitués de prison.

Tel est encore le fait suivant.

T..., dix-neuf ans, est né à Luxembourg. Le père était alcoolique et est mort tuberculeux. T... parle français et un peu allemand ; mais il ne sait ni lire ni écrire.

Il vit chez sa mère, remariée en secondes noces. On a essayé de lui faire apprendre divers états ; on n'a jamais pu le garder nulle part. A quinze ans, il se fait condamner une première fois pour vagabondage. Depuis il a subi trois autres condamnations pour vol à l'étalage d'objets presque sans valeur.

La puberté est retardée ; le pubis est presque glabre ; la verge et les testicules sont petits ; le sujet se prétend vierge.

On a dû remarquer qu'outre leur état mental particulier, les détenus qui font le sujet des observations précédentes présentent tous des stigmates de dégénérescence physique en plus ou moins grand nombre. Je reviendrai d'ailleurs sur ce fait dans un autre chapitre.

III

J'ai montré jusqu'ici l'influence de l'hérédité alcoolique, en particulier chez nos dégénérés criminels ; je vais chercher maintenant quelles classes de dégénérés on rencontre dans les prisons.

Par ordre de fréquence, les dégénérés les plus nombreux dans les prisons de Paris sont les débiles; viennent ensuite les dégénérés supérieurs et enfin les imbéciles.

Les débiles, ces déshérités de l'intelligence et du jugement, ces individus aux idées étroites, à la mémoire mécanique, à la volonté défaillante, ces êtres incapables d'attention et d'efforts, sans force d'imagination et qui obéissent passivement aux suggestions d'autrui, sont de beaucoup les plus nombreux. Les prisons sont peuplées de débiles.

B..., âgé de soixante-sept ans, est journalier. Sa mère et sa sœur sont des femmes sans énergie et sans volonté, des intelligences obtuses. Un de ses oncles était alcoolique. Son père était un homme honnête et sobre qui a fait son possible pour bien l'élever.

B... est un homme vindicatif et sournois avec des airs patelins. Sachant à peine lire et écrire, ivrogne aux mauvais instincts, paresseux, esprit bizarre, lunatique, il a toujours été redouté des gens de son village et considéré à juste titre comme un individu dangereux. Marié avec une femme bonne et honnête, il la trompa avec une sorte de noceuse de village, qu'il s'empressa d'épouser, la première étant morte. Des querelles s'élevèrent bientôt dans le ménage ; la femme jeune et vicieuse trompa le mari vieux et déjà caduc. Un jour, à la suite d'une discussion, B... la frappa d'un coup de couteau. Une autre fois il incendia sa maison pour brûler sa « garce de femme », disait-il, et peut-être bien un peu aussi pour toucher une prime d'assurance et la convertir en alcool. Honni de tous, sa vie n'a été que misérable et honteuse, et il laisse après lui la plus triste descendance.

C..., vingt et un ans, typographe, est né à Paris. Son père est mort de paralysie générale à Sainte-Anne. C... sait un peu lire et écrire. Il avoue avoir fait quelques excès de boisson.

C'est un garçon violent, emporté ; une rixe ne pouvait avoir lieu dans la rue sans qu'il s'y trouvât mêlé. Devenu l'amant de cœur d'une demoiselle légère, il avait avec elle des querelles journalières. Un jour il lui demande de l'argent et, comme elle refuse, il lui tire un coup de revolver à bout portant ; un œil fut perdu et un bras dut être amputé.

D..., dix-neuf ans, saltimbanque, né à Paris, a perdu jeune ses parents, sur lesquels il ne peut donner que peu de renseignements. Son père était un ivrogne ; il est mort jeune. Sa mère était une coureuse d'hommes.

Jeune encore il s'engagea dans une troupe de saltimbanques où il faisait le clown. Toute son existence s'est passée au milieu de ce monde corrompu ou en prison.

C'est un garçon à la figure douce et même sympathique, aux belles formes d'adolescent, aux cuisses arrondies comme celles d'une femme, à la peau blanche et presque sans poils, au corps d'Apollon Musagète. Quoiqu'il ait des organes génitaux bien développés (sa verge mesure à l'état flasque neuf centimètres de longueur et onze centimètres de circonférence), il n'a que de la répugnance pour la femme et n'éprouve du plaisir qu'avec un être de son sexe : il préfère le rôle passif. Paresseux, ivrogne et hâbleur, il se déclare prêt à commettre n'importe quelle action pourvu qu'elle lui rapporte. Il a déjà subi plusieurs condamnations pour ivrognerie, vol, rixes.

Ce débile, outre sa triste odyssée dans les prisons, est intéressant à un autre point de vue : on retrouve en lui un de ces cas de pédérastie passive décrite par l'allemand Marx dans son livre *Die Urning liebe*. Comme on le voit, l'inversion sexuelle est ici alliée à une sorte d'effémination.

Si les débiles sont nombreux dans les prisons, les dégénérés supérieurs sont déjà rares. Ce fait s'explique facilement. En effet, le dégénéré supérieur est surtout caractérisé par « le défaut d'équilibre et l'absence de pondération. Il est intelligent, mais son activité intellectuelle agit d'une façon inégale et par soubresauts. Il est susceptible d'idées généreuses et de hautes conceptions, et, lorsqu'on cause avec lui, on reconnaît une élévation de sentiments parfois très grande ; mais comme il est incapable d'un effort soutenu, il met rarement en pratique ses belles théories, et on peut facilement lui faire dire avec le poète latin : « *Meliora video proboque, deteriora sequor.* » (1) Cet individu évite généralement la prison, et ses excentricités le mènent plutôt à l'asile d'aliénés. Néanmoins il est des cas où, par suite de leur manque de pondération et influencés par leurs passions, qu'ils ne savent pas réprimer, les déséquilibrés se laissent aller à des actes criminels.

F... âgé de vingt et un ans, est né à Pittsburg, en Pensylvanie. Ses parents, sur lesquels il ne veut donner aucun renseignement précis, tenaient un magasin de nouveautés à Pittsburg et possédaient une petite fortune qui leur permettait de vivre dans l'aisance. A la mort de son père, F... qui avait alors quinze ans, se mit à parcourir l'Europe et l'Amérique, excentrique comme un vrai Yankee, courant les femmes et s'alcoolisant généreusement. En Chine, il fuma l'opium avec ivresse ; revenu en Europe, il le remplaça par des piqûres de morphine. C'est un garçon à la figure intelligente, assez instruit, parlant l'anglais, le français et un peu le chinois. Voici la mesure de ses diamètres crâniens :

Diamètre antéro-postérieur........	193 mm
— transverse.	167 mm
— bizygomatique.........	147 mm

Très adroit pick-pocket, avec tous les dehors de l'homme du monde, il n'a qu'une passion : voler. Depuis l'âge de quinze ans

(1) J.-M. Dupain *Etude clinique sur le délire religieux*. Thèse de Paris. 1888, page 66.

il n'a vécu que de vols, alors que par la situation de sa famille il pouvait vivre heureux et honoré. Il aime le vol comme d'autres aiment la musique ou la poésie : il vole par dilettantisme. (*Voyez fig. 8*).

Fig. 8.

Il a déjà subi quatre condamnations à l'étranger et il est condamné à perpétuité par contumace dans son pays. Il purge ici une peine de six mois de prison ; on l'a arrêté à l'Opéra-Comique, la main dans la poche d'une riche étrangère. Il se vante volontiers de son adresse et il pousse la complaisance jusqu'à nous montrer comment on débarrasse élégamment un monsieur de sa montre ou de son porte-monnaie.

Les mains de F... sont maigres, osseuses et démesurément longues, ce qui le sert admirablement pour son métier. La longueur totale de la main est de 254 millimètres, la largeur du poignet de 53 millimètres; le médius mesure 117 millimètres. De plus, le petit doigt de chaque main présente une assez curieuse déformation. La deuxième et la troisième phalanges sont rétractées sur la première phalange et le doigt a la forme d'un crochet. F... aurait produit lui-même ces déformations en tenant pendant un certain temps l'auriculaire fortement plié sur la main par un bandage; elles lui permettent de plonger plus facilement dans les poches (*Voyez fig. 9*).

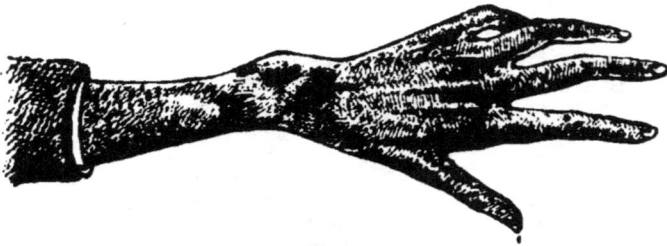

Fig. 9

L'articulation entre la deuxième et la troisième phalange ne présente que des mouvements très limités; mais l'articulation entre la première et la deuxième phalange n'existe pour ainsi dire plus : les deux os sont comme soudés; il y a en outre une rétraction du tendon fléchisseur.

G... est un garçon à la physionomie douce et intelligente. Il a fait des études commerciales assez sérieuses. Son père est un excellent vieillard qui l'a bien élevé, ne le laissant jamais manquer de rien. Mais son indiscipline et son mauvais caractère l'obligèrent à déserter de bonne heure la maison paternelle.

A dix-neuf ans il s'engagea dans la marine de l'Etat, où il resta jusqu'à vint-quatre ans. Il parcourut la Tunisie, le Sénégal, accompagna de Brazza à Libreville et fit partie de l'expédition qui alla observer le passage de Vénus au détroit de Magellan. Pendant ces cinq années, sa conduite fut irréprochable : aimé de ses compagnons, estimé de ses chefs, il sortit avec d'excellents certificats.

De retour à Paris, il rentra dans sa famille. Son père, craignant quelque nouvelle escapade, le maria à brûle-pourpoint avec une femme qu'il ne connaissait presque pas et qu'il n'avait pour ainsi dire jamais vue. La première nuit de ses noces, cette femme le repousse, lui avoue qu'avant de l'épouser elle a eu un autre amant, qu'elle l'aime toujours, et elle refuse de se donner. Il la quitte le soir même et il ne l'a jamais revue. Depuis, il a appris qu'elle avait eu deux enfants avant son mariage. C'est alors que G... lia connaissance avec une courtisane pour laquelle il fit des folies. L'argent qu'il gagnait dans les fabriques où il s'était placé comme contre-maître ne suffisant pas à satisfaire les caprices de cette femme, d'autre part la bourse de son père lui restant absolument fermée, il se mit à faire de la fausse monnaie. Il déploya là une assez grande habileté. Il fabriquait, avec un mélange d'aluminium et d'étain, des pièces de dix francs qui avaient presque le son et le poids, pièces qu'il dorait ensuite dans un bain galvanique. Il avait avec lui huit ou dix émetteurs à qui il vendait ses pièces trois francs; ceux-ci se chargeaient de les écouler, et voici l'ingénieux procédé qu'ils employaient. Les émetteurs allaient deux par deux : l'un portait la fausse monnaie et attendait dans la rue; l'autre, qui n'avait qu'une seule pièce fausse, entrait dans les boutiques et les magasins. Si la personne à qui il voulait l'écouler s'apercevait qu'elle était fausse, il la reprenait sous prétexte de l'examiner et lui en substituait adroitement une bonne qu'il tenait toujours prête dans sa manche. (Tous ces détails m'ont été précisément donnés par un des émetteurs que j'ai eu l'occasion de soigner à l'infirmerie centrale). Ils auraient ainsi écoulé de ces pièces pour près de cinq cent mille francs.

Arrêté une première fois en 1885. G... fut acquitté faute de preuves suffisantes. Il se fit arrêter de nouveau en 1887. Dans l'espoir de se sauver, il simula la folie.

En arrivant à Mazas, il prétendit qu'on voulait l'empoisonner et refusa toute nourriture. Amené à la Santé, G... fit d'abord la grave imprudence de se confier à plusieurs de ses co-détenus. Puis il comprit qu'il ne pourrait continuer longtemps le système qu'il avait adopté à Mazas, et, brusquement, il changea la forme de son délire. Lorsque je le vois pour la première fois, il fait à toutes mes questions des réponses brèves, incohérentes : il a oublié son âge, son nom, etc... Je n'ai pas douté un seul instant que G... simulât, et je lui ai fait comprendre la grossièreté et la maladresse de son artifice. Alors, tout en conservant un air taciturne, une parole brève et saccadée, sa conduite devint celle d'un homme raisonnable, et même il se déclara prêt à être jugé. Il fut condamné aux travaux forcés à perpétuité.

G... est nerveux, émotif ; il a quelquefois des mouvements involontaires des muscles de la face et un peu de bégaiement, surtout lorsqu'il s'irrite ou s'émeut.

Voici la mesure de ses diamètres crâniens :

Diamètre antéro-postérieur......... 196^{mm}
— transverse.............. 156^{mm}
— bizygomatique........... 140^{mm}
Indice céphalique................ 79

Voici enfin une dernière observation, la plus curieuse de toutes. Je l'emprunte encore à la thèse du docteur Legrain (1).

1) Voyez Legrain. Loc. cit. p. 52.

C'est l'histoire complète et détaillée d'un dégénéré criminel type qui, avant d'aboutir au délire, se laisse entraîner aux excentricités les plus criminelles.

La mère est un type d'originalité. Très religieuse, elle poussait le mysticisme au suprême degré de l'exagération. Elle chantait, en vers brûlants d'amour, la gloire du Christ, les bienfaits de la religion chrétienne. Dans toutes ses lettres, elle prenait pour thème un verset de l'Ecriture, elle s'exaltait, et ses écrits ne sauraient mieux être comparés, sous le rapport de la passion, qu'à ceux restés classiques de sainte Thérèse. Parfois elle tombait en extase et était visiblement hallucinée. Elle voyait, disait-elle, sa fille morte assise sur un trône, des anges l'entouraient et la servaient comme une reine.

Toute son existence a été remplie par ces préoccupations religieuses ou par de bonnes œuvres. Après avoir donné tout ce qu'elle possédait, elle empruntait pour donner davantage. Ce besoin de prodigalité l'a poussée à s'endetter de plus de six mille francs et à cacher ces emprunts à son mari ; ce n'est qu'à sa mort qu'on les découvrit. A l'occasion de la première communion de sa fille, elle avait organisé une solennité publique avec procession dans la ville.

Une des sœurs de celle-ci (tante maternelle du malade), également déséquilibrée et vicieuse, a présenté différents syndromes dont l'un surtout, l'impulsion au vol, est très net. Elle ne volait jamais que chez sa sœur, et prenait toute espèce d'objets. Elle détournait les regards des personnes qui l'entouraient et profitait de leur distraction pour cacher sous son manteau une assiette, un couteau, un verre. A la fin du repas, elle glissait subrepticement son couvert dans sa poche. On respectait sa monomanie ; quand on l'interpellait à ce sujet, elle soutenait que les objets volés lui appartenaient. Très originale, exagérant tout, tantôt elle était d'un mysticisme outré, passant tout son temps à l'église.

tantôt blasphémait au contraire et pestait contre les prêtres. Femme d'ailleurs très intelligente, elle exerçait la profession de sage-femme, ce qui lui donnait l'occasion d'être prodigue à l'imitation de sa sœur. Jouissant de très modiques ressources en raison des dépenses exagérées qu'elle faisait, elle gardait néanmoins chez elle pendant plusieurs mois, à sa charge, des femmes qu'elle avait accouchées. De mœurs légères, elle disparut un jour et personne ne l'a revue.

Cette femme eut un fils qui fut enfermé vers l'âge de vingt ans dans une maison d'aliénés et qui fut réformé à la suite de cette incarcération.

Les six autres tantes maternelles de S... ne sont pas moins déséquilibrées que leurs sœurs. Elles sont également mystiques ; leur piété était impuissante à les corriger de leurs défauts, dont le plus enraciné était la gourmandise. Restées volontairement célibataires, elles se sont associées ensemble pour faire le commerce d'épicerie. Mais ce n'était que soupers fins, consommation exagérée de friandises, nécessitant des commandes réitérées qu'on ne pouvait payer.

De ce fait elles firent trois fois faillite, et aujourd'hui elles sont réduites à la misère.

Le père de notre malade passait pour un original. Il était d'une honnêteté et d'une probité scrupuleuses, mais méticuleux à l'excès ; il menait une existence dont la régularité était taxée de manie. Coléreux, s'emportant pour des riens, il allait jusqu'à frapper. A la mort de sa femme, il tomba dans une mélancolie profonde qui dura vingt années et l'accompagna jusqu'à sa mort : il ne fit cependant pas de tentative de suicide.

Il rompit même avec ses meilleurs amis et mena une existence nouvelle. Deux fois par jour il se rendait à l'église et accomplissait les devoirs prescrits par la religion. Fuyant toute espèce de société, il restait volontairement taciturne et défendait même à ses enfants de parler devant lui.

Une sœur de S... (notre sujet) est morte à l'âge de sept ans, à la suite d'abcès multiples dont la nature est restée indéterminée; mais son état mental d'héréditaire s'était déjà manifesté. D'une intelligence supérieure à son âge, à sept ans elle faisait vœu de virginité. D'un mysticisme exagéré, elle suppliait le Christ, dans ses souffrances, de venir se déposer sur ses plaies. Prodigue comme sa mère, dès sa plus tendre enfance, elle vendait tout ce qu'on lui donnait et en distribuait le produit aux pauvres. Elle est morte dans une sorte d'extase, visiblement hallucinée comme l'avait été sa mère.

Les premières années de la vie de S... ne présentent rien de particulier à signaler. Très facile à élever, il apprit très rapidement tout ce qu'on voulut lui enseigner; il a toujours joui d'ailleurs d'une grande puissance d'assimilation. Ce n'est que vers l'âge de six ans que son état mental se révèle.

Il devient prodigue comme tous les membres de sa famille et comme depuis il n'a cessé de l'être.

Pour satisfaire son penchant, il commence dès cette époque à voler; mais il ne profite jamais de ses larcins, dont le produit est aussitôt distribué soit à des camarades, soit à des pauvres. Plus tard, vers l'âge de quatorze ans, il dérobe un jour à son père quatorze cents francs qu'il va porter dans une famille malheureuse. Il avait conscience, disait-il, de sa mauvaise action, mais ses bons sentiments et surtout le besoin de donner l'emportaient.

Elevé par une mère dévote, il fut pris de bonne heure d'une ardeur religieuse poussée parfois jusqu'à l'extravagance. C'est ainsi que, vers l'âge de quatorze ans, il s'imposait des pénitences rigoureuses et se privait même de nourriture; à table il faisait disparaître très habilement dans son mouchoir les aliments qu'on lui donnait. A la moindre peccadille il courait chez son confesseur; tous les matins il communiait.

Rencontrant un jour six personnes dans la misère, il les emmène chez son père, les installe au rez-de-chaussée, et, après avoir largement ouvert le buffet, il leur ordonne d'y puiser jusqu'à ce qu'elles soient satisfaites. Il reste dans les mêmes dispositions pendant deux ans.

C'est vers la même époque qu'il commence à se livrer à l'onanisme sur lui-même et sur ses camarades. Il se masturbait souvent cinq ou six fois par jour et courait immédiatement s'en confesser. Nous retrouverons plus tard l'onanisme joint à des perversions sexuelles d'un autre genre.

A treize ans, il fut un jour pris de l'idée de s'enfuir et se rendit de Vannes à Brest avec huit francs dans sa poche. Une fois à Brest, il écrivit à son père de venir l'y chercher; mais la lettre était à peine envoyée qu'il repartait et faisait à pied la route de Brest à Vannes.

Vers l'âge de seize ans, il fit encore deux ou trois fugues semblables. C'est à cette époque, après la mort de sa mère, qu'il fut pris pour la première fois de délire. Brusquement, presque du jour au lendemain, il devint morne, taciturne; au collège il cessait d'être l'élève intelligent qu'il avait été jusqu'alors. Chez lui, il s'accroupissait dans un coin, fuyant toute société, s'imaginant qu'il avait des ennemis et défendant avec énergie que personne l'approchât. Quand on lui parlait, il répondait par une sorte d'aboiement. Tout lui faisait peur; il était sans doute en proie à des hallucinations, mais ses souvenirs à cet égard manquent de précision; il se rappelle seulement qu'il voulut se suicider et qu'il tenta de se précipiter par une fenêtre. Parfois des périodes d'agitation furieuse venaient entrecouper la monotonie de son délire; on dut plusieurs fois le camisoler. Son délire se prolongea pendant six mois; il en sortit aidé par un traitement hydrothérapique.

Il reprend alors ses études pendant deux années, continue à se distinguer comme par le passé et est reçu bachelier-ès-lettres, à dix-sept ans. A partir de cet âge, il devient de plus en plus déséquilibré ; sa vie n'est plus qu'une succession d'actes bizarres, déraisonnables, au milieu desquels émergent parfois de bonnes actions ; mélange de bassesses et de grands sentiments, d'actes inspirés tantôt par les plus mauvais instincts, tantôt par la plus pure morale, mélange enfin d'actes qui le rendent méprisable et le conduisent à la prison, et d'actes qui le rendent intéressant et digne de pitié.

Ses études terminées, il est placé par son père à la préfecture de Vannes ; mais, malgré ses idées religieuses, il est toujours poussé à l'insoumission, il est naturellement anti-autoritaire. Il quitte volontairement son poste et s'engage pour deux ans dans un régiment en garnison à Annecy.

Dix-huit mois se passent dans une tranquillité relative, lorsqu'il noue des relations avec une fillette pour laquelle il veut déserter. Il écrit à son père en le priant de lui payer son remplacement, sinon il mettra son projet à exécution. Le remplacement payé, S... rentre à Vannes et travaille auprès de son père. Il cultive alors la poésie avec un certain succès et concourt pour les jeux floraux.

Trois mois après (1870), il signe un nouvel engagement volontaire pour la durée de la guerre, fait la campagne de la Loire ; prisonnier à Orléans, il s'évade et revient chez lui après la guerre avec le grade d'adjudant. Il collabore au journal *Le Phare de la Loire* et publie quelques articles humoristiques.

En 1871 il contracte un nouvel engagement dans l'infanterie de marine et part pour Brest. Quoique au régiment, il demande l'autorisation (qui lui est refusée) de suivre les cours de l'Ecole de médecine. De dépit il se livre à la débauche en compagnie des filles de Brest. Il adresse à son père des demandes réitérées

d'argent pour subvenir à ses dépenses. Celui-ci se détermine à
ne plus répondre aux lettres de son fils. C'est alors que, pour
satisfaire aux exigences de ses maîtresses, il vend tout son
équipement militaire. Traduit pour ce fait devant un conseil
de guerre, il est condamné à un an de prison le 21 septembre 1871. A l'expiration de sa peine, il est envoyé aux
compagnies de discipline et passe son existence tout entière
dans les silos, à cause de son insoumission. Libéré du service
en 1875, il prend son congé pour Alger, afin de pouvoir entreprendre une campagne contre les actes arbitraires dont les
soldats sont victimes dans les compagnies de discipline. On
accepte sa collaboration à l'*Akhbar* à condition qu'il gardera le
silence. Séjour de trois mois à Alger pendant lesquels il commet quelques fredaines. Une fois entre autres il voulut épouser
une fille qui ne voulait pas se livrer à lui ; il fit même les dé-
marches nécessaires pour l'accomplissement de ce mariage,
« puisqu'il ne voyait, disait-il, que ce moyen d'obtenir les
faveurs de celle qu'il désirait ».

Rappelé par son père, il revient à Vannes et mène jusqu'en
1877 une vie aventureuse. Il éprouvait le besoin de remuer, restait très peu de temps dans les mêmes endroits, faisant constamment la navette de Vannes à Marseille, et vice-versà, vivant
au jour le jour, s'arrêtant dans certaines villes où il fondait
des journaux qu'il abandonnait aussitôt avec les actionnaires.
Lassé enfin de cette existence sans but, il revient chez son père,
annihilé complètement par les souffrances éprouvées et le chagrin de se voir fermer les administrations publiques. Il travaille
avec ardeur, étudiant un peu toutes sortes de questions, n'appro-
fondissant rien et prenant à la hâte des notions superficielles sur
tout.

Il se marie vers le milieu de 1877 avec une jeune personne
âgée à peine de quinze ans et demi. Retrempé par cette union,

il n'était plus le même homme, s'attachant à être le modèle des époux. Au moment de la naissance de son fils, il voulut rompre avec toutes ses anciennes relations, ne vivant que pour sa femme et ne se préoccupant que de satisfaire ses moindres désirs, passant les nuits à son chevet lorsqu'elle était malade. Il eut, peu de temps après, la preuve que sa femme le trompait. Après de nombreuses récriminations, convaincu que ni son affection, ni son désespoir n'étaient capables de lui ramener sa femme, il quitte son ménage et part pour Marseille, dans l'intention de collaborer de nouveau à différents journaux. Au mois de janvier 1880, un télégramme lui annonce la mort de son second enfant. Revenu à Vannes, aucune réconciliation avec sa femme n'étant possible, il réalise ce qu'il possède et part pour l'Amérique, accompagné de son beau-frère. Il joue pendant la traversée et perd une partie de son argent.

Repris par son humeur vagabonde, il parcourt le Vénézuéla en tous sens et pousse jusqu'aux bords de l'Orénoque, vivant au milieu des tribus sauvages, passant son temps à chasser et à philosopher, s'inquiétant fort peu du lendemain, ne se souciant en aucune façon des dangers qu'il bravait. Lorsqu'il entrait dans les villes, c'était une orgie terrible : orgie de femmes, orgie de boissons alcooliques. Surpris par les fièvres, il craint de mourir sans revoir son enfant et revient en France au bout de deux ans.

Après un séjour d'un mois auprès de sa femme, ne pouvant la déterminer à le suivre à Paris, il la quitte de nouveau et recommence cette vie fiévreuse qu'il menait avant son départ pour l'Amérique.

A Paris, il se mêle aux luttes entreprises par les étudiants contre les souteneurs, insulte un commissaire de police et se fait condamner de ce chef à vingt jours de prison. A l'expiration de sa peine, il soufflette un garde de Paris à la suite d'une dis-

cussion et se fait de nouveau condamner à un mois de prison.
Dégoûté de tout, il se remet néanmoins au travail, vivant au
jour le jour, dépensant au fur et à mesure ce qu'il gagnait,
donnant ce qu'il ne dépensait pas.

Son père meurt sur ces entrefaites. Il revient à Vannes,
accepte les excuses de sa femme et lui pardonne. Mais peu de
temps après il découvre une nouvelle correspondance amoureuse:
il réalise alors vingt-cinq mille francs, dont il met de côté dix-
huit mille pour son enfant: il part pour Paris, emmenant
celui-ci, qu'il confie à une famille amie. Puis il recommence à
mener joyeuse vie et mange en huit jours ce qui lui restait de la
succession de son père. Pour se débarrasser plus vite de son
argent, il donnait cent francs de pourboire et cassait les tables
dans les cafés.

Manquant le plus souvent de travail, il vécut pendant trois ans
en contractant des dettes (janvier 1883). L'argent emprunté lui
servait surtout à offrir à boire à des filles de mauvaise vie dont
il payait aussi le loyer. Il faisait à cette époque de nombreux
excès de boissons (absinthe et vin blanc).

Épouvanté enfin de la voie dans laquelle il se lançait, il
résolut d'en finir et avala le contenu d'une fiole de laudanum.
Secouru en temps opportun, il ne resta malade que pendant huit
jours.

Alors il quitta Paris, seul, sans un sou, pendant la nuit, et
alla jusqu'au Havre à pied. N'y trouvant pas d'ouvrage, il
revient à pied jusqu'à Rouen, où, exténué, il dut séjourner
pendant un mois à l'hôpital. Puis, il repartit à pied dans la
direction de Bruxelles, faisant des portraits au fusain pour
vivre.

Il est arrêté à Montreuil-sur-Mer et condamné à un mois de
prison pour vagabondage. Il revient ensuite à Paris et trouve à
s'occuper chez un architecte. Mais il retrouve en même temps

ses anciennes maîtresses. Le peu d'argent qu'il gagnait ne suffisait pas à entretenir leurs caprices; il ne pouvait non plus satisfaire son besoin de vivre dans l'orgie et la débauche, et c'est dans ces circonstances qu'il est poussé à voler.

Il profite de l'absence de son patron pour lui dérober sa montre et ses bijoux, et court les engager au Mont-de-Piété. Il espérait, dit-il, pouvoir les dégager avant son retour. Une fois en possession de l'argent, il ne songe plus qu'à l'utiliser et rôde pendant quelques jours: puis, poursuivi par le remords, il va de lui-même se livrer au commissaire de police de Versailles. Condamné à dix mois de prison (1883), il subit sa peine à la Roquette.

Placé au milieu de gens dont la fréquentation n'était pas de nature à relever son niveau moral, il prit rapidement goût au crime et, manquant de mesure comme tous les déséquilibrés, il laissa son imagination enfanter les projets les plus monstrueux « dont le récit effrayait même ses co-détenus », disait-il. Mais, doué d'une intelligence au-dessus de la moyenne et d'une facilité d'élocution peu ordinaire, il entraînait facilement ses compagnons avec lesquels il perpétrait du matin au soir toutes sortes de projets criminels, établissant des plans, les perfectionnant, ne doutant jamais de la réussite. Il avait imaginé, par exemple, de lancer dans la même journée une cinquantaine de traites à son nom et de louer un appartement dont il nous refait le plan, appartement où il recevrait à jour fixe les garçons de banque chargés de percevoir le montant des traites. Une forte pile adroitement dissimulée devait les foudroyer au moment où ils prenaient l'argent au guichet. Les cadavres, rapidement détroussés, étaient entassés dans un cabinet noir, et, une fois en possession d'une forte somme d'argent, il partait immédiatement pour l'étranger.

Un autre projet consistait à faire cuire les garçons de recettes dans un four de boulanger une fois qu'ils auraient été dévalisés. S... élaborait mille projets semblables, il s'exaltait en songeant à leur réalisation; ce n'est pas un crime qu'il rêvait, c'était cent et deux cents le même jour; pas une fois la crainte de l'échafaud ne le détournait de ses conceptions criminelles qu'il aurait certainement tenté d'exécuter s'il avait pu sortir à cette époque. D'autres fois, il projetait des vols avec effraction, des faux en écritures, ou encore il perfectionnait les moyens de fabriquer la fausse monnaie. Pendant six mois tous ces projets revinrent dans son esprit avec le caractère d'autant d'obsessions : « Chaque fois que j'y songeais, dit-il, je me sentais oppressé, ma respiration devenait haletante et bruyante; c'est pendant la nuit surtout que je surprenais ce phénomène. »

Peu à peu son esprit se calma sous l'influence des bons conseils que lui prodiguait l'aumônier de la prison. Il eut même des relations amicales avec ce dernier. Ils devaient collaborer ensemble à une œuvre littéraire traitant du relèvement moral des condamnés.

Pendant son séjour en prison, il eut à trois reprises des hallucinations que nous verrons reparaître plus tard avec le même caractère, mais beaucoup plus accentuées. Chaque fois qu'il parlait, il entendait distinctement une autre voix répéter les mêmes paroles. Vivement préoccupé par ces hallucinations, il ne tarda pas à prendre le dessus et se convainquit lui-même de son erreur.

A sa sortie de prison, livré à lui-même, il n'ose se présenter chez ses anciennes connaissances, que sa condamnation avait stupéfiées. Errant un jour dans Paris, il fait la rencontre de deux ou trois vauriens avec lesquels il s'était trouvé en relations à la Roquette. Il se laisse entraîner par eux et fait bientôt partie d'une bande de voleurs organisée.

Peu de temps après, on lui fait part d'un vol à effectuer dans une fruiterie ; on lui fournit tous les renseignements nécessaires pour arriver au but et on le charge de l'affaire ; mais il était mal habile et se laissa prendre sans résistance, les larmes dans les yeux.

Il est de nouveau condamné à quinze mois de prison, qu'il subit à la maison d'arrêt de Poissy. C'est vers la fin de sa peine qu'il fut pris pour la seconde fois de délire à forme maniaque, pour lequel il fut conduit à Sainte-Anne, où nous l'avons observé.

Mais, avant de faire le récit de son délire, il est nécessaire de revenir sur quelques points de l'histoire de notre malade et de la compléter par quelques détails que nous avons négligés volontairement pour ne pas nuire à l'exposé chronologique des faits.

Les particularités que nous avons en vue sont surtout relatives à cette prodigalité, syndrome commun à tous les membres de la famille et que nulle volonté n'avait le pouvoir de restreindre. Le plus souvent ce besoin de donner a été l'unique cause de ces vols que S... commettait de la manière la plus irréfléchie. Il aurait tout fait, dit-il, pour se procurer un argent qu'il ne savait pas conserver plus de vingt-quatre heures.

Ce besoin de dépenser revient sans cesse avec le caractère très net d'une impulsion. Souvent il est arrivé à S... de se coucher le soir sans avoir dépensé tout ce qu'il possédait ; il ne dormait pas alors, dit-il, cherchant les moyens de se débarrasser au plus vite de ce qui semblait le gêner. Au jour naissant il partait et ne se déclarait satisfait qu'après avoir jeté au vent son dernier sou.

Il se rendait aux halles et faisait distribuer pendant une demi-heure des aliments aux indigents : il se tenait à l'écart pour jouir du spectacle. Une autre fois il faisait entrer vingt personnes dans une baraque de foire et payait les places, ou bien il mettait à sac une boutique de pâtisserie au profit des pauvres.

Il lui arriva également de donner cinq cents francs pour qu'on nourrit des pauvres pendant plusieurs jours, et il présidait le repas. Un jour enfin il réunit un certain nombre de rôdeurs chez un marchand de vins et leur offrit le champagne. Il s'est partout endetté, signant des billets sans sourciller ; il doit encore de ce chef plus de trois mille francs.

Il nous faut également faire mention des différentes anomalies ou perversions sexuelles que nous avons notées dans le cours de l'existence de S... Nous l'avons vu plus haut se livrer à l'onanisme d'une façon exagérée à partir de l'âge de quatorze ans et pratiquer également des attouchements sur ses camarades.

A dix-huit ans ont lieu ses premières relations avec une femme, mais c'était une femme de quarante ans « hideuse », dit-il. Puis, pendant quatre années, il se livre de nouveau à un onanisme effréné, sans jamais songer aux femmes. Il ne se passait pas de jour qu'il ne se masturbât plusieurs fois. A vingt-deux ans, la scène change, il fréquente toute espèce de femmes avec un entraînement et une ardeur qu'il poussait jusqu'à la frénésie. Il ne souffrait pas qu'une femme lui résistât ; nous l'avons vu à Alger proposer le mariage à une fille qui lui faisait désirer trop longtemps ses faveurs. A plusieurs reprises, et dans les mêmes circonstances, il fit les mêmes propositions. Il alla même plus loin, et il se présenta un jour le revolver à la main chez une actrice qui avait plusieurs fois repoussé ses avances, avec la ferme résolution d'en finir avec une résistance qu'il ne pouvait tolérer davantage. Lorsqu'il possédait une femme, il aimait souvent la garder pendant plusieurs semaines sans y toucher ; d'autres fois il se livrait à un coït brutal, pratiquant même la sodomie. Depuis son mariage, il lui est impossible de cohabiter avec une femme sans évoquer devant ses yeux l'image de son épouse ; le souvenir de celle-ci est seul capable de provoquer l'érection.

Ce fait n'a rien d'extraordinaire chez un dégénéré : il a été signalé très nettement par M. Magnan dans son travail sur les perversions du sens génital, où il cite le cas d'un malade qui ne pouvait cohabiter avec une femme sans invoquer le souvenir d'une vieille femme ridée. Enfin S... fut poussé une fois à se livrer à la pédérastie sur un jeune garçon qui couchait auprès de lui dans un de ces établissements qui recueillent pendant la nuit les gens sans domicile. L'idée lui en est venue subitement, en s'éveillant ; l'érection s'est même produite à la vue du garçon, mais S... affirme n'avoir pas donné suite à son idée.

Revenons maintenant à l'histoire du délire qui nous donna l'occasion d'observer le malade à Sainte-Anne. Ce délire s'ébaucha et parcourut même sa période la plus active alors que S .. finissait sa peine à la prison de Passy. Ce délire survint d'emblée, comme c'est de règle chez les dégénérés.

Depuis quelque temps cependant, S... s'excitait un peu ; il s'indignait des mauvais traitements qu'il subissait en compagnie des autres détenus, et il entraînait ces derniers à la révolte. Il s'absorbait aussi dans la lecture de Michelet (*Introduction à l'histoire universelle*) et laissait son imagination errer à travers les siècles, suivant pas à pas la grande lutte pour l'existence entreprise par les peuples à tous les âges de leur évolution. Repris par ses idées mystiques, il examina à fond les différents mystères de la religion chrétienne, et une nuit (13 septembre 1885) Dieu lui apparut, lui annonçant qu'il le choisissait comme le Rédempteur promis aux hommes par l'Écriture. Il remarque alors la date du jour — 13 septembre — qu'il met en rapport avec ses treize mois de captivité, et, de la coïncidence de ces deux nombres treize, il tire une signification spéciale relative à sa vocation. Il range alors les chaises de sa cellule, comme si elles étaient destinées à recevoir des auditeurs et entame un sermon ; puis il se met dans un état de complète nudité, nouant seulement son caleçon autour de la ceinture et il se crucifie contre le mur en face de la fenêtre. Le lendemain il dispose des petites glaces le long des murs et il s'imagine que son image va se photographier vivante dans ces miroirs. La purification de l'homme étant nécessaire pour arriver à la Rédemption, il se prescrit une nourriture spéciale, ne voulant prendre que du blé et du vin, se souvenant que le Christ avait parlé de l'union du pain et du vin. Le blé, germant à l'intérieur, devait produire une nouvelle chair.

Pendant longtemps il eut des hallucinations de l'ouïe, comme lors de son séjour à la Roquette. Tout ce qu'il disait était répété une minute après dans les mêmes termes ; s'il chantait, son chant était redit dans l'éloignement par un chœur d'une vingtaine de voix.

Il entrait en conversation toutes les nuits avec le ciel ; deux des étoiles de la Grande-Ourse servaient d'intermédiaires. Quand il adressait une question à Dieu, si la réponse était affirmative, il voyait les deux étoiles se rapprocher au point de se toucher ; si la réponse était négative, les deux étoiles s'éloignaient rapidement l'une de l'autre et il cessait de les voir.

Il acquit ainsi la certitude qu'il était bien le Rédempteur choisi par Dieu. Tout servait à le confirmer dans cette idée : treize carreaux à une fenêtre, treize fleurs dans un parterre. Il avait devant sa fenêtre treize carrés de salades ; c'était pour lui l'indice qu'il devait choisir douze apôtres, le treizième carré le désignant spécialement. Il s'attachait à reconnaître le bien du mal par les distinctions des couleurs, en remontant du blanc au noir. Quand il lisait, les mots avaient un sens caché qu'il comprenait. Ainsi, Alexandre voulait dire : fils de l'homme. Enfin, le feu purifiant tout, il s'attachait à fumer les cigarettes par l'extrémité allumée.

Pendant un mois environ ce délire évolua sans aucune rémis-

sion jusqu'au moment où la peine de S... expirait. Mis en
liberté, malgré ses conceptions délirantes, il vient à Paris.
Pendant la première nuit, il croit ressentir des décharges électriques au niveau du front; il se lève et passe le reste de la nuit
à rôder sur les boulevards, le chapeau à la main, faisant avec la
main des signes mystérieux et traînant un pied sur les rails des
tramways, dans la conviction qu'il électrisait Paris; le moindre
événement lui montrait que Paris était sous le charme. Le
second jour il veut se rendre à la Chambre pour expliquer sa
mission et rendre compte de son nouveau système d'alimentation; mais, en route, il se présente chez Léo Taxil, dont il veut,
dit-il, relever le journal. Pendant deux nuits il continue à
électriser tout Paris, n'ayant pas encore songé à prendre de
nourriture. Le quatrième jour, il jette par-dessus les grilles de
Notre-Dame ce qui lui reste d'argent en proférant un blasphème,
puis il se déshabille sur la place du Parvis et déchire ses vêtements. C'est dans cette circonstance qu'il fut arrêté et conduit à
la préfecture, et de là à Sainte-Anne.

Quelques jours de repos suffirent pour ramener le calme dans
l'esprit du malade, qui nous raconta son histoire dans tous ses
détails, toujours convaincu néanmoins qu'il était chargé d'une
mission divine, idée qu'il n'abandonne que vers le milieu de
novembre. Il attache cependant encore une certaine valeur à la
théorie de la Rédemption telle qu'il l'a conçue; mais ce n'est
plus qu'une valeur théorique. Il développe son idée, quand
on le lui demande, avec une certaine verve et une certaine
élégance.

Peu de jours après son arrivée, il écrivit à sa femme une
lettre fort touchante où il lui demandait pardon de toutes ses
fredaines et la suppliait de le recevoir auprès d'elle. Cet appel
et d'autres qu'il lui adressa depuis sont restés sans réponse.
Actuellement, S... est en pleine possession de lui-même; il

exprime les vœux les plus sincères pour que sa réhabilitation lui soit accordée dans trois ans.

On vient de le laisser sortir de Sainte-Anne; malheureusement le déséquilibré est pareil à un grand enfant qui aurait besoin d'une constante tutelle, et un renouvellement de la vie passée n'aurait rien d'extraordinaire. Il est guéri de ses idées délirantes, mais cette guérison n'est qu'apparente; le terrain de dégénérescence mentale reste ce qu'il était, et la moindre occasion suffit pour qu'un nouveau syndrôme ou un nouveau délire revienne y germer.

Cet individu est, en effet, vraisemblablement destiné à rouler d'asile en prison et de prison en asile.

Néanmoins les dégénérés supérieurs sont moins souvent des habitués de prison que les débiles.

Beaucoup n'ont subi qu'une seule condamnation. D'ailleurs, leur instruction, leurs manières et souvent leurs bons sentiments les mettent en dehors des autres détenus au milieu desquels ils ont l'air d'être comme égarés. C'est un entrainement fatal, souvent un meurtre plus ou moins étrange qui les a amenés là.

Le sujet de l'observation suivante a été le héros d'un drame qui, tout récemment, a fait beaucoup de bruit et a vivement impressionné la presse.

H... est né à Constantinople de parents d'origine russe et possédant en Roumanie des biens d'une valeur assez considérable. Ayant perdu jeune ses parents et sa fortune, il reçut néanmoins une assez bonne instruction, mais plus superficielle que solide. Il a une certaine connaissance de l'hébreu, et parle français, allemand, anglais, italien, roumain, russe, grec et turc.

H... a toujours été sobre, comme tous les orientaux; le tabac seul est pour lui un impérieux besoin. De bonne heure il se met à voyager comme employé de commerce, parcourant ainsi toute l'Europe et une partie de l'Amérique du Sud. Pendant la guerre de 1870-71, il servit dans l'armée de la Loire et reçut plusieurs blessures. Il fut, par la suite, naturalisé français.

H... vit maritalement, depuis plus de   ans, avec une Parisienne qui lui a donné une petite f   , malheureuse enfant écrasée il y a quelques semaines sous les roues d'un omnibus. Son frère aîné, père d'une nombreuse famille,   it également à Paris. expulsé de Roumanie à la suite d'articles violents publiés dans une feuille dont il était le directeur.

H... est un homme susceptible, emporté, prompt à lever la main. Il eut un jour, lui et son frère, une discussion avec le gérant d'un café des boulevards; une rixe s'ensuivit, les passants s'en mêlèrent, poursuivant H... et criant : Mort aux Prussiens ! H..., bousculé, renversé, tira une épée de sa canne et frappa à coups redoublés le gérant du café, qui mourut le soir même.

Amené devant le jury de la Seine, H... se montra tellement nerveux, tellement surexcité, que l'affaire dut être remise. On le conduisit à Sainte-Anne où une attaque de manie ne tarda pas à se déclarer.

Ramené ensuite à la Santé, j'ai pu l'observer pendant plusieurs mois et juger du manque d'équilibre de son système nerveux. Certains jours, désespéré, il restait plongé dans un abattement profond; d'autres jours il se montrait exalté, plein de faconde; il écrivait des lettres de remercîment aux journalistes qui l'avaient défendu; il rédigeait un mémoire destiné, disait-il, à un grand retentissement dans le monde politique, mémoire qu'il devait traduire en cinq ou six langues et où il était question de la réforme des lois et du système pénitentiaire, des rapports de l'Allemagne avec la France et la Russie, de l'Exposition de 1889 et de la tour Eiffel, qui doit tomber et écraser deux cent vingt-trois personnes, Eiffel étant un mot fatidique qui vient de deux radicaux allemands : *Ei*, cri de douleur, et *fallen*, tomber; il décompose ainsi tous les noms propres et leur trouve un sens dérivatif qu'il interprète à sa façon : Wilson vient, dit-il, de deux mots anglais, *will*, veux, et *son*, fils, c'est-à-dire le fils veut, et pour lui toute l'âpreté au gain de Wilson est indiquée dans ce nom; Albert Wolf est parmi les journalistes un de ceux qui ne l'ont point soutenu, aussi il écrit son nom, en l'estropiant à dessein, *Aber Wolf*, ce qui signifie en allemand : Mais le loup, etc.

Il... fut condamné à quatre ans de prison. C'est en somme un beau type de déséquilibré.

Qu'était-ce aussi que ce jeune Ducret, dont le crime monstrueux a si douloureusement étonné tout le monde? Rien autre chose qu'un déséquilibré. Je n'ai pu me renseigner sur ses antécédents héréditaires; mais on n'a qu'à lire son histoire pour se rendre compte de son état mental. Je l'emprunte au livre de M. Joly, où elle est excellemment résumée (1).

Georges Ducret avait d'excellents parents qui ont fait pour lui, il le reconnaît, « plus qu'ils ne pouvaient ». Il avait été bien élevé; il avait quelque instruction.

De deux photographies jointes à son dossier, la première fait voir un adolescent de quatorze ou quinze ans, aux yeux amoureux, à la bouche sensuelle. C'est une figure de joli garçon rêveur et tendre, probablement lascif et porté à la jouissance autant qu'à la mélancolie. La seconde a été faite après son arrestation. Là, le charme de la première jeunesse est parti : on lit aisément la fatigue avec une certaine dureté, mais peu accentuée; le regard est fixe et les yeux largement ouverts; mais rien n'y accuse la bassesse, ni la lâcheté, ni la cruauté, ni la four-

1. H. Joly, *Le Crime*, p. 93.

berie; enfin, rien qui puisse faire conjecturer un seul instant qu'on ait devant soi un criminel-né. (*Fig. 3 Pl. I*).

Jusqu'à treize ans, sa vie n'avait rien eu d'insolite. A partir de cet âge, il avait beaucoup lu, lu des romans et des vers, et son imagination s'en était ressentie. Il s'éprit d'une jeune fille un peu plus âgée que lui, et, sans que ce sentiment lui occasionnât de violents chagrins, il était tombé dans le « marasme » amoureux, composant des poésies élégiaques médiocres, mais passables pour un écolier. A dix-sept ans et demi, ayant trente francs dans sa poche, il était parti pour Bruxelles, afin de revoir celle qu'il aimait.

Expulsé, on ne sait précisément pour quel motif, il était revenu à pied jusqu'à Paris.

« Depuis ce temps, dit-il, mon caractère changea complètement ; je devins taciturne, d'humeur vagabonde. » Il partait au hasard, dans une direction ou dans une autre. Retourné en Belgique pour le même motif qui l'y avait conduit une première fois, il fait la contrebande pour se procurer de l'argent ; il est condamné à la prison.

Sorti de prison, il mendie. Placé dans une maison de commerce, il prend deux cent cinquante francs à son patron, toujours pour aller à Bruxelles ; mais, pris de remords, il restitue l'argent par l'entremise de sa mère. Il n'était donc pas encore un malfaiteur et il répugnait sincèrement à l'idée de le devenir.

Sur ces entrefaites, il se rendit amoureux d'une autre jeune fille pour laquelle il composa aussi des vers. Nouveau chagrin d'amour, et, cette fois, il tente de s'empoisonner. Sa vie et ses allures commencent alors à devenir celles d'un paresseux libertin qui s'expose à bien des dangers. Il était sans place, il avait vendu des livres pour aller le soir à un bal suspect, quand son père lui adressa des reproches plus vifs que de coutume et

mérités. Il avait sous la main une bouteille de rhum qu'il avala
tout entière, « pensant s'étourdir ». Bientôt troublé par une
ivresse extraordinaire, il alla frapper à la porte d'une voisine,
se jeta sur elle, l'étrangla avec une corde qu'il avait apportée de
sa chambre, s'empara du porte-monnaie de la victime, prit
et puis abandonna des valeurs et s'enfuit. Quatre jours après,
harassé de fatigue et de remords, il se livra lui-même; il fit
des aveux complets à la suite desquels il fut condamné à perpétuité, bien qu'il se fût écrié à l'audience même : « Celui qui
m'accorderait des circonstances atténuantes serait un lâche! »

De tels actes sont moins criminels qu'insensés, et celui qui les
commet doit avoir un cerveau bien mal fait pour l'amener à concevoir de telles choses.

Tout dernièrement encore, la cour d'assises de Constantine
jugeait un détraqué type (1), un jeune homme que la logique à
outrance du pessimisme ambiant, compliqué peut-être d'une
impulsion héréditaire, avait poussé à un drame déchirant, à
une affreuse idylle, à une sanglante oaristis, dans une villa,
sous le ciel de l'Afrique. C'est une âme désorientée, détachée du
pôle social, a dit un éminent magistrat.

Chambige est un jeune homme au teint pâle, aux yeux
perçants et inquiets. Le visage est entouré d'un collier de barbe
chatain-roux très fine et coupée très ras. Les cheveux sont
relevés en arrière. Tout ce qu'on sait sur ses antécédents héréditaires, c'est que son père, ancien notaire à Médéah, avait
cherché dans le suicide un refuge, non contre la mauvaise fortune, mais contre « le mal du monde », cette souffrance vague
et inguérissable qui cause au pays de Schopenhauer tant de
morts inexpliquées. Deux de ses sœurs avaient été emportées

1 Tous ces détails sur l'affaire Chambige sont empruntés tantôt aux *Causes
criminelles et mondaines*, d'Albert Bataille, 1888, tantôt au remarquable article
publié par Tarde dans les *Archives de l'anthropologie criminelle*, de janvier
1889. J'ai pillé ces deux auteurs.

très jeunes par un mal subit, dit-on, probablement par la méningite. *Voyez fig. 10*.

Fig. 10

Enfin, Chambige lui-même dut être soumis en 1883, pendant

trois mois, dans un établissement médical de Bordeaux, à un
traitement hydrothérapique pour des troubles nerveux.

Chambige était un enfant susceptible et boudeur. Il se fâchait
rouge quand, à raison de ses oreilles très grandes, rabattues
en avant, on l'appelait Midas. Plus tard, il devint un écolier
silencieux et incompris, replié sur lui-même, sujet à des crises
de larmes, à des désespérances soudaines dont il eût été bien
embarrassé d'expliquer la cause. « Dans mon enfance, dit-il lui-
même dans sa curieuse autobiographie, je me précipitais dans
les récits merveilleux avec une fougue véhémente. Puis vint
la folie de la croix. Je communiais plusieurs fois par semaine
en baisant le Christ. Je sentais mon âme se fondre. Je fus dévoré,
torturé, brûlé par des scrupules religieux. J'ai passé des nuits à
remâcher des remords imaginaires. Le sujet de ces remords me
ferait aujourd'hui sourire, s'il ne m'avait tant fait pleurer !

... L'adolescence vint. Je disais des vers avec feu. Je passais
des nuits à lire Hugo. A cette époque j'étais vierge, je le restai
très tard. Je lus prodigieusement, les poètes surtout. Moi-même
je faisais de très mauvais vers avec de très beaux sentiments ».

Les anciens condisciples de Chambige avaient déjà remarqué
son style étudié et prétentieux. Selon Tarde, c'était là une prédestination au décadentisme, et cette maladie du style en gesta-
tion se liait à une maladie bien plus grave de l'amour-propre
congestionné qui, pour se préserver et se dilater, s'isolait effet
de ce subjectivisme artificiel où, faute d'un suffisant régime
scientifique, tombe un esprit plus soucieux de ses impressions
que de leur objet, de soi-même que de l'univers et des mots que
des choses. De bonne heure Chambige a révélé ce goût des
coteries jalousement closes, qui est le symptôme habituel des
blessures ou des enflures de l'orgueil, mais aussi des attache-
ments passionnés et dévoués du cœur. Il s'attachait à un nombre
très restreint de camarades, qu'il fréquentait exclusivement. Il

eut, à l'époque de la puberté, une de ces liaisons qui se font au collège entre camarades. Cet amour garçonnier parut modifier profondément son caractère. Il devenait rêveur, il correspondait journellement avec son ami, souvent en vers. Il paraissait prendre la chose très au sérieux et conserva cette intimité tant qu'il resta au collège.

Au quartier latin, Chambige se renferma dans un même cénacle d'amitiés exclusives. Le soir, dans sa chambre de la rue Gay-Lussac, entouré de quelques intimes qui lui ont gardé une fidélité touchante, il lisait quelques pages de son livre : *La Dispersion infinitésimale du cœur*, dans lequel il racontait les vaines recherches de son âme tourmentée.

Mais c'était toujours le même individu inconséquent et énigmatique.

Une demoiselle Paula, de celles qui versent la bière dans les brasseries du quartier Saint-Michel, le déterminait quelquefois à la reconduire quand il s'était attardé jusqu'à la dernière minute, songeur et muet, derrière l'échafaudage des soucoupes. Le lendemain, elle-même reparaissait soucieuse et attristée :

— Qu'a donc ton ami? disait-elle à un des plus chers camarades de Chambige, M. M... ; il a passé la nuit à pleurer, il me suppliait de ne pas le quitter.

— Il faut rester près de lui, répondait M. M... ; reste, ça le console!

— Mais on ne peut donc pas savoir de quoi il souffre? s'écriait-elle dépitée. C'est donc sacré ce secret-là?

« Plus j'ai pensé, dit Chambige, plus je me suis déséquilibré. Dans mon roman de la *Dispersion infinitésimale du cœur*, j'ai parlé avec détail de mes premières espérances d'amour. Tout me dérouta, tout me choqua. Ce qui pour d'autres eut été vaudeville, fut drame pour moi. « C'était donc cela, l'amour! Je l'avais rêvé grand, exclusif, fidèle. Je le trouvais piètre, mesquin, versatile. Mes propres sentiments me parurent fragiles et rachitiques.

« J'en conclus que j'étais un être impuissant, manqué, une fin de famille !

« Que d'appels à la mort ! La recherche d'aimer, sachant que l'on n'aimera plus, et avant la vingtième année !

« Ce fut chez moi une idée fixe, et je recréais, au prix de quelles larmes ! le système entier d'Héraclite : tout coule.

« Le scepticisme fut l'outil de démolition qui frappa sans relâche la maison de mon âme, jusqu'au jour où je fus devenu, comme Montaigne, Sainte-Beuve et Renan, un homme absolument impartial, ce que le public appelle avec une antipathie marquée un homme sans conviction.

« Voilà où m'avait conduit la recherche trop ardente de la vérité par une intelligence de bonne foi.

« Le motif était noble ; la peine est infinie ! »

En résumé, Chambige, à vingt ans, se croyait désabusé et désillusionné de tout.

« Il m'est arrivé un jour où, à force de sortir de moi-même, dit-il, j'ai ramassé en un seul tous les grands problèmes de sentiments et où j'ai écrit *néant* à la page du cœur, comme il m'avait fallu écrire néant à la page de l'esprit.

« Quel jour que ce jour-là ! Le continuel transport de mon cœur dans tous les cœurs avait produit en moi un pêle-mêle anarchique. Tout m'était autre, même moi ! »

Cet état d'esprit déplorable devait avoir son contre-coup physiologique. Une usure nerveuse aussi prodigieuse devait porter ses fruits. Chambige tomba dans le marasme. Dès cette époque, dit-il, l'idée du suicide l'obséda constamment. « J'avais peur de la folie, s'écrie-t-il. Un jour, je me sentis irrésistiblement porté à saisir un couteau placé sur un billot ; je dus m'enfuir. J'étais devenu un pathologique, un cérébral. Désormais je devais passer ma vie à scruter anxieusement moi et les autres, à combattre l'espérance, violant ainsi la seule condition du bonheur qui veut que l'esprit soit dupe du cœur.

« Je lus avec une gloutonnerie prodigieuse. En une nuit, je lus toute la *Littérature anglaise* de Taine. Ma pensée prenait un galop effréné. Je retrouvais dans les livres toutes les questions que seul j'avais agitées et retournées sous toutes leurs faces.

« Spencer me stupéfia par sa grandeur. Je pleurai sur Obermann, sur René. Ces admirables études me présentaient un portrait plus exact d'une partie de mon âme. Elles en fixaient l'image dans mon cerveau fumant et désordonné.

« Mais le tremblement de terre de mon âme avait été trop fort pour que la solidité pût jamais s'y rétablir : je n'eus jamais que de courts répits.

« C'est en vain que je battis le briquet sur mon cœur, comme dit Murger. J'étais incapable de sentir, d'aimer, j'étais las... »

Chambige se trompait étrangement sur lui-même. Après cette crise douloureuse, la renaissance de l'idéal était proche, et, quand cette revanche de la jeunesse se manifesta chez lui, à l'heure même où il se croyait indifférent à tout, il accueillit comme une consolatrice l'illusion qui lui revenait.

« Un son de mandoline, dit-il, une nuit étoilée, faisaient lever mes rêves. Plus encore que les femmes, j'aimais le mensonge. Dieu fit le monde, et, en le voyant si laid, il donna à l'homme l'illusion. Les roses de notre esprit naissent du fumier de la vie. Ce que nous blasphémons sous le nom de mensonge, nous l'adorons sous le nom d'idéal. Ignorer, c'est être heureux, a dit Sophocle ».

Tel était l'état d'esprit de Chambige quand il connut Mme G..., femme honnête, douce et bonne, qui lui témoigna une affection en quelque sorte maternelle. Mais, sans qu'elle y prît garde, ce sentiment devint de l'amour.

« Jusqu'au jour où la passion se glissa dans cette atmosphère imprégnée de larmes, dit Chambige, que de nuances infiniment petites, fugitives, effarouchées? que d'effleurements d'âme du bout de l'aile! que d'imperceptibles timidités!

« Je ne la croyais que triste, elle était déjà tendre. Elle se plaisait à regarder avec moi, le soir, Constantine couchée dans les choses vagues et blondes, vapeurs éclairées par la lune.

« Il y avait chez nous une gazelle familière qui entrait partout, quêtant des caresses et du pain. Nous caressions tous deux la jolie bête qui nous regardait l'un et l'autre avec de grands yeux mystérieux. Nos mains ne se rencontraient pas, mais elles auraient pu se rencontrer. Cela nous suffisait.

« Nous parlions de ma sœur Lise. Ellen parlait de son petit enfant mort! Dire que ce sont ces choses saintes qui nous ont conduit là!

« Tous les soirs je lui apportais des roses-thé, à cheval, de Sidi-Mabrouck à Constantine. Elles faisaient ma vie, ces roses! Avant de les cueillir, je les regardais. Elle les mettait toujours à la place d'honneur au salon.

« Un soir, chez eux, un brusque sanglot entr'ouvrit le torrent de mes larmes. Elle me mit les mains sur l'épaule, me consola. Je pleurais comme un enfant. Alors elle ne voulut plus me laisser tout seul: Venez avec nous, chez nous, dit-elle.

« Plus elle me voyait souffrir, plus elle m'aimait. Elle prenait la tendresse qu'elle éprouvait déjà pour cet amollissement du cœur que donne la pitié, une pitié de femme et d'amie!

« Sa causerie lente, douce et comme involontaire semblait du rêve parlé!

« Pour moi, analyste et réfléchi, qui croyais ne plus devoir rêver jamais, ce fut un recommencement de la vie!

« Mon premier amour avait été réellement mon second amour par l'analyse et l'inquiétude. Ce second amour fut vraiment le premier par l'innocence et la fraîcheur.

« C'était entre nous comme une perpétuelle déclaration d'amour sous-entendue.

« Quand nous étions seuls, en face l'un de l'autre, nous nous trouvions mal à l'aise. Nous aimions mieux la compagnie de mes petites sœurs, qui nous permettait de nous adorer sans rien dire ».

Bientôt les deux amants laissèrent éclater la violence de leur amour, et Mme G... supplia Chambige de partir.

« Jusqu'à ce moment j'avais cru que nous nous aimions d'une façon toute innocente, continue-t-il.

« Elle était si profondément honnête que, forcée de s'avouer franchement qu'elle m'aimait, elle a lutté tant qu'elle a pu. Elle ne voulait pas que son mari se mît entre elle et moi.

« — Je vais tout lui dire, s'écriait-elle.

« Si elle ne l'a pas fait, c'est que je l'en ai dissuadée.

« Je lui disais qu'il n'y avait rien eu de grave entre nous, qu'avec le temps l'amour-propre d'un mari finit par faire douter des choses les plus claires, tandis qu'un aveu catégorique ne lui laisserait pas cette ressource.

« Le 17 octobre je l'embrassai pour la première fois devant sa porte.

« — Je ne suis plus comme autrefois, me dit-elle ; je ne pense plus tout le temps à mes enfants. Je ne pense qu'à toi. C'est horrible !

« Je lui écrivis une lettre dans laquelle je lui demandais pardon à genoux. Je lui dis que je partais, que je l'aimais tendrement, que j'étais un détraqué, que je craignais d'en arriver à provoquer son mari si je le rencontrais.

« — Je me tuerai si tu pars, me répondit-elle. Je deviens une misérable. Mais c'est pour toi. Ça rachète tout.

« Dans la conversation, nous commencions à parler de choses sinistres.

« Un jour j'eus chez elle une nouvelle syncope.

« Elle m'embrassa plusieurs fois.

« — C'est affreux ! dit-elle. C'est à cause de moi. J'aurais dû ne pas me faire aimer.

« En face de G..., un hercule, elle m'a aimé, parce que j'étais un faible très doux.

« Elle me donna sa photographie et quelques cheveux. Par une sorte de coquetterie, elle les choisissait parmi les plus blancs.

« — Tu me trouves vieille, disait-elle en souriant; tu te moques de moi.

« Et elle ajoutait : — Comment mon mari ne nous tue-t-il pas? »

Chambige revint à Paris, las, découragé, malade. Il était parti pour l'Algérie en annonçant son intention de travailler beaucoup, de rapporter un roman, des nouvelles. Il revint les mains vides et Paris ne lui rendit pas le courage qu'il avait perdu.

« — J'aime une femme mariée », dit-il avec la mélancolie de Dominique à un de ses intimes qui l'interrogeait sur d'incompréhensibles crises de larmes.

Un matin, il disparut et alla cacher son chagrin, entretenu par la tristesse de l'automne, au fond de la forêt de Fontainebleau. Il y passa deux jours à errer comme un fou, à « penser au bonheur qu'il aurait eu s'il l'avait rencontrée jeune fille ».

« A chaque instant, dit-il, je tirais de mon portefeuille la petite photographie qu'elle m'avait donnée. Je la glissais dans les éclats d'un tronc d'arbre; étendu sur les feuilles mortes, je restais des heures à la contempler. »

Au mois de janvier, Chambige fut subitement rappelé à Constantine par une indisposition de sa mère. Il devait rester peu de jours, car la guérison fut prompte. Il devait s'embarquer le 23 janvier à Philippeville; il semblait déterminé à partir, mais il attachait déjà à ce mot partir le double sens terrible des dernières lettres de Werther. Il était décidé à partir de la vie.

Il voulut revoir encore Mme G... et lui parler une dernière fois de son départ. Voici en quels termes il raconte cette visite inattendue :

« — Je ne veux pas que tu partes, s'écria-t-elle, et, me faisant entrer dans la salle à manger, elle éclata en sanglots.

« — Partons ensemble, fit-elle. Ah! si j'étais jeune! Il faut que cela finisse. Je ne puis plus supporter cette vie-là!

« Je me suis précipité à ses genoux en la remerciant. J'étais ivre de joie. »

Chambige passa une partie de l'après-midi à chercher de l'argent chez tous ses amis de Constantine. Il lui fallait absolument dix mille francs, disait-il, ou bien il se ferait sauter la cervelle.

Son ami R... l'accompagna chez plusieurs banquiers israélites, qui, représentant la rareté de l'argent et le manque de garanties, refusèrent d'ouvrir leurs caisses.

Chambige entra alors chez un armurier, acheta un revolver et des balles et, après de nouvelles et inutiles visites aux banquiers, se fit conduire une dernière fois chez Mme G...

La jeune femme avait passé la journée de la façon la plus paisible. Elle avait proposé une promenade en voiture à une amie qui passait, et, sur son refus, elle était sortie seule jusque vers deux heures. Au moment où Chambige reparut, elle venait d'envoyer ses deux petites filles jouer sous les pins et elle achevait une lettre à une parente, lettre enjouée et pleine de détails sur sa maison. Ni son maintien, ni son visage, ni sa voix ne révélaient le moindre souci.

« Je lui avais dit que j'étais décidé à partir, écrit Chambige, mais que je n'avais pu trouver l'argent nécesaire, que j'étais décidé à partir seul.

« — Je comprends ce que tu veux faire, s'écria-t-elle, allons nous tuer tous les deux!

« Je l'embrassai tendrement. »

Ils montèrent en voiture.

Chambige ordonna au cocher de les conduire à sa villa de Sidi-Mabrouck.

« Pendant le voyage, dit-il, nous fûmes très gais tous les deux.

« Je ne pus m'empêcher de chanter la romance de Faust :

Salut à mon dernier matin !

« Avec cette différence que c'est le soir, interrompis-je.

« Puis, elle me fit ses recommandations dernières :

« — Tu me tueras et tu te tueras après ; tu es l'homme, tu dois avoir le plus de courage. Je veux que tu me promettes sur la tête de ma mère que tu me tueras ! »

Ils arrivèrent au bout d'une demi-heure à la villa de Sidi-Mabrouck. Chambige prévint le cocher qu'il aurait sans doute longtemps à attendre et monta tranquillement le perron, suivi de Mme G..., dont l'attitude parut au cocher absolument indifférente et naturelle.

Comment Chambige a-t-il pu amener cette chrétienne à mourir comme une païenne, cette honnête femme à vouloir être souillée avant d'être tuée ? Quelle fureur de dépravation abominable, inexplicable a-t-il fait entrer au cœur de cette femme vertueuse ? Il affirme qu'elle a voulu mourir avec lui pour ne point survivre à cette faute suprème ; elle voulut ce suicide comme fin d'orgie, cette expiation épuratrice pour l'affreuse joie d'un moment de bonheur trouble.

« Je lui avais dit souvent, écrit Chambige, qu'on admirait les amants d'Alfred de Vigny qui étaient morts ensemble, que ce serait une grande beauté de mourir comme cela, qu'on nous admirerait.

« Nous en arrivâmes à considérer notre mort comme divinisée par notre passion même.

— « La seule chose qui me désole, disait-elle, c'est le dés-honneur.

— « On nous admirera ! m'écriai-je encore.

« Avant de mourir, elle me dit très doucement :

— « Je me sens heureuse et malheureuse à la fois. Je t'aime.

« Elle m'a dit des choses délicieuses.

« Je voulus descendre chercher des fleurs.

— « Non, fit-elle, tue-moi la première, partons ! Oh ! tu vas me faire souffrir!... Comme tu trembles ! Donne-moi un dernier baiser !

« Elle appuya elle-même le revolver contre sa tempe : j'ai tiré, et, comme elle faisait encore un léger mouvement des lèvres, j'ai retiré ! »

La jeune femme immobile et morte, Chambige s'assit sur le canapé et se tira deux coups de revolver dans la face.

Cependant plusieurs amis, témoins de son exaltation de l'après-midi et redoutant un malheur, s'étaient rendus à la villa de Sidi-Mabrouck, et, ayant appris qu'il était enfermé avec une femme, se promenaient en attendant dans le jardin.

Lorsqu'ils eurent entendu les coups de feu, ils firent enfoncer la porte à coups de hache.

Affaissé contre un canapé, les vêtements en désordre, rendant le sang par la bouche, tenant encore un revolver entre ses doigts raidis, Chambige gisait, les joues percées de deux balles. Il s'était tiré deux coups de revolver au visage.

En face du blessé, sur le lit, les cheveux dénoués, un bouquet de violettes et de roses auprès d'elle, un freschia arabe recouvrant les deux jambes, une jeune femme était couchée, uniquement vêtue de sa chemise relevée jusqu'à la poitrine, la figure si sereine et si calme qu'on eut dit qu'elle venait de s'endormir.

Un léger filet de sang filtrait à travers les draps. La tempe droite était traversée de deux balles.

Aucune trace de lutte dans la chambre. Une robe noire était soigneusement pliée sous l'édredon. Sur la descente de lit, un corsage, un pantalon blanc de femme, un corset délacé et dégrafé. Plus loin, sur le canapé, une jupe brodée, nullement chiffonnée ni froissée, et des jarretières.

Sur le cadavre, nulle violence. Le bras droit était replié, les doigts effleurant presque le visage. Le corps était dans une position naturelle. Le médecin, qui souleva les paupières de Mme G..., fut seulement stupéfait du calme et de la paix du regard. Ce n'était point là l'œil terrifié des suicidés, c'était comme l'expression bienheureuse, extatique d'une magnétisée.

Quant à Chambige, il n'était point mort. Peu à peu, sous l'action d'une médication énergique, il reprenait ses sens. Mais, quand on voulut le transporter dans une autre pièce, il essaya d'arracher les appareils appliqués sur ses blessures, et, tournant un regard désespéré vers le lit où gisait Mme G... :

— Ellen, gémit-il, Ellen !

Puis, d'une voix entrecoupée par les sanglots :

— Laissez-moi près d'elle. Je l'ai tuée... C'est moi... Nous nous aimions... Nous ne pouvions pas partir ensemble... Elle m'avait fait promettre de la tuer d'abord. C'est elle qui a tenu l'arme... Nous avons voulu mourir dans un baiser.

Et comme on l'emportait de force de la chambre funèbre :

— Tuez-moi, achevez-moi ! Ellen ! Ellen ! s'écria-t-il encore en essayant de se cramponner aux tentures et en se tournant vers la morte pour la voir jusqu'au dernier moment. Et il supplia le maréchal des logis de lui donner le coup de grâce.

Quelques-uns n'ont voulu voir dans Chambige qu'un vil assassin, un être pervers et fourbe qui assassina Mme G... après l'avoir violée. La chose semble peu admissible, et M. Tarde repousse cette hypothèse invraisemblable.

Chambige était un détraqué qui a entraîné une malheureuse

femme, dont la raison s'est obscurcie au point de courir à cette mort honteuse, à cette boucherie volontaire.

C'est une double démence, dit M. Tarde. Il eût dû dire un double délire. « A peine ont-ils mis les pieds dans la chambre de la villa de Sidi-Mabrouck, dit-il encore, la perturbation mentale est complète, surtout chez Mme G... « Elle me fit, écrit Chambige, jurer sur la tête de ma mère et de ma petite sœur de la tuer. Cela maintenant peut paraître monstrueux, mais cela me parut alors avoir un caractère sacré. » Le sauvage qui tue par pitié filiale ses vieux parents, ne sent pas autrement. En vérité, quand un accusé allègue de tels récits pour sa justification, leur monstruosité même, indépendamment de toute autre considération, me porte à admettre sa véracité. Il insiste aussi sur un autre détail significatif ; elle ne voulait pas, dit-il, le laisser sortir un seul instant de la pièce où ils étaient, même dans la pièce d'à côté, parce qu'elle aurait eu peur si elle restait seule. Cette horreur de la solitude, cet effroi de soi, a quelque chose d'étrangement enfantin et fou. « Elle répétait: Ne t'en va pas, j'ai peur! » Si Chambige a imaginé cela et tant d'autres petits détails étrangers à la vie commune, indice frappant de déséquilibration, il n'est pas simplement un artiste, il est un aliéniste de première force. Mais alors je m'étonne qu'il soit en même temps un avocat si maladroit. Qu'on lise les notes écrites durant sa détention et qu'on les compare aux confessions plus ou moins littéraires de véritables assassins, par exemple à celles que cite M. H Joly dans son livre sur le *Crime*, le contraste est grand. Il y a là des délicatesses d'analyse et d'expression presque inconciliables avec la grossièreté de l'âme scélérate. Ce qui m'atteste le mieux la sincérité de l'auteur, c'est la recherche évidente de l'effet, la prétention du style, assez beau par endroits, où l'on sent bien que, dès les premières lignes, le littérateur oublie profondément l'accusé. « **Plus encore que les femmes, dit-il, j'aimais le mensonge. Dieu fit le monde, et, en le voyant si laid, il donna au monde l'illusion. Ce que nous blasphémons sous le nom de mensonge, nous l'adorons sous le nom d'idéal.** » Voilà un bel éloge du mensonge, qu'un menteur n'aurait jamais eu la naïveté d'écrire, d'écrire pour se blanchir ! Je sais bien que dans le milieu spécial où ce littérateur psychologue vivait on trouvait tout naturel d'exprimer l'idée qu'il serait doux de commettre un crime pour se donner la sensation de l'assassinat. Mais voilà encore une chose qu'un assassin n'eût jamais dite ni pensée, encore moins imprimée.

« On peut m'objecter, il est vrai, que si le bouleversement de l'âme par l'amour peut aller, chez la femme, jusqu'à transformer une puritaine en bacchante, il peut aussi transformer un amoureux en assassin. Sans doute, mais les circonstances du fait autorisent-elles cette dernière hypothèse ? Non, ce me semble ; outre que chez un homme raffiné d'esprit, ne fût-il pas élevé de cœur, l'association antique de l'amour et de la mort, devenue un lieu commun de la poésie et de la science, se présente exclusivement sous la forme du suicide précédé par la débauche, comme dans Rolla, nullement sous celle du viol suivi du meurtre ; en dehors même de cette considération, rappelons-nous ce cocher qui, durant toute la scène, n'a entendu aucun bruit de voix ou de lutte, les volets demi-entr'ouverts comme pour le demi-jour de l'alcôve, et tant d'autres points fort bien relevés par l'avocat de Chambige. Il n'est pas jusqu'à l'air tranquille et souriant de la morte qui ne semblât une sorte de certificat posthume donné par elle à son ami. Ce repos des traits, cette attitude du corps et des mains confirme, plus qu'il ne l'infirme, le récit de sa mort avec ses particularités déchirantes, le revolver assujetti sur sa tempe par sa propre main et cette dernière parole : « Oh ! comme tu vas me faire souffrir ! »

qui me rappelle, je ne sais pourquoi, cet enfant de quatorze ans montant à la guillotine sous la Terreur et demandant au bourreau : « Me ferez-vous beaucoup de mal ? » Est-ce là des mots qu'on invente ?

« Enfin, en faveur de l'accusé et de la victime elle-même, il y a beaucoup mieux à invoquer que tout ce qui vient d'être dit ; il y a à tenir grand compte du milieu algérien où ce drame s'est déroulé. Je ne parle pas seulement de ce ciel et de ce soleil, de ce climat, ni même du sang africain ; je parle surtout de ce bazar colonial où se juxtaposent pêle-mêle des immigrants de tous pays avec leurs morales et leurs immoralités hétérogènes, dont le contact mutuel a pour conséquence le relâchement général des mœurs et l'indulgence extraordinaire de l'opinion. Les colonies, en fusionnant la civilisation, amollissent les cœurs : aussi ont-elles la spécialité des passions extérieures. On a beau s'individualiser, se recroqueviller en soi-même, on subit inconsciemment l'action de la société environnante, comme le poisson la pression de l'eau. » (1)

Oui, Chambige est un dégénéré, et c'est pour cela qu'il est venu s'asseoir sur les bancs de la Cour d'assises de Constantine.

Je m'arrêterai sur ce dernier exemple.

Les déséquilibrés, ai-je dit, ne sont qu'accidentellement criminels, et ils sont peu nombreux dans les prisons. L'imbécile, cet être chez qui l'instinctivité et l'impulsivité résument la majeure partie des opérations cérébrales, y est encore plus rare.

Ordinairement, dès sa jeunesse, il a été placé dans un asile. Si, obéissant à ses instincts, il commet quelque acte délictueux, le plus souvent l'examen médical suffit à le faire renvoyer à sa véritable place : à l'asile. J'en ai vu cependant diriger quelques-

(1) Tarde. *L'Affaire Chambige*. In *Archives de l'Anthropologie criminelle* Janvier 1889, p. 92.

uns à la Santé; évidemment on s'était trompé de porte et on eût dû frapper à celle de Sainte-Anne.

Et pour prouver ce que j'avance, en voici, résumés en quelques lignes, deux exemples typiques.

L..., trente-cinq ans, terrassier, né dans Seine-et-Marne, est fils d'un aliéné. C'est un individu à la figure simiesque, au front déprimé, aux oreilles larges et mal ourlées, aux mandibules proéminents, à l'intelligence épaisse, à la parole lente et obscure. Il ne sait ni lire ni écrire, et il avoue n'avoir eu que deux passions dans sa vie : « la bouteille et la queue de billard. »

Voici les dimensions de ses diamètres crâniens :

Diamètre antéro-postérieur...... 190^{mm}
— transverse .... 142^{mm}
— bizygomatique........ 144^{mm}
— bitemporal .... 121^{mm}
Indice céphalique.............. 74

Un jour, L..., se trouvant sans le sou, fut accosté par un individu qui lui fit des propositions obscènes et lui offrit cinq francs en échange d'un petit service : lui prêter cinq minutes son rectum. Il accepta immédiatement. Un autre jour il s'enivre avec un camarade, une brute comme lui, et, comme deux chiens lascifs, ils s'accouplent sous les fenêtres même du maire du village, qui dut les faire séparer par son valet de charrue.

Un troisième individu, témoin de la scène et ivre comme eux, s'amusait à leur mettre du sable dans l'anus. Tous trois furent condamnés pour outrages aux mœurs. L... avait déjà subi cinq condamnations antérieures pour mendicité.

On le voit, chez cet individu, l'intelligence est à peine ébauchée; il ne combine rien par lui-même; la brute seule vit en lui et le mène. Il trouve tout naturel de se prostituer pour cinq francs quand on a soif : « Cinq francs pour une pièce de dix sous! » dit-il avec un rire cynique. Il n'aurait sans doute pas plus de scrupules à voler s'il l'osait et s'il se sentait assez habile pour cela.

M..., dit le Parisien, quarante ans, est connu dans toutes les prisons de Paris. Il a été condamné dix-huit fois pour vagabondage. « Jamais pour vol! dit-il fièrement; je suis un bon détenu ».

C'est un individu à la face de brute, à l'intelligence obtuse, ne sachant ni lire ni écrire. Il n'a jamais dépassé les fortifications et ne sait pas ce que c'est qu'un champ de blé. Lorsqu'on lui demande avec quoi on fait le pain, il répond : avec la farine; mais il ne sait pas avec quoi on fait la farine. Travaillant quelquefois comme aide-maçon, il a passé presque toute sa vie en prison, servant de tête de turc à ses codétenus, qui abusent de sa simplicité d'esprit pour le faire travailler, lui voler sa nourriture et même se livrer sur lui à des actes de sodomie.

M... possède une force musculaire considérable qu'il n'a jamais su utiliser, étant trop bête ou trop paresseux pour cela. Il parle avec des gestes saccadés, pleurant comme un homme ivre. Quand on lui parle de Napoléon III, il s'exalte, ses pleurs redoublent: « Canaille de Badinguet! » s'écrie-t-il avec colère.

On se figure qu'il déteste le César de Sedan parce qu'il a amené l'Allemand à Paris, et ce sentiment étonne chez cette brute. Il n'en est rien; il lui garde rancune tout simplement parce que, étant soldat pendant la guerre de 1870-71, il a couché dehors et a attrapé aux pieds des engelures qui l'ont fait beaucoup souffrir. C'est le seul souvenir frappant que son encéphale, aux circonvolutions rétrécies, ait pu garder de ce grand événement.

M... n'a jamais eu beaucoup de succès auprès des femmes, qui se moquaient de lui; il s'en console facilement en se livrant à la masturbation.

Telles sont les trois catégories de dégénérés que l'on rencontre avec plus ou moins de fréquence dans les prisons.

IV

Mais un dégénéré, quel qu'il soit, peut se présenter à l'observateur sous trois modalités bien distinctes : tantôt il ne présente qu'un état mental spécial, anormal, un état de déséquilibration qui peut persister indéfiniment sans jamais arriver aux autres phases de la dégénérescence : la plupart des dégénérés dont j'ai rapporté l'histoire plus haut présentent cet état mental particulier ; d'autres fois le délire, sous une influence indéterminée, vient éclore sur ce terrain tout préparé ; tantôt, enfin, le dégénéré devient ce qu'autrefois on appelait un fou raisonnant ; il présente un de ces syndrômes connus et encore acceptés aujourd'hui par beaucoup d'auteurs sous le nom de monomanies.

Le dégénéré vraiment délirant est, à vrai dire, rare dans les prisons ; je montrerai cependant, dans un des chapitres suivants, qu'on peut quelquefois l'y rencontrer sous cet état. Mais il est beaucoup plus fréquent d'y voir des individus qui, sans délirer d'une façon notable, côtoient le délire et tiennent en quelque sorte le milieu entre l'état de déséquilibration et l'état délirant ; ils servent de trait d'union pour passer de l'un à l'autre.

Voici, en effet, l'histoire curieuse d'un homme qui n'est point un dipsomane sans doute ; mais un individu chez qui la soif de l'alcool est tellement puissante, un individu qui pour un litre de vin volerait et tuerait au besoin, est plus qu'un alcoolique vulgaire. C'est en quelque sorte un besoin irrésistible, une espèce de délire impulsif.

N..., cinquante ans, terrassier, né aux environs de Paris, perdit jeune son père, mort tuberculeux.

N... ne sait ni lire ni écrire, n'étant presque jamais allé à l'école. Toute sa vie il a été terrassier. C'est un homme à l'intel-

ligence lourde, aux attitudes simiesques, au front plat, au nez
épaté, aux oreilles larges et écartées, aux sourcils peu fournis,
au teint bronzé. Il a été condamné dix fois pour mendicité et
vagabondage et deux fois seulement pour vol. Une fois il vole
un seau de vin, un autre jour, un litre d'absinthe. L'alcool a
été la passion de sa vie, le dieu devant qui il s'est toujours tenu
prosterné. Il avoue qu'il buvait en moyenne un demi-litre
d'eau-de-vie par jour, et du vin autant qu'il pouvait, dit-il.
Quand on lui demande ce qu'il buvait de préférence: « Tout ce
qui est bon à boire ! » répond-il. *(Voyez fig. 11)*.

Fig. 11

J'ai également observé un dégénéré ambitieux qui dernièrement a fait un certain bruit dans la presse parisienne. Le moi

est chez lui tellement hypertrophié, et cela l'amène à commettre de telles excentricités, qu'on est obligé de reconnaître l'existence d'un véritable délire mégalomaniaque.

P..., trente-six ans, tourneur en cuivre, est né à Paris. Son père et sa mère étaient des gens très nerveux, très irritables. Un de ses oncles paternels est mort fou, et son père a été enfermé à différentes reprises à l'asile de Prémontré.

C'est un garçon nerveux, violent, très irritable, entrant pour la moindre discussion dans des colères terribles. Il présente dans la barbe et les cheveux de larges plaques de pelade. Faut-il y voir un trouble tropho-névrotique en rapport avec son état nerveux particulier?

Il avoue avoir bu beaucoup d'absinthe en Afrique, où il resté sept ans soldat.

Au physique, c'est un individu au corps grêle et sec, avec une figure maigre et allongée comme un museau de renard, des lèvres minces et plissées au coin, des yeux petits enfoncés dans l'orbite, un front étroit et bombé. Son regard est faux et plein d'envie.

P... est vaniteux, et ce qui prédomine chez lui, c'est l'augmentation du sentiment de la personnalité. Il veut à tout prix faire parler de lui, devenir illustre. Bien qu'ayant une instruction des plus élémentaires, ne connaissant même pas l'orthographe, il se fait orateur à l'atelier et devant le comptoir, récitant des phrases sonores et vides qu'il a recueillies dans les réunions anarchistes, et dont souvent il ne saisit ni le sens ni la portée. Il n'a, à vrai dire, aucune opinion politique, et tous les régimes lui sont indifférents, puisqu'il ne connaît pas même la différence qui existe entre les uns et les autres. Il est simplement l'ami du désordre et du scandale; partout où l'on fait du bruit, il accourt; partout où l'on crie, il crie plus fort que les autres. Il a salué de vivats Napoléon III; il s'est découvert

devant les Prussiens défilant aux Champs-Elysés : il a acclamé
la Commune ; il s'est passionné pour Gambetta, puis pour Ro-
chefort et les a ensuite traîné aux gémonies; maintenant Louise
Michel est la divinité politique devant laquelle il brûle l'encens de son éphémère enthousiasme.

Dernièrement, P... a voulu s'ériger en vengeur, en justicier.
Le jour de l'anniversaire de la mort des fédérés, au Père-Lachaise, il tire avec un revolver sur les porteurs de couronnes de
l'*Intransigeant* et blesse plusieurs personnes. « Les offrandes
étaient impies et les mânes des victimes s'indignaient de cet
outrage. » P... s'est levé et a fait justice. Une des personnes
blessées est morte ; l'affaire a fait un certain bruit ; les journaux en ont parlé. P... est au comble de ses vœux ; la prison
n'est rien ; il est devenu célèbre! Il est P... l'anarchiste! Il
s'intitule détenu politique et s'en vante comme d'un titre de
noblesse. Il écrit avec une orthographe et un style des plus
comiques des proclamations aussi anarchistes quant à la
forme qu'au fond. Il s'adresse au peuple et se pose en prophète : « Peuple, défie-toi de ces faux agitateurs, car j'en-
trevois dans un avenir prochain un nouveau crime qui n'est
pas loin d'éclater; mais je me suis donné pour mission de vous
le dénoncer à seule fin que nous nous unissions pour écraser les
ennemis du peuple sous quelque forme qu'ils se présentent. »
Et plus loin cette phrase incohérente et insensée : « Peuple, toi
que l'on craint, que l'on flatte et que l'on méprise; toi qui crois
être souverain et que l'on traite toujours en esclave, souviens-
toi que partout où la justice ne règne pas, ce ne sont que des
pressions des magistrats et que l'on nous a changé de chaînes
et non de destin ; car sache que tout homme qui s'élèvera pour
défendre la cause et la liberté, sera accablé d'injures et pros-
crit par les fripons; sache aussi que tout ami de la liberté
sera toujours placé entre son devoir et la calomnie, car ils

n'osent, ces vendus, s'attaquer à toi, peuple ; mais ils proscri-
vent en détail, dans la puissance des vrais révolutionnaires jusqu'à ce que ces ambitieux aient organisé leur tyrannie. » (J'ai
rectifié l'orthographe, qui m'a paru par trop primitive).

C'est l'idée du moi exaltée au point de dominer toutes les
autres, et menant jusqu'au crime pour obtenir la célébrité.

V

Les états syndromiques, bien qu'assez rarement constatés
parmi les criminels, doivent cependant se rencontrer assez fréquemment. Je suis persuadé que si on les interrogeait tous
attentivement, on trouverait souvent chez eux un ou plusieurs
des syndromes épisodiques analysés par Magnan et ses élèves.
J'ai déjà montré dans un chapitre précédent que les fous moraux
n'étaient pas rares dans les prisons.

Or, la folie morale n'est qu'un syndrôme.

J'en ai encore constaté d'autres.

Voici un exemple assez intéressant d'agoraphobie.

B..., âgé de quarante-trois ans, est né à Londres, de parents
français.

Son père était un alcoolique ; il est mort dans un accès de
delirium tremens. Sa mère est encore vivante et elle jouit d'une
assez bonne santé ; mais c'est une femme très nerveuse, bizarre,
fantasque. Sa sœur est également une fille nerveuse, excentrique,
exaltée.

B... a eu des convulsions dans son enfance, et à dix-sept ans
il a failli être emporté par une affection qu'il appelle une fièvre
cérébrale. Il s'agissait probablement d'une méningite par suite
de surmenage intellectuel. Il se préparait alors à l'École centrale,
travaillait beaucoup les sciences mathématiques, passant une

grande partie de ses nuits. Il ne dormait presque plus, et les quelques heures qu'il consacrait au sommeil étaient troublées par des cauchemars terrifiants qui amenaient des réveils pleins d'effroi, le laissant brisé et baigné de sueur. Il assure même qu'il se levait la nuit sans en avoir conscience, qu'il était somnambule.

B .. prétend qu'il est très sobre et qu'il n'a jamais fait aucun excès de boisson. Il n'a jamais eu d'attaques de nerfs; mais il est émotif, impressionnable et très sujet aux vertiges. Très congestif, pour un rien son visage change subitement de couleur et passe d'une pâleur excessive à un pourpre foncé.

C'est un homme intelligent, instruit, marié et père de deux enfants; mais un individu à la physionomie louche et peu sympathique, très défiant, très fermé, ne se laissant arracher sa confession que morceaux par morceaux et avec toutes sortes de réticences.

B... a de l'agoraphobie, c'est-à-dire une peur exagérée des espaces. Il ne peut monter sur un endroit élevé, une tour, un édifice, une montagne, sans être pris d'une angoisse extrême et de palpitations de cœur. Le vide l'épouvante.

Quand il veut traverser une place, il hésite longtemps, plein de crainte, et il est obligé de faire sur lui-même un effort considérable.

Il a eu pendant quelque temps un poste assez avantageux dans un établissement agricole : il a dû l'abandonner. Aussitôt qu'il se trouvait seul dans la plaine, sa peur des espaces le reprenait angoissante, l'étreignant douloureusement au cœur et lui serrant la poitrine. Ses yeux se troublaient, et c'étaient des flammes, des éblouissements, des étincelles; en même temps ses oreilles se remplissaient de bourdonnements et de tintements. « C'était, dit-il, un supplice qui n'avait rien d'humain. »

B...,qui a toujours été un esprit exalté, a pris une part active aux événements de la Commune. Il refuse de s'expliquer nettement sur ce point. Tout ce que je sais, c'est qu'il a été condamné à quatre ans de prison et qu'il a passé trois mois en cellule à la Santé.

Cette fois il a été condamné à huit ans de travaux forcés pour faux en écriture. Mais il récrimine amèrement, assure qu'il a été compromis faussement dans une société anonyme. « J'ai été sacrifié, dit-il, et, pour ne pas perdre une foule de familles, pour ne pas amonceler les ruines, j'ai préféré souffrir seul et me taire. »

Je ne crois pas à son innocence; mais ce n'en est pas moins un malheureux héréditaire syndromique.

Je n'ai pas constaté de faits bien nets et bien précis de claustrophobie, de cette peur invincible des espaces resserrés; mais j'ai rencontré assez souvent des individus chez qui la cellule produisait plus que de l'ennui, une véritable angoisse douloureuse, à tel point qu'on était obligé de les mettre dans une cellule double, c'est-à-dire en compagnie d'un autre détenu.

Il est un syndrôme qu'on rencontre beaucoup plus fréquemment parmi les criminels, c'est l'inversion sexuelle. J'ai observé, en particulier, plusieurs cas d'invertis pédérastes passifs, de ceux que Magnan classe dans la catégorie des spinaux cérébraux antérieurs, c'est-à-dire dans la catégorie de ces individus chez qui le point de départ du réflexe, qui amène le désir et en même temps la sensation, se trouve, comme chez les gens normaux, dans les centres corticaux antérieurs, mais chez qui le penchant et l'idée sont maladifs. C'est, dans les cas que j'ai observés, « l'amour exclusif et invincible d'un individu pour un individu du même sexe que celui dont il fait morphologiquement partie, avec indifférence ou répulsion pour un individu du sexe opposé au sien. » (1) Pour ne pas allonger inutilement ce chapitre, je

_____

(1) J. Chevalier. *De l'Inversion de l'instinct sexuel au point de vue médico-légal.* (Laborat. de méd. lég. de la Faculté de Lyon.)

n'en citerai qu'une observation, la plus curieuse de toutes celles que je possède (1).

F... est un individu âgé aujourd'hui de quarante ans, né à Paris. Son père était épileptique. Une de ses tantes paternelles était hystérique : elle est morte folle. Un de ses oncles paternels est mort subitement, probablement d'une attaque d'apoplexie; une fille de ce dernier est morte folle. Sa mère était une femme nerveuse, violente; elle est morte jeune, il ne sait pas de quoi. Deux de ses frères sont morts en bas âge de convulsions.

F... a eu également des convulsions étant jeune. Il a marché très tard et il avait un gros ventre. Il se rappelle que quand il a fait sa première communion, c'est-à-dire vers l'âge de onze ans, il ne savait pas encore parler. Bien qu'il soit allé assez long-temps à l'école, il n'a jamais pu apprendre à lire, ni à écrire, et il assure que tous les parents de son père sont dans le même cas.

F... fut élevé en Normandie, chez une de ses tantes, où on l'employait pour garder les vaches. Il reçut là plus de mauvais traitements que de caresses; mais il reconnaît lui-même qu'il était un méchant enfant, violent, coléreux, plein de rancune. Pour un rien, pour un oui ou un non, il cassait tout ce qui lui tombait sous la main, frappant et mordant rageusement. Son indiscipline et son indocilité le rendant inapte à tout travail; à onze ans, sa mère l'engagea comme mousse. Mais là, comme ailleurs, on n'en put rien faire, et ses parents durent le reprendre.

F... raconte qu'à cette époque, à la suite d'une fessée bien méritée et vigoureusement appliquée, il entra dans une violente colère suivie d'une attaque de nerfs. D'autres attaques se seraient reproduites depuis, assez fréquentes et assez régulières; néan-

(1) Les autres observations seront toutes publiées *in extenso* dans un travail spécial sur la pédérastie.

moins, il ne m'a pas été permis d'en constater pendant son
séjour à l'infirmerie centrale. Son caractère excentrique et
bizarre, une propension presque naturelle à mentir et à cacher la
vérité, m'ont toujours fait élever des doutes sur l'authenticité
réelle de ces attaques nerveuses.

F... est un individu de 1ᵐ66 de taille, aux cheveux chatains,
aux yeux bleus, aux orbites proéminents, au nez fort, au front
plat, mais sans asymétrie faciale. Il n'a que quarante ans : sa
figure ravagée ferait plutôt croire à cinquante. Il présente un
tremblement très prononcé des mains et avoue, d'ailleurs, avoir
fait beaucoup d'excès de boisson. Ses nuits sont troublées par des
cauchemars terrifiants, et ses membres sont agités par des secousses qui lui enlèvent presque tout sommeil.

Il se plaint constamment d'élancements entre les deux épaules
et au creux épigastrique, et une céphalalgie violente sans cesse
le martèle au front. Il a quelquefois de l'incontinence d'urine
pendant la nuit.

De plus, il présente une anesthésie presque complète de toute
la surface cutanée : quand on le pique, qu'on le pince ou qu'on
le brûle, il ne réagit point ; la sensibilité semble avoir disparu
sous tous ses modes. Il voit bien clair et ne présente pas de
daltonisme ; mais son acuité auditive est considérablement
diminuée, surtout à gauche. L'odorat est également très émoussé :
il ne perçoit pas l'odeur du chloroforme, de l'acide acétique, mais
il sent faiblement l'ammoniaque (1).

F... n'a pas le moindre esprit de suite, pas de coordination
dans les idées ; à tout instant il se répète, oubliant ce qu'il a dit
une minute avant.

_____

(1) On sait avec quelle habileté et quel stoïcisme simulent ces sortes d'individus, et cela pour l'unique plaisir de mentir. Aussi tous ces phénomènes
d'anesthésie ne m'ont que médiocrement convaincu, malgré des expériences
fréquemment répétées. Faux ou non, j'ai cru devoir les rapporter pour être
sincère et complet.

Sa mémoire est incertaine et infidèle, et il est obligé de faire des efforts considérables, de longues et pénibles recherches pour retrouver le fil de ses idées et reconstituer les faits de sa misérable existence. De plus, il présente un certain embarras de la parole et même un léger défaut de prononciation : ainsi, sans s'en apercevoir, il dit devant moi *édledon* pour édredon, etc.

Il a subi quatre condamnations, toutes pour vol de poules ou de lapins. Il fut condamné pour la première fois à l'âge de trente-six ans. Il assure qu'une force presque irrésistible le poussait à voler. « Toutes les nuits, dit-il, j'avais les poules en tête. » Il fallait qu'il se levât, et il ne recouvrait le calme qu'une fois le vol accompli.

Ce seraient bien là les caractères d'une impulsion et, par suite, F... serait un kleptomane. Mais, je le répète, je n'attache que très peu d'importance à tous ses dires.

Essayons maintenant d'étudier et d'analyser sa vie génitale.

F... avoue qu'il a commencé à se masturber vers l'âge de deux ans, et qu'à cette époque il se masturbait au moins deux ou trois fois par jour. Actuellement, lorsqu'il se trouve en prison, il se masturbe à peu près tous les jours une fois. Ses organes génitaux sont bien développés et normalement conformés.

Vers l'âge de treize ans, F... vint à Paris. Après avoir essayé différents métiers, après que son caractère insupportable, sa méchanceté précoce et ses mensonges l'eurent fait renvoyer de partout, il se trouva un jour dans la rue sans argent et sans abri, errant sur le pavé de la capitale. Il marchait, étonné et comme ébloui, au milieu de ces rues bruyantes et populeuses, ne pensant qu'à une chose : à la faim qui lui tenaillait l'estomac ; il fut abordé par un riche étranger d'une trentaine d'années environ, à qui il raconta son embarras et son abandon. Celui-ci parut touché et lui offrit de le prendre à son service comme groom, ce qui fut accepté avec le plus vif empressement. Immédiatement il suivit son nouveau maître. La première journée fut employée à le baigner, à l'oindre d'essences odorantes et à l'habiller de soie. Le soir même on l'amena dans la chambre de son maître, qui le déshabilla de ses propres mains, lui baisant le visage et toutes les parties du corps comme il eût fait de sa maîtresse. L'enfant, étonné, ne disait rien et se laissait faire sans comprendre. Son étonnement redoubla quand son maître le prit dans ses bras et le porta dans son lit ; là, il l'obligea à le masturber, se livrant ensuite sur lui à des tentatives de sodomie qu'un sphincter vierge et résistant rendit d'abord impossibles, puis douloureuses les nuits suivantes, et bientôt faciles par une habitude presque quotidienne.

A partir de ce moment, tel fut le rôle de F..., qui manifesta plus d'étonnement que de révolte et se laissa facilement convaincre : il devait, le jour, obéir aux ordres de son maître, et, le soir, doubler son lit d'un amour odieux. Pendant près de dix ans il resta au service de cet homme, lui servant chaque nuit de Bathyllos. Il le quitta je ne sais trop pourquoi et se plaça comme valet de chambre chez une vieille dame, et ensuite chez le prince de X... Mais, en quittant la livrée de son premier maître, il n'avait point dépouillé le vice que celui-ci lui avait mis au sang. Quand son travail était terminé et qu'il avait quelques heures de liberté, il s'en allait dans les rues et les passages, l'œil provocant, la démarche lascive, les lèvres souriantes, trouvant presque toujours un client qui consentît à le suivre.

En ce temps-là, il tirait volontiers profit de ce trafic de son corps. Mais bientôt ce qui n'était qu'un vice devint une passion, un besoin impérieux et irrésistible. Il fallait qu'il se livrât à des hommes ; il le fallait toujours et quand même ; il aurait tout sacrifié pour satisfaire ce penchant abominable. Alors tout ce qu'il gagnait ou volait passait dans les mains de ces drôles éhontés qu'il appelait ses amants. F... était devenu célèbre dans ce monde étrange : il était l'Amanda, la femme à Bec-de-Gaz, individu qu'il devait nourrir comme la prostituée nourrit et entretient son souteneur. Il cessa alors de travailler, vivant de vols et de prostitution. Après Bec-de-Gaz, il prit un autre amant, un gros gaillard à la face luisante et colorée qu'on appelait l'Arabe, et avec qui il habita un certain temps dans un hôtel borgne de la rue Maubuée. Leur chambre servait de rendez-vous à tous les pédérastes du quartier et à leurs amants. Chaque soir il y avait table ouverte chez l'Arabe, et l'Amanda en ménagère intelligente, devait constamment en faire les frais (1). Chaque soir, nombre « d'aminches » venaient s'asseoir autour du saladier où flambait le kirsch : c'étaient la Muguet, la Georgette, la Camélia, la reine d'Autriche, la Rouquine, drôlesses mâles qu'accompagnaient Vert-de-Gris, Fil-de-Soie, Vol-au-Vent, le Bistrot, Latulipe, etc.

Après l'Arabe, l'Amanda s'accoupla avec un garçon de café qui se faisait appeler Loufiat, et avec qui il resta pendant un certain temps rue Saint-Honoré.

Aujourd'hui, l'Amanda n'est plus que l'ombre de lui-même ; usé, cassé, la face ravagée et ridée, les yeux presque chassieux, il trouve difficilement amateur. Il ne peut plus se déguiser en femme et aller dans les bals de barrière disputer aux demoiselles habituées de ces lieux leurs amoureux en casquette. La prostitution ne lui sied plus guère non plus. Quel enfant de Sodome en délire voudrait maintenant de l'Amanda ? Et cependant sa passion n'est point éteinte : le besoin se fait toujours sentir aussi impérieux, aussi inexorable. Alors il va avec qui veut bien le prendre, humble, docile, recevant toutes les rebuffades.

A la prison, c'est un curieux personnage à observer.

(1) Cela expliquerait peut-être mieux que ses prétendues impulsions pourquoi il volait des poules et des lapins.

Il prend une voix flûtée, s'essaie à copier les manières et la démarche déhanchée de certaines femmes, recherchant les attitudes provocantes et lascives. Aussi là les amateurs ne manquent point. Mais il aime particulièrement les hommes faits, bien constitués, essentiellement virils et *quorum carnes sunt sicut carnes asinorum.*

Pendant son séjour à l'infirmerie il commit toutes sortes d'excentricités, et à deux reprises différentes il but de ses urines. Dans un atelier, il frappa un jour d'un coup de stylet un détenu jaloux à qui il avait refusé ses caresses et qui l'avait appelé putain (1).

J'ai encore étudié, à la Santé, un singulier individu, inverti passif, présentant en outre une autre aberration génésique que, faute d'un autre mot, je désignerai par celui de spermatóphagie.

Voici son histoire en deux mots.

G... est un individu de quarante-quatre ans, né dans la Corrèze. Sa bisaïeule maternelle est morte à cent trois ans. Sa mère est morte en couches. Son père est mort fou. Il a des frères et des sœurs; mais depuis longtemps il les a perdu de vue et ne peut donner aucun renseignement sur eux.

C'est un individu peu intelligent, à la physionomie hébétée, sachant néanmoins lire et écrire. Il avoue avoir fait beaucoup d'excès de boisson, buvant du vin, de l'alcool et surtout de l'absinthe.

Livré jeune à lui-même, G... est venu à Paris à seize ans. Les mauvaises fréquentations l'ont rapidement perdu. Depuis de longues années, il ne fait que sortir de prison pour y rentrer; il a subi quinze ou vingt condamnations pour vol, vagabondage et attentat à la pudeur.

(1) J'ai lu dernièrement dans un journal qu'on l'avait de nouveau arrêté pour rixe dans un cabaret borgne.

Les organes génitaux sont normalement conformés. G...
avoue s'être beaucoup masturbé, et aujourd'hui encore il se livre
à l'onanisme, bien qu'il soit usé et miné par la tuberculose,
un pied déjà dans la tombe. De bonne heure il a contracté des
habitudes de pédérastie dans les prisons. Il n'aime point la
femme, qui, dit-il, ne lui inspire que du dégoût. Préférant le
rôle passif, il recherche surtout les jeunes gens pour pratiquer
sur eux l'onanisme buccal, et il assure que pour lui le summum
de la volupté, c'est « d'avaler le sperme chaud et parfumé » au
moment de l'éjaculation.

Ces exemples sont absolument caractéristiques. Il est inutile,
je crois, d'en citer d'autres.

VI

Ainsi donc, les prisons sont peuplées en grande partie de dégénérés, de débiles, de déséquilibrés et de quelques imbéciles.
Nous avons vu ces dégénérés descendre d'individus tarés cérébralement, le plus souvent d'alcooliques ; nous les avons étudiés
sous leurs différents états : état de déséquilibration, état subdé-
lirant, état syndromique ; il resterait à tirer les conclusions. Mais
la question est épineuse et délicate ; j'essaierai néanmoins d'en
tirer quelques-unes à la fin de ce travail, où elles trouveront
plus naturellement leur place.

CHAPITRE IX

LES DÉGÉNÉRÉS DANS LES PRISONS

Dégénérescences anatomiques et morphologiques.

I

A côté de tares psychiques, ai-je dit, le dégénéré présente des stigmates d'ordre physique. Dans le chapitre précédent j'ai étudié l'état mental du criminel dégénéré, il me reste maintenant à examiner son état physique. Nous verrons qu'il n'est pas moins déchu sous ce rapport que sous le premier.

Si, après avoir fréquenté les hôpitaux, où l'on a pu voir de près des sujets de toute espèce, on passe dans une prison, on est frappé tout de suite de la différence. L'hôpital est pourtant un rendez-vous de déshérités ; la prison est encore infiniment plus riche en ce que les gens du peuple appellent, dans leur langage expressif, des « mal bâtis ». Les asiles d'aliénés ne contiennent pas plus de gens qui louchent, qui bégaient, qui tremblent, pas plus de crânes pointus ou aplatis, de nez écrasés et de mâchoires allongées. Mais procédons par ordre et méthodiquement.

II

Faut-il admettre, pour les criminels, telle ou telle forme de crâne spéciale? Faut-il dire que les criminels présentent toujours, et en quelque sorte fatalement, telle ou telle malformation crânienne qui permette de les reconnaître sûrement et à première vue? De semblables prétentions sont non-seulement exagérées, mais elles me paraissent absolument fausses. Si j'ose formuler une opinion aussi catégorique et me mettre peut-être en contradiction avec des gens d'un grand savoir et d'une haute compétence, c'est que je ne parle que d'après ce que j'ai observé. J'ai vu en deux ans, à la Santé, plusieurs milliers de criminels, j'en ai interrogé avec soin un grand nombre, j'ai examiné leur crâne, j'ai pris des mensurations avec le nouveau compas de Broca et d'après les préceptes si précis et si sûrs de M. A. Bertillon, qui a été assez aimable pour mettre des instruments à ma disposition ; je puis dire que j'ai rencontré chez la plupart des vrais criminels un ou plusieurs stigmates de dégénérescence physique; mais ces signes pouvaient porter sur tous les organes, le crâne comme les organes génitaux, les oreilles comme les mains, la mâchoire comme les pieds ; par contre, je n'ai jamais pu constater de signes constants, localisés à tel ou tel organe et en particulier au crâne, signes en quelque sorte pathognomoniques du crime. On ne peut pas dire qu'on rencontre telle ou telle malformation invariablement, comme on rencontre les crachats rouillés dans la pneumonie, l'albumine dans le mal de Bright. Toutes les malformations de tous les organes peuvent se rencontrer chez les criminels, voilà la vérité.

III

Les criminels sont-ils microcéphales ? Pour répondre à cette question, il faudrait des statistiques très précises et très complètes. Il faudrait éliminer tous les criminels d'accident, les infirmes et les mendiants et ne prendre que les vrais criminels, les habitués de prison. Tout ce que je puis dire, c'est qu'en mesurant le crâne de condamnés, j'ai constaté que leur indice céphalique était beaucoup plus souvent inférieur que supérieur au chiffre moyen indiqué par Broca. Dernièrement encore, je voyais un microcéphale, fils d'ivrogne, âgé seulement de vingt et un ans, sachant à peine lire et écrire, à la physionomie inintelligente, au front aplati, qui a subi déjà six condamnations pour vols avec effraction et se déclare prêt à recommencer. Mais ces faits isolés n'ont que peu de valeur, et des statistiques dans le sens que j'indiquais pourraient seules aider à trancher la question.

Quant aux autres malformations du crâne, on les rencontre toutes chez les criminels et avec une fréquence remarquable. Le D' Gosse, dans un travail sur les déformations artificielles du crâne, en énumère seize variétés. Je me suis amusé à les rechercher chez les criminels et je les ai retrouvées toutes. Mais il en est deux qui se rencontrent beaucoup plus fréquemment que toutes les autres : c'est le front plat avec crâne quadrangulaire, ou bien le front fuyant et étroit avec acrocéphalie, c'est-à-dire avec forme conique et allongée du crâne. La « tête en pain de sucre », comme on dit vulgairement, se rencontre très souvent chez les criminels .

La brachycéphalie et surtout la dolichocéphalie exagérées ne sont également point rares. La figure 12, en particulier, montre un exemple curieux de dolichocéphalie. Il y a une prédominance anormale du diamètre antéro-postérieur, qui mesure 187 millim., tandis que le diamètre transverse n'en mesure que 44, et le diamètre bizygomatique 128, ce qui donne un indice céphalique de 77. L'histoire de cet individu mérite d'être rapportée, car à sa malformation crânienne correspond un état d'infériorité intellectuelle évident.

Fig. 12.

Il s'agit d'un individu de dix-neuf ans, enfant naturel, fils d'une fille absinthique très nerveuse. Elle aurait même eu des attaques. C... a fait beaucoup d'excès de boisson : il buvait surtout du vin; mais il avoue qu'il lui est arrivé quelquefois de boire jusqu'à dix-huit absinthes le même jour. C'est un garçon d'humeur versatile, n'ayant jamais pu s'intéresser à quoi que ce soit; ouvrier négligent et mal noté, il restait rarement plus d'un mois dans le même atelier. D'ailleurs, il prétend qu'il ne pouvait vivre enfermé et qu'il préférait rôder dans les rues. Il a été acrobate pendant un certain temps à Nice.

C... avoue s'être beaucoup masturbé dans son enfance, et actuellement, en prison, il se livrerait encore presque quotidiennement à l'onanisme. A seize ans, il avait déjà des rapports avec les femmes, s'étant toujours senti très attiré vers les plaisirs de l'amour, courant les bals de barrière. Il raconte que, pendant un certain temps, il a vécu « collé » avec une blanchisseuse et qu'il avait en moyenne deux rapports par jour avec elle.

C... avait été placé par sa grand'mère dans l'établissement de l'abbé Roussel. Son mauvais caractère le fit mettre à la porte. Un jour il s'habilla avec une vieille soutane et parodia le directeur aux offices divins. Il a déjà subi six condamnations : la première fois (il avait alors seize ans), c'était pour avoir volé une somme insignifiante chez un rôtisseur, où il travaillait ; la seconde fois pour mendicité, la troisième pour avoir coupé une branche de sureau dans un champ, la quatrième pour mendicité, la cinquième pour « avoir mangé du gras double » (1), et la sixième pour vol d'une voiture de pommes de terre.

C... a le nez fort, les oreilles un peu écartées, les yeux bleus et très mobiles, le front étroit et fuyant, le crâne allongé et un peu acrocéphale.

C'est en somme un individu sans initiative et sans énergie, un être mal doué au point de vue de l'intelligence et de la volonté.

Je citerai encore, comme assez fréquent parmi les criminels, le développement exagéré d'une ou des deux bosses frontales. Tel

(1) C'est-à-dire pour avoir volé du plomb.

est ce vagabond peu intelligent, brachycéphale, fils d'une paralytique, et dont les bosses frontales font une saillie telle qu'il

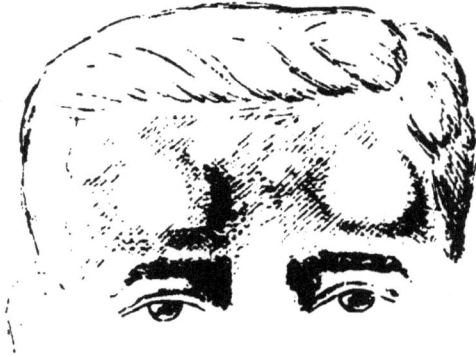

Fig. 13

semble presque avoir des cornes naissantes. C'est le plus bel
exemple que j'aie vu. Voyez le schéma ci-contre *(fig. 13)*.

IV

A ces malformations du crâne s'associent le plus souvent des
malformations de la face, comme l'asymétrie faciale, par
exemple.

Ainsi, G... est un teinturier de cinquante-trois ans, fils d'alcoolique, grand buveur d'absinthe lui-même; présentant un trem-

blement très marqué des mains et de la langue, il est hanté chaque nuit par des cauchemars terrifiants, peuplés de rats. D'une intelligence au-dessous de la moyenne, il sait à peine lire et écrire. Or cet homme, condamné pour vol à l'étalage, présente un degré d'asymétrie faciale assez prononcé.

Le nez, en particulier, est assez souvent dévié, déjeté tantôt à droite, tantôt à gauche, mais plus souvent à droite.

M..., âgé de quarante-trois ans, marchand ambulant à Paris, ne peut fournir de renseignements sur ses parents. Il avoue avoir fait de grands excès de boisson, de vin surtout. D'une intelligence au-dessous de la moyenne, il ne sait ni lire ni écrire. Il a déjà subi quatre condamnations : une pour outrages aux agents, une autre pour rixe et deux pour vols. Ses oreilles larges et écartées, son nez fortement dévié à droite, donnent à sa physionomie un aspect singulier qu'exagère encore une tache rouge congénitale de l'iris droit, tranchant d'une façon remarquable sur la couleur bleue uniforme du reste de l'organe.

Tel est encore cet ivrogne vagabond condamné plus de vingt-cinq fois, et dont le nez est très dévié à droite.

J'ai même observé un criminel chez qui cette déviation du nez était héréditaire. L... est un vagabond de trente ans, qui a déjà subi six condamnations. Son nez est remarquablement dévié à droite. Or, cet homme est fils d'une névropathe et d'un alcoolique qui, dit-il, avait comme lui le nez dévié à droite.

Chez les criminels comme chez les prostituées, le prognathisme est très fréquent. C'est là, du reste, un fait déjà constaté par beaucoup d'auteurs, et quelques-uns ont cru y trouver une raison pour assimiler les prostituées aux criminels. J'ai déjà dit que la prostitution en elle-même ne me semblait pas un délit; seulement, je croirais volontiers que c'est un préservatif ou mieux un dérivatif du crime. Qu'un homme peu intelligent, paresseux, sans initiative et sans énergie se trouve un jour dans la rue sans travail, sans argent, sans gîte et sans pain, il volera presque fatalement s'il n'ose mendier et le lendemain il se réveillera en prison. Mettez à sa place une femme d'un niveau intellectuel égal ou même inférieur, mais encore jeune et médiocrement jolie, elle attendra passer un monsieur bien mis et lui fera: psitt! Une heure après elle aura un louis dans sa poche, et le lendemain elle sera peut-être habillée d'une robe de soie.

Fig. 14

En somme, criminels ou prostituées sont, à quelques exceptions près, des affaiblis intellectuellement, souvent des héréditaires; c'est ce qui explique pourquoi le prognathisme se rencontre avec une égale fréquence chez les uns comme chez les autres.

Faut-il un exemple ? J'ai souvent vu à la Santé un individu, fils d'un alcoolique et d'une hystérique morte tuberculeuse, frère d'hystériques, grand buveur d'absinthe lui-même et qui, à vingt-deux ans, avait déjà subi trois condamnations pour vols. Avec sa physionomie inintelligente et hébétée, son front aplati, son crâne brachycéphale, sa mâchoire inférieure prognathe, ses yeux sournois et vides, c'était une face de brute, douloureuse à contempler. Voyez également la figure schématique 14, qui indique les lignes du visage d'un criminel prognathe.

V

L'oreille des criminels a fait dans ces dernières années l'objet d'études sérieuses et pleines d'intérêt. Frigerio en particulier les a examinées avec beaucoup de soin et il a noté la fréquence des malformations de cet organe chez eux (1). J'ai pris moi-même des observations dans ce sens et je suis arrivé à peu près aux mêmes conclusions que l'auteur italien. D'ailleurs, ce n'est point là un fait nouveau ; les gens du peuple considéraient déjà les longues et larges oreilles comme un signe d'infériorité, et le vieux magister de village coiffait l'enfant indocile ou ignorant d'un bonnet orné d'oreilles d'âne.

Sans doute il n'est pas extrêmement rare de rencontrer dans la rue ou même dans le monde des individus porteurs

(1) Frigerio, *L'Oreille externe. Etude d'anthropologie criminelle*. In *Archives de l'Anthropologie criminelle*, septembre 1888. — Voyez aussi Julia : *De l'Oreille au point de vue anthropologique et médico-légal*. Storck, Lyon, 1887. — Lannois : *De l'Oreille au point de vue médico-légal et anthropologique*, 1887. (*Arch. anthr. crim. et sc. pen.*) et du même auteur *La Surdi-mutité et les sourds-muets devant la loi* (*Arch. d'anth. crim.* 15 juillet, 1889). Storck, Lyon.

d'oreilles larges, écartées ou mal faites ; mais on est frappé combien cela est infiniment plus fréquent dans les prisons. J'ai souvent fait remarquer cette anomalie aux personnes qui se trouvaient avec moi à la Santé, et particulièrement à mes chefs et à mes collègues ; tous se sont plu à reconnaître combien les criminels étaient mal oreillés.

Une des malformations les plus fréquentes et les plus apparentes est l'augmentation de volume de l'organe et l'exagé-ration de ce que Frigerio appelle heureusement l'angle auriculo-temporal. (*Voyez fig. 15*).

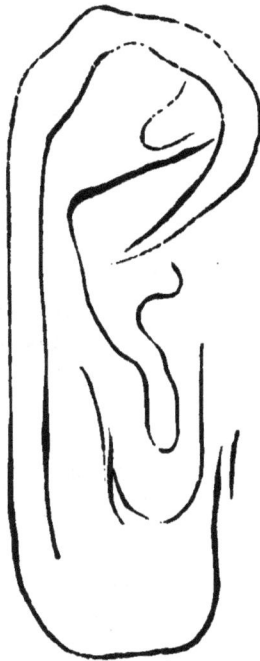

Fig. 15

Ainsi, D... est un vagabond de quarante-six ans, qui a déjà subi cinq condamnations pour vol et mendicité. Enfant trouvé, élevé à l'hospice de Caen, il a fait dans sa jeunesse beaucoup d'excès de boisson. Sachant à peine lire et écrire, c'est un individu à l'intelligence lourde, épaisse, presque un imbécile, avec des oreilles larges et écartées, rappelant, pour employer une expression vulgaire, des plats à barbe. Il a un air endormi et taciturne qui contraste singulièrement avec la tonalité de sa voix haute et saccadée.

Tel est encore cet escroc microcéphale, ne sachant ni lire ni écrire (1). Ses oreilles larges et écartées se rapprochent beaucoup de celles d'un gorille et donnent à sa physionomie un aspect simiesque.

Frigerio cite plusieurs faits du même genre.

Un prognathe à l'œil petit et mobile, de stature démesurée, avec un pavillon ample et planté sous un angle de beaucoup supérieur à cent degrés, n'avait jamais eu aucun rapport avec les femmes; il préférait les brebis de son troupeau.

Un autre individu, qui avait un pavillon avec des caractères d'infériorité, mettait de nuit, avec un cynisme néronien, le feu à son lit et à celui de ses compagnons, contemplant avec la plus grande indifférence son œuvre de destruction.

Frigerio a fait des recherches semblables chez les enfants et il est arrivé aux conclusions suivantes : « Chez les enfants pour lesquels la plus grande ampleur, dit-il, était jointe à d'autres anomalies morphologiques de l'oreille et du corps, nous notàmes bien souvent une notable insuffisance de moyens intellectuels et un pervertissement des instincts. C'étaient resque toujours des enfants indisciplinés, irrespectueux, quelquefois intelligents, mais le plus souvent obstinés et lunatiques, dans le vrai sens du mot, au point que, comme beaucoup de fous, à l'approche d'un orage, ils devenaient inquiets et indociles » (2).

(1) J'ai déjà parlé de cet individu dans le chapitre sur l'hérédité des criminels.
(2) Frigerio. Loc. cit.

Le même auteur cite des cas où cette exagération des dimensions du pavillon était héréditaire et se transmettait avec les mauvais instincts. Une femme homicide, aux longues et larges oreilles, avait deux sœurs et trois cousins tous aux galères et présentant tous la même anomalie.

Enfin l'Italien Giacchi, cité par Frigerio, émet aussi les mêmes idées sous une forme un peu moins scientifique, mais plus pittoresque.

« Dans les asiles d'aliénés et les prisons, dit-il, abondent les individus richement oreillés au point qu'ils semblent avoir la tête ailée et prête à prendre son vol. Et souvent elle le prend en vérité, si bien que le malheureux possesseur de cette machine mystérieuse abandonne le bon sens et l'honnêteté qui représentent la boussole de l'homme estimable, et il voyage sans guide dans l'atmosphère orageuse de la faute et du délire. » Et plus loin : « Je ne saurais me décider à donner ma confiance tout entière à un galant homme présentant cette beauté asinienne, et il me conviendrait encore moins, fussé-je un jouvenceau affamé comme un loup, de me rapprocher d'une amoureuse qui, en la regardant de face, exciterait en moi l'image poétique d'une marmite à deux anses. » (2).

Une autre malformation qui m'a paru également très fréquente chez les criminels, c'est l'hélix incomplet et existant seulement à l'extrémité supérieure du pavillon. Beaucoup de criminels ont l'oreille mal ourlée, comme on dit vulgairement. (*Voyez fig. 16 et 17*).

L..., employé de commerce, a vingt-sept ans ; il a déjà subi cinq condamnations pour escroqueries. Sa mère était une femme très nerveuse, violente, coléreuse ; elle est morte jeune d'un cancer. L... est lui-même un individu très nerveux, facilement

---

(2) Giacchi. *Pazzi e birbanti*. Emilio Croci, edit. Milan. 1885.

irritable ; il assure même qu'il a eu des attaques de nerfs. Il a commencé ses études chez les jésuites et a dù les abandonner par suite de la ruine de sa famille. Il a conservé des attitudes cafardes et il s'exprime avec une préciosité ridicule. Or, outre une exagération de l'angle auriculo-temporal, l'hélix n'existe guère que dans son tiers supérieur.

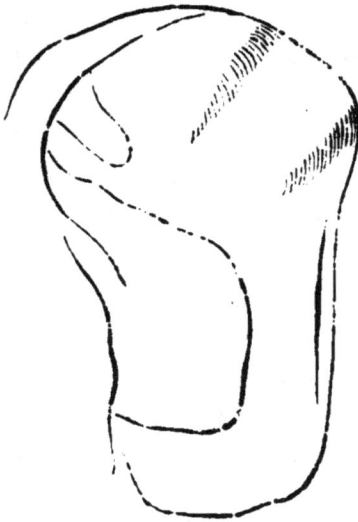 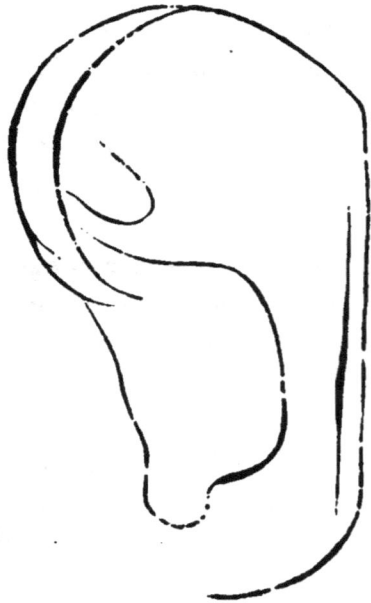

Fig. 16 **Fig. 17**

Chez d'autres individus on peut voir le lobule de l'oreille atrophié ou hypertrophié, et Frigerio dit avoir observé dans la prison de Pefaro un criminel fou homicide à type félin, avec énorme lobule. Cet homme, entre autres aberrations, offrait celle d'avaler journellement un grand nombre de pierres (allo-triophagie). (*Voyez fig. 18*).

Une anomalie encore très fréquente, et que j'ai très souvent rencontrée chez les criminels, c'est l'adhérence plus ou moins complète du lobule avec la peau de la face. (*Voyez fig. 19* .

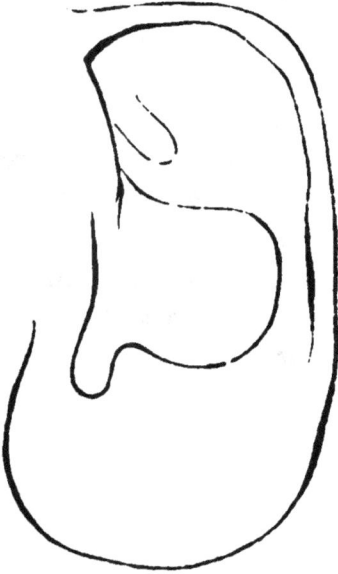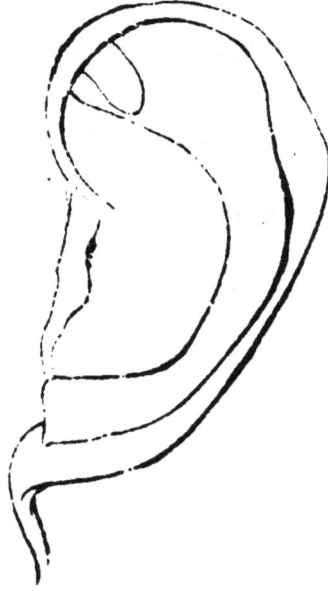

Fig. 18   **Fig. 19**

Enfin, j'ai constaté quelquefois une asymétrie très marquée des oreilles. Je me contenterai de citer deux exemples.

B... est un garçon de dix-sept ans qui a déjà subi quatre condamnations pour vol à l'étalage. Roux aux yeux bleus, avec une mâchoire prognathe, c'est un être plein de mauvais instincts. L'oreille gauche forme un angle auriculo-temporal exagéré, beaucoup plus considérable que du côté droit, où il est normal. Il en résulte une asymétrie très facilement appréciable.

P... est condamné à six ans de réclusion pour avoir dévalisé un hôtel abandonné. Son père était un ivrogne, une de ses sœurs est hystérique.

P... présente une malformation curieuse de l'oreille droite. Il existe une sorte de recroquevillement du pavillon, surtout dans sa moitié supérieure. L'hélix est néanmoins conservé et plutôt exagéré ; il mesure, à la partie supérieure, au moins un centimètre de large. Le lobule est énorme, large, aplati, grand presque comme une pièce de un franc. Le pavillon mesure cinquante-six millimètres de haut et vingt et un millimètres de large. Il est implanté presque à angle droit sur la tempe ; l'angle auriculo-temporal est par conséquent très exagéré. Il n'y a pas d'adhérence du lobule. L'oreille gauche est normale, mais le pavillon est volumineux ; il mesure soixante-deux millimètres de haut et trente et un millimètres de large.

VI

Je signalerai encore un dernier stigmate de dégénérescence de l'extrémité céphalique : c'est l'implantation vicieuse des dents et plus souvent la persistance des dents de la première dentition à un âge avancé.

J'ai déjà cité dans le chapitre précédent l'observation d'un héréditaire débile qui à dix-neuf ans avait encore des dents de lait, et présentait à la mâchoire supérieure une double rangée de dents cariées (mâchoire de requin).

On peut également lire dans ma thèse (1) l'histoire d'un débile fils d'ivrogne, qui, à dix-huit ans, avait encore des dents de la première dentition. De plus il existait des intervalles entre les

1) Les *Gynécomastes*. Thèse de Paris. 1888.

13

incisives et les canines ; lorsqu'il riait, sa bouche ressemblait, pour employer une expression vulgaire, à une grille d'égout. Infantile au visage imberbe, à la voix grêle et aiguë, à la verge et aux testicules petits, il présente des mamelles développées comme celles d'une fille de quinze ans. Peu intelligent, sachant à peine lire et écrire, n'ayant jamais pu apprendre aucun métier, il a déjà subi cinq condamnations pour vagabondage, maraudage, vol à l'étalage.

Enfin on trouvera encore cette malformation signalée de temps en temps au cours de cet ouvrage.

VII

Il est une malformation assez rare et peu connue qui m'a paru se présenter avec une fréquence relative chez les criminels : je veux parler de la gynécomastie, anomalie qui consiste dans le développement exagéré et persistant des mamelles chez l'homme au moment de la puberté, avec arrêt de développement des organes génitaux. A cet état s'ajoute une sorte d'effémination et d'adoucissement des formes en même temps qu'une infériorité intellectuelle allant souvent jusqu'à la débilité mentale.

Pendant un séjour de près de cinq ans comme stagiaire ou externe dans les différents hôpitaux de Paris, il ne m'a pas été donné d'observer un seul exemple de gynécomastie, et plusieurs de mes collègues m'ont avoué se trouver dans le même cas. Or, depuis un peu plus d'un an que mon attention a été attirée sur cette anomalie à la Santé et que j'ai fait des recherches dans ce sens, j'ai pu en voir cinq cas. J'en ai déjà rapporté un dans ma thèse, précisément celui dont je viens de parler quelques lignes plus haut. J'en citerai ici un autre qu'on peut considérer comme un spécimen du genre.

J... ne peut donner de renseignements sur ses grands-parents. Il sait seulement que son grand'père paternel s'est marié trois fois : lors de son dernier mariage, il avait soixante-douze ans et sa femme vingt-six. Un an après, celle-ci eut un fils qui, de l'avis général, serait légitime : c'est le père de notre sujet.

Son père, qui était gardien à la Roquette, était un homme sobre, mais sujet à des attaques nerveuses probablement épileptiques. Il est mort tuberculeux. Sa mère est une honnête femme, encore vivante et bien portante.

La famille se compose de neuf enfants : 1° Une fille âgée de trente-huit ans, mariée et bien portante, mais nerveuse, violente et coléreuse ; elle vit séparée de son mari, qui l'a abandonnée pour une autre, gagnant laborieusement sa vie comme dentelière et élevant ses cinq enfants ; un de ces enfants, le plus jeune, est déclaré sur les registres de l'état civil comme fille, mais on serait maintenant très embarrassé pour se prononcer sur son sexe et on pourrait tout aussi bien le prendre pour un garçon ; les quatres autres sont bien portants et ne présentent rien de semblable ; 2° un enfant mort en bas-âge ; J..., ne sait pas de quoi, et il ne se souvient même pas si c'était un garçon ou une fille ; 3° un garçon mort à trois ans et demi, mais présentant des malformations des organes génitaux ; 4° une fille âgée de trente ans, très nerveuse et très irritable ; elle a eu des attaques de nerfs jusqu'à vingt-deux ans, époque de sa première couche ; ces attaques se manifestèrent pour la première fois à la suite d'une peur ; elle n'est point mariée et a eu trois enfants morts en bas-âge, probablement de méningite tuberculeuse ; actuellement elle est encore enceinte ; 5° un garçon sobre, marié, père de deux enfants bien conformés ; 6° et 7° deux petites filles mortes en bas âge ; on ne sait pas de quoi ; 8° une fille âgée de vingt-six ou vingt-sept ans, également mal conformée : c'est un être vicieux, débauché et ivrogne ; elle commença d'abord par se montrer comme curiosité dans les fêtes foraines, puis elle se fit actrice d'ordre inférieur, jouant aux Bouffes-du-Nord, accompagnant les troupes en tournées ; elle s'habille tantôt en homme, tantôt en femme, servant indistinctement d'amant ou d'amante, également recherchée des Lesbiennes lubriques et des Anacréons libertins ; en ce moment elle vit « collée avec une autre femme », et, au dire de J.... « elles ont largement de quoi se satisfaire l'une l'autre et de mille façons » ; 9° enfin notre gynécomaste.

J.... a une tante maternelle très sujette aux migraines ; de plus, sa mère lui a souvent raconté qu'une de ses petites cousines était probablement mal conformée. On prenait, dit-il, toutes sortes de précautions pour lui rabattre ses jupons quand elle jouait ou quand elle urinait ; on a pensé que cette pudeur exagérée n'avait d'autre but que de dissimuler une infirmité.

J... n'a jamais été malade ; il se rappelle seulement que l'an passé, étant à la Santé, il a eu pendant près d'un mois des maux de tête très violents. Il avoue avoir fait quelques excès de boisson ; mais, dit-il, l'alcool agit peu sur lui et il est obligé d'en boire de grandes quantités pour se « soûler ».

J... a vingt-huit ans C'est un garçon assez instruit, d'une intelligence ordinaire, d'un esprit assez éveillé, mais attaché surtout aux choses futiles, incapable d'un grand effort ou d'une attention soutenue. Il répond clairement à toutes les questions et sa mémoire est excellente : il se rappelle parfaitement toute son enfance, ses jeux avec ses petits camarades, leurs premières plaisanteries. Il n'est que médiocrement préoccupé par son état ; seulement les plaisanteries de ses camarades l'agacent, et il est contrarié par cette idée qu'il ne pourra jamais se marier ni avoir d'enfants. Au point de vue religieux, c'est un indifférent.

J... a subi déjà deux condamnations : à vingt-et-un ans il se fit enfermer une première fois pour complicité de vol. Un mau-

vais sujet, qui avait volé mille francs chez ses parents, lui
proposa de les manger avec lui; l'offre fut acceptée. Dernièrement il s'est fait arrêter de nouveau comme bonneteur.

J... a 1ᵐ59 de taille. Sa physionomie est vive, son visage
plutôt joli : l'arc sourcilier est des plus harmonieux; le nez
est aquilin et très correct, les yeux noirs, les cheveux noirs et
assez abondants; les arcades sourcilières sont un peu saillantes
et le front étroit; l'oreille bien faite, avec un hélix complet,
présente un peu d'exagération de l'angle auriculo-temporal; le
visage est complètement imberbe.

La mensuration du crâne donne pour :

Diamètre antéro-postérieur........	171ᵐᵐ
— transverse..............	151ᵐᵐ
— bizygomatique..........	126ᵐᵐ

J... n'a plus de dents de lait, mais ses dents sont mal faites,
inégales, écartées, surtout à la mâchoire supérieure.

Sa voix est douce, agréable, un peu tremblée, sonore et d'une
tonalité assez élevée sans être criarde, mais plutôt d'un homme
que d'une femme. D'ailleurs, J... a chanté avec quelque succès
dans des cafés-concerts de second ordre.

J... a commencé à marcher à un an et à parler à quatorze
mois. Ses seins ont commencé à grossir vers l'âge de douze ou
treize ans, et leur développement ne lui occasionna que de très
légères douleurs. Il se souvient qu'à cette époque il était plutôt
attiré vers les petites filles, leurs jeux et leurs travaux. Ses seins
augmentèrent ensuite petit à petit, et à quinze ans ils avaient
acquis le volume qu'ils ont maintenant.

Actuellement ils ont à peu près le volume d'une tête de fœtus.
Un peu flasques, ils tombent comme ceux d'une femme qui a
allaité. La longueur du sein, mesurée aussi exactement que
possible de la base d'implantation de l'organe au sommet du

mamelon, est de treize centimètres et demi, et la circonférence, prise à la base, est de trente centimètres.

La peau qui recouvre les seins est fine, blanche, satinée, très douce au toucher et sans le moindre poil. On voit sous la peau, par transparence, un très beau lacis de veines bleues, comme chez la femme.

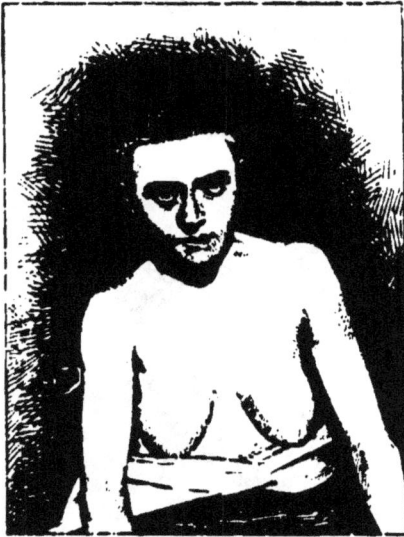

Fig. 20

Le mamelon peu saillant, légèrement rosé, s'érige sous l'influence d'un chatouillement ou d'une titillation; il est alors long d'environ un centimètre.

Il existe autour une aréole très peu colorée et présentant quelques petits tubercules saillants qui rappellent les tubercules de Montgommery chez la femme. Aucun liquide n'aurait jamais suinté par le mamelon. En palpant le sein, on sent très nettement une masse glanduleuse du volume d'une orange.

La poitrine est glabre, ainsi que les membres, qui sont arrondis
et sans saillies musculaires. La peau est blanche et délicate
comme celle d'une femme.

Le bassin est élargi, et sa circonférence, en passant par les
épines iliaques antéro-supérieures, est de 87 centimètres.

La verge est peu volumineuse et très courte : à l'état flasque,
elle ne mesure que deux centimètres de longueur et une circonférence de sept centimètres ; pendant l'érection elle acquiert cinq
ou six centimètres de long. Le gland est petit comme une noi-
sette, bien recouvert par un rudiment de prépuce qu'on peut
relever.

Fig. 21

Au-dessous de la verge il existe deux replis muco-cutanés
longs d'environ un centimètre et demi et larges d'un demi centimètre. Ces replis simulent un embryon de grandes lèvres et de
vulve ; mais il n'existe pas de cul-de-sac.

Les testicules sont gros à peine comme des œufs de moineau.
Le gauche est encore plus petit que le droit et on peut le faire
remonter dans l'abdomen.

Le triangle pubien est très nettement délimité et bien garni
de poils.

J... a commencé à se masturber à sept ans, mais à cette époque il n'avait pas d'éjaculations et celles-ci n'apparurent qu'à dix-sept ans. Aujourd'hui même il lui arrive encore assez souvent de se masturber sans obtenir de résultat. Pendant son dernier séjour à la prison de la Santé, comme je le questionnais sur ses habitudes d'onanisme et le priais de m'envoyer quelque jour un échantillon de son sperme pour l'examiner au microscope, il m'avoua qu'à plusieurs reprises il s'était longuement masturbé sans avoir pu obtenir une seule goutte de semence. Néanmoins il assure qu'en présence d'une femme la grâce lui a rarement manqué et que l'éjaculation s'est toujours produite. Depuis l'âge de dix-huit ans il se livre assez régulièrement au coït. Dans ces derniers temps il avait une maîtresse avec qui il avait deux ou trois rapports tous les lundis. Seulement cela le fatiguait beaucoup et il était pris ensuite d'une envie presque invincible de dormir. Il ne lui répugnait point de toucher les seins de sa maîtresse et celle-ci aimait, assure-t-il, à préluder aux autres caresses amoureuses en lui touchant les siens, les frottant contre sa propre poitrine ou bien lui titillant le mamelon avec la langue.

J..., ne s'est jamais senti de goût pour les hommes, et il a toujours refusé de s'habiller en femme. Des hommes riches lui ont proposé de l'entretenir avec largesse : il a refusé ces propositions.

C'est en somme un individu au moins très incomplet au physique, un être que la nature a mal servi.

VIII

Parmi les malformations des organes génitaux qu'on rencontre chez les dégénérés criminels, il en est une qui m'a paru revenir avec plus de fréquence. c'est l'hypospadias avec ses différents degrés.

Voici trois faits qui m'ont paru dignes d'être notés et où l'anomalie se gradue en quelque sorte.

B... est un garçon de dix-huit ans, qui a déjà subi trois condamnations pour ivresse et rébellion envers les agents. Son père était un ivrogne violent et sujet à des colères terribles; il est mort d'une affection hépatique. Sa mère est morte à l'époque de la ménopause : il ne sait de quoi.

Fig. 22

La verge de B... est assez volumineuse, mais l'urèthre s'ouvre au niveau du frein. Le méat existe, mais ses deux lèvres se continuent à la face inférieure du gland jusqu'à l'orifice par où s'écoulent le sperme et l'urine. Cet état ne gêne en rien ni l'érection ni l'éjaculation. Il n'y a pas du reste de rétraction. (*Voyez fig. 22*).

Dans ce cas, c'est de l'hypospadias au premier degré. Dans l'observation suivante, nous allons le voir un peu plus prononcé.

G... est un garçon de vingt-deux ans, fils d'une tuberculeuse. Son père est encore vivant; c'est un homme sobre et bien portant.

Individu au front étroit, à la face bestiale et peu intelligente, G... est condamné pour avoir cassé un drapeau le jour du 14 juillet, étant en état d'ivresse.

En examinant sa verge, on s'aperçoit que les lèvres du méat ne se réunissent pas à la partie postérieure, mais se continuent un peu sur la face inférieure du gland jusqu'à la rainure balano-préputiale. Si on écarte ces lèvres, on aperçoit dans le fond du cul-de-sac qu'elles forment un petit orifice par lequel se fait la miction et l'éjaculation. Il n'y a pas de rétraction fibreuse ni de troubles fonctionnels. (*Voyez fig. 23*).

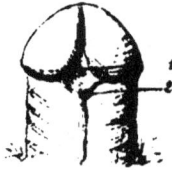

Fig. 23

Dans la troisième observation, il s'agit d'un hypospadias beaucoup plus prononcé.

M... est un agent d'affaires, âgé de quarante ans, qui a subi deux condamnations pour escroquerie. Son père est mort à quatre-vingt-deux ans, après être resté cinq ans hémiplégique.

Un oncle et deux tantes du côté paternel sont morts également paralysés.

Une autre tante du côté de son père aurait présenté une anomalie des organes génitaux. Sa mère, âgée de soixante-dix-sept ans, est encore vivante et bien portante.

M... avoue beaucoup d'excès de femmes et quelques excès de boisson (pituites). C'est un individu d'une intelligence très ordinaire et ayant reçu une assez bonne instruction primaire.

Chez lui, les deux lèvres du méat urinaire existent, mais en les entr'ouvrant on n'y trouve qu'un cul-de-sac, et l'urèthre s'ouvre à la région périnéo-scrotale ; l'urine et le sperme s'écoulent par cet orifice, il n'y a pas de rétraction ni de troubles fonctionnels. *Voyez fig. 24*.

Fig. 24

M... est marié, et, bien qu'il élève des doutes sur la fidélité de sa femme, il se croit naïvement le père d'une fillette de onze ans, parce qu'elle lui ressemble, assure-t-il !

En réalité, ces trois individus n'ont été guère mieux favorisés au point de vue de l'intelligence qu'au point de vue physique.

IX

Il est un mode de dégénérescence physique auquel j'attache une importance considérable et qui revient très fréquemment : c'est l'infantilisme et, si l'on veut, l'efféminisation.

Certains individus, à dix-huit ou vingt ans, en paraissent à peine quatorze ou quinze : petits, maigres, fluets, le visage imberbe, le pubis glabre, la verge et les testicules comme ceux d'un enfant, la voix aigüe ; ce sont des êtres indéfiniment juvéniles, sur la figure desquels on ne saurait mettre un âge précis.

Pour citer des faits, je n'ai que l'embarras du choix. Voici quelques exemples pris au hasard dans mes observations et résumés en quelques lignes.

D... est fils d'une hystérique ; il a subi deux condamnations pour vol de chaussures à l'étalage ; c'est un garçon de dix-sept ans, en paraissant à peine quatorze, au visage pâle et imberbe, au front étroit, au pubis glabre, aux testicules petits. Il n'a jamais vu de femmes.

Souvent chez ces individus le développement de l'intelligence est retardé comme le développement physique. Et ce sont des âmes faibles dans des corps débiles ; ils cèdent sans résistance à tous les entraînements, ne sachant point réagir contre les tentations et les mauvais conseils.

M... est condamné pour avoir volé par gourmandise des raisins dans un jardin. Fils d'ivrogne, c'est un individu de dix-sept ans, peu intelligent, sachant lire, mais pas écrire. Son pubis est glabre et ses organes génitaux sont ceux d'un enfant de douze ans. Il assure qu'il ne se masturbe pas, et il semble ne pas avoir de désirs vénériens.

R... a dix-sept ans. Son visage est doux et imberbe, son pubis glabre, ses organes génitaux sont ceux d'un enfant de douze ou treize ans. Il s'est laissé entraîner par un récidiviste et a volé avec lui. Sa mère est une femme nerveuse, violente, brutale, frappant ses enfants. Une de ses sœurs est strabique, et elle a eu des convulsions.

Tel est encore ce petit italien rachitique et bossu qui pose chez les peintres pour les bouffons. Impossible de mettre un âge sur ce pâle et maigre visage encadré d'une chevelure d'astre. (Voyez fig. 25).

Fig. 25

Chez ces individus, cet état persiste : ce sont en quelque sorte des nains, des êtres rabougris, toujours enfants, ne subissant point les mêmes transformations que les diverses étapes de l'âge amènent chez leurs camarades. En voici encore un exemple frappant.

A.... âgé de vingt-cinq ans, est né en Savoie. Son père, qui était un homme sobre, est mort dernièrement après avoir été longtemps maire dans son village. Sa mère, qu'il n'a pas connue, était, dit-il, de très petite taille. Un de ses frères est infirme et imbécile, « un innocent », comme on dit au pays. Un autre de ses frères serait un ivrogne, un noceur de village.

A... sait lire, écrire et compter. C'est un garçon de 1ᵐ49 de

taille, paraissant quatorze ou quinze ans, au visage complètement imberbe, aux oreilles volumineuses, larges et écartées,
un être très inférieur au point de vue génital, ignorant encore
la femme. Avare, sournois et ambitieux avec une intelligence
médiocre et peu inventive, il s'est laissé condamner pour avoir
soustrait treize francs dans la caisse d'un marchand de vin chez
qui il était employé comme garçon. *(Voyez fig. 26)*.

Fig. 26

D'autres enfin sont plutôt des féminisés, des personnages
imberbes, à longs cils, à cheveux fins, à hanches très développées, à voix grêle.

Leurs membres sont ronds comme ceux de la femme, leurs
muscles ne font point de saillies vigoureuses sous la peau, leurs
contours affectent une mollesse remarquable, leurs mouvements

sont pleins de souplesse et de grâce. Comme les infantiles, ce sont le plus souvent des descendants d'alcooliques et aussi, comme l'a montré Faneau de la Cour (1), des issus de tuberculeux. C'est parmi eux surtout qu'on rencontre le « pâle voyou parisien ».

Fig. 27

B... est fils d'un alcoolique. Agé de seize ans et demi, avec son joli visage frais et imberbe, son pubis glabre, son bassin élargi, ses cheveux fins, ses yeux bleus ombragés de longs cils, sa voix douce et flûtée, il ressemble à une gracieuse fillette de onze ou douze ans. (Voyez fig. 27). Il a été poussé au vol par deux récidivistes plus âgés qui l'ont entrainé.

(1) Voyez *Faneau de la Cour*. Thèse de Paris, 1871, et la communication du professeur Brouardel sur le même sujet au 2me Congrès d'anthropologie criminelle de Paris. Lyon, Storck.

X

Les malformations des membres ne sont pas rares non plus chez les dégénérés criminels. Déjà Bourneville et Raoult publièrent dans le *Progrès médical* du 10 septembre 1887 une curieuse observation de malformations congénitales des mains et des pieds chez une dégénérée. Dernièrement, dans le *Progrès médical* du 12 mai 1888, le Dr Alexandre Paris publiait également un cas de malformation congénitale de la main chez un enfant criminel, présentant plusieurs des stigmates de la dégénérescence mentale. Voici un fait du même genre.

M..., quarante-deux ans, boucher, est fils d'alcoolique. C'est un homme au front bas, à la figure peu intelligente, sachant à peine lire et écrire, s'exprimant mal et avec lenteur; c'est de plus un alcoolique et un absinthique : il a du tremblement des mains assez prononcé.

M.... qui a subi plusieurs condamnations pour vol, présente une malformation intéressante de la main droite.

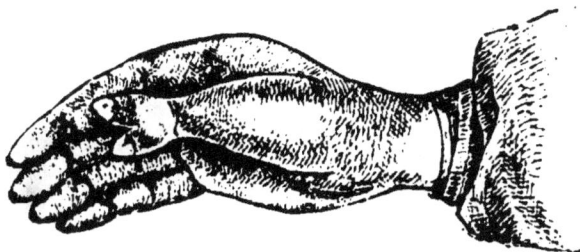

Fig 28.

Au niveau de l'articulation de la phalange et de la phalangine, le pouce se bifurque et présente deux phalangines de volume égal, mobiles toutes deux et pourvues chacune d'un ongle bien conformé. (*Voyez fig. 28*.)

Cette malformation gêne peu les mouvements, et M... est droitier.

Cet homme est vigoureux et ne présente pas d'autres malformations congénitales. Ses organes génitaux sont bien développés et d'un volume normal.

Fig. 29

Voici une autre malformation très rare, également observée chez un criminel récidiviste. L'observation a déjà été communiquée à la Société d'anthropologie par M. le Dr Variot, et M. Martin, interne à la prison de la Santé, en a présenté des moulages. Mon successeur comme interne à la Santé, M. Guillot, a eu l'obligeance de m'en donner un résumé.

14

C..., quarante-huit ans, né à Soissons, présente une malformation congénitale du quatrième métacarpien des deux mains.

Son père, sa mère et ses dix frères et sœurs sont bien conformés; il n'a jamais entendu parler dans sa famille d'une difformité analogue chez ses grands-parents.

Les doigts dans l'extension, on remarque que les annulaires sont de beaucoup plus petits que les médius et de même longueur que les auriculaires. *(Voyez fig. 29)*.

Un examen attentif permet de reconnaître que les trois phalanges des deux annulaires sont normales, et que leurs petites dimensions sont dues au peu de longueur du quatrième métacarpien.

Longueur de la phalange du pouce	. . .	43 mm
—	—	de l'index . . .	46 mm
—	—	du médius . . .	42 mm
—	—	de l'annulaire .	44 mm
—	—	de l'auriculaire.	30 mm
Longueur du 1er métacarpien	. . . . . .	43 mm
—	2e	—	. . . . . . 71 mm
—	3e	—	. . . . . . 73 mm
—	4e	—	. . . . . . 37 mm
—	5e	—	. . . . . . 58 mm

Les doigts fléchis, le poing fermé, la saillie qui, à l'état normal, représente la tête du quatrième métacarpien est remplacée par une dépression en forme de gouttière. *(Voyez fig. 30)*.

La première phalange de l'annulaire se fléchit un peu sur le métacarpien, et cette flexion est augmentée par la laxité des ligaments qui permet à son extrémité supérieure de se subluxer en arrière, pendant que son extrémité inférieure bascule autour d'un pivot représenté par les téguments palmaires sur lesquels repose sa partie médiane.

Du côté des membres inférieurs, je n'ai noté que des déformations insignifiantes, le plus souvent acquises. Néanmoins l'orteil en marteau m'a paru se rencontrer avec une certaine fréquence. Je l'ai constaté en particulier chez un fils d'hystérique délirante, condamné quatre fois pour escroqueries.

Fig. 30

XI

Je n'ai point la prétention d'avoir énuméré toutes les malformations, tous les stigmates de dégénérescence physique qu'on peut rencontrer chez les dégénérés criminels ; j'ai voulu simplement passer en revue les plus importants, ceux que j'ai rencontrés le plus fréquemment seuls ou plus souvent alliés à des stigmates d'ordre psychique. A cette énumération j'ai joint quelques observations comme preuves à l'appui.

CHAPITRE X

Dégénérescences physiologiques.

I

Nous avons vu l'action dégénérative de l'hérédité se faisant sentir également sur tous les organes. Il me reste encore à parler de certains troubles de la motilité, de certaines anomalies fonctionnelles qui sont en quelque sorte des corollaires des états étudiés dans les chapitres précédents.

Tous ces phénomèmes, en effet, sont dus à une absence primordiale d'équilibre dans le fonctionnemnet des centres nerveux qui les régissent. Ainsi, tel muscle obéissant à tel nerf, agit avec une énergie exagérée qui dépasse le but et se traduit par une exagération dans le mouvement : le muscle antagoniste, au contraire, recevant un influx nerveux moindre, et par conséquent insuffisant, ne peut lutter contre lui et rétablir l'équilibre troublé : dès le début il s'avoue vaincu pendant que son congénère, qu'aucune force ne vient plus modérer, prend et conserve l'habitude de ses écarts.

Le strabisme congénital est un phénomène de ce genre. C'est un défaut d'équilibre, une rupture dans les lois de l'antagonisme.

Il est un vieux proverbe qui dit : Défie-toi de l'homme au regard louche. Ces aphorismes, malgré leur naïveté apparente, renferment quelquefois un grand fond de vérité ; ils sont le fruit d'une expérience de plusieurs siècles. Préjugé ou non, il est certain qu'on aime peu regarder en face un homme qui louche : il semble que sa pensée se cache comme son regard.

Or, les strabiques sont très nombreux parmi les criminels. Je pourrais citer ici plus de vingt observations, et certes, je n'ai pas recueilli tous les cas qui se sont présentés à moi. Veut-on un seul exemple pris au hasard ?

P... est un couvreur de vingt-trois ans, qui a déjà subi cinq condamnations pour vol à l'étalage. Sa mère, une hystérique, est morte du choléra. Son grand'père et son père étaient des alcooliques. Ce dernier, qui était peintre en bâtiments, est mort, paraît-il, d'accidents saturnins. Il a une sœur bien portante, mariée et mère de deux enfants morts d'athrepsie vers l'âge de six mois.

P... a eu des convulsions dans l'enfance. Bien que sachant lire et écrire, il est peu intelligent. Depuis longtemps il boit en moyenne deux litres de mauvais vin par jour. Myope de l'œil droit, il présente du strabisme assez prononcé des deux yeux. De plus il est scrofuleux.

Donc, soit qu'il y ait exagération de la force nerveuse d'un côté, et par suite contracture permanente ou transitoire d'un muscle qui entraîne son antagoniste, soit qu'il y ait atonie nerveuse et, par suite, faiblesse d'énergie d'un muscle qui ne peut plus résister à l'action, normale cependant, du muscle opposé, le résultat est le même au point de vue du fonctionnement ; il y a rupture de l'équilibre et désordre fonctionnel. Aussi je n'hésite point à considérer le strabisme congénital des criminels comme un signe de dégénérescence.

II

Dans d'autres circonstances, il ne s'agit plus d'un défaut d'équilibre entre deux muscles parallèles : c'est un muscle isolé, un sphincter par exemple, qui, recevant une innervation insuffisante, ne peut résister aux besoins dynamiques qu'il doit régenter ; il cesse alors d'être sous la haute puissance de la volonté et il obéit, sans attendre, à toutes les sollicitations qui l'assiègent. L'incontinence d'urine me semble rentrer dans cet ordre de paralysies dégénératrices (1).

On sait déjà combien l'incontinence d'urine est fréquente chez les dégénérés. Je l'ai aussi bien des fois notée chez les criminels. (Je parle, bien entendu, de l'incontinence qu'on pourrait appeler congénitale, de celle qu'on a plus particulièrement appelée incontinence nocturne des enfants, et non point de l'incontinence qui pourrait survenir à la suite des maladies de la vessie ou d'autres organes pouvant retentir sur cette dernière.)

Beaucoup de détenus m'ont avoué qu'ils avaient pissé au lit jusqu'à un âge assez avancé. On lira dans un des chapitres suivants l'histoire d'un hystérique criminel dont l'hérédité est très lourdement chargée et qui a uriné au lit jusqu'à onze ans ; il lui arrivait même quelquefois de s'oublier dans la journée à l'école. Son frère a été sujet à la même infirmité jusqu'à l'âge de treize ans.

Voici un autre fait du même genre.

B..., bien qu'âgé seulement de dix-neuf ans, a déjà subi

_____

(1) Voyez à ce sujet la thèse du Dr Louis Guinon : *De quelques troubles urinaires de l'enfance.* Thèse de Paris 1889. Steinheil édit.

quatre condamnations pour vagabondage et vol de sommes assez importantes, en particulier de deux cent cinquante francs chez un de ses patrons. Peu intelligent, mais sachant néanmoins lire et écrire, il reconnaît avoir fait pas mal d'excès de boisson. Il dit avoir connu seulement trois femmes en sa vie ; mais dans son enfance il s'est beaucoup masturbé, et maintenant encore, en prison, l'onanisme le console en partie de sa liberté perdue.

Or, cet individu avoue avoir pissé au lit jusqu'à l'âge de cinq ans.

Chez d'autres dégénérés, ces phénomènes d'incontinence nocturne persistent beaucoup plus longtemps, jusqu'à dix-huit ou vingt ans et même plus. J'en ai vu dernièrement un assez bel exemple.

C... ne donne que des renseignements très obscurs sur ses antécédents héréditaires. Condamné pour vol, c'est un garçon d'une intelligence moyenne, sachant lire et écrire, et présentant un angle auriculo-temporal très ouvert. Bien qu'il ait dix-huit ans, il pisse au lit toutes les nuits. Cette incontinence a été momentanément supprimée à la suite de l'opération d'un varicocèle, et plus tard au moment des premiers rapports sexuels. Actuellement elle est revenue.

Enfin, chez d'autres individus, cette incontinence persiste avec l'âge, non-seulement nocturne, mais encore diurne. Voici l'histoire pleine d'intérêt d'un imbécile observé en dehors des prisons. Il n'a jamais subi aucune condamnation ; mais s'il a été préservé de la prison, ce n'est que grâce au milieu peu entraînant et très bienveillant où il a vécu.

Son père était un homme peu intelligent, peu laborieux, ivrogne et d'un tempérament génital exalté ; il perdit, en essayant de gérer une ferme, la petite fortune qu'il possédait. Il était la risée de ses voisins, qui lui donnaient toutes sortes de sobriquets. — Sa mère est une femme à l'intelligence obtuse, ne sachant ni lire ni écrire. — Sa sœur est plus intelligente que les autres membres de la famille, mais elle souffre depuis des années d'une maladie d'estomac qui la tient presque toujours au lit ou à la chambre. — Son frère est un imbécile, un individu aux horizons entièrement bornés, incapable de comprendre les plus simples notions. Ne sachant ni lire ni écrire, il a eu de l'incontinence nocturne d'urine jusqu'à vingt ans.

G... est un imbécile comme son frère, mais sachant néanmoins lire et signer son nom, par suite d'une plus longue fréquentation de l'école. Ce fut un enfant vicieux, indiscipliné, refusant de se soumettre au travail et capable seulement de faire les grosses besognes dans les fermes. Aujourd'hui il a vingt-cinq ou vingt-six ans. Réformé du service militaire par suite de son incontinence d'urine, toujours persistante nocturne et diurne, il est resté à la campagne comme valet de charrue. C'est un individu grossier, ivrogne, batailleur, ce que dans le pays on appelle un « arsouille ». Un jour, ne trouvant pas à assouvir ses ardeurs génitales, il se laisse surprendre en train de pratiquer le coït sur une brebis. Une autre fois il enivre une vieille mendiante qui lui avait fait des promesses d'amour. Il lui est arrivé souvent de faire douze ou quinze kilomètres uniquement pour se satisfaire au lupanar de la ville voisine.

Dernièrement, G... vola cent francs chez un vieillard où sa mère servait comme domestique; celle-ci restitua l'argent, et, grâce à la bienveillance du vieillard, le drôle ne fut point inquiété.

On pourrait peut-être rapprocher de ces faits les retards dans la marche et la parole également si fréquents chez les dégénérés. Il est malheureusement fort difficile d'obtenir des criminels des renseignements précis sur ces faits dont le plus souvent ils n'ont gardé qu'un souvenir très-vague. Je ne m'y arrêterai point davantage : néanmoins, ce ne sont pas les faits qui me manquent, et je pourrais citer tel voleur qui n'a commencé à marcher qu'à sept ou huit ans, tel débile criminel qui n'a commencé à parler qu'à huit ou dix ans. Aussi on retrouvera ces signes de débilité physique primitive signalés plus d'une fois au cours de mes observations.

III

Dans d'autres circonstances il y a incoordination des mouvements d'un muscle ou d'un groupe de muscles qui obéissent encore à l'ordre émané du centre nerveux, mais dépassent ou n'atteignent pas le but. Tel est le bégaiement qui n'est, si on peut s'exprimer ainsi, qu'une sorte d'ataxie verbale. L'ataxique sait parfaitement les mouvements qu'il veut produire, mais ses muscles mal innervés ne répondent point à l'appel de sa volonté. Le bègue, lui aussi, sait parfaitement le mot qu'il veut dire et il l'a présent à la pensée, mais sa langue, mal régie dans ses mouvements, fourche, tremble et défaille.

Comme il y a beaucoup de strabiques parmi les criminels, il y a aussi beaucoup de bègues, ou au moins d'individus présentant différents défauts de prononciation d'ordre physiologique analogue, comme la blésité, le zézaiement, etc... En voici seulement deux exemples pris au hasard.

C... est un camelot de trente-trois ans, petit fils d'ivrogne, fils d'hystérique, grand buveur d'absinthe lui-même. Il a subi huit condamnations pour vol à l'étalage, mendicité et vagabondage. Cet être, très-inférieur à tous les points de vue, parle avec un zézaiement enfantin.

Le cas suivant est un vrai type de dégénérescence criminelle.

B... est un garçon de trente-cinq ans, qui a subi cinq condamnations pour ivresse et rebellion envers les agents. Son
père était un individu nerveux, violent, prompt à lever la main.
Sa mère est une femme bien équilibrée ; elle vit encore. La
famille se composait de sept enfants ; deux garçons sont morts
tuberculeux, une fille est hystérique et l'autre est bossue.

B... est très nerveux et entre pour un rien dans de violentes
colères. Les excès de rhum et d'absinthe qu'il a faits en Afrique,
ont encore augmenté cette irritabilité. Il avoue aussi s'être
beaucoup masturbé. De plus il a la pelade, et on pourrait se
demander pour lui, comme pour le sujet d'une observation citée
dans un des précédents chapitres, si cette dystrophie n'est point
liée à l'état nerveux. B... présente un clignotement perpétuel
des paupières ressemblant à un tic. Quoiqu'il bégaie et s'exprime avec lenteur et difficulté, c'est un grand bavard.

IV

Tel est, rapidement esquissé, le vaste cycle des dégénérescences. J'ai pris tous les stigmates principaux et, un à un, j'ai
pu les placer sur la figure d'un ou plusieurs criminels. Je m'en
tiendrai là, croyant être arrivé au but que je me proposais :
avoir démontré ce principe que j'ai posé dès le début, à savoir
que les prisons sont peuplées en grande partie de fils d'alcooliques et de dégénérés.

Mais avant de clore cet important chapitre, je tiens à rappeler
que ces signes d'ordres divers que j'ai scindés ici pour en rendre
l'analyse plus facile, ne le sont que très rarement en réalité. Il
est rare qu'un dégénéré ne présente qu'un stigmate isolé : presque

toujours un grand nombre de signes d'infériorité physique, psychique ou morale, frappent le même individu. Les observations que j'ai citées en sont la preuve : on y trouve d'abord le stigmate de dégénérescence que j'ai analysé, mais il est presque toujours, pour ne pas dire toujours, accompagné d'un ou plusieurs autres qui viennent concourir avec lui à la déchéance de l'individu.

CHAPITRE XI

LES ÉPILEPTIQUES DANS LES PRISONS

I

Dans quelle proportion les épileptiques existent-ils dans les prisons? J'ignore si des recherches ont été faites dans ce sens et si des statistiques ont été dressées ; pour moi, la question est actuellement insoluble. En effet, beaucoup d'épileptiques cachent leur mal et, s'ils n'ont pas d'attaques pendant leur séjour à la prison, ils passent inaperçus. Bien plus, Il en est d'autres qui ignorent leur mal. On sait combien sont nombreux ces cas d'épilepsie fruste si bien étudiés par Legrand de Saulle. Combien d'individus qui se croient simplement atteints de vertiges et qui sont épileptiques! Or, comment un examen de quelques secondes permettrait-il au médecin de découvrir ces cas cachés?

Il est donc impossible de donner une proportion même approximative. Tout ce que je puis dire, c'est que j'ai vu passer dans les prisons un grand nombre d'épileptiques. J'ai recueilli l'histoire pathologique et criminelle de beaucoup d'entre eux. Je vais présenter ici quelques-unes de ces observations et j'essaierai de montrer que toutes les formes et toutes les phases du mal comitial se rencontrent chez mes malades et qu'ils diffèrent peu ou point de ceux enfermés dans les asiles. Laissant er tièrement de côté la question de la responsabilité des épileptiques, si magistralement traitée par Legrand du Saulle, je m'appliquerai à faire ressortir cette vérité qui m'a souvent frappé en interrogeant mes malades, c'est que les délits pour lesquels ils ont été condamnés, malgré leur apparence d'actions voulues et librement consenties, avaient presque toujours été commis sous l'influence de l'état épileptique ou encore pendant ce que Krafft-Ebing a appelé « l'état crépusculaire de l'épilepsie » ; et je concluerai avec Voisin que la « distinction des épileptiques en fous et non fous est un sophisme sans aucun appui pratique ».

II

A chaque instant on rencontre des individus condamnés pour vols périodiques à peu près inexplicables et dont ils sont étonnés eux-mêmes. Ils reviennent un grand nombre de fois dans les prisons, et toujours pour la même raison ; « il y a toujours récidive, et la récidive dans ce cas est invariable, implacable » (1). Je n'aurais que l'embarras du choix si je voulais citer des faits: les livres sur l'épilepsie en sont pleins. (Voir Legrand du Saulle, Magnan, Krafft-Ebing, Lombroso, etc.)

Mais il est un autre genre de délit assez commun chez les épileptiques : je veux parler des attentats à la pudeur, attentats le plus souvent aussi inexplicables que les vols des épileptiques. Un individu dont la vie a toujours été régulière et honnête, dont le tempérament génital n'a rien d'exagéré, se livre tout à coup à un attentat qui l'étonne lui-même autant qu'il étonne son entourage, et cela alors même qu'il peut se procurer des femmes avec la plus grande facilité.

Prenons des exemples.

G..., âgé de soixante-quatorze ans, originaire de la Haute-Saône, ne peut donner de renseignements sur ses parents qui sont morts jeunes. Il ne se rappelle pas avoir été malade, mais

---

(1) Legrand du Saulle, *Etude médico-légale sur les épileptiques*, p. 20.

il avoue avoir fait beaucoup d'excès de boisson. A l'âge de trente ans il quitta son village pour venir à Paris s'établir comme voiturier. Il est aujourd'hui veuf et père de quatre enfants : deux filles et deux garçons, dont l'un est ivrogne.

G... est sujet depuis l'âge de quinze ans à des attaques d'épilepsie se reproduisant à intervalles très éloignés. Il a eu deux attaques à la Santé (cri initial, perte de connaissance, morsures de la langue, etc). C'est un homme d'une assez haute stature, au front haut, au nez fort, au menton carré, ne sachant ni lire ni écrire. Il déclare qu'il n'a jamais fait d'excès de femmes, et que même il n'a jamais trompé sa femme. Il est condamné à un an de prison pour avoir touché les organes génitaux d'une petite fille de quatre ans. G... nie énergiquement : il dit bien qu'il a rencontré une petite fille sur son chemin, près des fortifications ; comme elle pleurait, il a essayé de la calmer par de bonnes paroles, mais il jure qu'il ne l'a pas touchée et semble ahuri de sa condamnation.

Le sujet de cette observation n'est point un sénile ; jamais on n'a constaté chez lui de penchant à l'obscénité. Comment expliquer alors ce monstrueux attentat qu'il ne croit même pas avoir commis et qu'il nie malgré l'évidence? Il suffit de l'interroger avec attention pour voir qu'il n'a qu'un vague souvenir de tout ce qui s'est passé, que « sa mémoire est en lambeaux ». Le vertige épileptique seul peut tout expliquer.

Le fait suivant est encore plus curieux, et plus encore que dans le cas précédent on voit passer l'oreille du coupable, le mal sacré.

M...., cordonnier, âgé de cinquante-huit ans, est né à Namur. Son père était auditeur militaire à Namur; il est mort dernièrement, ainsi que sa mère, mais il ne sait pas de quoi.

C'est un individu d'une intelligence ordinaire, aux attitudes cafardes, à l'air jésuitique. Son instruction est assez bonne ; il parle français, mais avec un fort accent flamand ; sa conversation est émaillée d'un nombre considérable de « sais-tu, Monsieur, — croyez-vous pour une fois ».

M... a été élevé dans une ferme, aux environs de Namur, dans un site fort pittoresque. Esprit rêveur et un peu mélancolique, ce paysage contribua encore à développer ses goûts pour la vie contemplative. Là, il s'éprit d'une jeune fille avec qui on le fiança. Celle-ci mourut. M..., douloureusement frappé, devint de plus en plus taciturne, et les personnes qui le connaissaient le considéraient comme un individu bizarre, un cerveau fêlé. M..., qui n'avait alors que vingt-deux ans, revint habiter chez son père à Namur où il resta jusqu'à l'âge de quarante-deux ans, époque à laquelle il vint à Paris.

Depuis l'âge de quinze ans il est sujet aux vertiges ; quelquefois même il tombe et perd connaissance. Ces phénomènes se sont produits plusieurs fois à la Santé dans sa cellule, et à l'infirmerie. Bien qu'il soit renfermé et ne cause jamais aux autres détenus, il redoute la solitude et a une véritable épouvante de la cellule ; il y vit dans une angoisse perpétuelle et supplie qu'on lui donne un compagnon de captivité.

Venu à Paris, M... se mit à travailler comme cordonnier, vivant seul dans un hôtel garni et gagnant bien sa vie. Il a rarement eu des maîtresses ; néanmoins, malgré sa jeunesse chaste, il a un tempérament assez génital. Ses organes génitaux sont très développés : ses testicules sont d'un volume au-dessus de la normale ; son gland est gros et mesure, à l'état flasque, onze centim. de circonférence ; la longueur de la verge, à l'état flasque, est de dix centimètres. Malgré son âge déjà avancé, il pratiquait le coït en moyenne quatre fois par semaine, allant généralement chercher des femmes dans les bals, à Tivoli-Wauxhal, à la salle Wagram, se sentant particulièrement attiré vers les femmes de chambre et les cuisinières, parce que, dit-il, avec elles on risque moins d'attraper des maladies et que souvent on n'est pas obligé de les payer.

M... raconte l'histoire de son crime et de son arrestation avec une calme franchise, mais sans cynisme. Il a plutôt l'air étonné et il avoue qu'il ne s'explique pas bien pourquoi il a fait cela.

Il connaissait aux environs de Lille une famille chez laquelle il venait souvent passer quelques jours de vacances. Il avait conquis la confiance de ses hôtes qui allaient quelquefois jusqu'à lui laisser la garde de leur fille âgée de seize ans. Dans ce contact familier il s'éprit d'elle. Se sentant trop mûr pour le mariage et redoutant un refus humiliant, il n'osait faire une demande et se contentait d'embrasser à la dérobée la jeune fille, qui ne se fâchait point ; il n'osait point non plus lui faire des propositions déshonnêtes, « et cependant, dit-il, je suis persuadé qu'elle n'aurait pas refusé ; mais je n'ai pas osé ». Craignant de la voir marier à un autre et de la perdre à jamais, une idée germa dans son esprit : posséder la jeune fille pendant son sommeil. Cette idée alors le hanta sans cesse et un jour il se décida à la mettre à exécution.

Étant venu passer quelques jours dans cette famille, il avait eu soin de se procurer du laudanum chez un pharmacien ; il en prépara vingt ou vingt-cinq gouttes dans un petit flacon, et, le soir, pendant le dîner, il les versa dans le verre de la jeune fille qui but sans s'en apercevoir. Puis il prit congé et feignit de partir ; mais il revint sur ses pas et alla se cacher furtivement dans la chambre de la jeune fille, qui ne tarda pas à venir se mettre au lit. Aussitôt qu'elle fut endormie, il se coucha près d'elle et pratiqua le coït complet. Chose assez singulière, la jeune fille, que l'on considérait comme vierge, aurait déclaré à l'audience n'avoir rien senti et n'avoir pas été réveillée par cette approche. M... raconte que pendant l'acte, elle aurait ouvert les yeux et lui aurait même rendu un baiser, ce qui porte à croire que le viol ne lui semblait pas trop désagréable.

Son attentat accompli, M... descendit en attachant les draps à la fenêtre et prit la fuite. Le lendemain matin, les parents, voyant la fenêtre de leur fille ouverte, avec les draps encore pendants, comprirent facilement de quoi il s'agissait et portèrent leurs soupçons sur M..., qui fut arrêté six mois après. Intimidé par le juge d'instruction qui lui déclara qu'il était accusé par la jeune fille, il fit des aveux complets et fut condamné à cinq ans de réclusion. C'était sa première condamnation.

En somme, pourquoi cet homme honnête et bon aurait-il commis ce crime inutile? Il reconnaît lui-même que s'il avait demandé à la jeune fille de coucher avec lui, elle ne le lui aurait certainement pas refusé, comme tout par la suite porta à le croire: son silence d'abord, et, après, la mollesse avec laquelle elle l'a accusé. Et puis, la dose d'opium qu'il lui avait administrée, était certainement insuffisante pour amener un sommeil aussi profond. Elle s'est donc pour ainsi dire prêtée au viol. Enfin la calme sincérité avec laquelle M... avoua tout sans réticence, son absence de remords, son chagrin et son étonnement de se voir en prison, tout doit faire incriminer l'épilepsie.

III

Comme l'ont très bien montré Legrand du Saulle et Magnan, certains épileptiques présentent après l'attaque, et surtout après l'attaque incomplète, de courts accès de délire qui les amènent à commettre des délits plus ou moins graves. Et chez ces individus « l'accès est toujours le même. L'empreinte est prise et le cliché reste. A chaque accès subséquent une nouvelle épreuve est tirée » (1). Voici par exemple une observation qui est des plus probantes à ce point de vue.

G... vingt-sept ans, copiste, né dans l'Ain, est fils d'un ivrogne et d'une névropathe. Il a une sœur vivante et bien portante; mais il a eu un frère qui est mort à l'âge d'un an de convulsions. Une de ses cousines germaines est morte épileptique.

G... a eu des convulsions à l'âge de deux ans. A onze ans il a été sourd momentanément, puis cette surdité est disparue comme elle était venue. C'est un garçon de petite taille, à la face large et inintelligente. Voici ses diamètres crâniens :

D. antéro-postérieur.................. 191 ^{mm}
— transverse...................... 166 ^{mm}
— bizygomatique .... 130 ^{mm}
Indice céphalique 87

Il s'exprime avec lenteur et prétention. Il a fait ses classes au séminaire de son pays jusqu'en cinquième, puis il est revenu travailler à la campagne avec ses parents. Leurs affaires ne marchant pas, il vint à Paris s'employer comme copiste, gagnant deux ou trois francs par jour.

Ses premières attaques d'épilepsie se seraient montrées à l'âge de dix-huit ans. Elles survenaient d'abord tous les huit jours, (il en a eu une sous nos yeux). Quelquefois il a des attaques incomplètes. Etant en train de marcher, il s'arrête brusquement, pris de vertige, pousse un cri sans perdre connaissance: mais, pour ne pas tomber, il est obligé de courir.

G... a subi dix-sept condamnations pour ivresse et rebellion envers les agents. Il ne s'explique pas bien pourquoi on l'arrête; il est ahuri, étonné et semble accepter son sort avec résigna-

1 Legrand du Saulle. Loc. cit.

tion et mélancolie. « Je vais faire une partie et boire avec des amis, dit-il ; je me rappelle de tout ce qui s'est passé jusqu'à un moment donné, et puis ma mémoire oublie le reste. Le lendemain je me réveille en prison : on m'apprend que j'ai fait du scandale, que je me suis roulé dans la rue, que j'étais ivre, que j'ai insulté les agents ou les passants et on me condamne. »

Il est évident que cet individu se fait arrêter alors qu'il est encore sous l'influence du mal comitial. Sa démarche bizarre, ses courses précipitées, ses excentricités le font prendre pour un homme ivre : les agents interviennent et alors, sous l'influence d'hallucinations sans doute, il commet des actes de violence.

Tel est encore le cas suivant.

A..., vingt-neuf ans, boulanger, est né dans le Morbihan. Rien à relever dans ses antécédents héréditaires au point de vue nerveux. Plusieurs de ses frères sont des ivrognes.

A... s'est beaucoup masturbé étant jeune. Il est allé à l'école dans son village et sait bien lire et écrire. Jusqu'à l'âge de seize ans il resta avec ses parents, puis « se mit sur le tour de France », c'est-à-dire qu'il voyagea pour gagner sa vie. Il fit alors des excès de boisson, buvant surtout du vin et de l'eau-de-vie. Il avait des pituites, des cauchemars, et il présente encore actuellement un tremblement très marqué de la langue.

A... est sujet à des attaques d'épilepsie depuis l'âge de vingt-deux ans, tombant plusieurs fois le même jour. Il présente en effet des morsures très nettes de la langue. Il a subi quatre condamnations, toutes pour ivresse et rébellion envers les agents. « Lorsque j'ai bu, dit-il, je deviens un autre homme : il paraît que je suis méchant, comme fou. L'ivresse passée, je ne me rappelle plus de rien ».

Dans cette dernière observation, il y a lieu de tenir compte de l'alcoolisme et de l'ivresse : mais l'épilepsie y joue aussi son rôle.

IV

Si les délits commis sous l'influence du vertige ou de l'accès épileptiques sont déjà nombreux, ceux commis sous l'influence des impulsions épileptiques sont plus nombreux encore. « A la suite d'un vertige, d'un accès incomplet ou d'une attaque convulsive, un épileptique peut avoir un désir spontané, involontaire, immodéré, d'accomplir une action fâcheuse. A chaque manifestation comitiale nouvelle, le même désir s'impose. L'impulsion est le plus souvent brusque, impérieuse, irréfléchie. Elle éblouit, domine, fascine, arme le bras et immole. C'est une sorte de convulsion mentale qui ne laisse après elle qu'un souvenir confus ou nul du crime accompli » (1).

Magnan s'exprime à peu près dans les mêmes termes. « Les impulsions liées à l'épilepsie, dit-il, ont un caractère de fatale irrésistibilité qui dépasse de beaucoup l'impérieux besoin de boire du dipsomane, la ténacité parfois si opiniâtre du mélancolique halluciné à se suicider ou à frapper son entourage, et, d'une manière générale, les tendances impulsives de tous les autres délirants. Elles ont de plus quelque chose de terrrible et d'étrange : c'est l'inconscience absolue du malade dans la plupart des cas. Et tandis que le dipsomane essaie de résister à la boisson, s'attriste, se cache et ne succombe enfin qu'après une véritable lutte, l'épileptique, au contraire, involontairement, automatiquement, frappe ou tue, très surpris après l'accès des scènes souvent si dramatiques dont il vient d'être l'auteur » (2).

1. Legrand du Saulle. Loc. cit.
2. Magnan. *Leçons sur l'épilepsie*, p. 3.

Eh bien ! quelque peine qu'on ait à le croire, ces impulsions irrésistibles et fatales amènent en prison pas mal d'épileptiques. On n'a qu'à lire les deux observations suivantes pour s'en convaincre.

B..., vingt ans, polisseur sur métaux, originaire de Paris, est fils d'un ivrogne. Il a une sœur âgée de vingt-deux ans qui a des attaques d'épilepsie depuis l'âge de quinze ou seize ans.

B..., ayant perdu jeune ses parents, fut élevé par une de ses tantes, qui ne l'envoya guère à l'école; aussi il ne sait ni lire ni écrire. Il se dit très sobre. Depuis l'âge de dix ans il est sujet à des attaques qui revenaient d'abord tous les huit jours, et maintenant seulement tous les mois. Il existe des cicatrices de morsures sur la langue et un tremblement des mains très prononcé.

B... raconte sans remords et avec une pointe de mélancolie que, dès son enfance, il éprouvait en quelque sorte le besoin de voler, volant d'abord les jouets de ses petits camarades, puis volant tout ce qui lui tombait sous la main, le plus souvent des choses sans valeur et sans aucune utilité pour lui. Il a subi déjà deux condamnations pour vol à l'étalage d'objets insignifiants et qu'il n'utilisait même pas.

Voici maintenant l'autre fait.

L..., vingt-six ans, journalier, né à Brest, est également fils d'un ivrogne. Il a perdu une sœur et deux frères en bas âge, il ne sait pas de quoi.

L... avoue avoir fait beaucoup d'excès de boisson. Elevé par ses parents à Paris, il est entré jeune dans la marine, a passé quelque temps au Tonkin où il a eu des accès de fièvre intermittente, puis est revenu à Paris mener une vie de paresse et de vagabondage. Depuis l'âge de seize ans, il est sujet à des attaques d'épilepsie.

C'est un individu à face de brute, sachant à peine lire et écrire. Son intelligence et sa mémoire sont des plus obtuses; elles semblent comme endormies ou paralysées. Sa parole est lente, hésitante, embarrassée. L... n'est pas un génital : il a vu quelquefois des femmes, mais sans passion et presque sans plaisir ; il préfère se griser.

Il a déjà subi six condamnations. Il se fait condamner une première fois pour vol d'un gâteau à la devanture d'un pâtissier ; une autre fois il vole quelques morceaux de bois à Brest; puis quatre fois de suite il se fait arrêter pour vol de sommes très minimes, quelques sous.

En somme, ces individus gagnaient bien leur vie, celui de la première observation surtout. Or, le vol d'objets aussi insignifiants, de sommes aussi peu importantes, ne pouvait avoir pour but d'augmenter leurs ressources et, par suite, leur somme de jouissance dans la vie. Alors comment expliquer ces faits, sinon en faisant intervenir l'impulsion qui étreint la volonté comme dans un étau, la paralyse et ordonne à la main de voler ou de frapper, comme nous allons le voir dans l'histoire suivante que je vais dire en quelques mots.

B..., vingt-neuf ans, serrurier, est né à Paris. Sa mère est morte cardiaque ; elle était obèse. Son père est un individu très violent, nerveux, coléreux, mais faisant peu d'excès de boisson. La famille se compose de treize enfants vivants, dix garçons et trois filles ; beaucoup sont obèses, même les femmes ; mais il n'y a parmi eux ni hystériques, ni épileptiques, ni alcooliques. Cependant une de ses jeunes nièces est sujette à des attaques de nerfs.

A quatorze ans, B... quitta la maison paternelle où, dit-il, on le rudoyait, et il s'en alla vivre avec une de ses sœurs qui était veuve. De bonne heure il se mit à boire avec excès de l'absinthe et des liqueurs alcooliques, et il présente actuellement un tremblement très prononcé des mains et de la langue. Il avait à peine quatorze ans qu'il avait déjà des relations avec des femmes. Il avoue qu'il est très porté aux plaisirs de l'amour, et que, depuis l'âge de quinze ans, il a toujours eu des maîtresses. L'une d'elles lui a donné la syphilis.

B... n'a des attaques que depuis sept mois, à la suite d'une peur ; elles se reproduisent tous les quinze jours environ ; il ne se mord généralement pas la langue, mais il urine dans son pantalon. C'est un individu peu intelligent, sachant néanmoins lire et écrire, au caractère violent, querelleur, prompt à lever la main et à frapper pour le motif le plus futile. Il a subi six condamnations, la première pour complicité de vol, les cinq autres pour violences, coups et blessures.

Ces violences sont évidemment impulsives.

V

Envisageons maintenant la question par un autre côté. Lombroso, voyant les épileptiques mentir, voler, frapper souvent sans motif et en apparence par pure méchanceté, se basant d'autre part sur des analogies craniométriques et morphologiques, les assimile aux fous moraux. Je crois que Lombroso va trop loin. J'ai vu pas mal d'épileptiques et pas mal de fous moraux ; je crois qu'il existe entre eux des divergences considérables. En effet, le fou moral est invariablement pervers et méchant : il n'est à aucun moment accessible à un bon sentiment, à une émotion douce ou compatissante. Demain le retrouve ce qu'il était hier : ami du mal et ennemi du bien ; il ne varie jamais. Les épileptiques, au contraire, présentent souvent des intermittences pendant lesquelles ils peuvent devenir bons, compatissants, capables d'actions généreuses, accessibles au remords, pleurant et maudissant leurs fautes passées. « Les contrastes sont leur caractère dominant : le cynique tel jour est religieux ; le bourreau de sa femme se jette, tel autre, à ses pieds » (1). C'est là, à mon avis, une différence capitale. Que certains épileptiques soient des fous moraux, cela est certain ; mais il ne faut pas généraliser et reprendre le sophisme *ab uno disce omnes*. Beaucoup d'épileptiques sont des dégénérés, et on a pu remarquer, en lisant les observations précédentes, que la plupart de nos malades présentaient des stigmates de dégénérescence. L'observation suivante est plus nette encore à cet égard, parce qu'on y trouve réunis chez le même individu un certain nombre de stigmates physiques et psychiques qui en font un beau type de dégénéré.

B.... vingt-deux ans, journalier, né à Paris, est fils d'un ivrogne. Il a été élevé à Paris par ses parents, qui le maltraitaient : autant sa sœur était choyée et aimée, autant il était rudoyé et détesté. On l'envoya à peine à l'école, et il sait seulement un peu lire et écrire. Sous un prétexte futile ils le firent placer jeune encore en colonie, et à vingt et un ans ils le chassèrent de chez eux.

Il gagna sa vie misérablement en vendant des journaux sur la voie publique, n'ayant pas toujours du pain à manger, et le plus souvent couchant dehors.

B... a eu une première attaque d'épilepsie à l'âge de vingt et un ans, à la suite d'une peur, dit-il.

D'autres attaques sont survenues ensuite à intervalles plus ou moins éloignés ; dernièrement il en a eu une très violente à la Santé.

B... est un pauvre infirme, à l'aspect misérable, à l'air pleurard. Il s'exprime avec difficulté et d'une voix chevrotante ; il se lamente sur son malheureux sort, sur la cruauté de ses parents

(1) Fischer, *Zur lehre von Epilept. Irres.*

qui le chassent et le maltraitent. Il présente une malformation
congénitale du tibia gauche. La jambe gauche est en effet plus
courte que la droite, et il existe une forte claudication. Les
orteils du pied gauche sont également déformés. Enfin il ne
voit pas clair de l'œil gauche; il existe sur cet œil une taie congénitale.

B... a déjà subi deux condamnations, la première pour vagabondage, la seconde pour avoir mangé dans un restaurant sans
avoir d'argent pour payer.

Si donc la plupart des épileptiques sont des dégénérés, il ne
sera pas surprenant qu'on rencontre parmi eux des fous moraux,
puisque ceux-ci sont également des dégénérés. Mais tous les
épileptiques ne seront pas des fous moraux, il s'en faut de
beaucoup, puisque je n'en ai point rencontré parmi les sujets
que j'ai observés pendant plus de deux ans à la prison de la
Santé. En voici néanmoins un bel exemple que j'emprunte à
Lombroso (1).

Giuliano Celestino, âgé de seize ans; taille : 1^{m}55; poids :
40 k. 500; peau jaunâtre couverte de tatouages, sans trace de
poils; capacité crânienne : 1516; index crânien : 77. Crâne avec
plagiocéphalie frontale gauche qui correspond à une asymétrie
du visage; yeux obliques, front étroit, angle orbital saillant,
coupe de la bouche horizontale comme chez les singes; dents
incisives supérieures latérales semblables aux canines ; nez asymétrique; mandibules et zygomes très volumineux. Sensibilité
tactile très obtuse, plus à droite (4^{mm}), qu'à gauche, (2^{mm});
sensibilité dolorique tout à fait abolie à droite, très obtuse
à gauche; réflexes rotuliens exagérés à droite, presque nuls à
gauche.

La sensibilité affective est tout à fait abolie. Lorsqu'on lui

_____

(1) Lombroso. *Il nomo delinquente*, chap. XIV.

demande s'il aime sa mère : « Je l'aime, dit-il, toutes les fois qu'elle m'apporte des cigares et de l'argent »; et il ne rougit pas si on lui parle de ses forfaits. Il avoue en souriant qu'il essaya à dix ans de tuer dans son berceau le plus petit de ses frères et qu'il en fut empêché par sa mère, à laquelle il n'épargna ni coups ni morsures; il voulait, dit-il, lui trancher la tête pour s'en faire une culotte de pipe. Né d'un père syphilitique et ivrogne, il souffrit d'épilepsie jusqu'à l'âge de sept ans. Adonné de bonne heure à l'ivrognerie, il se livre au vagabondage; renfermé, il grimpe sur les fenêtres, monte par les cheminées, brise les meubles, menace sa mère, etc. Il essaya aussi la profession de garçon boucher pour se vautrer dans les souffrances des bêtes : il fit après le saltimbanque. Enfermé à onze ans dans une maison de correction, il s'y signala par ses tentatives d'évasion et d'incendie, et il fut condamné pour ce fait à deux années de prison. Atteint de manie, il manifesta des accès épileptiques convulsifs et quelquefois larvés, avec tentatives de pendaison qui se renouvelèrent périodiquemeet chaque deux mois pendant une année.

Il est inutile de faire ressortir les analogies qui existent entre cette observation et celles que j'ai citées sur les fous moraux et les criminels-nés.

VI

Ainsi donc, l'épileptique des prisons ne diffère pas de celui des asiles. Nous l'avons vu condamner pour des délits qui presque toujours, pour ne pas dire toujours, portent l'empreinte de l'état épileptique : absence de motif et manque de préméditation, absence de dissimulation après l'attentat, indifférence presque absolue ou au moins absence de regret et de remords, oubli ou réminiscence confuse de l'acte délictueux. Que conclure de ces faits? Je l'ai dit, je laisse complètement de côté la question de la responsabilité ; je n'aurais rien à dire de nouveau. Mais que « l'explosion de violence épileptique ne soit pas, comme on l'a prétendu dernièrement en Angleterre (1), assez brusque ou instantanée pour rendre toute délibération impossible », que l'épileptique soit considéré comme responsable à demi ou complètement irresponsable, il est un fait qui s'impose, c'est le traitement de l'épileptique aussi bien dans les prisons que dans les asiles. Il est démontré aujourd'hui que l'agent de répression le plus efficace contre les délits des épileptiques est le bromure de potassium. Tel épileptique sujet aux attaques, méchant, pervers, violent et dangereux, peut, avec un traitement prolongé au bromure de potassium, devenir et rester longtemps un individu calme et tranquille. Or, dans les prisons, les épileptiques vivent mélangés aux autres détenus, et, à part quelques privilégiés qu'on reçoit dans les infirmeries, ils ne sont soumis à aucun traitement. Une réforme est évidemment nécessaire. Il n'est pas en effet de spectacle plus lamentable que celui de voir un malheureux épileptique tordu par les convulsions dans une cour de prison, entouré de détenus gouailleurs et impitoyables pour qui cette scène est une diversion et un amusement.

VII

D'un autre côté, ce mélange des épileptiques avec les autres détenus peut causer de réels désordres dans les prisons et même amener des méprises regrettables. Cela est surtout à redouter pour les individus qui, atteints de petit mal, n'ont que des ver-

(1) G. Theverria, *The journal of mental science*, avril 1885.

tiges suivis d'hallucinations. Les gardiens, qui généralement ne connaissent pas ces manifestations de l'épilepsie, les considèrent le plus souvent comme des révoltes contre la discipline, et une punition plus ou moins terrible peut frapper des malades inconscients et irresponsables. A l'appui de ce que j'avance, le fait suivant mérite d'être rapporté.

P... est un garçon de vingt ans, d'une intelligence ordinaire, sachant lire et écrire, et ayant subi quatre condamnations, deux pour vol et deux pour batterie. Son père était ivrogne et épileptique : il est mort tuberculeux. Sa mère est une femme obèse, très nerveuse et sujette aux migraines. Ses deux sœurs sont comme lui épileptiques.

P... avoue des excès de boisson et des excès de femmes. Il a eu la syphilis il y a deux ans. Depuis l'âge de cinq ou six ans, il est sujet à des attaques d'épilepsie qui reviennent assez régulièrement tous les trois mois. Néanmoins il était resté près de deux ans sans en avoir.

P... était à la Santé depuis un mois et travaillait à l'atelier de cartonnage, lorsqu'il fut pris un matin d'un vertige et se mit à courir partout en disant qu'il cherchait un pierrot. Le gardien, croyant à un acte d'indiscipline, porta l'affaire devant le directeur, qui me fit appeler auprès de cet homme. Il avait encore l'air hébété, le regard fixe, les pupilles dilatées par une hallucination. « Que voyez-vous? lui dis-je. — Un pierrot. » Lorsqu'il eut repris ses esprits, il ne se souvenait en aucune façon de ce qui s'était passé, et il se plaignait seulement de grandes douleurs dans la tête.

VIII

Mais, si la vie en commun avec les autres détenus présente des inconvénients pour les épileptiques en prison, la vie en cellule en présente d'autres peut-être encore plus graves. D'abord, un épileptique enfermé seul dans une cellule telle qu'elles sont aménagées actuellement, peut, pendant son attaque ou sous l'influence d'hallucinations, se blesser grièvement et même se suicider. D'autre part, il n'est pas rare de rencontrer des épileptiques chez qui la cellule produit plus que de l'ennui, mais une espèce de frayeur angoissante qui augmente la fréquence des attaques. Je citerai ici seulement deux exemples très nets.

B... a dix-sept ans; il est camelot. Il ne peut donner de renseignements précis sur ses antécédents héréditaires, mais il assure qu'il n'y a aucun épileptique dans sa famille. C'est un garçon à la physionomie douce, assez éveillée, au front étroit, à la chevelure abondante, aux oreilles un peu écartées, à la bouche petite. Il sait lire et écrire. Chez lui la puberté est retardée : son pubis est glabre, sa verge grosse comme un roseau, ses testicules petits. Néanmoins il assure qu'il a eu quelques rapports avec des gamines de son quartier.

Un jour que B... se promenait aux environs de Paris, il lui tomba une grosse branche d'arbre sur la tête ; il avait alors cinq ans. Ses premières attaques d'épilepsie se manifestèrent à la suite de cet accident ; elles reviennent à peu près tous les mois, et, selon lui, elles suivaient assez régulièrement les phases de la lune. Il tombe en poussant un cri, perd connaissance et se mord la langue.

B... vient pour la première fois en prison : il s'est fait condamner à quinze jours pour un acte de violence. Un jour qu'il avait de l'argent, il se laissa entraîner à boire plus que de raison, puis, à la suite d'une discussion avec le propriétaire de la maison où il habite avec sa mère, il entra dans une violente colère, menaçant de frapper avec son couteau et brisant les vitres. Depuis trois jours qu'il est en prison, il dort mal, son sommeil est troublé par des rêves terrifiants. Et puis la solitude l'effraie ; au dehors il n'a jamais pu travailler en atelier, parce que, dit-il, il a besoin d'air et de mouvement. La cellule le remplit d'angoisse ; aussi, depuis son entrée, il a déjà eu trois attaques. Il est impossible de ne point attribuer ce retour et cette fréquence des attaques à l'emprisonnement cellulaire.

L'observation suivante est encore plus probante.

C... est âgé de vingt-quatre ans; il est originaire du Cantal. Selon lui il n'existerait aucune tare nerveuse chez ses ascendants, et aucun des collatéraux, qui sont au nombre de dix, ne serait épileptique. C'est un individu ne sachant ni lire ni écrire, à la figure inintelligente, au crâne aplati d'avant en arrière avec exagération du diamètre transversal, au front étroit et fuyant, au regard sournois et faux. Depuis l'âge de dix-huit ans, époque de sa venue à Paris, il fait presque journellement des excès de vin et d'alcool. D'un caractère violent et emporté, il est prompt à lever la main et à frapper; aussi il a subi trois condamnations pour ivresse et batteries.

Durant ses deux premiers séjours à la Santé, C... eut une conduite à peu près irréprochable. Pendant qu'il purgeait sa troisième condamnation, il se fit mettre une première fois pour quinze jours au cachot à la suite d'une rixe dans un atelier avec un de ses codétenus. Sa punition finie, on le ramena à l'atelier : il fit la mauvaise tête et refusa de travailler; on dut le déclasser et le mettre en cellule. Alors un ennui immense s'empara de lui. « Je n'avais rien à faire, dit-il, et je ne savais pas même lire pour passer le temps, qui me paraissait d'une longueur désespérante ». Il menaça de se suicider, fit tant et si bien qu'on le remit au cachot. Il fut pris alors d'une espèce de manie furieuse, menaçant de tuer ses gardiens, déchirant ses habits. Toute une journée on le laissa dans son cachot, complètement nu, par une température assez rigoureuse, les fers aux mains et aux pieds; toute la journée il poussa des hurlements lamentables qui remplirent la prison, se promenant dans son cachot comme une bête effarée, le visage ensanglanté. Au dire des gardiens, il se serait frappé la tête contre les murs ; lui prétend au contraire avoir été frappé par le premier gardien G...., individu notoirement grossier et brutal. Le soir il se calma, demandant grâce ; malgré ses supplications, on le ramena en cellule. C.... a conservé de tous ces faits un souvenir assez précis, et lorsqu'on lui demande pourquoi il a agi ainsi, il répond qu'il s'ennuyait trop et ne pouvait supporter la cellule.

A la suite de toutes ces tribulations, C...., que la cellule brisait, fut pris d'un violent mal de tête qui ne lui laissait même plus de repos la nuit. On dut le prendre à l'infirmerie, et la première nuit qu'il y passa il eut deux attaques d'épilepsie. Au dire de ses voisins, il poussa un cri, puis il fut pris de convulsions qui le jetèrent hors de son lit. Le lendemain, dans la matinée, il eut une nouvelle attaque avec perte de connaissance. Au moment de la visite il était encore complètement abruti, ne répondant point aux questions qu'on lui posait. De plus il présentait des traces de morsures sur le côté gauche de la langue, qui était livide, presque noire, avec des bords déchiquetés et sanguinolents. La mastication était douloureuse et le malade pouvait à peine parler.

J'interrogeai C... minutieusement, et à plusieurs reprises il m'affirma qu'il n'avait jamais eu d'attaques nerveuses de ce genre. Je n'hésite point à incriminer ici et la cellule et les mauvais traitements qu'il a reçus.

IX

Ces faits méritent d'être pris en considération. Quand un épileptique entre en prison, pourquoi ne serait-il pas isolé dans un quartier spécial et soumis à de fréquentes visites médicales?

Là, à l'abri des émotions malsaines de la prison, à l'abri des querelles et des rixes qui agissent si puissamment sur le retour des crises épileptiques, astreint à un travail en conformité avec ses capacités, soumis à un traitement bromuré méthodique et prolongé, il pourrait peut-être recouvrer le calme en même temps qu'il verrait ses accès devenir plus rares et ainsi la prison aurait eu une influence doublement salutaire en châtiant et en guérissant.

CHAPITRE XII

LES HYSTÉRIQUES DANS LES PRISONS

I

Depuis les remarquables travaux de Charcot, Debove et autres, on a appris à reconnaître l'hystérie chez l'homme et on commence à se persuader que ce n'est point chose rare.

S'il est un endroit où l'on doit rencontrer ces détraqués, ce doit être à l'asile d'aliénés. Certes on en voit dans les asiles et on ne les compte plus. Mais dans les prisons? Je me figure qu'ils n'y sont pas moins nombreux. Pour ma part, j'ai pu en observer, en moins d'un an, six cas absolument irrécusables. Mais combien ont dû échapper à mon observation!

L'hystérique, en effet, est un être aux multiples formes, un protée aux changeantes métamorphoses. Tel, raisonnable en apparence aujourd'hui déraisonnera demain, et le fou d'hier sera le sage d'aujourd'hui.

On ne peut pas examiner tous les détenus assez minutieusement et si on ne rencontre pas de stigmates facilement appréciables, le cas passe inaperçu. Aussi, je le répète, les six cas que j'ai observés sont peut-être les plus curieux et les plus complets, mais ce ne sont certainement pas les seuls qui se soient présentés

à la Santé dans une période d'une année. Dans les autres cas,
l'hystérie n'aura pas assez montré le bout de l'oreille et je
n'aurai pas su la reconnaître.

Comme pour l'épilepsie, il est impossible d'établir ici une
statistique. Mais peu importe la proportion ; ce qui est certain,
c'est qu'on trouve un nombre notable d'hystériques parmi les
détenus de la Seine. J'essaierai seulement de montrer comment
ils viennent en prison et comment ils s'y comportent.

II

L'hystérique est un être mobile, changeant et facile à entraîner ; il est rare qu'il agisse seul et qu'il ait l'initiative du
crime. Presque toujours une volonté plus puissante que la sienne
le mène : il a un complice qui le pousse et le plus souvent se
dérobe.

C'est du moins ce que j'ai cru constater d'après mes observations. L'hystérique répond merveilleusement à toutes les impressions venues du dehors et il y obéit sans contrôle. Son amour
des excentricités et des bizarreries, ce besoin de faire parler de
lui, de se rendre intéressant, tout le prédispose déjà à se mettre
hors la loi et à suivre la voie du crime, ne serait-ce que pour
devenir célèbre. Qu'une influence étrangère vienne donner l'impulsion à cet esprit détraqué et incapable de réflexion, il deviendra vite un instrument de crime aux mains de qui saura s'en
servir. Je citerai ici un fait qui m'a beaucoup frappé. C'est l'histoire d'un hystérique qui s'est laissé quatre fois entraîner à
commettre des vols.

Homme doux et bon, sympathique même, susceptible de bons

sentiments et de reconnaissance, quatre fois des volontés plus puissantes ont pesé sur sa volonté défaillante et l'ont amené au vol.

C... a vingt-huit ans; il est originaire du Calvados. Sa mère est encore vivante, mais elle est hémiplégique; cette hémiplégie, au dire de C..., serait venue graduellement, la paralysie envahissant d'abord la sensibilité puis les mouvements. Son père, un armateur de navires, était un homme très nerveux, violent et alcoolique; il est mort, paraît-il, d'une affection de la vessie. Un de ses frères est mort phtisique à dix-sept ans, et une de ses sœurs à dix-neuf ans; une autre de ses sœurs est morte dans un asile d'aliénés.

C... prétend qu'il est sobre maintenant, mais qu'autrefois il a bu beaucoup d'absinthe.

C'était un enfant peu intelligent, apprenant difficilement, et dont la mémoire infidèle oubliait aujourd'hui ce qu'il avait appris hier. Et puis il avait pris l'habitude de se masturber beaucoup.

C... a eu, comme presque tous ses pareils, une existence assez accidentée. A seize ans et demi, la ruine subite de son père l'obligea de cesser ses études pour prendre un métier et gagner sa vie. Il travailla dans son pays jusqu'à l'âge de dix-neuf ans, époque à laquelle il vint à Paris se placer comme garçon marchand de vin. Mais ses attaques fréquentes le faisaient renvoyer de partout, et il gagnait misérablement sa vie. Un jour, un individu lui confia des bijoux volés en le priant de lui rendre le service d'aller les porter au Mont-de-Piété. Dupe ou complice, C... obéit. Dans tous les cas, il est à noter que l'initiative du crime ne lui appartient pas : il a été trompé ou il s'est laissé entraîner. Condamné à dix-huit mois de prison, il passa presque tout son temps à l'infirmerie centrale, où il aurait été soigné, paraît-il, pour une méningite.

A sa sortie, il fit connaissance d'une marchande de poissons qui s'éprit pour lui d'une de ces passions qui enflamment assez souvent les femmes aux approches de la ménopause. Elle le prit chez elle, le logea, le nourrit, le dorlota. C..., heureux, se laissait faire, et tout alla bien pendant quelque temps. Mais bientôt les scènes de jalousie survinrent, et un beau soir C... lâcha son amoureuse en lui emportant cent cinquante francs. Il prétend qu'elle les lui avait donnés et qu'il avait négligé de les lui rendre avant son départ. Vengeance ou dépit, la marchande de poissons porta plainte, et C... fut de nouveau condamné à dix-huit mois de prison. Cette fois il fut examiné par Legrand du Saulle, qui le déclara en partie irresponsable. A sa sortie il fit un long séjour à l'Hôtel-Dieu où Mesnet l'aurait hypnotisé.

Peu de temps après, C... fut compromis dans une bande de voleurs rendus un moment célèbres par l'affaire Romanoff. Grâce à un rapport favorable du Dr Garnier, il n'eut que trois mois de prison. Il passa presque tout son temps à l'infirmerie de Mazas, soigné par le Dr de Beauvais, « présentant des attaques d'hystéro-épilepsie suivies d'hallucinations qui lui font commettre des actes insensés », dit un certificat.

Rendu à la liberté, il fit la connaissance d'une jeune fille avec qui, dit-il, il ne croyait passer que quelques jours. Mais il « s'éprit pour elle d'un passion sans bornes » et il l'épousa. Cette femme profita de l'empire qu'elle exerçait sur lui, et un jour elle lui fit vendre une montre et une chaîne en or qu'elle avait volées. Tous deux furent arrêtés. C... protesta de son innocence : sa femme lui aurait dit que ces objets lui appartenaient et qu'ils provenaient d'un cadeau.

Du reste les lettres qu'elle lui écrivait en prison sembleraient lui donner raison. Elle avoue qu'elle seule est coupable, qu'elle a volé les bijoux et qu'elle a trompé son mari en disant que c'était un cadeau d'une amie. Elle lui écrit : « Si tu savais comme je suis triste! Je suis seule et je n'ai pu dormir tant j'ai pleuré. Ne te rends pas triste, toi, car le tout est de ma faute. » Grâce à un rapport favorable du Dr Garnier, C... fut acquitté, ainsi que sa femme repentante.

C... avait quatorze ans lorsqu'il eut ses premières attaques nerveuses; elles apparurent à la suite d'une grande peur. Un jour, se promenant sur mer avec trois camarades, une tempête s'éleva et la barque chavira; deux des enfants périrent, le troisième se sauva à la nage, et C... fut retrouvé inanimé sur le rivage. Depuis cette époque, ses attaques reviennent assez régulièrement tous les deux jours; mais s'il est contrarié, il peut en avoir jusqu'à deux et trois le même jour. Il perd connaissance pendant son attaque, et il reste quelquefois près de deux heures avant de reprendre ses esprits. Souvent aussi, presque immédiatement après l'attaque, il rend du sang par la bouche, tantôt par crachats, tantôt par vomiques. Il sent venir la crise plusieurs heures à l'avance: elle est annoncée par des palpitations cardiaques. Dans les deux ou trois heures qui suivent il reste inconscient et halluciné.

C... ne pousse pas le cri initial qui annonce si souvent la crise épileptique; il ne se mord pas la langue ni n'urine pas pendant l'attaque, mais il lui arrive assez fréquemment d'uriner au lit dans la nuit qui suit. Du côté droit on constate de la paralysie de la sensibilité sous tous ses modes. Le champ visuel est diminué du même côté ainsi que l'odorat. De plus C... a des absences de mémoire: il oublie les noms, les dates et même les mots les plus usuels.

Il est inutile de faire ressortir davantage combien les influences extérieures ont agi puissamment sur la volonté de C... pour l'amener au crime et son observation est un bel exemple qui montre comment la plupart des hystériques sont amenés en prison.

III

J'essaierai maintenant d'étudier une question beaucoup moins connue : comment les hystériques se comportent en prison.

Tout le monde a pu voir des hystériques mâles ou femelles dans les hôpitaux, dans les asiles d'aliénés. Ce sont toujours et partout des êtres bizarres, indisciplinés, médisants et menteurs, amis du désordre et du bruit. Dans les prisons, ils ne se conduisent pas autrement. Les punitions n'ont sur eux qu'une influence éphémère et tout à fait momentanée : ils oublient en une minute les souffrances endurées pendant huit ou quinze jours au cachot et ils recommencent leurs excentricités. Tous ceux que j'ai vus à l'infirmerie centrale jetaient le désordre dans la salle, excitant, par leurs mensonges et leurs calomnies, les autres malades les uns contre les autres. Et puis la simulation leur est chose chère ; ils simulent alors même que cela pourrait leur porter préjudice, mais simplement pour tromper le médecin ou se rendre intéressants en faisant croire à des maladies étranges et mystérieuses. Voici une observation qui m'a paru réellement curieuse sous ce rapport (1).

B..., vingt cinq ans, cultivateur, est né dans le Loiret. Sa mère serait très nerveuse et probablement hystérique. Les deux sœurs de cette dernière seraient également très nerveuses. Son père est sujet aux étourdissements ; il a fréquemment des crises nerveuses pendant lesquelles il perd connaissance ; pendant l'attaque il lui vient une écume sanglante à la bouche. Il s'agit vraisemblablement d'attaques d'épilepsie. — La famille se com-

---

(1) Cette observation a été déjà publiée *in extenso*. Voyez *Encéphale* de janvier 1889, *De l'Hystérie pulmonaire chez l'homme* par le D' Em. Laurent.

pose de huit enfants : 1° un garçon de trente-deux ans, marié, père de deux enfants bien portants ; 2° une fille de trente ans, mariée ; elle a eu six enfants : trois sont morts en bas âge de convulsions, les trois suivants sont maigres, malingres, maladifs ; l'un d'eux même est hanté toute la nuit par des cauchemars, criant et se levant sans en avoir conscience ; 3° un garçon de vingt-huit ans, marié ; il a deux enfants dont l'un vivant et l'autre mort à un an de convulsions ; 4° le malade ; 5° une fille de vingt-deux ans ; chez elle, la menstruation s'établit très tard et avec beaucoup de difficultés ; elle est très nerveuse, entre facilement en colère, pleure abondamment pour des riens, boude sans raison pendant des heures ; à la moindre émotion elle pâlit et elle est prise de tremblement ; de plus, il lui est impossible d'entrer dans une église sans tomber en syncope en mettant le pied sur la première dalle ; 6° un garçon de dix-sept ans, bien portant ; 7° un garçon de seize ans bien portant ; 8° une fille de treize ans bien portante.

B... est un garçon vigoureux, aux membres bien musclés, de 1m68 de taille, aux yeux gris très mobiles, à la figure couverte de taches de rousseur, au front plat, aux oreilles larges, en anses, mal ourlées. (Voyez fig. 31).

B... a été élevé à la campagne, chez ses parents, travaillant à la terre avec son père et ses frères. Il sait un peu lire et signer son nom, ayant peu fréquenté l'école. Il avoue avoir fait des excès de boisson, buvant surtout de l'eau-de-vie blanche. Il s'est peu masturbé étant enfant, et il vit une femme pour la première fois à quinze ans et demi ; mais il n'a pas fait d'excès dans ce sens

A dix-huit ans, il se fit condamner une première fois à cinq ans de réclusion pour un vol de quarante-cinq francs. Il passa dix mois en Corse, où il aurait eu les fièvres intermittentes. Il fut condamné une seconde fois pour vol d'un pantalon ; il a

subi encore quelques autres condamnations pour vagabondage.
Lors de son dernier jugement, il insulta le tribunal et appela le
président « vieille vache! »

Fig. 31.

B... fit deux séjours à l'infirmerie centrale, une première fois
pour des accidents fébriles de nature indéterminée, et une
seconde fois pour des hémoptysies hystériques qui firent d'abord
penser à la tuberculose; mais, lorsqu'on l'interroge sur les sensations qu'il éprouve avant et pendant les hémoptysies, il
raconte que lorsqu'il est sur le point de rendre le sang, il sent
une boule lui partir de l'aine droite et lui remonter en tournoyant

jusqu'à la gorge, où elle l'étouffe. La jambe droite devient douloureuse et elle est envahie par des picotements qu'il compare à
des étincelles électriques. Puis les yeux se brouillent ; il voit
rouge et tout lui semble emporté autour de lui dans une giration
rapide. Néanmoins bien qu'ébloui, il ne perd pas connaissance
à proprement parler.

Malgré des hémorrhagies abondantes et répétées, B... conserve
un teint coloré, presque fleuri. Il présente une anesthésie presque
complète du côté droit. On lui ferme les yeux, on lui pique la
cuisse droite avec une épingle, on pose sur la peau un corps
froid, une allumette en feu ; on lui arrache les poils de la jambe ;
il ne réagit pas. Néanmoins, comme j'élevais des doutes sur sa
sincérité, je fis un jour l'expérience suivante. M'étant aperçu
que B... dormait, je le découvris avec précaution pour ne point
le réveiller, et je lui appliquai trois pointes de feu sur la cuisse
droite : pas un muscle ne bougea ; le visage resta complètement
immobile ; B... n'avait pas senti et ne s'était même pas éveillé.
La même expérience fut répétée dans les circonstances suivantes.
Un jour que je mettais des pointes de feu à un autre malade,
j'avais par hasard B... à côté de moi ; il avait les deux mains
derrière son dos. Au moment où il s'y attendait le moins et où
il ne pouvait pas voir, je lui appliquai une pointe de feu sur
l'éminence thénar de la main droite. Il ne s'aperçut de rien et
ne se retourna pas. Il était difficile après cela de conserver encore
des doutes.

Le réflexe pharyngien est aboli et on peut titiller impunément
la luette. Les réflexes rotuliens sont conservés et plutôt
augmentés ; le réflexe plantaire est aboli du côté droit. Il existe
une diminution notable du champ visuel du côté droit et du
daltonisme de l'œil droit : ainsi, pour les couleurs rouge et jaune,
sa rétine lui donne une impression noire, pour les couleurs vert
et bleu une impression blanche. L'acuité auditive est moindre
à droite. L'odorat et le goût sont abolis également du côté droit.

Pendant plusieurs jours, B... a déliré, en proie à une vive exaltation. A plusieurs reprises il a eu sous nos yeux des attaques frustes consistant en petites secousses ne durant que quelques secondes, sans perte de connaissance, avec alternatives de pâleur et de rougeur du visage. En outre, il présente des tics de la face, particulièrement des lèvres, des mouvements nerveux et involontaires des membres. Un soir, il s'est mis à se promener dans l'infirmerie en gesticulant jusqu'à minuit, déchirant sa chemise et ses habits. Lorsque le gardien lui demanda ce qu'il avait, il répondit : « c'est le sang qui me travaille ». Le lendemain matin il prétendit qu'il ne se rappelait de rien. Je suis persuadé que tout cela n'était que simulation et amour du désordre.

Un jour j'essayai de l'endormir en lui faisant fixer un point brillant, la cuvette d'une montre en or. Au bout de quelques secondes il fit semblant de dormir. Mais je ne me laissai point prendre à sa supercherie, et, sans lui rien dire, je m'en allai. J'étais à peine arrivé à la porte de l'infirmerie, que B... se réveilla de lui-même, jugeant inutile de pousser plus loin cet essai de simulation qui lui avait si mal réussi.

Voilà en somme un individu qui exagère une maladie qu'il a réellement, et cela sans aucun motif. Ce n'était point dans l'espoir de se faire acquitter puisqu'il était condamné depuis longtemps et que sa peine était en grande partie faite. Était-ce pour prolonger son séjour à l'infirmerie et échapper ainsi aux ennuis de la captivité ? Encore moins, puisque, malgré les soins dont on l'entourait, il demanda lui-même à être transféré en centrale, peut-être simplement pour changer de place, peut-être aussi pour intriguer et mystifier d'autres médecins. En simulant le sommeil magnétique, en troublant l'ordre et la discipline de l'infirmerie par toutes sortes d'excentricités, il obéissait au même sentiment qui le fit appeler le président du tribunal : « vieille vache », il voulait qu'on s'occupât, qu'on parlât de lui.

Ce besoin de réclame et de célébrité pousse même certains hystériques à se vanter de crimes qu'ils n'ont point commis. On les arrête pour un petit méfait, une escroquerie, un vol de quelques francs : cela ne suffit point à leur imagination détraquée et toujours en travail; ils s'érigent en héros de cours d'assises, en criminels illustres. Je citerai ici une observation bien curieuse sous ce rapport. C'est l'histoire d'un hystérique de vingt-trois ans, d'origine belge ou autrichienne, histoire déjà publiée en partie dans une leçon du professeur Charcot (1) et ensuite dans un travail du Dr Babinski (2); elle ne serait pas déplacée à côté des observations des grandes excentriques de Charcot ou de Legrand du Saulle (3).

Le grand-père maternel est mort d'une attaque d'apoplexie. La mère a été enfermée pendant quelque temps dans un asile d'aliénés; elle était sujette à des accès de colère violents, à la suite desquels survenaient des hématémèses et des névralgies faciales. Une sœur est morte de convulsions à quatre ans et demi.

C... est sujet depuis son enfance à de violents accès de colère qui sont suivis, comme chez sa mère, d'hémorrhagies; il sent le besoin de vomir et il rend du sang par la bouche et par le nez. Son caractère a toujours été très mobile.

Il prétend avoir fait des études classiques à Liège et être allé jusqu'en rhétorique, d'après les renseignements fournis au Dr Babinski. A moi, il me raconta qu'il avait été élevé en Angleterre et qu'il avait appris le métier de jockey à une école

(1) Voyez *Gazette des Hôpitaux* du 31 mars 1886.
(2) Voyez *Archives de neurologie* de juillet 1885. Babinski : *De l'Atrophie musculaire dans les paralysies hystériques*, observation i. p. 2.
(3) J'emprunte en grande partie les antécédents à l'observation du Dr Babinski, parce que le malade, au moment où il a pu l'interroger, avait moins traîné dans les hôpitaux, et les renseignements qu'il a fournis alors se rapprochent sans doute davantage de la vérité.

spéciale, à New-Market, école qui n'a jamais existé que dans
son imagination. Il m'assura qu'il parlait l'anglais et l'allemand
mieux que le français ; connaissant un peu ces idiomes, il m'a
été facile de le confondre.

A seize ans et demi, C.. devint éperdument amoureux et
voulut se marier ; mais, ne pouvant y parvenir, il ressentit un
vif chagrin, et, sans savoir pourquoi, il quitta brusquement
Liège et vint à Paris, où il resta huit jours, puis il s'engagea
dans la légion étrangère. Il resta un an en Afrique et on l'envoya
ensuite au Tonkin, où il fut pris d'un accès de fièvre intermittente qui dura trois mois. Vers cette époque, c'est-à-dire vers le
milieu de 1884, il reçut à la tempe gauche une blessure qui
paraît avoir été superficielle et dont il existe encore une cicatrice déprimée de la grandeur d'une pièce de cinquante centimes.
A la suite de cette blessure, il est tombé sans connaissance sur
le champ de bataille (à moi il m'assura que la cicatrice provenait
d'un coup de pied de cheval reçu sur un champ de courses) : il
est resté, dit-il, vingt-quatre heures sans connaissance, et pendant
quatre jours il a eu du ptosis incomplet de la paupière supérieure gauche. Depuis cette époque, sa mémoire a diminué, son
sommeil est agité et il a éprouvé des douleurs de tête assez fortes,
limitées au côté gauche, et qui ont persisté avec la même intensité jusqu'au mois de septembre 1885.

Après son retour du Tonkin, où maintenant il prétend n'être
jamais allé, six mois ou un an après les accidents que je viens
de signaler, C... se promenait dans la rue, suivant la première
version, était à cheval, suivant la seconde. Sans avoir éprouvé
préalablement aucune sensation de vertige, sans avoir senti
aucun phénomène précurseur quelconque, il perdit connaissance et tomba sur le côté droit. Le lendemain matin, lorsqu'il
revint à lui, il lui sembla sortir d'un long sommeil, ne se souvenant aucunement de ce qui s'était passé la veille et très étonné

de se trouver à l'hôpital. De plus il était aphasique, ne pouvant plus prononcer les mots, mais n'en ayant point perdu le souvenir puisqu'il pouvait les écrire. Il eut également de l'incontinence d'urine et pendant vingt-trois jours on dut le sonder. Le membre supérieur gauche était complètement paralysé, et le Dr Babinski le vit s'atrophier d'une façon très notable. Cette atrophie disparut lors du retour de la sensibilité et cela, dit le Dr Babinski, sous l'influence du massage.

Lorsque je vis C...., cette monoplégie était revenue depuis un mois, mais avec conservation de la sensibilité sous tous ses modes: l'atrophie n'était pas encore appréciable.

Pendant son séjour à l'infirmerie centrale, C... a eu plusieurs attaques et j'ai pu en voir quelques-unes. Il tombe sans pousser un cri, généralement sur le côté droit, la tête placée sur le bras droit, qui est dans l'extension et un peu contracturé. La face se congestionne; la tête est tirée à droite par le peaucier qu'on voit se contracter par secousses saccadées au point de permettre de distinguer très nettement les différents faisceaux qui se dessinent sous la peau. En même temps, la commissure labiale gauche est tirée par saccades. Il est à noter que cette contracture du peaucier peut se produire en dehors des attaques, et il suffit, pour la provoquer, de dire au malade de tourner la tête à droite.

C... est un individu assez intelligent, au regard clair, au front étroit, à la main longue et maigre. Hâbleur et menteur impudent avec les dehors de la sincérité et de l'honnêteté, il raconte avec le plus grand sang-froid les histoires les plus invraisemblables. Chaque jour, dit-il, il se grisait au champagne, vivant dans une perpétuelle orgie.

Il a vu passer dans son lit toutes les prostituées connues, toutes les actrices en renom de beauté; une danseuse illustre a dansé nue, et pour lui seul, un pas qui, la veille, à l'Opéra, avait enthousiasmé tout Paris; deux célébrités théâtrales se sont livrées devant lui aux plaisirs saphiques, etc. Mais, malgré les sommes considérables qu'il n'a jamais dépensées qu'en rêve, il a toujours vécu d'expédients et d'escroqueries. Il me raconta d'abord qu'il avait été compromis dans l'affaire des faux billets de cinq cents francs. Il avait simplement voulu se hausser et se grandir dans le crime. Lui, passer pour un vulgaire filou de bas étage! Fi donc! Aussi il a inventé toute cette histoire, et la vérité la voici. Soigné dernièrement à l'hôpital de la Pitié, il se fit passer pour un jockey connu dans le monde du sport et dont le nom m'échappe. Un interne naïf lui confia cent vingt francs pour les placer sur un « tuyau » (1); un autre interne en fit autant.

Mais le drôle, une fois sorti, dépensa l'argent et ne donna plus de ses nouvelles. C'est sur la plainte des deux internes qu'il fut arrêté et condamné à un an de prison. Lorsque je connus la vérité, je crus confondre C... en lui disant que son histoire des faux billets était une invention; il ne se laissa point démonter et trouva tout de suite des excuses. « Veuillez me pardonner, m'écrit-il, si je ne vous ai pas dit franchement la vérité le jour de mon entrée dans cette maison. En voici le motif : premièrement, ayant escroqué une somme de cent vingt francs à deux médecins, j'avais peur que ceci me portât préjudice près de vous; deuxièmement, mon affaire étant, Monsieur le Docteur, on ne peut plus grave et quelques renseignements de l'histoire de ma vie réelle pouvant me faire énormément de tort, j'avais cru bien faire de vous la cacher ».

C... se prétend l'ami d'une foule de gens illustres dans tous les mondes; il est l'ami intime d'un juge d'instruction qui doit le faire sortir de prison; il est sûr d'être acquitté et il prépare

_____

(1) C'est-à-dire sur un cheval sûr de gagner. Terme de sport.

sa défense lui-même. Depuis qu'il est en prison, il a acheté tout le monde, gardiens et même directeur ; il tient tout dans sa main ; il n'hésite point, dit-il, à donner plusieurs billets de cent francs pour faire passer une lettre ou avoir un peu de tabac. (Il n'avait peut-être pas alors quarante sous dans sa poche.)

C... se vante d'être un jockey très habile ; non-seulement il sait monter à cheval, mais il connaît à fond l'anatomie du cheval et la médecine vétérinaire.

Ses séjours plus ou moins prolongés dans les hôpitaux l'ont familiarisé avec un certain nombre de termes médicaux : il en émaille son langage à tout propos, espérant ainsi en imposer aux personnes étrangères à la science.

Il s'adonne à l'étude des sciences occultes. Connaissant, assure-t-il, l'ostéologie et la myologie de la main, il sait y lire le caractère, les passions et les maladies de chaque individu. Il se fait fort de me dire pourquoi tel criminel est condamné rien qu'à l'examen de sa main. Il prétend avoir lu les ouvrages de Desbarolles et tous les livres de chiromancie allemande, en particulier ceux du Dʳ Heintz. M. Variot lui présente sa main.

— Vous avez la ligne de tête brisée, lui dit-il ; vous avez certainement dû avoir une plaie de tête.

— Jamais, objecte M. Variot

Mais C... ne se laisse pas démonter pour si peu :

— Alors vous ne vous en serez pas aperçu, conclut-il.

A mon tour je le prie d'examiner ma main :

— Vous êtes migraineux et dyspeptique.

— Je n'ai jamais eu mal à la tête et je digère admirablement.

Il tourne la tête en signe d'incrédulité.

— Voyez donc ma ligne de tête, lui dis-je.

Il examine attentivement ma main, puis, avec beaucoup d'assurance :

— Elle est intacte ; vous n'avez jamais été blessé à la tête.

Je relève alors les cheveux et lui montre sur le front une cicatrice très nette. Cette fois il paraît visiblement agacé, mais nullement confondu, car il continue :

— Vous avez la main longue, sèche et maigre, les doigts fins et sans aucune nodosité, les saillies musculaires de la paume peu prononcées : vous avez une main d'homme travailleur et impérieux, une main volontaire.

Il se perd ensuite dans des considérations vagues avec lesquelles il ne peut se compromettre. Je crois qu'il « me la fait au marc de café ».

C... écrit, dit-il, un livre sur la chirognomonie, c'est-à-dire sur la physionomie de la main (du grec χειρ main et γνωμων visage). C'est tout simplement un court résumé de différents livres de chiromancie, avec l'énoncé et la dénomination des lignes et des saillies de la main, mais sans aucune idée neuve ou personnelle.

Je ne trouve à relever dans tout le manuscrit que cette description des différentes mains qui n'est probablement pas de lui :
« Les mains lisses, dit-il, c'est-à-dire celles qui sont dépourvues de doigts noueux, indiquent toujours paresse, tranquillité, amour de la bonne chère et de la vie sédentaire : c'est la main matérielle. Les mains noueuses, c'est-à-dire celles qui possèdent les nodosités à chaque doigt, indiquent nervosisme, amour des voyages, de la philosophie, du travail, quelquefois mensonge et souvent, au point de vue physique, affection stomacale : c'est la main intellectuelle ».

C... se dit également très fort en graphologie.

De plus il connaît des procédés ou mieux des combinaisons qui permettent de gagner à tous les coups, à tous les jeux. Il a acheté cinq mille francs à un vieux forçat une combinaison infaillible pour gagner toujours à la roulette. Cette combinaison est le résultat de vingt années de méditation au bagne.

Un jour j'essayai d'endormir C... par le regard. Je crois avoir réussi : je le mis en catalepsie totale et le laissai pendant près de dix minutes les talons reposant sur le bord d'une chaise et la tête sur le bord d'une autre, comme on eut fait d'une planche. Mais ces hystériques sont des êtres si étranges, ils possèdent un système nerveux si puissant sous l'influx d'une volonté quelconque, que j'ai toujours conservé des doutes et je me suis souvent demandé si C... n'avait point simulé le sommeil.

Telle est en résumé l'histoire de cet individu.

Comme on le voit, la prison n'a point détruit chez lui l'amour de l'excentricité et du mensonge. Même sur ces tréteaux misérables, il reste comédien, toujours en scène. Il faut à tout prix qu'on s'occupe de lui. Il ne craint point de se charger et de compromettre ridiculement sa cause : la prison et tous ses ennuis ne comptent pas pour lui.

En outre, C... avait sur ses compagnons de captivité une influence des plus néfastes. Il était cause de tous les troubles ; chaque jour il fomentait de nouvelles querelles, excitant les détenus, insultant et menaçant les gardiens. Et cette influence pernicieuse non-seulement nuisait aux autres détenus, mais encore C... la sentait se répercuter sur lui-même. L'état d'exaltation permanent dans lequel il vivait, les contrariétés et les colères qui suivaient ses disputes avec les détenus ou les gardiens, amenaient presque toujours des attaques ; sa mémoire diminuait d'une façon notable et son pauvre cerveau se détraquait de plus en plus.

IV

Un hystérique jeté au milieu de détenus aux instincts pervers, amoureux du mal, c'est pour eux non-seulement un sujet de rixes et une cause de troubles, mais c'est aussi un être dont on s'amuse, un détraqué qu'on taquine, qu'on excite contre les gardiens, qu'on pousse à commettre toutes les sottises. Les hystériques, en effet, sont aussi crédules qu'ils sont menteurs, et les plus grossiers artifices ne sauraient les rebuter. Et si ces sujets sont hypnotisables! Supposez que d'autres détenus le sachent : qui prouvera qu'ils n'essaieront point d'agir sur eux par suggestion pour leur faire commettre un crime, satisfaire une vengeance contre un gardien, par exemple ! (1)

J'ai connu un misérable hystérique qui s'est laissé entraîner toute sa vie par des influences mauvaises et qui a fait des séjours multiples dans les prisons. Tous les détenus se jouaient de lui, lui faisant croire toutes sortes d'absurdités, le poussant à commettre des violences contre les gardiens. Or, cet individu était hypnotisable et il obéissait merveilleusement à mes suggestions. S'il a été endormi par d'autres détenus, je n'en ai jamais rien su; mais ce qui est certain, c'est que, même à l'état de veille, on pouvait en faire à peu près tout ce qu'on voulait; il croyait tout sans contrôle et il agissait avec la même irréflexion. C'est une triste et bien curieuse histoire. La voici en résumé (2).

L.... quarante-trois ans, est un cultivateur originaire des environs de Chartres. Son grand-père paternel est mort à quatre-vingts ans. Sa grand'mère paternelle était sujette à des attaques probablement hystériques, et elle serait morte folle. — Le grand-père maternel de L... paraît avoir été un alcoolique ; il est mort hydropique. — Parmi les ascendants collatéraux, nous trouvons :

(1) Voyez ma communication au Congrès de l'hypnotisme tenu à Paris en 1889 : *Action suggestive des milieux pénitentiaires sur les détenus hystériques*.

(2) Cette observation a été également publiée in extenso dans l'*Encéphale* de janvier 1889 ; c'est la première observation du mémoire cité. — Voyez aussi la *Revue de l'hypnotisme* d'août 1889: *De la suggestion hypnotique chez les criminels* par le D' Em. Laurent.

un oncle épileptique, mort sans enfants. — Son père serait un homme d'un caractère très violent, avare et même sujet à des attaques d'épilepsie. Toujours est-il que c'est un paysan très considéré dans son village, où il a été investi des fonctions de maire. Il est actuellement âgé de soixante-seize ans, et à la tête d'une grande fortune. — Sa mère serait une femme nerveuse, irascible ; elle aurait eu autrefois des crises hystériques. — L... a un frère et deux sœurs. Son frère, âgé de quarante-huit ans, est un homme d'un caractère violent et brutal : il passe pour redoutable aux yeux de ceux qui l'entourent. Sa première sœur, âgée de trente ans, serait aussi sujette à des attaques d'hystérie ; elle est mariée et a eu quatre enfants : deux filles mortes en bas âge et deux garçons, âgés l'un de douze ans et l'autre de cinq ans, tous deux maladifs et chétifs. Sa seconde sœur serait une femme plus calme et mieux équilibrée ; elle est mariée et a deux enfants bien portants.

L... a été élevé dans son village avec ses sœurs et son frère, vivant au milieu des paysans. Son éducation et son instruction ont été peu soignées. D'ailleurs, il reconnaît lui-même qu'il avait toutes les peines du monde à apprendre ; son intelligence s'ouvrait péniblement aux plus simples notions. Néanmoins, il sait lire et écrire, mais il ignore complètement l'orthographe et la grammaire.

. Jusqu'à l'âge de onze ans il a eu de l'incontinence d'urine. Il lui arrivait même quelquefois de s'oublier dans la journée, particulièrement à l'école « Je me rappelle avoir été souvent puni pour cela », dit-il. Son frère aurait également pissé au lit jusqu'à l'âge de treize ans. Vers l'âge de dix-sept ans il fut pris d'étourdissements ; ses premières attaques, accompagnées d'idées délirantes, dateraient de cette époque.

L... fut marié de bonne heure, par son père, à une femme fortunée qu'il n'aimait pas. Ce mariage contrariait chez lui d'autres inclinations. La cérémonie nuptiale se fit dans des circonstances presque comiques : en sortant de la mairie, L... disparut, et, au moment de la bénédiction, sa fiancée était seule à l'autel : on le retrouva dans un cabaret d'un village voisin en train de boire avec un ivrogne de ses amis.

De ce mariage il eut quatre enfants : un garçon mort en bas âge d'une maladie indéterminée ; une fille actuellement en pension, une enfant nerveuse et irritable ; une autre fille bien portante ; enfin une autre fille très sujette aux maux de tête et présentant du strabisme. L'inconduite de sa femme aurait déterminé L... à se séparer d'elle. Néanmoins, depuis, cette dernière a obtenu le divorce contre lui.

Malgré ses excentricités et son humeur versatile, L... jouissait d'une certaine considération dans son village. Ses concitoyens l'appelèrent au conseil municipal, et il fut même pendant quelque temps l'adjoint de la commune. Il nous raconte des faits datant de cette époque et qui prouvent qu'on n'est pas fort difficile, dans son pays, sur le choix des magistrats municipaux.

L... subit plusieurs condamnations en police correctionnelle pour délits de chasse. Il négligea ses affaires, qui allèrent de mal en pis. Son père, qui lui avait confié la gérance d'une ferme, voyant qu'il la laissait péricliter, la lui retira pour la donner à son frère. Cela fut encore une cause de brouille et de querelles interminables.

L... passait alors presque tout son temps à la chasse, n'ayant pas d'occupation sérieuse. Un jour, en rentrant au village, il rencontre un ami qui l'emmène chez lui prendre un verre de vin. Il néglige de décharger son fusil. Tout en buvant et en causant, son arme lui échappe des mains et tombe à terre : le coup part et tue l'enfant de la maison, qui jouait avec lui. L... fut condamné à quatre mois de prison et cinquante francs d'amende pour homicide par imprudence. Il subit encore différentes condamnations pour coups et rixes, pour avoir envoyé du plomb dans la joue d'un de ses domestiques, puis pour avoir maltraité un cheval qu'il assomma sur la voie publique.

Ses condamnations purgées, il revint dans son pays, essayant de tous les métiers et échouant partout. Il se fit marchand de faïence, marchand de moutons, etc. Venu un jour à Paris, sous un prétexte quelconque, il fit connaissance d'individus avec qui il passa plusieurs journées à boire et à courir les endroits mal famés. Il se fit arrêter avec ces vauriens pour complicité de vol: ils avaient dévalisé un poulailler aux environs de Paris. Nouvelle condamnation et nouveau séjour en prison.

Tous ces malheurs ne donnèrent aucune maturité à son esprit. La séquestration paraît avoir déséquilibré ce cerveau, car une fois libre il mena une vie déréglée et eut successivement deux maîtresses qui le trompèrent, assure-t-il. Il subit cinq ou six nouvelles condamnations pour vol. Sa seconde maîtresse avec qui il eut l'intention de se marier, serait la cause de sa nouvelle arrestation. Il alla un jour avec cette femme à une foire aux environs de son village ; elle vola un cheval avec une voiture et le lui confia en le priant de ramener bête et attelage chez elle, lui disant qu'elle l'avait acheté. Telle est, du moins la version de L..., qui fut arrêté pour complicité de vol. Il prétend que sa maîtresse est cause de tout, qu'elle lui en voulait et qu'elle lui a fait commettre cet acte pour se venger de l'abandon dont il la menaçait. « Cette femme est de force à se débarrasser d'un homme par ses coquineries, écrit-il; elle est vindicative. » Il n'en est pas moins vrai que L..., malgré ses soupçons, a gardé cheval et voiture chez lui pendant plusieurs jours et qu'il a même fait repeindre en bleu la voiture, d'abord peinte en jaune, sans doute pour qu'on ne pût pas la reconnaître.

Comme je l'ai déjà dit, depuis l'âge de dix-sept ans L... est

sujet à des attaques de grande hystérie, et depuis deux ans, à la
suite d'un coup de couteau reçu dans le côté gauche de la poitrine et ayant intéressé le poumon, ces attaques s'accompagnent
de crachements de sang. De plus il présente une anesthésie tactile et sensorielle de tout le côté droit avec daltonisme, hype-
resthésie douloureuse du testicule droit, dont la compression,
même légère, amène des éblouissements et des envies de
vomir. *(Voyez fig. 32)*.

Fig. 32

La description de l'attaque mérite d'être reproduite ici.

Généralement L... sent venir ses attaques : il éprouve, plusieurs heures avant le début, un malaise général, une lourdeur

de tête, une angoisse thoracique vague. Constamment il est pris de boulimie : il ingère ainsi jusqu'à deux kilogrammes de pain. Puis il devient inquiet, ressent des fourmillements dans le côté droit : il lui semble, dit-il, que des étincelles électriques lui montent le long de la jambe ; il a des battements dans tout le côté droit de la tête. Ces derniers phénomènes se produisent environ une demi-heure avant l'attaque. Comme autres auras il accuse une sensation de piqûre au sein droit, une douleur vive dans l'aine droite. C'est de cette région que part une boule qui remonte en tournoyant jusqu'à la gorge. Puis un nuage rouge passe devant ses yeux ; son oreille droite est pleine de bourdonnements et de tintements de cloches ; il n'entend plus ce qu'on lui dit, et tous les sons lui paraissent confondus. Alors il se couche sur le côté gauche, la face tournée contre le mur : un éblouissement se produit et, sans pousser un cri, il perd connaissance. Après quelques mouvements alternatifs de flexion et d'extension des bras, frappant à tort et à travers les objets qui l'environnent, il est pris d'un hoquet et rend sans efforts quelques gorgées de sang. Cet état dure deux minutes et les grandes convulsions se produisent. Il tend à se mettre en arc de cercle, la tête restant sur le traversin, les pieds ne portant sur le lit que par les talons, le bassin et le torse projetés en avant. Puis brusquement, il fléchit le tronc sur les cuisses, puis l'étend, renverse violemment la tête en arrière, jette les jambes de côté, et, dans tous ces mouvements désordonnés, il se blesserait certainement et tomberait de son lit s'il n'était pas retenu. Sa force musculaire, durant cette agitation, est considérable ; bien que ses muscles n'aient qu'un développement tout à fait moyen, c'est à peine si quatre vigoureux infirmiers, le tenant chacun par un membre, peuvent limiter ses mouvements et le maintenir sur son lit.

Pendant ce temps, sa physionomie est tourmentée et grima-

çante ; les yeux sont injectés et hagards, toute la peau du
visage est congestionnée. Il n'y a pas d'écume à la bouche, mais
le malade crache violemment de temps à autre. Sa respiration
est irrégulière, évidemment troublée par la contraction désordonnée des muscles du thorax ; l'expiration est souvent accompagnée d'une sorte de grognement.

Au moment de la plus grande agitation, L... rend comme
par régurgitation, en deux ou trois fois, un demi-verre de sang
rouge, légèrement spumeux. Il souille sa chemise et sa poitrine. Ordinairement ce sang est projeté contre le mur auquel
son lit est adossé; toute la cloison en est éclaboussée jusqu'à
une hauteur de deux mètres. Quelquefois même le plafond de
l'infirmerie, qui a quatre mètres de hauteur, a été atteint.

Tout le temps de cette attaque, L... est absolument sans
connaissance. Au bout de cinq ou six minutes, les mouvements
convulsifs s'arrêtent. Invariablement, à ce moment, il crie:
« Papa! » Alors l'agitation se calme un peu ; il reste couché sur
le dos, les yeux fixés sur quelque objet imaginaire. Soudain
il saisit sa chemise entre ses dents et la déchire du haut en bas.
Il en garde un lambeau entre les dents et le tire en mordillant.
Il paraît en proie à une hallucination qui l'irrite. Il appelle à
plusieurs reprises: « Papa! Papa! » Il appelle son père à son
aide, invective le personnage qui excite sa colère; il le pro-
voque : « Viens donc, fainéant! Donnez-moi mon fusil! » Il le
défie: « Pique! Pique avec ton couteau! » Et à ce moment il se
pince fortement la peau recouvrant la fosse iliaque et il indique
l'endroit où il faut le piquer. Ses ongles, lorsqu'il se pince,
restent imprimés dans la peau. Il porte les poignets à la bouche et, si on ne le retenait avec force, il se mordrait.

Après avoir mis sa chemise en pièces, il en fait autant de son
drap de lit ; il le serre violemment entre les dents, tire avec les
mains de toutes ses forces et finit par le déchirer.

Puis il revient à un calme relatif: son hallucination persiste; il rappelle « Papa! » s'émeut et pleure quelques instants. Il défie de nouveau le personnage qui est l'objet de son aversion, lui montre son flanc droit: « Pique! Pique! » dit-il. Tout à coup il se tourne vers un des infirmiers et demande impérieusement un bouton. (A la fin de la crise, il a souvent cette fantaisie et il faut lui céder.) L'infirmier lui dit d'attendre un instant pour aller le chercher; mais le malade le tire par son gilet, se précipite avec la bouche sur un bouton en os, le prend entre les dents, l'arrache et le broie en le faisant croquer, puis en rejette les fragments en crachottant. Très souvent, pour ne pas dire toujours, il demande à boire après l'attaque, avale un verre de tisane en entrechoquant ses dents avec bruit contre le verre.

Quelques-instants après on l'appelle: le son de la voix le fait revenir à lui; mais ses yeux sont encore hagards; il est halluciné, car il montre la peau de son ventre en nous disant de le piquer. Il faut encore une demi-heure pour qu'il ait entièrement repris connaissance

Telle est la marche de son attaque. J'y ai souvent assisté et elle revient toujours avec le même cortège vraiment effrayant.

De plus, L... est hypnotisable. Je l'ai à plusieurs reprises endormi par le regard, le mettant en catalepsie partielle ou totale, provoquant chez lui toutes les hallucinations qu'on peut ordinairement produire dans cet état : boire de l'eau pour du champagne, prendre de l'ammoniaque pour de l'essence de roses, évoquer telle ou telle image, tel ou tel personnage détesté, etc. Mais il est à noter que, pendant le sommeil somnambulique, L... a invariablement cette hallucination qui revient à la fin de chacune de ses attaques : il revoit toujours l'homme armé d'un couteau qu'il invective et qu'il appelle assassin.

Enfin L... est suggestionnable, et j'ai pu par ce procédé diminuer le nombre de ses attaques; de quotidiennes qu'elles étaient, j'ai pu les rendre d'abord hebdomadaires, puis bi-mensuelles: je suis même arrivé à les espacer de vingt jours.

Souvent L... a des mouvements de violence qui rappellent bien les impulsions des grandes hystéro-épileptiques de la Salpétrière. Un jour il lance un pot de tisane à la tête d'un infirmier. Au moindre reproche, il menace et insulte les gardiens. Eminemment impressionnable et d'une crédulité sans bornes, il se laisse prendre à tous les pièges que lui tendent les autres détenus, qui se jouent de lui et s'en servent au besoin pour accomplir leurs vengeances. Un jour, un détenu vindicatif confie à L... qu'un infirmier l'a frappé pendant son attaque, chose absolument fausse. L... entre aussitôt dans une violente colère et veut assommer le malheureux infirmier, tout ahuri. Et ces scènes se renouvellent presque quotidiennement.

J'ai vu encore à l'asile d'aliénés de Ville-Evrard, dans le service de M. Marandon de Montyel, un hystérique voleur non moins curieux. Heureusement, cet homme, au début de sa carrière dans le mal, a été soumis à un examen médical et il a pu échapper ainsi à la prison, où le milieu l'eût achevé, car plus encore que le sujet de l'observation précédente, c'est un être impressionnable, changeant, inconstant, sans volonté, à la merci de tous.

Cette observation a déjà été publiée par le Dr Camuset, médecin-adjoint à l'asile d'aliénés de Bonneval, dans les *Annales médico-psychologiques*, de janvier 1882, et ensuite complétée par J. Voisin dans les *Archives de Neurologie*, de septembre 1885. Elle est tellement intéressante et elle vient si bien à l'appui des idées que j'émets, que je demanderai la permission d'en citer quelques passages.

V... est un enfant naturel, fils et petit-fils d'hystériques. Il a un frère très nerveux et une sœur qui fut hystérique jusqu'à l'époque de son mariage.

Dès qu'il put marcher, V... se mit à errer et à mendier par les chemins ; plus tard il vola, finit par être arrêté et envoyé à la colonie pénitentiaire de Saint-Urbain, d'où on le renvoya, pour cause de paraplégie hystérique, à l'asile d'aliénés de Bonneval.

A cette époque il avait dix-sept ans. C'était un garçon de petite taille, aux muscles bien développés, sauf ceux des membres inférieurs, qui étaient atrophiés, à cause de la paralysie ancienne de ces membres. Il avait la physionomie sympathique, avec des traits fortement caractérisés et nullement efféminés. Son caractère était doux ; il se montrait reconnaissant des soins qu'on avait pour lui, sans exagérer cependant son sentiment de reconnaissance. A Bonneval, V... raconte son histoire ; ses souvenirs sont parfaits : il dit son enfance, pendant laquelle sa mère ne s'occupait guère de lui, sa vie d'alors, enfin ses vols ; mais à ce souvenir il est honteux, s'excuse d'avoir volé ; il s'en prend à son abandon, à ses camarades qui l'entraînaient au mal. Il regrette ce passé et affirme qu'à l'avenir il sera toujours honnête. A la colonie pénitentiaire, il travaillait à la terre ; son genre de vie ne lui déplaisait pas ; il était gai. Un jour qu'il était occupé dans une vigne, il prit à pleine main un serpent caché dans un fagot ; le serpent se sauva sans le mordre, mais il eut une frayeur extrême, et le soir, rentré à la colonie, il perdit connaissance.

Revenu à lui, on lui dit qu'il avait eu une crise de nerfs. Les crises se renouvelèrent de temps en temps. Et puis les jambes s'affaiblirent, et il arriva à ne plus pouvoir marcher du tout. Il passa alors sa vie sur son lit jusqu'à son envoi à Bonneval.

Un jour, deux mois environ après son entrée à l'asile, il eut une grande attaque d'hystérie au sortir de laquelle sa paraplégie avait disparu. Mais V... avait oublié tout ce qui s'était passé depuis son arrivée à Bonneval et se croyait toujours à Saint-Urbain. En même temps son caractère a changé. Il est devenu impoli, querelleur, gourmand, voleur.

Quand on lui dit qu'il a volé dans le temps et qu'il ne devait plus recommencer, il devient arrogant. S'il a volé, dit-il, il l'a payé, puisqu'on l'a mis en prison. Un jour il s'évada, emportant des effets et soixante francs appartenant à un infirmier. Le bon et sympathique malade d'autrefois était devenu un mauvais sujet. On dut le garder au quartier des agités jusqu'au moment où, ayant atteint sa dix-huitième année, il dut quitter l'asile. (juin 1881).

Après différents séjours dans les asiles, les hôpitaux et les prisons, il se fit de nouveau arrêter pour vol et entra à Bicêtre, où il eut plusieurs attaques d'hystérie avec crachements et vomissements de sang. A cette époque, V... ne se souvient pas d'avoir été à Saint-Urbain, d'avoir travaillé à la culture. Il hausse les épaules quand on lui demande s'il a été paralysé, et semble croire qu'on se moque de lui. Il se souvient de Bonneval et parle avec gratitude des médecins qui l'y ont soigné. De plus, il est alors facile de l'hypnotiser et de le soumettre aux épreuves habituelles de suggestion. On le fait écrire, coudre ; on lui fait boire les vins les plus divers dans un gobelet vide, et on lui persuade qu'il est ivre ; il chancelle et chante des refrains à boire d'une voix éraillée ; on lui cherche querelle et il se précipite avec rage contre son adversaire imaginaire ; on lui suggère qu'il va vomir : aussitôt ses traits se tirent, son visage pâlit et se mouille de sueur froide, et il vomit abondamment, on lui suggère qu'il a une blennorrhagie : aussitôt il prend son vase de nuit et il se met à uriner avec difficulté, alléguant qu'il souffre horriblement et il maudit la femme qui lui a donné cette maladie. Tout l'arsenal des suggestions et des hallucinations provoquées est ainsi mis en œuvre. Une fois réveillé, V... s'emporte contre ceux qui lui racontent, par exemple, qu'il vient de courir dans la salle, alors que maintenant il est cloué au lit par une contracture. Pour le convaincre, on le fait s'habiller en état d'hypnotisme, on lui ordonne de marcher et on le conduit ainsi à une assez grande distance, où on l'éveille. Il reste fort étonné. Lorsqu'il est en état de somnambulisme, V... se croit toujours à Saint-Urbain, cause de ses travaux de jardinage et ne comprend pas quand on lui parle de Bonneval ou de Bicêtre. Au réveil, au contraire, il ne se rappelle plus du temps qu'il a passé à Saint-Urbain.

Ainsi, suivant qu'il est en état de veille ou de somnambulisme, V... oublie telle ou telle période de sa vie et présente les plus singuliers dédoublements de la personnalité. Il s'hypnotise avec une extrême facilité, obéit à toutes les influences, aujourd'hui doux et bon, demain grossier et querelleur. C'est une âme sans volonté, un navire sans gouvernail, une girouette que tous les vents font tourner à tort et à travers.

V

On voit, par ces faits, combien l'influence du milieu est puissante sur les hystériques enfermés dans les prisons. On peut être certain qu'ils seront infiniment plus dangereux et plus pervertis à leur sortie qu'à leur entrée. Le châtiment n'aura pour eux aucune efficacité. L'hystérique trouvera, au contraire, au milieu des criminels une magnifique occasion de donner cours à ses mauvais instincts ; terrain tout préparé, la semence du mal y germera et y poussera une abondante moisson de vices. Aussi il faut soustraire ces volontés défaillantes aux influences mauvaises, il faut les retirer du milieu corrompu de la prison et les soumettre à un traitement dans un endroit spécial, non pas en cellule, car celle-ci présenterait pour eux les mêmes inconvénients que pour les épileptiques. Telle est la conclusion qui s'impose.

CHAPITRE XIII

LES ALIÉNÉS DANS LES PRISONS

I

Des statistiques faites par des hommes compétents ont démontré que les criminels, et particulièrement les criminels en prison, fournissaient à l'aliénation un contingent beaucoup plus considérable que le commun des autres hommes. C'est là un fait admis par tout le monde, et dont l'explication ne me semble pas bien difficile à trouver. J'ai montré dans les chapitres précédents combien les dégénérés, les épileptiques et même les hystériques étaient nombreux parmi les criminels; on verra par la suite qu'avec les alcooliques ils forment la majeure partie de ce que j'ai appelé la population fixe des prisons. Or, tous ces individus ne présentent-ils pas un état d'infériorité mentale qui les prédispose à délirer? Ajoutez à cet état particulier une émotion un peu vive, un choc moral quelconque : ce sera peut-être la goutte d'eau qui fera déborder la coupe. Et alors l'harmonie des facultés intellectuelles sera détruite : on verra surgir le délire avec ses multiples formes.

Les émotions et les frayeurs qu'entraîne l'accomplissement de l'acte délictueux, d'un vol ou d'un assassinat quelquefois commis au milieu des plus grands dangers, « les péripéties de l'instruction, le passage subit d'une vie licencieuse à l'existence du

18

cachot, les émotions mal contenues de l'audience, le retranchement fatal de la société » (1), sont des causes puissantes d'épuisement cérébral, des causes par conséquent suffisantes pour donner naissance au délire.

Néanmoins, M. le Dr Semal (de Mons) croit, au contraire, que les folies pénitentiaires son rares (1). Il a fait le relevé de tous les cas de folie qui se sont produits dans les prisons de Belgique depuis 1865 (date à laquelle le régime de la détention cellulaire a commencé à être appliqué en Belgique) jusqu'en 1884. De plus, il s'est procuré les dossiers judiciaires afférents à chaque condamné, pour dégager la physionomie du malade antérieurement à sa condamnation ; il a consulté également les certificats des médecins des asiles. De la sorte, sa statistique est basée non sur des chiffres, mais sur de véritables observations aussi complètes que possible.

Pendant cette période, de 1865 à 1884, il est entré neuf cent mille individus dans les prisons de Belgique. Sur ce nombre, il ne s'est déclaré que cinq cent dix-sept cas d'aliénation. « C'est une proportion plus faible que celle des cas de folie qui frappent l'ensemble de la population, dit M. Semal. Cette constatation paraît paradoxale au premier abord ; mais on s'en étonne moins si l'on réfléchit que les détenus ne sont pas exposés à l'alcoolisme et à bien d'autres conditions de la vie extérieure qui jouent un si grand rôle dans l'étiologie de la folie. » Oui, sans doute ; mais il n'en est pas moins vrai que la population des prisons est composée en grande partie de dégénérés, d'alcooliques ; c'est là, par conséquent, un terrain tout préparé, des cerveaux admirablement prédisposés. Alors pour quelle raison n'y verrait-on pas germer le délire ?

(1) H. Joly. Loc. cit.
(1) Dr Semal : *Folies pénitentiaires*. Communication au Congrès international de médecine mentale de Paris, 1889.

Si l'on défalque de ce chiffre de cinq cent dix-sept aliénés, continue M. Semal, les individus qui n'ont subi qu'une simple prévention et ceux dont la détention a été incomplète, il ne reste que cent soixante et un cas d'aliénation développés chez des individus soumis à une détention complète. Or, si l'on dépouille les observations de ces cent soixante et un individus, on n'en trouve que trente-deux sans antécédents cérébraux antérieurs à leur condamnation.

Faut-il attribuer l'éclosion de la folie, chez ces individus, à l'isolement, à l'insuffisance alimentaire et à la simple dépression morale qui résulte de la détention ? Non, répond M. Semal ; et je suis pleinement de son avis, surtout lorsqu'il ajoute : « Je crois que l'isolement cellulaire, tel qu'il est pratiqué en Belgique, n'est jamais cause de folie. En prison, comme au dehors, la cause principale est l'hérédité. La détention et l'insuffisance alimentaire jouent seulement le rôle de cause occasionnelle. C'est donc moins dans la forme de la détention que dans la personnalité même du délinquant qu'il faut chercher les causes des folies pénitentiaires. La réclusion n'est qu'un facteur occasionnel qui favorise la mise en jeu de facteurs préexistants. » Mais de ce que la prison ne développe pas la folie, il ne faut pas en conclure qu'on trouve moins d'aliénés dans les prisons qu'ailleurs. C'est le contraire qui me semble être la vérité.

Je ne sais ce qui se passe dans les prisons de Belgique ; mais si M. Semal dressait une statistique semblable pour les prisons de France, même en s'entourant de toutes les garanties dont il s'est entouré, je lui dirais simplement : Votre statistique est fausse, absolument fausse. A qui me dirait, se basant sur les documents officiels : Il s'est produit cent cas de folie de telle année à telle année dans les prisons de la Seine, je répondrais : Mettez trois cents, et vous serez au-dessous de la vérité. En effet, voici ce qui se passe à la prison de la Santé, et j'ai tout lieu de croire qu'il en est de même dans les autres prisons, si cela n'est pas pis, puisque le personnel médical y est moins nombreux. Sur trois cas de folie, un seul au plus est reconnu et figure sur les statistiques officielles ; les autres passent inaperçus. Au début, je les signalais à l'administration ; on me répondit : « Laissez-nous tranquilles ; ça ne vous regarde pas. » L'argument était sans réplique. Aussi les pauvres diables finissaient leur peine en prison, et puis après, ils s'en allaient à la grâce de Dieu. Je les retrouvais quelquefois quinze jours après à Sainte-Anne.

Ainsi, sur trois cas que j'observais, un seul était noté par l'administration. Mais combien de cas m'échappaient ! Le plus souvent, c'était absolument par hasard que je découvrais ces malheureux, l'un en lui arrachant une dent, l'autre en le soignant pour une chaudepisse ou une bronchite. Leurs allures me semblaient étranges, leur langage incohérent ; je les interrogeais et je m'apercevais que j'étais en présence d'aliénés, et d'aliénés délirants. Mais combien d'autres déliraient dans leur cellule et que je n'ai jamais vus !

II

Voyons maintenant comment l'aliéné est amené en prison et comment son délire éclate.

Un des cas les plus fréquents est celui-ci : un individu en apparence sain d'esprit ou n'ayant présenté que quelques bizarreries de caractère peu remarquées, commet tout à coup un crime ; on l'arrête et on le conduit en prison ; quelques jours après on s'aperçoit qu'on a affaire à un fou, à un aliéné criminel. Alors on ordonne une enquête médico-légale, et généralement le malheureux est transféré dans un asile. Pour mieux montrer comment les choses se passent, voici un exemple unique pris au hasard parmi mes observations.

L... arriva un soir à l'infirmerie centrale camisolé, ficelé comme une andouille, refusant de donner le moindre renseignement et gardant un mutisme complet. Je lui incisai au thermo-cautère un vaste anthrax du dos ; il ne bougea pas ni ne poussa pas un cri. Pendant toute la nuit, il troubla l'ordre de la salle et on dut lui remettre la camisole de force.

Le lendemain matin il s'est mis à parler. A un moment donné, les yeux hagards, les prunelles dilatées par une hallucination, il s'est levé sur son séant, criant : « Approchez ! je vous attends ! » En même temps il se leva de son lit, mais ayant les entraves aux pieds, il tomba lourdement la face contre terre en poussant des cris. Dans la journée, L..., très agité, se prétend le plus puissant créateur du monde et prend les malades pour des saints, l'un pour saint Jean, l'autre pour saint Mathieu, un troisième pour Jesus-Christ. Par moment il chante et demande à boire : « C'est à boire, à boire qu'il nous faut ! » Il annonce qu'il va sauver le monde par une opération qui est son secret. Alors il ferme les yeux, se raidit, et commande à ceux qui passent devant son lit de courir vite, car il veut joindre les deux bouts de la terre. Il veut perdre la mémoire et devenir moins qu'un grain de sable. Puis il appelle les malades à son aide pour le délivrer. Il demande aussi qu'on saute sur lui afin de l'aider à enfanter le monde et à rendre sa création plus belle. Les yeux fixés au plafond, les bras étendus vers quelque vision chimérique, il annonce qu'il va faire sauter et crever la terre.

L... reçut la visite de l'aumônier avec calme. « Je vous respecte, lui dit-il, parce que vous êtes le serviteur de Dieu. » Mais quand le prêtre se retira, il se mit à crier : « Il leur faut des femmes à ces coquins-là ! » Pendant plusieurs jours il se montra encore agité avec des accès de violence. Un jour il gâta dans son lit. « Je fais des rondins pour les Parisiens ! » dit-il en riant. Souvent il s'écrie : « Voilà ma petite fille morte ! » Et, à l'évocation de cette chère image, il fond en larmes.

Peu à peu un calme relatif s'établit, et au bout de quelques jours on peut obtenir quelques renseignements. L... avoue avoir tué sa femme, c'est pour cela qu'il a été arrêté.

— Pourquoi l'avez-vous tuée ?

— Parce qu'il y avait vingt-cinq ans que j'en avais envie. J'étais à bout ; il fallait en finir.

— Alors elle vous trompait ?

— Cela m'est égal ; je ne suis pas jaloux. (Il rit.)

— Vous ne l'aimiez donc pas ?

— J'aimais ma fille si douce et si belle. (Il pleure).

— Regrettez-vous ce que vous avez fait ?

— Ce que j'ai fait est fait. C'est bien fait.

Il raconte avec calme et indifférence qu'un jour il rentra subitement et demanda de l'argent à sa femme. Sur son refus il l'assomma d'un coup de poing (il fait le geste), et se coucha ensuite sur elle pour l'étouffer.

On apprend que le père de L... était un homme peu honorable, un ivrogne, et qu'il aurait même été en prison.

Sa mère était une femme bizarre, coquette et en même temps religieuse à l'excès, fréquentant beaucoup les prêtres de son village, à qui elle servait, dit-on, de maîtresse.

L... donne peu de renseignements sur ses antécédents personnels. Ses réponses sont pleines de contradictions et d'incohérences. Il vint assez jeune à Paris. C'était un ouvrier peu exact, chômant souvent, faisant beaucoup d'excès de boisson ; il avoue qu'il lui arrivait assez souvent de boire sept ou huit absinthes par jour. De plus, il aurait subi une condamnation à quinze jours de prison pour avoir insulté une femme dans la rue.

Il est difficile de savoir quelle attitude L... a tenue pendant les événements de la Commune. Il parle souvent de patrie, de délivrance, de rédemption, etc. ; mais il ne semble pas attacher autrement d'importance à ces mots. Un jour il assure qu'il a été déporté comme communard ; le lendemain il raconte que ce sont au contraire les communards qui l'ont jeté en prison en le traitant de Versaillais.

Depuis plusieurs années L... s'était mis marchand des quatre saisons, et il passait la plus grande partie de ses après-midi chez les marchands de vin à discuter les questions politiques. Il était fort lié avec L..., l'anarchiste du Père-Lachaise, qu'il tient en très haute estime. « C'est un homme exalté, dit-il, mais bon et généreux ; j'aurais donné ma vie pour lui. » Il parle du comte de Mun, qui, dit-il, est de son pays ; il l'aime et l'estime malgré la divergence de leurs opinions religieuses. Quant à son système politique, c'est l'anarchie la plus incohérente ; il est partisan du « Je m'enfoutisme » le plus complet. « Je me fous de tout, dit-il ; moi, je ne comprends pas qu'on se gêne. »

L... semble, en effet, indifférent à toute chose. Seule la pensée de sa fille morte à quinze ans, phthisique, le remplit d'émotion. Sa voix se mouille et ses yeux se remplissent de larmes chaque fois qu'on lui parle d'elle. « Au fur et à mesure qu'elle grandissait, dit-il en sanglotant, je l'aimais davantage ; elle seule maintenait la concorde dans le ménage. »

Il est évident, d'après la lecture de cette observation, qu'on se trouve en présence d'un alcoolique héréditaire qui a commis un assassinat sous l'influence d'un accès de manie aiguë, d'une impulsion homicide irrésistible. Je n'insisterai pas davantage sur ce point bien connu ; je me contenterai seulement de signaler un fait, c'est que la présence, même momentanée, d'un aliéné dans les prisons peut avoir les plus graves conséquences. Si l'aliéné est violent et impulsif, il devient dangereux pour les autres détenus, la surveillance étant insuffisante ; ainsi, L... a failli un soir blesser grièvement un infirmier. Si l'aliéné a un délire calme, triste ou gai, il devient un objet de risée pour ses compagnons de captivité qui exaltent ses conceptions délirantes, le poussent à parler pour les amuser, l'excitent même à la violence pour le faire punir. Dans l'un comme dans l'autre cas, il y a lieu de l'isoler.

III

D'autres fois, les choses se passent un peu différemment. Un individu, le plus souvent un dégénéré, un débile dont la vie n'avait été caractérisée que par quelques excentricités ou même simplement par une faiblesse d'intelligence, cède tout à coup à une impulsion homicide ou incendiaire. Par suite d'interprétations erronées de faits naturels, ou bien sous l'influence d'une passion que sa volonté annihilée ne peut maîtriser, il commet un crime : on le conduit en prison et un examen médical révèle un état mental anormal jusque-là passé inaperçu. Prenons un seul exemple.

S... a trente-six ans ; il est garçon d'hôtel. Son père était très violent et très nerveux. Un de ses frère est un individu « un peu toqué », selon l'expression de S...; à la suite de graves extravagances qui frisaient la police correctionnelle, il a dû s'engager dans la marine.

S..., bien que d'une intelligence très au-dessous de la moyenne, sait néanmoins lire et écrire. Il avoue s'être beaucoup masturbé, et cela jusqu'à un âge très avancé. Il travailla au milieu des siens jusqu'à l'âge de vingt-et-un ans ; puis, après avoir été soldat à Lyon, il vint se placer comme garçon d'hôtel à Paris, où il fit connaissance d'une femme de lupanar. Ame douce et crédule, esprit porté aux choses religieuses et surtout superstitieuses, il se laissa prendre aux filets de cette drôlesse, qui avait su allumer en lui une véritable fureur génésique : il l'épousa, bien qu'il connut tout son passé et ses habitudes d'ivrognerie. Quelques jours à peine après leur mariage, elle le trompait. S... s'en aperçut, fit d'abord quelques scènes de jalousie, puis, dans la crainte de la perdre, ferma les yeux et se tut, heureux d'avoir encore de temps en temps sa part d'amour. Mais, il y a deux ans, elle le quitta tout à fait et reprit sa vie de dévergondage. Pendant tout ce temps, S... souffrit horriblement, torturé par la jalousie et la concupiscence de cette femme. Ses nuits étaient troublées par d'abominables cauchemars : il voyait sa femme nue se livrant à d'autres hommes dans des poses lascives et, pareille à la prêtresse de quelque culte obscène, offrant ses flancs à une messe d'amour diabolique où tous se ruaient, pratiquant le sacrifice sur des rites d'amour monstrueux. Un matin il s'éveilla baigné de sueurs, le front martelé par une douleur lancinante; il se leva très exalté et partit sans trop savoir où il allait, marchant au hasard. Mais, comme une bête en rut et que l'instinct ramène toujours à la même place, à la recherche de la femelle passionnément désirée, il revint malgré lui à la porte de sa femme et l'attendit. Au moment où elle sortait toute dépoitraillée, les lèvres encore humides des baisers d'un autre, il fondit sur elle et la frappa d'un coup de couteau mortel.

S... prétendit qu'il était parti sans avoir l'intention de frapper. « Le couteau était dans ma poche, comme toujours, dit-il; je ne sais ce qui m'a poussé à m'en servir: la colère ou la jalousie! » Il n'essaya même pas de se sauver, le meurtre accompli.

Mais S..., revenu à lui, ne tarda pas à comprendre les graves

conséquences de ce crime inutile et il se mit à simuler, à mon
avis du moins. Il prétendit d'abord qu'il avait trois cents mil-
lions à lui, que la Prusse lui avait offert de lui remettre les cinq
milliards versés par la France. Il se plaignait aussi qu'on avait
voulu l'empoisonner à Mazas. Et puis, s'il a frappé sa femme,
c'est Dieu qui a conduit son bras aveugle. « Du reste, ajoute-
t-il, elle est venue me demander pardon avec les saintes que
j'ai invoquées. » Il dit aussi que Dieu l'inspire et qu'il doit relever la France. « Je réunirai, dit-il, tous les évêques auprès
d'Aix-les-Bains où je ferai construire un grand bâtiment avec
dôme comme celui de Saint-Pierre de Rome, afin de les y recevoir et de m'assurer par moi-même qu'ils remplissent bien
leurs devoirs. »

Mais que cette dernière phase délirante soit simulée ou non,
il n'en est pas moins vrai que S..., en frappant sa femme, a
obéi a une impulsion vraisemblablement amenée par les hallucinations qui l'avaient tourmenté la nuit. D'ailleurs un rapport
médico-légal l'a déclaré irresponsable.

IV

D'autres fois de véritables aliénés commettent un délit et ne
sont point examinés suffisamment au moment de leur jugement; leur état mental passe alors inaperçu et ils font leur
temps en prison, au milieu des autres criminels. Mon excellent
ami le D' Arnaud, médecin-adjoint des asiles d'aliénés de la
Seine, m'a souvent entretenu de cette question. Selon lui, et je
partage pleinement son avis, tout dépend de la première condamnation et le plus souvent c'est le hasard seul qui détermine

le point de départ après lequel l'itinéraire est en quelque sorte fatal. Qu'un pochard ou un débile excité, après avoir commis un délit, déraisonne suffisamment au moment de son arrestation pour être envoyé à l'asile d'aliénés, après sa sortie il peut se livrer à toutes les extravagances, commettre les actes les plus grossièrement délictueux, il est à peu près certain d'être envoyé non pas en prison, mais encore à l'asile. Au contraire, qu'au moment de sa première arrestation on ne le considère pas comme aliéné, et les séjours en prison se répèteront avec chaque nouveau délit. Ces faits sont monnaie courante. Combien de débiles ou d'alcooliques passent leur vie en prison, faute d'un examen médico-légal! Et combien d'autres, plus heureux, sont toujours ramenés dans les asiles!

Je trouve dans la thèse du Dr Blaise (1) un fait vraiment intéressant et qui vient admirablement à l'appui de ce que j'avance. C'est l'histoire d'un débile manifestement délirant qui a subi neuf ou dix condamnations, toujours pour le même motif : vols de lapins accomplis dans des circonstances identiques. Jamais il n'avait été considéré comme aliéné avant le jour où, se voyant trompé dans son espoir d'être envoyé en Nouvelle-Calédonie, il entra dans un accès de fureur au cours duquel il brisa tout ce qui se trouvait dans sa cellule, à Mazas. Qu'on me permette de rapporter ici cette observation.

Voici d'abord ce qu'on lit dans le *Petit Journal* du 30 juillet 1887 :

« UN VOLEUR MALHEUREUX. — La nuit dernière, vers trois heures, un individu en casquette, bourgeron de toile et large pantalon à la hussarde, quittait les abords du marché de l'Ave-Maria en gagnant les quais.

« Sa démarche avait quelque chose d'insolite qui s'expliquait

(1) Blaise. *Impulsions et amnésies.* Thèse de Paris 1887.

suffisamment par la présence, dans chacune des poches de son pantalon, d'un lapin vivant qu'il venait de voler au marché.

« Le balancement qu'il leur imprimait en marchant ne faisait pas sans doute l'affaire des lapins, qui se démenaient dans ses poches comme de beaux diables, cherchant à fuir.

« Pendant qu'il allait de la sorte, deux gardiens de la paix, intrigués par sa démarche embarrassée, finirent par remarquer le frémissement qui secouait ses poches.

« — Qu'est-ce que vous avez-là, interrogèrent-ils, des serpents?

« — Non, des petits chiens que j'élève au biberon.

« Au même instant, un des lapins réussissait à sortir de sa prison, s'élançait dehors et se mettait à courir avec effarement. Le voleur essaya, lui, de courir de son côté, mais il fut rattrapé et consigné au poste de police ».

Quoi de plus vulgaire qu'un vol accompli dans de pareilles circonstances? Voyons maintenant l'observation médicale que le Dr Blaise a recueillie dans le service de l'admission de Sainte-Anne.

V..., âgé de quarante et un ans, ne veut donner aucun renseignement sur son hérédité et ses antécédents. Il a servi comme domestique jusqu'en 1877 et se plaint de n'avoir pu jusqu'à cette époque rester plus de deux mois dans la même maison sans qu'on lui cherchât noise; aussi abandonne-t-il bientôt la profession servile de domestique pour celle bien plus libre et bien plus lucrative de voleur de lapins. Il n'a jamais volé que des lapins et il a été condamné huit fois pour ce délit.

Depuis 1878, aidé d'un recéleur, il n'a eu d'autre profession que le vol des lapins, qui lui rapporte, dit-il, une vingtaine de francs par jour. Jamais il ne fut pris en flagrant délit, mais souvent il fut dénoncé par des gens qui, le voyant passer chargé de

son butin, le prenaient pour un braconnier. Autant qu'il le
pouvait, il n'opérait pas dans les maisons bourgeoises, « craignant les contacts électriques et les coups de fusil », mais chez
les pauvres villageois. « Les paysans, dit-il, ont des lapins, ça ne
leur coûte rien ; les prendre ne leur fait pas du tort ; ils les nour-
rissent avec des choux et des carottes ». Les chiens étaient ses
amis, et, dès qu'il leur avait jeté à manger, ils le venaient caresser
et n'aboyaient qu'après son départ.

A un moment il s'était mis en tête de se faire baptiser une
seconde fois, et, comme un prêtre de Fontainebleau lui avait
refusé cette satisfaction, il s'en alla dans la forêt, située près de
là, et se fit au bras une large blessure, ayant passé par trois fois
le couteau au même endroit pour se suicider ; mais la mort ne
vint pas et il renonça à cette tentative de suicide.

Il est évident qu'un individu dont la conscience trouve d'aussi
singulières excuses pour voler, doit avoir une responsabilité bien
atténuée. D'ailleurs, son désir de recevoir une seconde fois
le baptême, ses tentatives de suicide prouvent qu'il a souvent
déliré.

J'ai moi-même observé un fait du même genre. Mais dans ce
cas l'emprisonnement est d'autant moins pardonnable que l'individu avait déjà été enfermé à deux reprises différentes à
Sainte-Anne comme persécuté. Une fois sorti de l'asile, son
délire a pris le premier prétexte venu pour réapparaître, et le
persécuté, livré à lui-même, est devenu en quelque sorte persécu-
teur, ce qui l'a amené à des violences et, par suite, en prison.
Voici son histoire brièvement résumée.

C..., âgé de quarante-cinq ans, est né à Nanterre. Son père
était un ivrogne épileptique qui se noya, surpris par une attaque
étant à la pêche. Sa mère est morte rhumatisante.

C... a été très maladif jusqu'à l'âge de douze ans. Il prétend
avoir des attaques d'épilepsie depuis l'âge de dix ans, et ces

attaques se montrent avec une fréquence beaucoup plus grande quand il fait des excès de boisson. Il avoue, d'ailleurs, avoir bu beaucoup d'absinthe. Marié avec un femme qui le trompait, assure-t-il, aujourd'hui divorcé, il est père d'une petite fille de neuf ans, une enfant dissipée, inattentive, peu intelligente et ayant eu beaucoup de peine à apprendre à lire.

Bien que sachant lire et écrire, C... est un individu doué d'une intelligence très médiocre et d'une mémoire infidèle. Depuis sa sortie de Sainte-Anne, il a subi cinq condamnations. Une première fois, il a été arrêté pour mendicité. Il se fit alors cet étrange raisonnement : Mendier, ce n'est pas mal faire ; alors pourquoi m'arrêter ? C'est que l'agent est l'amant de ma femme, il m'en veut. Cette idée l'a toujours hanté depuis. En chaque sergent de ville il voit un ennemi ; aussi, à peine commence-t-il à se griser, qu'il ne peut maîtriser sa colère et frappe le premier qu'il rencontre. Il a subi quatre condamnations pour outrages et violences envers les agents.

Cet homme est évidemment poussé à commettre ces violences par ses idées de persécution. Il devrait être à l'asile.

V

Tous les individus que nous venons d'étudier étaient délirants quand ils arrivaient en prison. Mais j'ai déjà dit que, chez certains individus prédisposés, le choc moral produit par l'emprisonnement pouvait être assez fort pour faire éclore le délire. Essayons maintenant d'analyser quelques observations de ce genre.

Pour que le délire éclate pendant le séjour en prison, il faut, ai-je dit, une prédisposition. Or, quel terrain mieux préparé que le dégénéré ? Aussi, nous verrons éclater chez lui le délire sous toutes ses formes, depuis la manie jusqu'à la mélancolie, depuis le délire des persécutions jusqu'au délire hypocondriaque. Je laisse à dessein de côté le délire alcoolique dont il sera question dans le chapitre suivant. Ces cas de détenus délirants sont relativement nombreux. Ne pouvant citer tous ceux que j'ai observés, je me contenterai d'en résumer rapidement quelques-uns.

Voici d'abord un fait de manie.

R... est un microcéphale de trente-huit ans qui ne peut donner aucun renseignement sur ses antécédents héréditaires. Mais il paraît qu'il a toujours été un homme mal partagé au point de vue de l'intelligence. Bien que sachant un peu lire et écrire, il n'a jamais pu faire sérieusement aucun métier. Il a travaillé assez longtemps dans l'ébénisterie ; mais c'était un ouvrier très maladroit. De plus, R... a fait beaucoup d'excès alcooliques.

Il a déjà subi trois condamnations : la première fois pour vagabondage, la seconde pour avoir volé la voiture d'un épicier ; cette fois on l'a condamné « pour avoir engueulé un sergent de ville qui lui avait f...u un coup de pied au c... » *(sic)*.

R... était à peine depuis deux ou trois jours à la Santé, qu'il se mit à délirer. Lorsque je le vis, il était loquace, incohérent, incapable de fixer son attention et de suivre aucune idée. Sa mémoire était complètement perdue et il ne pouvait fournir aucun renseignement, ii se souvenait seulement du motif de sa dernière condamnation. Lorsqu'il quitta la Santé, il avait toujours des idées confuses, un peu d'incoordination dans les paroles ; mais il était considérablement amélioré.

R... a donc manifestement eu un accès maniaque en prison. Les quelques excès alcooliques qui ont peut-être précédé son arrestation, les émotions qu'il a éprouvées dans sa dispute avec les agents, les ennuis des premiers jours de son emprisonnement, ont très probablement déterminé un choc moral suffisant pour détraquer complètement ce faible d'esprit.

Les délires tristes semblent éclore avec plus de fréquence encore chez les prisonniers. Ainsi, par exemple, j'ai rarement rencontré parmi eux des mégalomaniaques vraiment délirants, tandis que j'ai pu voir au contraire en assez grand nombre des mélancoliques, des persécutés, des hypocondriaques.

Voici d'abord des cas de mélancolie manifestement provoquée par l'arrestation et l'incarcération.

G... est un garçon de vingt-cinq ans, originaire de la Meuse. Son père était un individu bizarre, exalté, commettant toutes sortes d'excentricités ; on a été à plusieurs reprises sur le point de le faire interner dans un asile. Sa mère, au contraire, était, paraît-il, une femme douce et raisonnable.

G... a eu une enfance très maladive, et jusqu'à l'âge de sept à huit ans, il a uriné au lit. Enfant extrêmement craintif et d'une timidité excessive qui le rendait gauche et ridicule, il avait toutes les peines du monde à apprendre et sa mémoire infidèle ne pouvait rien retenir. A cette même époque, il était sujet à des vertiges qui s'accompagnaient quelquefois de perte de connaissance.

A l'âge de quinze ans il eut une scarlatine, à la suite de laquelle ses vertiges augmentèrent de fréquence et d'intensité ; sa mémoire devint encore plus infidèle. A dix-huit ans il entra comme surnuméraire dans un bureau de poste à Paris. Il perdit un jour connaissance dans les water-closet ; mais on mit cet évanouissement sur le compte de l'ivresse, et il reçut de la part de ses chefs de dures réprimandes qui l'affectèrent beaucoup. Deux ans après il entra comme commis ambulant à la ligne de l'Est avec des appointements de plus de deux mille francs. Ce service était, dit-il, très pénible et au-dessus de ses forces. Alors les vertiges se montrèrent avec plus de fréquence encore; il souffrit de céphalalgies violentes et tenaces qui lui ôtaient l'appétit et le plongeaient dans un abattement profond. Pour se stimuler, il se mit à boire, espérant puiser des forces dans l'alcool; puis bientôt des excès de femmes accompagnèrent les excès de boisson. Il négligea son service, commettant sottise sur sottise. Les reproches qu'on lui adressait lui paraissaient immérités et il se figurait être la victime de l'injustice et de la haine personnelle du directeur. « Je devins sombre et taciturne, écrit-il; je me figurais que tout le monde sans exception me voulait du mal. » Il refusa de voir ses parents ainsi que d'autres personnes qui lui portaient le plus grand intérêt, voyant partout des ennemis. Ses nuits étaient sans sommeil et hantées par des cauchemars terrifiants : il se voyait « dévoré par des rats, des serpents et autres animaux immondes ». C'est à cette époque que G... détourna des lettres dans son service et en toucha les valeurs. « Cette faute a empoisonné à jamais mon existence, m'écrit-il, et je ne puis l'attribuer qu'à la fatalité qui n'a cessé de s'acharner sur moi et de me poursuivre en toute circonstance. Vous dire dans quelles conditions je l'ai commise et à quel sentiment j'ai obéi, m'est complètement impossible, car à cette époque j'étais constamment pris de boisson et je n'ai conservé aucun souvenir. Je fus arrêté en compagnie de deux individus de mauvaise vie. Où les avais-je rencontrés ou connus? C'est une énigme pour moi. Je tombai alors dans une sorte de prostration, restant des semaines entières sans manger et sans penser, ne vivant plus pour ainsi dire. Au bout d'un certain temps, j'eus la fièvre typhoïde; ensuite ce qui m'arriva, je n'en sais rien. Je me retrouvai un jour à Sainte-Anne, tout étonné et n'ayant souvenir de rien ».

G... passa plusieurs mois à Sainte-Anne, puis séjourna quelque temps à Bicêtre et ensuite dans un asile de province. A sa sortie, il revint chez ses parents, toujours très sujet aux vertiges, puis alla se placer comme receveur aux tramways, à Reims. Mais ses absences de mémoire amenaient souvent des erreurs dans le service et il dut quitter sa place. Revenu dans son pays, ses parents le marièrent avec une jeune fille qu'il aime beaucoup et qui semble avoir pour lui une amitié sincère, mais où il entre plus de miséricordieuse pitié que de passion amoureuse. Il trouva une gérance de café et il y gagnait bien sa vie. « Nous commencions à être un peu heureux, dit-il, et je me sentais revivre. » Mais sa première condamnation n'était point purgée, et un beau jour on vint l'arrêter. G... se persuada qu'il était poursuivi par des ennemis inconnus. « Croyez-vous que des choses semblables ne sont pas terribles? écrit-il. La mort est cent fois préférable. Etre arrêté et jeté en prison sans motif! Ce ne peut être pour ma première faute, puisque, sur la demande de mes parents, on m'a remis en liberté et qu'ils ont payé le dommage. En outre, je n'ai fait de mal à personne depuis, tout au contraire. Vous voyez donc bien que c'est par vengeance et pour des misérables que je me trouve en prison, séparé de tous ceux que j'aime et qui m'aiment, réduit à l'impuissance, à la merci de tous, et pour combien de temps? »

Lorsqu'on amena G... à l'infirmerie centrale, il était plongé dans une prostration profonde, refusant absolument de parler et de prendre de la nourriture, pleurant abondamment.

Puis peu à peu il sortit de cet état de torpeur et de mutisme, rempli d'une tristesse infinie, les yeux sans cesse pleins de larmes. La mémoire revint ensuite avec la notion de la réalité, et G..., tout en restant un garçon triste et timide, put lire et se livrer à quelques travaux. L'attention de l'administration fut attirée sur lui, et un examen médico-légal amena sa mise en liberté.

Ici il ne saurait guère y avoir de doute. Individu sans énergie, sans volonté, incapable de lutter et de réagir, G... a vu à chaque arrestation ses idées mélancoliques revenir.

Voici encore un exemple assez intéressant du même genre.

U..., âgé de vingt-trois ans, né à Turin, arrive à la Santé dans un état de profonde dépression mélancolique, refusant de parler, mangeant à peine par crainte d'être empoisonné. Il est impos-sible d'en tirer le moindre renseignement au point de vue de ses antécédents héréditaires et personnels. Tout ce qu'on sait, c'est qu'il a été arrêté pour vol.

Fig. 33

Lorsqu'on le découvre, on s'aperçoit que U... s'est mutilé la verge : le gland est complètement amputé. Pourquoi? Sans doute pour se châtier de quelque crime imaginaire. Il refusa toujours de faire connaître le motif de cette automutilation. Peu à peu il se montra moins affaissé et il consentit à manger. Mais toujours peu expansif et très avare de ses paroles, il se contentait d'écrire en italien, à sa mère, des lettres touchantes où éclatait un sincère repentir et un immense désespoir. *(Voyez. fig 33*).

Malgré mes nombreux interrogatoires, cette observation est restée très incomplète. Mais il s'agit vraisemblablement d'un dégénéré : volonté faible, il n'a point su résister à une tentation mauvaise ; le crime commis, le châtiment l'a abattu. Il n'a pas su montrer plus d'énergie devant le châtiment que devant la tentation : le remords s'est emparé de lui en même temps qu'un désespoir sans borne, et il est tombé dans une mélancolie profonde, incapable de tenter aucun effort pour son relèvement et son rachat.

J'ai vu également éclater le délire de persécution chez un débile que l'on venait d'enfermer en prison. Mais chez cet individu, j'incriminerais beaucoup moins le choc moral que les privations qui ont précédé et accompagné son arrestation, privations qui ont amené, sans doute, de l'anémie cérébrale, et par suite un véritable délire d'inanition.

G... arrive à la Santé dans un état de cachexie profonde, amaigri par de longues privations. C'est un individu pleurard, à l'intelligence très bornée, sachant à peine lire et écrire. Il n'a que quarante et un ans, et il en paraît au moins cinquante-cinq. Il assure qu'il n'a pas fait d'excès de boisson et même que jamais de sa vie il n'a connu une femme. Il a été condamné plus de vingt fois pour mendicité et vagabondage.

Depuis plusieurs jours, G... couchait dehors, n'ayant pas toujours du pain à manger. Dans une des nuits qui suivirent son entrée, il fut agité et réveilla tout le monde en criant et parlant tout haut. Le lendemain matin, il prétend que des gens de son pays le poursuivent. Il parle avec volubilité et exaltation, état qui contraste singulièrement avec sa taciturnité résignée et son mutisme des jours précédents. Il raconte de vieilles querelles de village, des commérages qu'il avait sans doute oubliés depuis des années, et dont le souvenir est venu tout à coup émerger à la surface de son encéphale. Il se plaint particulièrement de son beau-frère. « Parce que j'ai un morceau de pain à manger aujourd'hui, dit-il, il est jaloux. S'il n'est pas heureux en ménage, il ne doit pas s'en prendre à moi. Lorsqu'il a épousé ma sœur, je l'ai prévenu, etc. » G... a eu des hallucinations de l'ouïe : il n'a pas vu les gens qui lui en veulent, mais il les a entendus parler dans une pièce voisine.

Sous l'influence d'un régime tonique et fortifiant, G... reprit rapidement des forces, et son délire disparut. Mais s'il n'entend plus les gens de son village le poursuivre de leurs récriminations, il est toujours persuadé qu'il les a entendus ; rien ne peut le convaincre que cela n'est qu'une illusion.

La naissance des idées hypocondriaques s'explique aussi très facilement chez les débiles enfermés en prison. En effet, le régime alimentaire très défectueux des détenus amène chez beaucoup d'entre eux, au début du moins, des troubles digestifs plus ou moins pénibles. Le débile, déjà attristé par son emprisonnement, passera de longues heures à écouter son estomac digérer ; il analysera toutes ses sensations et ne tardera pas à se persuader qu'il est atteint d'une maladie grave et étrange. Souvent même, à ces idées, s'ajouteront des craintes ridicules d'empoisonnement.

Voici un exemple.

Le lendemain de son arrestation, C..., âgé de trente-trois ans, tombe dans un état d'abattement profond, refusant de répondre aux questions qu'on lui pose et restant plongé dans un mutisme stupide. Il mange goulûment, avidement, mais avec une malpropreté dégoûtante. Au bout d'une huitaine de jours, il commence à parler et semble se réveiller de sa stupeur. Mais ses idées sont pleines d'incohérence et sa mémoire est en lambeaux. Il ne peut fournir aucun renseignement sur ses antécédents héréditaires. D'ailleurs, il se montre extrèmement défiant: il a parfaitement conservé la notion de sa situation, et on voit à ses réponses qu'il craint de se compromettre. Il se montre toujours très attristé et vivement préoccupé par son état de santé physique; il a, dit-il, une jambe et un bras plus longs que ceux du côté opposé; il a le pied rond; il n'a plus d'amygdales ni de testicules; ses bourses sont vides ; etc. *(Voyez fig. 34).*

Fig. 34

Cet état dura plus d'un mois. Néanmoins, C... se montra moins défiant par la suite, et, morceau par morceau, il nous raconta une partie de son existence. Il a déjà été condamné huit fois pour vol. Un jour en particulier, se trouvant avec un ami, ils ont fait la connaissance d'une petite ouvrière, rue de la Chaussée d'Antin; ils l'ont entraînée dans un café, puis lui ont pris son portemonnaie et son mouchoir.

C... raconte aussi qu'il est marié et qu'il vit séparé de sa femme. Si j'ai bien deviné, il y a là-dessous une histoire malpropre, car la sœur de sa femme vivait avec eux et couchait même avec C..., qui abandonna sa femme légitime pour aller vivre avec l'autre. Cette drôlesse avait un appartement en ville, où toutes les après-midi elle « travaillait sur le dos », rapportant chaque soir au domicile commun la « galette » qu'avait produit son petit labeur vaginal. Mais des querelles ne tardèrent pas à s'élever dans cet aimable ménage, et C..., « lâché » à son tour, a dû se faire camelot. C'est sur ces entrefaites qu'il a été arrêté pour vol d'objets de peu de valeur.

La misère, les privations, les ennuis de la captivité ont suffi pour faire germer dans le cerveau de cet imbécile des idées hypocondriaques. Il est parti à peu près guéri, mais ayant conservé des attitudes désolées et sa physionomie hébétée, qu'une déviation très prononcée du nez à droite rendait encore plus étrange. (1)

VI

Ainsi, parmi les aliénés que nous venons de voir, les uns sont entrés en prison aliénés, les autres l'y sont devenus. Un certain

(1) A ma demande, ce malade a été placé à Sainte-Anne dans le service du Dr Magnan, et on ne tarda pas à reconnaître chez lui les symptômes ordinaires de la paralysie générale.

nombre d'entre eux ont été écoulés dans les asiles, mais plus de la moitié ont achevé leur peine en prison. Or, est-il juste de châtier avec tant de sévérité des consciences aussi obscures? N'y a-t-il pas de grands inconvénients à laisser vivre des aliénés délirants au milieu de criminels? Comme les épileptiques et les hystériques, ils leur servent de jouets. Les détenus, en effet, provoquent leurs hallucinations, s'amusant de leurs terreurs; ils les excitent à dessein, riant de leurs colères et de leurs pleurs.

Serait-il difficile de remédier à cet état de choses? Évidemment non. Il suffirait d'abord d'étendre le rôle des médecins auprès des tribunaux et ensuite de placer dans les prisons des médecins compétents et en nombre suffisant pour pouvoir examiner sérieusement tous les détenus de temps en temps, mais surtout au moment de leur entrée. Ce serait là une réforme facilement applicable.

CHAPITRE XIV

I. — Les alcooliques.

I. — J'ai montré ailleurs l'influence funeste de l'hérédité alcoolique. Je ne veux point étudier ici les effets pernicieux de l'alcool sur toute l'économie et le système nerveux en particulier : ces faits sont trop connus. Je ne dirai point non plus les conséquences de l'ivrognerie et les emportements criminels des alcooliques : j'y reviendrai dans un autre chapitre. Je me bornerai à exposer rapidement quels genres d'alcooliques on rencontre en prison et comment il s'y comportent. D'abord une question se pose : les alcooliques sont-ils nombreux dans les prisons? Je n'ai aucune statistique à présenter; cependant sans prétendre résoudre le problème d'une façon absolument précise, je n'hésiterai pas à formuler cette réponse, que sur dix criminels il y en a au moins huit qui sont des alcooliques. Et en disant huit sur dix, je suis certainement au-dessous de la vérité. Lorsque j'interrogeais un condamné, je ne manquais jamais de lui demander : avez-vous fait des excès de boisson? Les trois quarts répondaient carrément : oui. Quant aux autres, ceux qui se prétendaient sobres et quelquefois croyaient l'être, si je poussais l'interrogatoire plus avant, si je leur demandais de préciser, ils finissaient par m'avouer, l'un qu'il prenait du vulnéraire ou de l'eau-de-vie le matin, l'autre qu'il buvait un ou deux litres de vin par repas, etc. Le criminel sobre est, à mon avis, un oiseau rare.

II. — Faut-il conclure de là que tous les alcooliques deviennent des criminels? Non, mais ils pourraient le devenir. Quelque paradoxale que cette idée puisse paraître, elle est néanmoins profondément juste. L'alcool paralyse les fonctions cérébrales, annihile la volonté : alors le champ reste libre à la colère, aux impulsions, aux mauvais instincts. Combien d'ivrognes, honnêtes et bien élevés lorsqu'ils sont à jeun, n'ont échappé à la prison que grâce à une surveillance active de leurs amis ou à la protection de hauts personnages qui faisaient fermer les yeux sur leurs actes délictueux. J'ai connu un interne en médecine, marié et père de famille, garçon fort intelligent du reste, qui avait la détestable passion de boire outre mesure aussitôt qu'il avait vingt francs dans sa poche : il a été arrêté un soir pour batterie et il a failli être compromis dans deux ou trois affaires malpropres. Sans ses amis, il eût certainement passé sous les verrous.

Mais si tous les alcooliques sont susceptibles de commettre des délits, tous ne reviennent pas en prison avec la même fréquence. Supposez en effet que l'alcoolisme vienne s'ajouter à un état d'infériorité intellectuelle préexistant, les conséquences seront encore plus graves et en quelque sorte fatales. Le poison achèvera la déchéance morale que la tare psychique avait commencée. On sait combien les dégénérés, si souvent issus d'alcooliques, héritent d'une propension puissante à boire et deviennent eux-mêmes des alcooliques. Aussi les dégénérés alcooliques sont nombreux dans les prisons. J'en ai déjà cité plusieurs observations, espérant ainsi démontrer que l'alcoolisme, et surtout l'alcoolisme marié à la dégénérescence, est un des facteurs les plus puissants dans l'étiologie du crime.

Qu'on me permette encore un exemple.

D.... quarante-deux ans, est fils d'une hystérique. C'est un être très inférieur au point de vue physique. Il n'a commencé à parler qu'à six ans et à marcher qu'à onze ans. Il a également conservé ses dents de lait jusqu'à un âge très avancé et actuellement sa dentition est fort mauvaise. Il ne sait ni lire ni écrire, et il gagne péniblement sa vie en peignant des cartes à jouer. Tout l'argent qu'il gagne, environ quatre francs par jour, est employé à satisfaire sa soif inextinguible pour l'alcool. Il a fait de grands excès, buvant surtout du vin et de l'eau-de-vie. D'ailleurs, il a des pituites matinales, des cauchemars, des crampes dans les jambes, du tremblement des mains, de la langue et de certains muscles de la face, le tout accompagné d'un bégaiement prononcé. Sa poitrine globuleuse et déformée dénonce chez lui le rachitisme antérieur.

D... a subi douze condamnations, toutes pour ivresse et violence envers les agents.

Voilà donc un misérable de par l'hérédité très déchu au point de vue physique comme au point de vue intellectuel : l'alcool a achevé cette déchéance. Et non seulement l'alcool l'a éreinté et l'a abruti, mais encore il l'a aveuglé, il en a fait une brute stupide et dangereuse.

III. — Et maintenant, quand les alcooliques viennent-ils en prison? A toutes les périodes de l'intoxication éthylique. Ainsi, l'alcoolisme aigu, l'état d'ivresse passagère peut faire commettre des actes délictueux et pousser à des emportements criminels. Mais les alcooliques les plus nombreux dans les prisons, ce sont les alcooliques chroniques qu'on y rencontre avec tous les symptômes bien connus de l'intoxication. Dans la plupart des observations que j'ai déjà citées, il s'agit précisément d'individus arrivés à cette période de l'alcoolisme, la plus commune.

Mais on peut aussi rencontrer dans les prisons des alcooliques arrivés à cet état de déchéance physique et d'abrutissement intellectuel qui amène l'abolition complète de tous les sentiments moraux. « On dirait qu'il ne reste chez ces êtres abrutis aucune distinction du bien et du mal ; ils ont désolé, ruiné leurs familles sans en éprouver le moindre regret ; ils ont failli, dans l'état aigu de leur affection, immoler à leurs appréciations délirantes ce qu'ils devraient avoir de plus cher ; quelques-uns même se sont livrés aux extrémités les plus funestes sans paraître en conserver le souvenir. L'amour du vagabondage semble dominer les actes d'un grand nombre. Ils quittent le domicile paternel ou conjugal sans s'inquiéter où porter leurs pas. Ils ne peuvent expliquer le motif de leurs tendances désordonnées ; leur existence se passe dans l'apathie la plus grande, l'indifférence la plus absolue, et les actes volontaires sont remplacés chez eux par un stupide automatisme... La sensibilité physique est émoussée sans être abolie. La parole est légèrement embarrassée, la démarche incertaine et tremblante... Ils portent dans l'expression de leur figure pâle et livide le cachet d'une souffrance générale, d'un dépérissement profond dont ils n'ont pas conscience » (1). Après ce portrait si saisissant et si magistralement tracé par Morel, il ne me reste plus, pour le compléter, qu'à choisir un exemple parmi mes observations. Du reste, ce sera simplement un nom mis au bas du portrait tracé par le médecin de Saint-Yon.

A...., trente-cinq ans, chanteur ambulant, est fils d'ivrogne. Il a reçu une assez bonne instruction primaire, et, jusqu'à dix-neuf ans, il a vécu à Tonnerre chez ses parents qui étaient de

---

(1) Morel. *Les dégénérescences de l'espèce humaine*, p. 110.

petits commerçants assez aisés. Il s'engagea ensuite et passa quatre ans en Afrique et un an et demi au Sénégal.

C'est à cette époque qu'il se mit à boire immodérément vin, alcool et absinthe. Pendant toute la durée de son service militaire, ce fut le plus indiscipliné des soldats, toujours puni. Un jour, étant ivre, il frappe son sergent avec une bouteille pour se venger d'une punition qu'il prétendait imméritée. Du reste, il ne semble pas se rendre bien compte de la gravité de l'acte qu'il a commis. « Nous ne nous sommes pas fâchés pour cela, dit-il, et nous avons bu par la suite plus d'une chopine ensemble. »

Fig. 35

Son service fini, A... revint à Paris travailler comme tourneur en cuivre. Mais il avait conservé sa passion pour l'alcool, et son ivrognerie le fit chasser de partout. Il dut se mettre chan-

teur ambulant, état qui lui permettait d'être presque toujours
ivre. « Le vrai moyen d'être heureux, dit-il, ce serait d'être
tout le temps plein. »

Aujourd'hui, A... compte au moins vingt-quatre condamnations pour vol, mendicité, vagabondage, ivrognerie et violences.
Il ne témoigne pas le moindre repentir, et toutes ses réponses
sont pleines d'un cynisme révoltant. Son regard est vague et
hébété; il semble plongé dans un abrutissement profond. Toutes
les questions semblent l'ahurir; il est obligé d'attendre plusieurs
secondes avant de comprendre et de répondre. Sa parole est
lente et embarrassée: sa mémoire a considérablement diminué.
Sa démarche est tremblante et incertaine, et un enfant le ren-
verserait. Ses pupilles sont inégales et il présente une anesthésie incomplète des deux membres inférieurs. (Voyez fig. 35).

Voilà ce que l'alcool a vomi à la prison; ce que ce poison a
fait d'un individu qui eût pu devenir un homme honnête et
intelligent. Sans doute les alcooliques aussi profondément
déchus ne sont pas très communs dans les prisons; néanmoins,
j'ai pu en observer un certain nombre et je pourrais ajouter
plusieurs observations à celle que je viens de citer.

IV. — Mais ce ne sont pas là les seuls états sous lesquels
l'alcoolique peut se présenter à l'observateur dans les prisons :
à côté de l'alcoolique chronique, à côté de l'alcoolique abruti,
on peut rencontrer l'alcoolique délirant.

Un individu se livre depuis quelque temps à des libations
exagérées qui l'amènent à commettre des actes délictueux et à
se faire emprisonner.

Sous l'influence de ces derniers excès, plus prolongés sans
doute que d'habitude, le délire a éclaté, et c'est en prison qu'on
l'a constaté pour la première fois.

C... est père de toute une famille d'ivrognes et de voleurs. Il a lui-même fait des excès de boisson considérables, ne buvant pas moins de quatre litres de vin par jour. Il a été déporté sous la Commune. Pendant ces derniers temps, il est resté, paraît-il, plusieurs jours sans désoûler.

C... fut amené à la Santé le soir même de sa condamnation; il délira toute la nuit, brisant tout dans sa cellule. Le lendemain matin, lorsque je le vis pour la première fois, il était très agité, loquace, incohérent. En sortant il doit, dit-il, se faire rapidement une petite fortune; il va épouser une blanchisseuse dont il a eu un enfant naturel.

Il a d'ailleurs un cousin qui est millionnaire à Versailles et qui va l'aider à faire arrêter une bande d'individus qui ont voulu l'assassiner la veille du 14 juillet. Il raconte aussi qu'il a inventé un système de robinets pour les lieux d'aisances des détenus. Si on l'applique, ce système doit renverser le Parlement, parce qu'alors les députés seraient obligés de tenir chacun une soupape avec le doigt, et on leur ch... dans la main, conclut-il en éclatant de rire.

C... présente sur le bras droit une ulcération circulaire d'origine probablement syphilitique.

Il déclare, d'ailleurs, qu'il a eu la vérole plus de vingt fois aux colonies. Mais il a un remède infaillible pour guérir toutes les plaies : il suffit de les frictionner avec de la matière fécale.

Voilà donc un individu qui n'est sorti de l'ivresse que pour entrer dans le délire. C'est probablement sous l'influence de ces derniers excès qu'il a commis l'acte de violence qui l'a amené en prison, et c'est également sous l'influence de ces mêmes excès que le délire a éclaté.

V. — Enfin, à côté de ces faits de délire alcoolique, on peut rencontrer aussi dans les prisons des accès bien caractérisés de *delirium tremens* aigu. Mais dans ces cas, je crois qu'il faut invoquer surtout comme cause la suppression brusque du poison. Un individu boit quotidiennement de grandes quantités d'alcool sans s'enivrer; brusquement le toxique est supprimé; alors un malaise spécial se fait sentir : c'est l'état de besoin; puis brusquement l'accès éclate avec une violence toute particulière. C'est ce qu'on a appelé du *delirium a potu suspenso*.

Le fait suivant est des plus nets à cet égard.

G..., représentant de fabrique, âgé de quarante ans, est arrêté sous prévention d'escroquerie. Son grand-père paternel était un homme sobre; il est mort âgé. Sa grand'mère paternelle était une femme nerveuse, acariâtre et méchante. Son père était un vrai type d'ivrogne, et chaque jour on le ramassait dans la rue ivre-mort; homme violent et brutal, il frappait sa femme douce et bonne. Une de ses sœurs est morte tuberculeuse. Deux de ses frères sont morts en bas âge, il ne sait pas de quoi.

G... a fait beaucoup d'excès de boisson : il buvait chaque matin deux ou trois verres de vin blanc et quatre ou cinq absinthes. Il a un peu de tremblement des mains et a des pituites tous les matins. On le plaça en cellule à Mazas. Il était, dit-il, très frappé et très contrarié de son arrestation. Deux jours après on dut l'amener à la Santé. Il avait de larges ecchymoses noires sur le visage, la tête, les genoux, les jambes et les pieds. Il existait également des ecchymoses rouges sur les conjonctives.

G...a perdu le souvenir de tout ce qui s'est passé; il se rappelle seulement avoir fait un rêve : il travaillait d'abord tranquille chez lui, puis il est sorti dans la rue en courant et se frappant la tête contre les murs. Il avait tout simplement eu à Mazas un accès de *delirium tremens* au cours duquel il s'était frappé la tête contre les murs de sa cellule.

G... fut très agité pendant les premières nuits qu'il passa à l'infirmerie centrale; il criait et gesticulait. Puis peu à peu le calme s'est rétabli. Il ne saurait y avoir de doute : c'est bien là un cas de *delirium tremens a potu suspenso.*

II. — *Les absinthiques.*

Les absinthiques criminels ne diffèrent pas sensiblement des alcooliques criminels. Eux aussi sont le plus souvent des dégénérés qui ont hérité d'une tendance presque invincible à boire. Ainsi, je prends un exemple.

C...., trente et un ans, acrobate, originaire d'Épinal, est fils d'un ivrogne. Il ne sait ni lire ni écrire. C'était un enfant vagabond et indiscipliné; de onze ans à vingt ans, il a été placé dans une maison de correction. De bonne heure il s'est mis à boire de l'absinthe, surtout pendant son séjour comme soldat au Sénégal. Il a subi déjà quatre condamnations pour vols et batteries. Sa figure respire le plus complet abrutissement.

Néanmoins, l'intoxication absinthique pure, étant l'apanage presque exclusif de certaines classes de la société, se rencontre beaucoup moins fréquemment dans les prisons que l'intoxication alcoolique. Ainsi « l'ouvrier parisien boit surtout du vin rouge, dit Legrand du Saulle; les femmes, les cochers et les chiffonniers boivent surtout du vin blanc et de l'eau-de-vie; quant à l'absinthe, elle est recherchée surtout par les petits employés, les sous-officiers des corps sédentaires, les commis, les contre-maîtres d'ateliers, les conducteurs de travaux, les représentants de maisons de commerce, les agents qui « font la place », les artistes de bas étage, les déclassés de la plupart des professions, les entremetteurs d'affaires, les irréguliers de la Bourse, de la presse, des théâtres et de la galanterie, les mécontents à existence problématique, les philosophes et les poètes incompris, les aventuriers et les escrocs ». Et Dieu sait si tous ces déclassés fournissent des recrues aux prisons ! Aussi, c'est parmi eux que les vrais absinthiques se rencontrent quelquefois. Leur intoxication alors est pure de tout alliage. Mais, en conséquence, les accidents nerveux apparaissent chez eux avec une rapidité surprenante. Car, comme l'a fort bien fait remarquer le D' Pichon (1), les effets produits par le poison absinthique sont beaucoup plus rapides que les effets produits par le poison alcoolique. L'individu qui boit quotidiennement « la charmeuse aux yeux verts », en arrive très rapidement à cet état d'abrutissement et de torpeur morale que j'ai déjà décrit chez les alcooliques.

J'ai vu à la Santé un individu autrefois intelligent et bien élevé, un bachelier-ès-lettres, qui subissait une peine pour abus de confiance. Appartenant à une famille honorable, il était venu à Paris pour y faire ses études de droit. Peu fortuné, il fit des emprunts pour faire la noce et se mit à boire de l'absinthe. En moins de deux ans, la déchéance était complète : perte de la mémoire, insomnie et cauchemars toutes les nuits, impossibilité de fixer son attention et de faire le moindre effort intellectuel, sommeil profond de toutes les facultés et disparition presque complète du sens moral. C'est un homme à jamais perdu.

On peut aussi rencontrer dans l'absinthisme les mêmes états délirants que dans l'alcoolisme. Sauf la rapidité de leur apparition, il n'y a rien de particulier à noter sous ce rapport.

(1) Voyez dans son livre sur *Les maladies de l'esprit : De la coexistence de plusieurs délires toxiques chez le même individu et de leur dissociation.*

III. — *Les morphiniques.*

Les morphiniques m'ont paru assez rares dans les prisons ; je n'ai pu recueillir que quelques observations plus ou moins incomplètes. Et encore la plupart de ces individus étaient en même temps alcooliques, de sorte qu'il était fort difficile de faire la part exacte de la morphine et de l'alcool. Mais il est un point hors de doute, c'est que, chez ces individus, la morphine, prise d'abord pour remédier à des accidents alcooliques, des gastralgies, de l'insomnie, etc., est venue ajouter ses effets à ceux du premier poison et augmenter encore leur état de dépression et d'abrutissement. J'ai pu noter en particulier un cas où les délits n'ont été commis qu'exclusivement après l'usage de la morphine.

Il s'agit d'un agent d'assurances, âgé de quarante-deux ans, qui faisait depuis longtemps des excès de boisson. Marié et père de famille, il avait toujours vécu honorablement. Depuis quatre ans il s'est mis à prendre de la morphine par doses progressivement croissantes, parce qu'il souffrait d'une gastrite alcoolique d'ailleurs soigneusement entretenue. Son intelligence a baissé et sa mémoire a considérablement diminué ; il peut à peine continuer son métier. De plus, il s'est fait condamner deux fois pour escroquerie. Profondément abattu, il vit dans une torpeur béate, réclamant sans cesse la morphine, qui semble bien avoir contribué en grande partie à annihiler son intelligence.

Il est inutile de faire remarquer, avant de terminer, combien l'isolement de ces individus en prison est chose heureuse au point de vue du traitement de leur affection, dont la cause disparaît brusquement. En outre, on est à peu près certain que la suppression de la morphine est réelle, car là, bien mieux encore que dans les asiles, il est presque matériellement impossible de s'en procurer.

CHAPITRE XV

I

Dans cette étude des formes extérieures du criminel, il est certains points que je laisserai de côté à dessein, n'ayant point d'observations personnelles à présenter et jugeant inutile de répéter ce que d'autres ont déjà dit.

Ainsi, certains auteurs, d'après des mesures anthropométriques prises sur le cadavre, ont cru reconnaître chez les criminels une infériorité dans la capacité et la circonférence crâniennes, (1) dans le développement de la courbe et du diamètre frontal, dans l'indice céphalique exagéré, dans l'eurignatisme, dans la capacité orbitaire, dans l'augmentation du diamètre et de la hauteur de la face. On a voulu voir chez eux des indices faciaux et céphalo-orbitaires moins élevés que normalement ou que chez les fous, et *vice versá* un indice céphalo-spinal plus élevé. On a noté également une foule d'anomalies du crâne et

---

(1) Contrairement cependant à l'opinion de M. Manouvrier qui prétend que la capacité cranienne n'est pas inférieure à la normale chez les voleurs-assasins suppliciés. Voyez Dr L. Manouvrier : *Le crâne des suppliciés.* lu *Archives de l'anthropologie criminelle,* 1886.

du cerveau, des synostoses prématurées, des scléroses, l'abondance des os wormiens, des anomalies des circonvolutions,
comme la séparation de la scissure calcarine de l'occipital, la
formation d'un opercule du lobe occipital, le vermis conformé
comme dans le lobe moyen des oiseaux, et des déviations absolument atypiques, comme les sillons transversaux du lobe
frontal. On a même constaté des lésions histologiques dues à
d'anciennes hyperhémies des centres nerveux, comme la dila-
tation des vaisseaux lymphatiques, la pigmentation des cellules
nerveuses et connectives, etc. Le livre de Lombroso est plein
de statistiques curieuses et de documents précieux sur ces
questions controversées.

Dernièrement encore il disait : « Avec les études de photographies galtoniennes, j'ai trouvé dans dix-huit crânes de condamnés deux types qui se ressemblent merveilleusement et qui
présentent, avec une exagération évidente, les caractères du
criminel et, on pourrait bien dire, de l'homme sauvage : sinus
frontaux très apparents, zygomes et mâchoires très volumineuses,
orbites très grands et très éloignés, asymétrie du visage, type
phéléiforme de l'ouverture nasale, appendice lémurien des
mâchoires. Les autres crânes d'escrocs et de voleurs m'ont
donné un type moins précis : mais l'asymétrie, la largeur des
orbites, la saillie de zygomes y sont toutefois très nettes, quoique
moins marquées (1). »

Corre et Roussel ont étudié (2) une série de deux cent deux
crânes de criminels français (à l'exception de trois : un Suisse
et deux nègres), mais des diverses provenances, et par consé-

---

(1) Voyez Congrès international de l'anthropologie criminelle tenu à Paris en
1889. Rapport sur la première question : *Les dernières recherches de l'anthropologie criminelle.*

(2) Corre et Roussel. *Etude d'une série de têtes de criminels conservées au
Musée d'anatomie de l'école de Brest. Revue d'anthropologie,* 2ᵉ série
tome VI, p. 70.

quent susceptibles d'être répartis en plusieurs groupes ethniques. Ils sont arrivés aux conclusions suivantes :

Le crâne est remarquable par un développement horizontal généralement au-dessus de la moyenne.

Les types sous-brachycéphale, brachycéphale et mésaticéphale l'emportent de beaucoup sur le type dolichocéphale.

La proportion des asymétries est énorme : elle varie peu dans les diverses catégories, et, dans l'ensemble des criminalités, elle est de 65,3 °/₀; elle est à son maximum(70,3)chez les condamnés pour attentats à la pudeur ou pour viol; à son minimum (60,0) chez les condamnés pour attentats contre la vie.

Les déformations suivant la courbe verticale transverse sont surtout remarquables chez les voleurs : chez eux, et chez les condamnés pour attentat à la pudeur, on rencontre un certain nombre de crânes carénés.

Les déformations suivant la courbe médiane antéro-postérieure sont communes dans tous les groupes : elles répondent surtout à un aplatissement de la région bregmatique et de la région pariétale postérieure.

Ces résultats complètent et confirment ceux obtenus par Broca, Bordier et autres.

J'ai fait pour ma part trop peu d'autopsies de criminels pour oser formuler une opinion personnelle. Tout ce que je puis dire, c'est de répéter ce que j'ai déjà dit dans un des chapitres précédents : j'ai mesuré le crâne d'un grand nombre de détenus à la prison de la Santé, et la moyenne de leur indice céphalique m'a paru en général inférieure à celle indiquée par Broca comme la moyenne normale. Les criminels seraient donc, comme le soutiennent les chefs de l'école criminologiste italienne, sinon des microcéphales, au moins des submicrocéphales.

II

Quant au cerveau des criminels, je ne saurais mieux faire que de reproduire ici un passage de l'excellent article de Fallot sur les cerveaux des assassins Tegami et Esposito (1). L'historique de la question y est admirablement résumée.

Il commence par s'occuper du poids du cerveau. « Déjà, en 1836, dit-il, Lilut avait pesé dix encéphales de malfaiteurs guillotinés; si l'on tient compte de l'influence que ce genre de mort a dû avoir sur les nombres obtenus, on leur trouve, au dire de Topinard, une moyenne au-dessus de la normale (2). Depuis cette époque, de nombreux résultats de pesées ont été publiés. — Le cerveau de l'assassin Prévost, pesé par Broca, accusait 1,422 gr., poids un peu supérieur à la moyenne donnée par les sujets du même âge que lui (quarante ans). Prévost, dit l'illustre anthropologiste, appartenait à la catégorie des assassins intelligents, dont le cerveau est ordinairement plus grand que la moyenne. — L'encéphale de Meneselou pesait 1,382 gr., d'après Chudzinski; celui de Campi pesait 1,357 gr., d'après le même auteur. Ce poids paraît représenter à peu près exactement la moyenne obtenue chez l'adulte; celle-ci, en effet, d'après les résultats fournis par plus de mille pesées, est, pour les sujets décédés dans les hôpitaux, de 1,361 gr.. — Celui de Pranzini pesait 1,280 gr., c'est-à-dire qu'il était très notablement au-dessous de la moyenne.

« Deux auteurs italiens, Varaglia et Sivon, ont reproduit, d'après les registres du professeur Giaccomini, le poids de

(1) Voyez Archives de l'anthropologie criminelle. 1889.
(2) Eléments d'anthropologie générale, p. 514.

quarante-deux encéphales de criminels ; ils varient d'un minimum de 1,036 gr. à un maximum de 1,328 gr. ; les encéphales pesant de 1,136 à 1,199 gr. sont de beaucoup les plus nombreux (1).

« Le docteur Néis, chirurgien de la marine, a pesé vingt encéphales de Moïs et d'Annamites criminels, morts au pénitencier de Poulo-Condor ; il a trouvé un minimum de 1,158 gr.,; un maximum de 1,557 gr. Trois pesaient de 1,100 à 1,200 gr. ; six de 1,200 à 1,300 gr. ; cinq de 1,300 à 1,400 gr. ; cinq de 1,400 à 1,500 gr.; un seul plus de 1,500 gr. Il est à peine besoin de faire remarquer que, ces sujets étant de race tout à fait exotique, ces pesées ne sont nullement comparables aux précédentes.

« Husche a pesé vingt cerveaux d'aliénés, de criminels, de suicidés; il leur a trouvé 125 gr. de plus que chez vingt sujets normaux, pris comme terme de comparaison.

« Un des plus intéressants travaux provoqués par cette question est dû à Bischoff. Dans un remarquable mémoire paru en 1880, le savant anatomiste a donné les résultats de pesées comparatives exécutées sur les cerveaux de cent trente sept criminels et de quatre cent vingt-deux normaux ; il a trouvé, pour les cerveaux de poids inférieurs et moyens, nombre à peu près égal de criminels et de normaux ; au contraire, pour les cerveaux pesant de 1,400 à 1,500 gr., les criminels seraient dans la proportion de 24 0/0, les normaux, dans celle de 20 0/0.

« Topinard résume les résultats fournis par dix-huit pesées d'encéphales de criminels, parmi lesquels figurent les cas de Lilut, de Parchappe et ceux de son laboratoire; il a trouvé un poids variant de 1,183 à 1,396 gr., avec une moyenne de 1,350 gr. Si, dit-il, on compare ces nombres avec ceux que les recherches de Broca assignent à l'encéphale d'individus du même âge, on

(1) Revue. d'anthropologie, 1883, p. 351.

trouve, pour les criminels, une infériorité d'une trentaine de grammes environ (1).

« Lombroso, dans l'ouvage intitulé l'*Homme criminel*, qui a eu un si grand retentissement, consacre à peine une page ou deux à l'étude de cette question (2). Il y a lieu d'en être vivement surpris, et la simple constatation de ce fait est une véritable critique. On s'explique mal, en effet, comment l'auteur italien, qui attribue une importance capitale à tout ce qui concerne le physique du criminel, a pu laisser ainsi dans l'ombre, ou tout au moins n'étudier que d'une façon aussi sommaire et aussi incomplète, un caractère anatomique d'une aussi haute valeur. Il ne cite aucun fait, ne donne aucune statistique qui lui soit personnelle et se contente uniquement de relater les résultats obtenus par Bischoff. « On a remarqué, ajoute-t-il, que la diffé- rence de poids des deux hémisphères cérébraux chez les crimi- nels et les normaux diffère de peu; seulement, l'hémisphère droit est plus souvent égal ou supérieur au gauche ; en effet, le seul cerveau criminel de Bischoff chez lequel les deux hémis- phères aient été pesés séparément, donna un chiffre supérieur de 21 gr. pour le droit. » Lombroso cite encore des nombres obtenus par Giaccomini : sur quarante-deux cerveaux de voleurs homicides pesés par ce dernier, vingt avaient le lobe droit plus pesant, et dix-huit le lobe gauche. Il résulte donc de ce pesage qu'un excès de poids de l'hémisphère cérébral droit sur le gauche est un caractère anatomique beaucoup plus fréquent chez les criminels que chez les normaux. Malheureusement pour l'auteur italien, cette conclusion est en opposition formelle avec les résultats des recherches les plus récentes sur le poids comparé des deux hémisphères. Topinard, qui a fait de cette question une étude approfondie, a extrait des registres de Broca

---

(1) *Anthropologie générale*, page 550.
(2) Pages 185 et 186 de la traduction française.

les faits suivants (1) : sur deux cent soixante-quatre cerveaux d'hommes, l'hémisphère droit a été trouvé plus lourd dans cent trente-huit cas, le gauche dans cent cinq; il y avait égalité vingt et une fois; — une fois, le droit a été supérieur au gauche de 38 gr.; une fois, le gauche l'a été de 28 gr. Sur une série de cerveaux de femmes l'hémisphère droit était plus pesant treize fois, l'hémisphère gauche six fois. La conclusion qui s'impose est donc que la prétendue particularité signalée par Lombroso se trouve être, au contraire, un fait parfaitement normal.

« Lombroso termine le seul passage consacré à cette question en relatant les conclusions des recherches de Varaglia et Silva sur le poids comparé du cervelet, de la protubérance et des pédoncules, sur une série de femmes criminelles et sur une série de femmes normales; chez les premières, il l'a trouvé égal à 155 gr.; chez les secondes, de 141 gr. seulement. Topinard a justement adressé à l'auteur (2) le reproche de n'avoir pas tenu compte de l'âge des sujets; celui-ci est en effet un facteur d'une extrême importance, et dont il convient de ne jamais négliger l'influence. Notre savant compatriote a, en effet, démontré qu'il peut faire perdre au cervelet et à la moelle allongée 54 0/0 de leur poids pendant la période adulte.

« De ce résumé de la question, on peut déduire cette conclusion que, étudié au point de vue unique du poids, l'encéphale des criminels ne présente rien de bien particulier ni de bien caractéristique. Cela peut paraître surprenant si l'on admet, avec Lombroso, l'existence d'un *type criminel* assez puissant pour effacer la plupart des autres caractères de race, « de même que chez les crétins le type ethnique est effacé par la dégénération morbide » (3): —cela nous paraît, au contraire, tout à fait natu-

(1) *Anthropologie générale.*
(2) *Revue d'Anthropologie*, 1887, p. 668.
(3) Lombroso, p. 234.

rel, à nous qui considérons les criminels comme formant un simple groupe un peu artificiel, et formé d'éléments tout à fait hétérogènes : une catégorie d'individus qui englobe à la fois de vulgaires malfaiteurs, d'intelligence sûrement bien au-dessous de la moyenne, et ce qu'on a appelé des criminels de génie, doit nécessairement comprendre des encéphales de volume et de poids tout à fait dissemblables.

« Si l'étude du poids de l'encéphale des criminels n'a pas donné et ne paraît pas devoir fournir des résultats bien démonstratifs, il n'en est pas de même de celle de sa conformation, c'est-à-dire du développement absolu et relatif, des rapports des circonvolutions. Broca lui attribuait une extrême importance, et Topinard affirme de la façon la plus positive que les déductions à tirer de la morphologie du cerveau présentaient pour lui une tout autre valeur que celles que fournissent de simples déterminations pondérales.

« Le professeur Bouchard, de Bordeaux, a présenté en 1886 à la Société d'anthropologie de Bordeaux les cerveaux de trois assassins ; il a constaté sur chacun d'eux l'existence de quatre circonvolutions frontales, chacune d'elles s'insérant sur la frontale ascendante.

« Il est juste d'ajouter que la valeur et l'importance de cette particularité anatomique sont loin d'avoir été admises sans conteste : les recherches de Giaccomini en particulier n'ont point confirmé les observations de Hanot et de Benedikt : il a, en effet, constaté le dédoublement de la deuxième frontale vingt-quatre fois sur cent soixante-quatre individus normaux, soit 14 0/0, et cinq fois sur cinquante-six criminels, soit 8 0/0 ; il a constaté le dédoublement de la première neuf fois dans la première série, soit 7 0/0, et une fois dans la seconde, soit 1,7 0/0. De même (1)

_____

(1) *Les Criminels*, p. 9.

Corre ne considère pas ce dédoublement comme absolument rare : il dit avoir eu plus d'une occasion de le constater, incomplet il est vrai, sur des marins et des militaires qu'il a autopsiés. Malheureusement aucune statistique précise n'est jointe à cette affirmation.

« Par l'examen d'une petite collection de dix cerveaux, soit vingt hémisphères, ayant appartenu à des malades décédés dans nos hôpitaux et momifiés après durcissement dans l'acide nitrique, procédé qui se prête admirablement à l'étude des circonvolutions, on arrive à des résultats qui se rapprochent beaucoup plus de ceux de Giaccomini et de Corre que de ceux d'Orvin ; en effet, nous trouvons quinze fois la première circonvolution.

« Hanot a confirmé la fréquence de cette dernière particularité ; dans une série de onze autopsies qu'il a pratiquées à l'infirmerie centrale des prisons de la Seine, il a rencontré quatre cerveaux pourvus ainsi de quatre circonvolutions frontales ; cette disposition résultait du dédoublement, non pas de la première, comme l'admettait Benedikt, mais de la deuxième frontale. Les sujets présentant cette conformation n'étaient pas, du reste, dit-il, de grands criminels, mais surtout des récidivistes, des piliers de prison. Pendant que Hanot poursuivait ces recherches, M. Orvin, interne des hôpitaux, en exécutait d'analogues sur des cadavres de malades décédés à l'hôpital Cochin, et ne rencontrait pas une seule fois cette particularité (1).

« Comme on le voit, il existait entre les conclusions du travail de Benedickt et le résultat des autopsies de Hanot une divergence assez notable : si tous deux admettent chez les malfaiteurs la fréquence de quatre circonvolutions frontales, Benedikt l'attribue au dédoublement de la première ; Hanot, au contraire.

(1) *Société de biologie*, p. 365.

à celui de la deuxième. Aussi, aussitôt après avoir eu connaissance du travail de Hanot, Benedikt a-t-il repris ses recherches, et dans un travail plus récent (1), il donne pleinement raison à ce dernier pour le plus grand nombre des cas et ne maintient son opinion primitive que pour un petit nombre de faits. Sur quatre-vingt-sept hémisphères, Benedikt a trouvé quarante-deux fois le type normal, cinq fois le type à cinq circonvolutions plus ou moins complet, vingt-sept fois le type à quatre circonvolutions complet, treize fois le type à quatre circonvolutions incomplet, le dédoublement n'atteignant pas toute la longueur de la circonvolution. Dans les vingt-sept cas où existait le type à quatre circonvolutions complet, il y avait huit fois dédoublement de la première, dix fois dédoublement de la deuxième frontale. Dans trois cas il y avait dédoublement de la première pour une moitié, de la seconde pour l'autre moitié. Dans les treize cas à type incomplet, il y avait quatre fois dédoublement de la première, huit fois dédoublement de la seconde, une fois dédoublement des deux.

« Piré, dans son anatomie du système nerveux indique, lui aussi le dédoublement de la deuxième frontale comme n'étant point du tout exceptionnel. « Souvent, dit-il, cette circonvolution est subdivisée par un sillon parallèle à sa direction et qui la réduit quelquefois jusqu'à son insertion à la frontale ascendante; il existe alors quatre circonvolutions frontales. Mais ce dédoublement ne répond à aucune particularité physiologique ou psychologique connue, c'est à tort qu'on a cru qu'il appartenait en propre à certaines catégories de criminels. »

« Benedikt a donné de ce mode de conformation une interprétation qui trouve naturellement sa place ici : pour lui, l'existence de ces circonvolutions frontales serait une véritable anomalie

(1) *Centralblatt*, 1880, p. 849.

réversive, elle rapprocherait les cerveaux humains qui les présentent des cerveaux des grands carnassiers. Je ne puis que mentionner ici cette manière de voir dont la discussion nous entrainerait bien loin hors des limites de notre sujet.

« Broen, présentant à la Société d'anthropologie de Paris le cerveau de l'assassin Prévost, a accompagné sa communication de commentaires qui en font un document scientifique d'une grande valeur. D'une façon générale, il y a trouvé les particularités anatomiques signalées par Benedikt, surtout le type des scissures confluentes ; il y constate une disposition morphologique du plus grand intérêt : c'est la situation profonde du premier pli de passage pariéto-occipital, grâce à laquelle il y a libre communication entre les deux scissures perpendiculaires externe et interne, le lobe occipital formant ainsi une sorte de calotte. Pour l'éminent anthropologiste, cette anomalie existe, sur les sujets de notre race, dans la proportion d'environ 2 o/o ; elle a été, il est vrai, signalée sur le cerveau d'un publiciste distingué, Louis Aschive ; mais Broen insiste sur la nécessité qu'il y a à lui donner l'interprétation qu'il convient. Elle a été observée dans deux séries de cas tout à fait différents ; tantôt le pli de passage est profond parce qu'il est peu développé d'une façon absolue, tantôt il est profond parce qu'il est petit relativement ; son volume étant ordinaire, les circonvolutions adjacentes présentent au contraire un développement au-dessus de la moyenne. C'est dans cette catégorie de faits qu'on dut ranger le cerveau d'Asselin. Broen conclut que « l'existence de la calotte chez l'homme est l'indice morphologique d'une certaine irrégularité du développement cérébral, et l'on conçoit que les cerveaux qui présentent cette disposition soient exposés plus que les autres à des infractions fonctionnelles ». Il signale encore sur ce cerveau d'autres communications anormales des scissures ; anastomose de la prérolandique et de la sylvienne, sillon prérolandique coupant le pied de la deuxième frontale; pli de passage fronto-pariétal inférieur très atrophié, de sorte que la scissure de Rolando n'est séparée que par un intervalle presque nul de la sylvienne; sillon profond séparant le pli courbe du lobe temporal et s'étendant en arrière jusqu'à la pointe du lobe occipital; le deuxième sillon temporal s'étendant sans interruption de la pointe du lobe temporal à celle du lobe occipital; un autre sillon acétilique très profond partant de la pointe du lobe occipital, se continuant avec le sillon interpariétal et aboutissant ainsi au sillon post-rolandique.

« Broen ne paraît pas admettre d'une façon aussi positive que Benedikt l'existence d'une sorte de type anatomique spécial pour le cerveau des criminels, mais il considère comme très réelles et très fréquentes chez eux les communications anormales, insolites des anfractuosités entre elles. « Une ou plusieurs de ces communications, dit-il (2), n'empêchent pas un cerveau d'être à la fois très intelligent et très bien équilibré; mais lorsqu'elles sont nombreuses, lorsqu'elles affectent des parties importantes, elles sont l'indice d'un développement défectueux. C'est ce qu'on voit souvent sur les cerveaux peu volumineux des pauvres d'esprit ou des imbéciles, et c'est ce qu'on voit aussi très fréquemment sur les cerveaux des assassins, avec cette différence que, dans le premier cas, le moindre développement des plis de passage ou d'anastomoses est en rapport avec le développement des circonvolutions en général et avec la petitesse cérébrale, tandis que dans le second cas il coïncide au contraire avec l'ampleur de la plupart des circonvolutions et témoigne de l'irrégularité du développement du cerveau. » Cette interprétation du fait anatomique signalé par Benedikt est reproduite et soutenue par Nervé

(1) *Bulletin Soc. Anthrop.* 1880, p. 240.
(2) Loc. cit.

dans son recueil-ouvrage sur la *Circonvolution de Broca* (1).
« L'auteur insiste sur ce point qu'il n'y a pas lieu de s'étonner de
retrouver sur d'autres cerveaux ces particularités morphologiques, considérées à tort comme caractéristiques du cerveau des
criminels : « ce que le cerveau des criminels présente, non point
en propre, mais en commun avec celui de certains individus mal
doués, quoique nullement criminels, c'est souvent un ensemble
de conditions défectueuses au point de vue de son fonctionnement
régulier et qui l'infériorisent, si l'on peut dire. »

« Plisch a publié sur cette question un travail qui mérite de
n'être point passé sous silence. Il a eu l'occasion d'étudier plus
de cinquante cerveaux de criminels, et il n'en a pas trouvé un
seul peut-être qui ne présentât quelque anomalie. Parmi celles-ci,
quelques-unes étaient d'une extrême importance; c'est ainsi
qu'il a pu noter : — l'insula à découvert dans deux cas, — le
cervelet incomplètement recouvert par les lobes cérébraux, —
la communication des deux scissures perpendiculaires externe
et interne séparant complètement le lobe pariétal du lobe occipital (six fois sur huit hémisphères). Il a constaté sept fois sur
seize hémisphères la division de la frontale ascendante par une
incision profonde réunissant l'un des sillons frontaux avec la
scissure de Rolando; — une division analogue de la pariétale
ascendante; — l'anastomose de la scissure de Sylvius et de celle
de Rolando. Pour Plisch il existe sur les cerveaux de criminels
deux sortes de déviations tout à fait différentes de la forme
typique : les unes caractérisées par des circonvolutions moins
riches, les autres au contraire par des circonvolutions plus
riches que dans les cerveaux ordinaires. Ainsi, sur sept cerveaux
il a noté une complexité des circonvolutions frontales qu'on
n'observe pas, dit-il, sur des cerveaux normaux et qui résulte

(1) Page 126.

de la subdivision des deux premières frontales par une série de petits sillons verticaux (1).

« Dans son ouvrage sur les *Variations des Circonvolutions* (2), le professeur Giacomini a été amené à étudier et à discuter l'opinion de Benedikt ; ses recherches ont porté sur les plis cérébraux de cent soixante-huit individus, dont vingt-huit criminels, morts en prison. La fréquence du type des fissures confluentes lui paraît tout au moins fort contestable. Benedikt, dit l'auteur italien, admet que, si l'on assimile les scissures à des courants d'eau, un nageur pourrait les parcourir toutes, grâce aux anastomoses qui les réunissent. Mais il serait facile de faire une tout autre supposition : par les fréquentes communications que les circonvolutions d'un même lobe ou de différents lobes ont entre elles par les plis de passage que nous pouvons considérer comme autant de ponts jetés sur les torrents représentés par les fissures, un individu à pied pourrait également parcourir toute la surface cérébrale en cheminant sur les circonvolutions. Ainsi donc, en voulant imiter Benedikt, on devrait établir un autre type cérébral caractérisé par le grand nombre des plis anastomotiques. Et mes observations démontreraient que non-seulement ces deux types cérébraux comprennent un nombre à peu près égal de cerveaux, mais encore qu'ils peuvent se rencontrer ensemble sur un même individu.

« Les vingt-huit cerveaux de criminels que Giacomini a étudiés lui paraissent appartenir au type des *plis anastomotiques fréquents* plutôt qu'à celui des fissures confluentes ; sa conclusion est que les cerveaux des criminels ne présentent aucun type spécial, qu'ils offrent les mêmes variétés et dans la même proportion que les autres cerveaux ; et l'auteur ajoute très sagement que : si une partie des résultats de nos recherches est négative, cela ne doit

---

(1) *Revue d'anthropologie*, 1882 p. 560.
(2) Turin 1882, *Analyse in Revue d'Anthropologie* 1883, p. 535.

pas décourager les travailleurs, mais seulement les mettre en garde contre les illusions produites par l'inexpérience.

« A ce résumé des travaux auxquels a donné lieu l'étude morphologique du cerveau des criminels, je joindrai l'indication de quelques autres documents que l'on trouve dans les divers recueils scientifiques. Chudzinski a décrit le cerveau de Menesclou (1); il note la situation profonde du premier pli de passage pariéto-occipital droit; une scissure de Sylvius se rapprochant de la verticale, un amoindrissement du lobe frontal dans le sens antéro-postérieur; une première circonvolution frontale large, très compliquée, subdivisée en deux circonvolutions secondaires; une circonvolution frontale ascendante très flexueuse, coupée nettement par une incision profonde au dessus de son anastomose avec la première frontale. — Les journaux américains ont publié les résultats de l'autopsie de Guiteau, pendu pour assassinat du président Garfield; si nous nous en rapportons à l'analyse publiée dans le *Progrès médical* (2), le cerveau présentait un assez grand nombre de scissures secondaires et obliques, surtout dans les lobes frontaux, sans offrir cependant le type des fissures confluentes; sur le lobe frontal gauche, il y avait une tendance marquée au type à quatre circonvolutions. Nusekhe, chez un assassin, meurtrier de sa femme, a trouvé la circonvolution pariétale antérieure gauche interrompue dans la moitié de son parcours. Le professeur Villigh a signalé, chez un criminel, une sorte d'arrêt de développement du corps calleux; celui-ci ne mesurait pas le 8 °/₀ de la longueur totale de l'hémisphère, tandis qu'il en mesure d'ordinaire les 22 °/₀. Sur un cerveau de criminel présenté à la Société de psychologie de Berlin, Richter a vu sur chaque hémisphère une bifurcation de

(1) *Bulletin de la Société d'anthropologie* 1880, p. 578.

(2) 1882, p. 624.

la scissure de Rolando, avec prolongements anormaux en avant (1). D'après Benedikt, sur le cerveau de l'assassin Doho-wichi, il y avait, du côté gauche, interruption des plis de passage occipito-pariétaux et absence de la branche postérieure de la scissure de Sylvius.

« Dans l'Atlas de Lucret et Gratiolet, nous trouvons une su-perbe planche (la XXII°) représentant l'encéphale de Fieschi, l'au-teur d'une célèbre tentative d'assassinat contre Louis-Philippe; une courte note y est jointe. Il est fort à regretter que Lucret n'ait point laissé de légende expliquant, d'après ses vues particu-lières, l'encéphale de ce criminel fameux. Il présente une doli-cocéphalie fort avancée, sa longueur l'emportant exactement d'un quart sur sa largeur (2). L'extrémité frontale de l'hémis-phère paraît manquer d'amplitude, eu égard à la hauteur des parties postérieures; les régions situées au-dessous de la scissure de Sylvius, prédominent eu égard à leur volume, sur celles qui sont situées au-dessus; toutefois, les plis, bien qu'assez larges, y sont moins compliqués et surtout moins flexueux. La planche représente : 1° les deux hémisphères vus par leur face supérieure; 2° le profil droit de l'encéphale. Sur la première des deux figures on note les dimensions de la première frontale, qui est large, surtout à droite, et, sans être subdivisée en deux étages dans toute sa longueur, présente de nombreux sillons et incisures à direction antéro-postérieure; la deuxième frontale naît à droite par une racine, puis est subdivisée en deux étages par un sillon à direction nettement antéro-postérieure. L'examen de la figure 2 confirme le fait. A gauche, la deuxième frontale naît par deux racines et paraît également divisée en deux étages. Sur l'hémisphère droit on constate, de la façon la plus évi-

---

(1) *Archives de neurologie*, 1885, p. 429.
(2) Cette dolicocéphalie est tout à fait naturelle, Fieschi étant Corse, né à Murato, dans la Bologne.

dente, la continuité directe des scissures perpendiculaires externes et internes, par suite de la situation profonde du premier pli de passage; à gauche, au contraire, ce pli est superficiel.

« Pour ce qui est du cervelet, les documents scientifiques sont très peu nombreux; citons seulement celui signalé par Otto : le cervelet était plus aplati à gauche qu'à droite, et celui de Plisch : il existait un vrai lobe moyen cérébelleux très développé. »

Je n'ajouterai qu'un mot à ce résumé si judicieux et si savant de la question.

A la séance de la Société d'anthropologie du 6 juin 1889, M. Manouvrier présenta, au nom du D' Francisco Ferraz do Macedo (de Lisbonne), une communication sur *l'absence de la commissure grise du troisième ventricule et la signification de cette anomalie*. M. Ferraz de Macedo, sur deux cent quinze individus examinés, a rencontré quarante-trois fois l'absence de commissure grise (20 °/₀). Dans chacun de ces cas, sans exception, l'enquête a démontré que l'individu sans commissure présentait les caractères psychologiques suivants : versatilité d'opinions, instabilité du caractère, turbulence publique et domestique, tendance au vice et au crime en général, irascibilité extrême, insolence et grossièreté, ingratitude, défaut de réflexion et de circonspection, en un mot, manque de bon sens et d'harmonie psychique. Au contraire, les individus pourvus de la commissure grise auraient été constamment doués des qualités opposées aux défauts ci-dessus. Enfin, une autre particularité curieuse est qu'aucun des quarante-trois individus masculins privés de la commissure, n'a eu d'enfants (1).

_____

(1) Voyez Ferraz do Macedo : *De l'encéphale humain avec et sans commissure grise. Essai synthétique d'observations anatomo-psychiques post mortem et leurs relations avec la criminalité*. Brochure présentée au Congrès international de l'Anthropologie criminelle, tenu à Paris en 1889, page 4.

Fallot fait suivre son étude d'une description très minutieuse et très détaillée des cerveaux des deux assassins Esposito et Tegami, description accompagnée de deux belles planches que nous reproduisons ici.

L'espagnol Esposito et l'italien Tegami furent condamnés à mort par la cour d'Aix pour arrestations à main armée. Ils faisaient partie d'une bande de malfaiteurs qui dévalisaient les passants, le soir, dans les rues de Marseille, les frappant en cas de résistance. C'est ainsi que Tegami a tué presque sur le coup avec un poignard, un ouvrier attardé, et qu'Esposito a mortellement frappé d'une balle de pistolet un négociant qui se rendait à la gare.

Au cours des débats, malgré les charges accablantes pesant sur eux, ils n'ont cessé un instant de nier avec énergie et ils ont, jusqu'à la fin, protesté de leur innocence. Après avoir entendu le jugement de la cour qui le condamnait, avec son complice, à la peine capitale, Esposito n'a pas perdu son sang-froid ; il a ri et plaisanté ; il a demandé une guitare pour en jouer quelques morceaux aux juges. Il semble cependant qu'il y ait eu en lui moins de férocité native que chez son complice Tegami ; il aurait, pendant leur séjour en prison, reproché à ce dernier et à leurs associés leur cruauté inutile. « C'est, aurait-il dit, votre faute à vous si nous sommes ici ; vous ne pouviez vous trouver en face de quelqu'un sans frapper ; moi, je me contentais de menacer avec mon pistolet, mais je ne tuais pas. » Au moment de leur exécution, ils ont encore affirmé leur innocence et ils ont subi la peine capitale avec un réel courage ; Tegami, surtout, a marché vers la guillotine la cigarette aux lèvres.

Il ne sera sans doute pas sans intérêt de jeter un coup d'œil sur les cerveaux de ces deux individus. (*Voyez planches IV. et suiv.*).

EXPLICATION DES PLANCHES (1)

Planche 4

CERVEAU D'ESPOSITO.

Fig. 1 — Hémisphères vus par leur face supérieure.
Fig. 2. — Hémisphère gauche : face externe inclinée en dehors pour montrer la scissure de Rolando dans toute sa longueur.
Fig. 3 — Hémisphère gauche : face externe.
Fig. 4 — Hémisphère droit : face externe.
Fig. 5. — Hémisphère droit : face interne légèrement inclinée en dehors.
Fig. 6. — Hémisphère gauche : face interne légèrement inclinée en dehors.

Planche 5

CERVEAU DE TÉGAMI

Fig. 1. — Hémisphères vus par leur face supérieure.
Fig. 2. — Hémisphère gauche : face externe inclinée en dehors pour montrer la scissure de Rolando.
Fig. 3. — Hémisphère gauche : face externe.
Fig. 4. — Hémisphère droit : face externe.
Fig. 5. — Hémisphère droit : face interne légèrement inclinée en dehors.
Fig. 6. — Hémisphère gauche : face interne légèrement inclinée en dehors.

III

Mais j'en arrive à une autre question également fort controversée : la physionomie des criminels.

Les criminels ont-ils une physonomie spéciale ? Les uns disent oui, les autres disent non. A mon avis, il faut dire oui et non. J'ai vu certainement plusieurs milliers de criminels et, sans être un bon physionomiste, j'ai néanmoins été frappé, en quelque sorte malgré moi, de l'air de ressemblance, de l'air de famille que présentent un grand nombre d'entre eux.

1 Planches reproduites en héliotypie par M. Em. Piot.

A cultu vitium, disaient les Latins, et le vieux proverbe toscan dit à son tour *Il ciuffo e nel ceffo*. Sans doute le visage peut être plus ou moins le miroir de l'âme et refléter les passions, les vices ou les qualités d'un individu. Mais est-ce ce reflet de l'âme sur le visage qui constitue la vraie physionomie du criminel? Dans la grande majorité des cas: non. Tel filou pourra, par habitude de la dissimulation, prendre des attitudes cafardes; tous ses mouvements seront pleins de réticences et son regard oblique annoncera l'hypocrisie et le mensonge. Mais ce qui donne au visage du criminel un aspect particulier, ce sont précisément toutes ces malformations, tous ces stigmates de dégénérescence physique dont j'ai déjà parlé et qu'on retrouve chez lui avec une fréquence si remarquable. Ce qui frappe, c'est ce crâne si souvent mal fait, cette tête plagiocéphale, oxycéphale, acrocéphale; c'est ce front fuyant, ce nez difforme ou tordu, cette face glabre et asymétrique, ces yeux strabiques, ces oreilles larges, en anses, mal ourlées, avec des lobules énormes, souvent adhérents; ce qui frappe encore, ce sont ces arcades orbitaires saillantes, ces cheveux souvent noirs et abondants qui s'avancent sur un front bas; (1) ce sont ces zygomes énormes qui donnent à la face une apparence brutale et grossière, ces mâchoires lourdes et prognates qui ne semblent propres qu'à la morsure et à la mastication. Les mâchoires, en effet, semblent s'alourdir avec l'intelligence; « elles sont d'autant plus belles, dit Tarde, que les deux fonctions sociales de parler et de sourire l'emportent davantage en elles sur les deux fonctions individuelles de mordre et de mâcher ». C'est donc de la réunion d'un certain nombre de ces différents caractères que nait le type criminel.

---

(1) Ottolenghi a étudié la canitie et la calvitie chez les criminels : il leur a trouvé un retard énorme qui ne trouve son homologue que chez les épileptiques et les crétins.

IV

Il y aurait ici une étude curieuse d'esthétique criminelle à faire. Comment les peintres et les sculpteurs ont-il rendu l'image des criminels célèbres? Retrouve-t-on dans ces portraits quelques-uns des caractères que je viens d'énumérer? Il est évident que si l'artiste évoque un personnage disparu depuis longtemps, il n'obéira probablement qu'à son imagination et à sa fantaisie, et on ne rencontrera peut-être dans son œuvre aucun des caractères du criminel tel que le conçoivent les anthropologistes contemporains. Mais cependant, s'il est bon physionomiste et bon observateur, il aura pu voir des criminels, et alors, même dans ce cas, il pourra sortir de son pinceau un type plus ou moins parfait de criminel ou de dégénéré. Ary Scheffer a peint un Judas avec une face prognathe et de longues oreilles en anses. A Rome, à l'est du palais de Latran, se trouve la Scala-Santa. Au pied de cet escalier, qui serait l'escalier authentique du palais de Ponce-Pilate à Jérusalem, et que Jésus-Christ aurait monté, un artiste inconnu à peint un Judas absolument semblable à celui d'Ary Scheffer, qui, en réalité, pourrait bien avoir choisi celui-ci pour modèle.

Supposons maintenant que l'artiste exécute un portrait où tout l'art consiste à être exact et à reproduire la nature. Si ces portraits sont ceux d'hommes criminels, on retrouvera sans peine ces anomalies dont j'ai parlé.

Lorsque je visitai le musée du Capitole, à Rome, je m'attardai longtemps à contempler les bustes des empereurs romains. Tibère, celui que les femmes de Parthénope appelaient le bouc de Caprée, le vieillard lubrique qui mêlait le crime à la débauche, a les oreilles en anses, la face asymétrique et la mâchoire

23

volumineuse. Caligula, le fou sanguinaire, a les lèvres minces,
les mâchoires fortes et asymétriques, le côté gauche de la fosse
zygomatique plus développé, ce qui donne à sa physionomie
une expression sinistre, cruelle et défiante. Néron, avec son
visage asymétrique, ses fortes mâchoires, ses grandes oreilles
légèrement écartées, son front bas et son œil strabique, a l'air
d'un esclave grec débauché. Julien-l'Apostat a le front étroit
et petit. Vitellius a le nez gros, les lèvres minces, les joues
bouffies, les yeux petits et enfoncés, la tête un peu abaissée
comme celle du porc. Domitien a les lèvres minces et serrées.
Caracalla a l'œil contracté, le nez et la bouche pointus, l'air
féroce et fou. Agrippine a la figure maigre, osseuse, allongée et
la mâchoire inférieure prognathe. Messaline, comme on peut
aussi le constater au musée du Louvre, sur le marbre pentélique
trouvé près de Rome, hors de la porte San-Lorenzo, a des lèvres
charnues et épaisses qui respirent la volupté, une mâchoire volumineuse et brutale.

Si, après avoir examiné ces têtes de dégénérés criminels, on
jette les yeux sur les bustes des poètes et des orateurs, on est
frappé de la différence. Marc-Aurèle a le front haut et le regard
levé vers le ciel; son visage est calme et doucement méditatif.
Cicéron a le front large, le menton rond et toute la figure d'un
ovale très harmonieux. Antonin le Pieux a le front découvert
avec un air penseur et recueilli. Le visage de Sophocle, dans
toutes ses reproductions, et en particulier dans la statue-portrait
du musée de Latran, est empreint de la même auguste et sereine
harmonie. (1)

Mais c'est pousser trop loin cette évocation des criminels
anciens, et, sans chercher à résoudre davantage le fameux *quot
libras in duce* de Juvénal, revenons à notre sujet.

(1) Voyez sur les Bustes des empereurs romains la communication de Mayor
au Congrès international de l'anthropologie criminelle tenu à Rome en 1885.

V

Il est une objection qu'on a faite plus d'une fois, c'est qu'il n'est pas rare de rencontrer chez d'honnêtes gens ces malformations qui constituent le type criminel.

Cela est vrai jusqu'à un certain point, et chacun pourrait citer tel personnage asymétrique, strabique, prognathe ou mal oreillé, et qui n'est ni un criminel ni un débile. L'objection est, au fond, plus spécieuse que réelle. Sans doute on peut rencontrer chez un honnête homme une de ces anomalies dégénératives, mais cela est beaucoup plus rare que chez les criminels; et, d'autre part, alors que chez ces derniers on retrouve presque toujours associées plusieurs de ces malformations, chez l'homme honnête on n'en trouve généralement qu'une isolée. Lombroso a résolu la question d'une façon en quelque sorte mathématique par la statistique. Il a pris huit cent dix-huit hommes vivant en liberté, étudiants lombards et hommes piémontais. « Cette étude montre, dit-il, que les mêmes caractères peuvent se retrouver chez les gens honnêtes autant que chez les criminels. Mais chez ces derniers la mâchoire développée, la physionomie virile des femmes, le regard sinistre, les oreilles en anses, le strabisme, la chevelure épaisse, le front fuyant, sont bien plus fréquents jusqu'au quintuple. » (1) Et Ferri, par la comparaison avec sept cent onze soldats, constata que jamais chez des gens honnêtes on ne voit se réunir en aussi grande proportion dans la même personne les caractères dégénératifs qui forment le type crimi-

(1) Loc. cit. p. 242.

nel; tout au plus ceux-ci arrivent à deux ou trois pour cent tandis que les criminels vont jusqu'à vingt-trois et vingt-sept pour cent.

Et puis, combien de gens réputés honnêtes qui sont de véritables criminels! Combien d'immoraux, de libertins, d'incestueux, de fripons, de voleurs, de faussaires et même d'empoisonneurs vivent en liberté heureux et respectés! Alors, qu'y a-t-il d'étrange à ce que ces gens portent sur leur visage les caractères en quelque sorte spécifiques du crime? Ils confirment même les idées que je viens d'émettre après les professeurs Lacassagne et Lombroso et toute l'école italienne. Et puis combien n'ont échappé au crime que par suite de circonstances toutes spéciales! Combien ne sont restés honnêtes que parce qu'ils sont nés avec une fortune et qu'ainsi ils n'ont pas eu besoin de tuer ou de voler pour satisfaire leurs vices et leurs passions!

Un homme fort riche à qui rien ne manquait, qui pouvait satisfaire tous ses caprices, avouait à Lombroso que, s'il eût été pauvre, il eût été voleur, assassin même. Et ces faits ne sont point des raretés. Chacun en connaît dans son entourage. Pour ma part, j'ai souvent entendu dire à une honnête mère de famille, très estimée et jouissant d'une haute considération dans son milieu : Si je n'avais pas été riche, je me serais faite prostituée, parce que c'est le seul moyen pour une.femme de vivre heureuse et de gagner de l'argent. Un fonctionnaire assez haut placé m'a avoué plus d'une fois et très sérieusement que, s'il eût été pauvre et petit employé aux maigres appointements, il eût prostitué sa femme à ses chefs pour obtenir un rapide avancement. Après tout il l'a peut-être fait.

Si donc le criminel vit quelquefois en dehors de la prison, dans la bonne société, on ne doit plus s'étonner si on rencontre quelques types de criminels parmi les gens réputés honnêtes.

VI

Lombroso ne se contente pas de tracer un type unique de criminel; il distingue le voleur avec effraction du meurtrier, l'homicide du faussaire et de l'escroc. Ces distinctions me paraissent un peu subtiles et difficiles à retrouver, même quand on étudie le criminel de très près. Ayant été à même d'en voir un très grand nombre, j'ai essayé aussi de faire une espèce de classification des types criminels. Malgré le nombre considérable de mes observations, et après les avoir longuement méditées, je ne suis arrivé qu'à constituer deux groupes de physionomies absolument arbitraires, puisque dans chacun de ces groupes on retrouve indistinctement à peu près les mêmes caractères anatomiques et morphologiques et des criminels de toute espèce: il y a la physionomie grossière, brutale, impérieuse; il y a la physionomie louche, fuyante, cafarde. Cette dernière semblerait se rencontrer plutôt chez les filous, les faussaires, les voleurs, les escrocs, bien que je l'aie rencontrée aussi chez un nombre notable de meurtriers. Mais cette distinction était plutôt basée sur les attitudes générales, les gestes et la manière de parler que sur l'aspect seul du visage.

« Les caractères anatomiques, à eux seuls, ne peuvent fournir que des indices, dit le baron Garofalo, et il faut les compléter par la figure morale du criminel, qui nous dévoile son anomalie psychique. »

Et encore : « Les caractères anthropologiques ont surtout une importance souvent décisive lorsqu'il s'agit de faire le diagnostic des enfants ou jeunes gens criminels. Il y en a qui ne sont reconnus coupables que de légers délits, tels que coups, explosion d'armes à feu ou d'attentats qui ne sont pas juridiquement incriminables à cause de l'insuffisance des moyens employés.

« Mais ces mêmes individus, s'ils étaient examinés par l'anthropologue, présenteraient parfois les caractères de la folie morale ou de la criminalité innée.

« Dans la plupart de ces sujets on retrouve la physionomie typique de l'assassin, le regard froid, l'œil fixe avec quelques déformations crâniennes très marquées, très souvent la longueur excessive de la partie inférieure de la figure, le prognathisme, le front étroit et fuyant, et autres signes régressifs, ou encore des anomalies atypiques, telles que la plagiocéphalie et la scaphocéphalie, et, chez les auteurs d'attentats à la pudeur, la grosseur et l'épaisseur des lèvres. L'analgésie n'est pas rare non plus. Au moral, c'est la plus complète indifférence pour la victime, l'apathie et l'égoïsme se traduisant par la seule préoccupation de la durée du châtiment et des plaisirs auxquels il faudra renoncer » (1).

Il faut, en outre, tenir grand compte de ceci : c'est que certaines physionomies qui paraissent absolument caractéristiques ne sont en réalité qu'un pur effet du hasard. J'ai observé à cet égard un fait très curieux. On amena un jour à l'infirmerie centrale un pauvre diable qui avait subi douze ou quinze condamnations, toutes pour braconnage. C'était un homme petit, maigre, osseux, ne sachant ni lire ni écrire, et dont toute la vie avait été remplie par une unique passion : le braconnage. Il avait un front petit, fuyant et dénudé, des lèvres minces et

(1) Voyez Congrès international d'anthropologie criminelle tenu à Paris en 1889. Rapport sur la septième question : *De la détermination par l'anthropologie criminelle de la classe de délinquants à laquelle appartient un coupable.* (*Actes du Congrès,* Storck, Lyon.)

serrées, des yeux petits, enfoncés. jaunâtres. avec des paupières clignotantes, un nez maigre et pointu recourbé sur une
bouche édentée : une vraie tête d'oiseau de proie. (*Voyez fig. 36*).
Etait-ce effet de l'habitude? Je ne le crois pas. Etait-ce prédestination de la nature? Etait-il né en quelque sorte tout armé
pour le métier qu'il allait exercer? Je le crois encore moins.
C'était vraisemblablement un effet du hasard.

Fig. 36.

Et puis si on admet un type pour chaque espèce de criminel,
« comment expliquer ce fait, qui semble bien établi, que la plupart des criminels commencent par le vol et finissent par l'assassinat? Faut-il admettre, dit plaisamment quelqu'un, que le criminel change de nez en se faisant assassin? » (1).

1 D' Dubuisson. *Archives de l'anthropologie criminelle* du 15 janvier 1888, p. 38.

Ainsi, Frigerio prétend avoir rencontré « une prédominance de l'iris chatain chez les criminels, une proportion considérable de l'iris bleu chez les violateurs plus souvent que chez les hommes normaux, une remarquable asymétrie chromatique de l'iris, et plus souvent encore le polychromatisme. »

Quant au nez, voici à quelles conclusions est arrivé Ottolenghi : « Mes observations sur le squelette ont été faites sur six cent neuf crânes, parmi lesquels trois cent quatre-vingt dix-sept avaient appartenu à des hommes normaux, cent vingt-neuf à des criminels (dont soixante-quinze femmes et cinquante-quatre hommes), cinquante provenant de personnes aliénées (presque toutes maniaques), treize d'épileptiques et vingt de crétins.

« Le nez sur le vivant a été étudié chez huit cent trente normaux et trois cent quatre-vingt douze criminels (parmi eux, cent quatre-vingt treize étaient des voleurs, trente-sept des escrocs, vingt-huit des voleurs de grands chemins, quarante des meurtriers, vingt-deux des violateurs; j'ai examiné encore soixante aliénés, quarante épileptiques et dix crétins.

« Dans les observations faites sur des squelettes, j'ai rencontré aussi souvent l'anomalie de l'échancrure nasale qui nous fournit un nouveau caractère anormal, atavique, de l'homme criminel; nous pouvons y joindre la fréquente irrégularité de l'ouverture nasale, l'osynchie, la déviation des os nasaux.

« Sur le vivant, j'ai constaté en prédominance, parmi les criminels, un nez rectiligne ou onduleux, de longueur moyenne, plutôt large, très peu protubérant, très souvent écarté.

« Le voleur a très souvent le nez creusé, pas gros, court, large, écrasé, dévié; les assassins présentent plutôt un nez rectiligne, gros, souvent long, excessivement large, presque toujours protubérant et écarté » (1).

(1) Voyez Congrès international de l'anthropologie criminelle, tenu à Paris en 1889. Rapport sur la sixième question : *Organes et fonctions des sens chez les criminels* (Lyon, Storck).

Je n'insisterai pas davatange sur ces statistiques et les résultats plus ou moins étranges qu'elles peuvent donner. A mon avis, ce sont là des erreurs regrettables qui pourraient arrêter la marche d'une science encore jeune en la couvrant de ridicule.

VII

Le regard des criminels a aussi beaucoup préoccupé les observateurs. Selon le professeur Lacassagne, ils ont le regard oblique; selon Lombroso, ils ont le regard dur, vitreux, froid, immobile, quelquefois sanguinaire et injecté.

Les yeux sont le miroir de l'âme, a-t-on dit avec quelque raison. Notre regard, en effet, se modifie puissamment selon les différents états de notre âme.

L'homme triste et abattu n'a pas le même regard que l'homme joyeux et emporté par le plaisir.

Voyez combien s'anime et s'éclaire le regard de l'homme qui s'apprête à tenter une grande ou périlleuse action. De quel éclat scintille la prunelle de l'amoureux auprès de la femme dont il désire ardemment la possession!

Les artistes, peintres et sculpteurs, ont admirablement saisi cette idée et beaucoup l'ont magnifiquement rendue. Prenons un exemple : le Parnasse de Raphaël. Sous des lauriers d'un beau vert d'émeraude est assis le divin Apollon, jouant du violon, hommage flatteur, sans doute, rendu par l'artiste au violoniste contemporain Giacomo Sansecondo ; son regard est clair et joyeux ; ses yeux respirent l'allégresse. A ses côtés est le vieil Homère ; la musique a inspiré le poète : son sein est gonflé par la poésie ; il se met à chanter. Le Dante écoute, les yeux fixes et dilatés par quelque vision chimérique évoquée par le thème poétique. Virgile regarde le poète, les yeux ravis, grands ouverts, ébloui par l'harmonie. Raphaël a admirablement rendu dans le regard de ses personnages l'état de leur âme, état variable, fugitif, transitoire, qu'il a su fixer d'un coup de pinceau. Et quand le peintre ami de Léon X, le pape dilettante, peignait la vierge de Piombino, il mettait tout ce que l'âme peut contenir d'amour maternel dans ce regard qui couvre les nudités purpurines du divin bambino comme d'une douce et lumineuse caresse. Sortons du Vatican et transportons-nous au musée de peinture de Madrid ; arrêtons-nous devant une des assomptions de Murillo : l'âme virginale de ses vierges se reflète tout entière dans leur regard limpide et d'une candeur liliale.

Les sculpteurs eux-mêmes ont rendu quelquefois ces états transitoires du regard. Voyez, par exemple, à la galerie des offices, à Florence, le groupe de la Niobé. Ses yeux tournés vers le ciel inexorable, ont une expression de souffrance qui rend admirablement toutes les angoisses de l'amour maternel. Elle presse dans ses bras sa fille Kallirrhoé, tremblante et pâle de terreur. Elle implore en vain :

Pascere, crudelis, nostro, Latona, dolore! (1).

Elle lève les yeux au ciel, mais sans espoir, car les dieux mêmes y sont ses ennemis.

> Non, jamais corps divins dorés par le soleil,
> Dans les cités d'Hellas, jamais blanches statues
> De grâce et de jeunesse et d'amour revêtues,
> Du sculpteur inspiré, songe harmonieux,
> Muet à notre oreille et chantant aux yeux ;
> Jamais fronts doux et fiers où la joie étincelle
> N'ont valu ce regard et ce col qui chancelle (2).

Ces exemples sont fameux et on pourrait les multiplier à l'infini. Mais revenons aux criminels. Eux aussi laissent-ils leur

(1) Ovide. *Métamorphoses.*
(2) Leconte de l'Isle. *Poèmes antiques.*

âme se peindre dans leurs yeux? Quelquefois. sans doute, leurs passions se reflètent dans leur regard. Mais le regard est une chose essentiellement mobile et qu'avec un peu d'habitude on arrive à varier et même à dissimuler. Lombroso lui-même admet que certains criminels ont un double regard. «Lacenaire, Luciani, Gasparone, dit-il, avaient deux regards différents, l'un doux et presque féminin, et l'autre féroce et félin; ce regard ne dépendait pas d'eux, mais il variait suivant l'état de leur esprit, tantôt aimable, tantôt féroce, ce qui leur donnait un double pouvoir fascinateur, surtout vis-à-vis de la femme; elle est attirée d'abord par cette apparence courtoise, enchaînée ensuite par la terreur et l'énergie, ce qui explique bien des cas d'incroyable complicité » (1).

Le regard a donc une certaine importance dans la physionomie des criminels, et il est bon d'en tenir compte quelquefois. Ainsi, j'ai observé un Piémontais, homme d'une haute stature (1m80), d'une musculature superbe, qui avait un regard très dur et très impérieux. Or, c'était un ivrogne violent et impulsif qui avait déjà subi deux condamnations pour coups; une première fois il avait frappé sa maîtresse; une seconde fois il avait frappé un autre individu à coups de couteau. Son âme était en quelque sorte peinte dans ses yeux.

L'assassin Campi avait le regard sournois, louche et sinistre. Voyez planche II fig. 1). Le regard de Geomay, au contraire, ne présente absolument rien de caratéristique. Sa figure est celle d'un homme peu intelligent, voilà tout. (Voyez planche III fig. 3.

Le bandit Rocchini avait lui une physionomie intéressante et très caractéristique. Or qu'était-ce que Rocchini? Un vil et lâche meurtrier.

1· Lombroso, p. 249.

Rocchini est né à Porto-Vecchio, arrondissement de Sartène (1). Fils de laboureur, il portait le fusil dès l'âge de quatorze ans, courant et braconnant dans la montagne.

Sur les conseils de sa mère, il prend la campagne pour se venger des Tafani. Il avait dix-neuf ans. Il ne tarda pas à se lier avec plusieurs bandits : Nicolaï di Barittone, son complice dans plusieurs affaires ; Giovanni, un des plus dangereux bandits de l'arrondissement de Sartène.

Rocchini tua Tafani, tira sur un gendarme et enfin tua de deux coups de fusil une fille de quinze ans qu'il poursuivait vainement. Sa vie de bandit dura quinze ans, jusqu'au jour où, vendu par un de ses parents, il fut arrêté à Cauro, dans une auberge, et condamné à mort.

« Rocchini a une taille moyenne, dit le Dr B. Paoli (2). Il est robuste, bien membré et bien musclé ; la poitrine est large, le dos ne présente aucune courbure anormale. Le visage est large, étalé ; il est taché sur toute sa surface par des cicatrices que lui ont laissées des pustules de variole. Le teint est très pâle ; aussi les cicatrices, qui présentent un aspect nacré, tranchent-elles sur un fond décoloré. Le nez est régulier, un peu large à la racine ; les yeux sont grands, mais ils paraissent petits à cause de la longueur de la fente palpébrable ombragée par des cils noirs et épais. L'arcade sourcilière est bien marquée. La lèvre supérieure est un peu lippue, c'est ce qui donne à Rocchini un air narquois et moqueur lorsqu'il répond à une question ou qu'il vous examine. Le front est large, bombé, les bosses frontales sont très apparentes ». (Voyez planche VI). C'est bien Rocchini avec son œil fourbe et louche et son sourire narquois.

---

(1) J'emprunte ces quelques détails à l'article du Dr A. Kocher. In Archives de l'anthropologie criminelle, décembre 1888.

(2) B. Paoli. In Archives de l'anthropologie criminelle, décembre 1888.

Je crois néanmoins que Vidocq exagère quand il dit : « Il ne m'est pas nécessaire de voir tout le visage d'un criminel pour le reconnaitre, il me suffit de pouvoir le fixer dans les yeux .»

L'anecdote citée par Lombroso me parait, elle aussi, rien moins que scientifique.

C'est l'histoire d'un assassin à qui, « bien des années avant son crime, une jeune fille de seize ans avait refusé de parler. Et comme on lui demandait d'où lui venait une telle répulsion, elle répondit : S'il n'est pas un assassin, il le deviendra ».

« Je lui demandai, dit Lombroso, quel signe l'avait conduite à cette prophétie; elle me répondit : « Par les yeux ». Et l'auteur italien ajoute : « Que de fois, dans les procès, ne voit-on pas que des individus honnêtes, étrangers au monde du crime, ont échappé à une mort certaine, avertis à temps par le regard de l'assassin où ils lisaient ses intentions criminelles! C'est ainsi justement que le premier facteur qui devait être la première victime de Francesconi, eut le temps de fuir, épouvanté par son regard .»

En résumé, le regard est chose mobile et transitoire, variable selon nos passions et nos différents états intérieurs. Il faut donc se méfier du regard du criminel, puisqu'il peut en quelque sorte le modifier et nous le dérober comme il nous dérobe sa pensée. J'ai vu en effet d'abominables gredins me regarder d'un œil clair et lumineux qui semblait plein de sincérité; j'ai vu des meurtriers violents et cruels me sourire d'un sourire candide et plein d'une douceur hypocrite.

VIII

Maintenant, une autre question se pose non moins contro-versée que les précédentes : le criminel est-il beau? Si on entend par beauté cette pureté et cette régularité des lignes, cette harmonie parfaite de toutes les parties, dont la statuaire grecque nous a laissé les plus remarquables exemples, il est évident que les criminels seront plus souvent laids que beaux, puisque ce qui caractérise leur visage c'est l'irrégularité et le manque d'harmonie. Mais par contre on pourra rencontrer assez fréquemment chez eux cette beauté irrégulière et canaille qui n'est qu'une forme de la laideur, cette beauté parisienne et décadente qui a fait le succès et la fortune de tant de prostituées. Aussi cette beauté ne pourra charmer que des âmes vulgaires : une fille énamourée ou une bourgeoise perverse; l'observateur épris d'esthétique n'y verra qu'une réunion plus ou moins piquante de défectuosités et reconnaîtra peut-être « qu'un beau désordre est un effet de l'art ».

Néanmoins il est possible de rencontrer chez les criminels quelques visages où les lignes ondulent avec une grâce, une pureté et une harmonie toutes helléniques. Lavater parle d'un criminel qui ressemblait à l'un des anges du Guide, et, au dire de Lombroso, le chef de brigands Carbone était une des plus gracieuses figures napolitaines. L'assassin Ducret était, selon M. H. Joly, « un adolescent aux yeux amoureux, à la bouche sensuelle, avec une figure de joli garçon, rêveur et tendre, problablement lascif et porté à la jouissance autant qu'à la mélancolie ». J'ai vu également un criminel d'une beauté, je dirai presque merveilleuse. Son visage était d'une régularité parfaite et son front d'une grande pureté, de longs cils ombrageaient ses yeux noirs et profonds qui donnaient à toute sa physionomie un air de grande douceur; ses sourcils formaient deux courbes des plus harmonieuses; ses oreilles étaient petites et bien faites; sa lèvre supérieure était estompée par une moustache brune légère; ses cheveux étaient longs, noirs et très fins. Eh bien! ce corps, qu'on eût dit ciselé par un Praxitèle, renfermait l'âme perverse

d'un vil gredin. Ivrogne, menteur, lâche et cynique, il se prostituait aux autres détenus pour un verre de quinquina ou un
paquet de cigarettes. Il avait subi quatre condamnations pour
ivresse et batteries.

IX

Quant à cette question de savoir si le criminel est de grande
ou de petite taille, s'il est brun ou blond, si sa grande envergure dépasse celle des honnêtes gens, je ne m'y arrêterai point.
Ce ne sont certes pas les observations qui me manquent. Mais
d'abord je n'ai pu les contrôler en prenant des observations
analogues en dehors de la prison; ensuite, elles m'ont paru
ne fournir aucune donnée précise. D'autre part, les observations des autres auteurs ne sont guère faites pour éclairer la
question. Le criminel est grand et lourd, dit Lombroso; il n'est
ni grand ni lourd, disent Thompson en Angleterre et Virgilio en
Italie. Le criminel est brun plutôt que blond, disent les Italiens;
il est blond plutôt que brun, disent les Allemands et les Suédois.
L'homicide, dit Ferri, a le bras plus long en Piémont, en
Vénétie, en Émilie, en Romagne, en Calabre; il l'a plus court
en Lombardie et en Sicile; il l'a tantôt plus long et tantôt plus
court dans les Marches et la Napolitaine. (1)

(1) Voyez encore à ce sujet : Lacassagne : *Rapport de la taille et de la
grande envergure. Étude anthropologique sur 800 hommes criminels.
Bulletin de la Société d'anthropologie de Lyon.* Séance du 27 juillet 1882. —
Lacassagne et P. Doubre : *Rapports de la taille debout et de la taille assis,
de la taille debout et de la grande envergure. Bulletin de la Société d'anthropologie de Lyon.* T. II, 1883.

Tout cela n'est évidemment que contradiction et semble bien venir corroborer ce principe que je posais dès le début, que chez le criminel il y a désharmonie physique, c'est-à-dire disproportion entre les divers organes.

X

Lacassagne et Lombroso insistent sur ce point que, chez les criminels, il y a une analogie remarquable entre les deux sexes. Autrement dit, en ne tenant pas compte des instincts et des organes génitaux, les criminels seraient des espèces d'hermaphrodites. Ils seraient semblables à ces Apollons Musagètes de l'art antique à qui il faudrait bien peu changer pour en faire des Minerves guerrières. Cette théorie souffre évidemment des exceptions ; néanmoins elle est très admissible. Qu'on se rappelle combien les infantiles et les féminisés sont nombreux dans les prisons! J'ai cité plus d'un exemple de ces êtres aux formes graciles et arrondies qui, avec les attributs virils, ont presque toutes les grâces de la femme. Quant aux femmes criminelles, j'en ai vu trop peu pour pouvoir affirmer qu'elles aussi dépouillent les grâces de leur sexe pour se masculiniser dans leur voix, leurs formes et leurs allures.

Néanmoins, il y a parmi les criminels un assez grand nombre d'individus essentiellement virils et admirablement musclés. Mais, fait intéressant à noter, la plupart appartiennent à la catégorie des criminels de profession, et spécialement à celle des souteneurs. Tel est cet individu dont j'ai déjà parlé dans un des précédents chapitres et qui, dans un concours de gymnastique avait séduit, par ses grâces d'athlète, une horizontale de la rue Bréda. Il fallait, disait-elle, à ses sens déjà fatigués, des muscles puissants et des organes vigoureux.

J'ai vu également à la Santé un autre individu qui a été soigné à l'infirmerie centrale pour un chancre extra-génital de la racine du nez (1). Ivrogne, violent et brutal, il a subi deux condamnations pour escroquerie et une pour vol avec effraction. Sa musculature superbe d'Hercule forain lui permet, depuis l'âge de seize ans, de vivre sans rien faire, largement entretenu par les cadeaux des dames à qui il veut bien offrir ses grâces brutales de « mâle masculant », aujourd'hui chez une cuisinière, demain chez une blanchisseuse, et tous les soirs chez les « pierreuses » qui fréquentent les bals du quartier Maubert, où il est avantageusement connu. En outre, une jeune cousine qu'il a récemment amenée de la Creuse travaille chaque soir pour lui, de huit heures à minuit, dominée par cette brute qui la bat et à qui elle revient chaque soir soumise et les poches pleines de pièces blanches.

Ces deux estimables individus, bien que sachant lire et écrire, ne sont pas d'une haute intelligence, et chez eux les sentiments affectifs sont tout ce qu'il y a de plus rudimentaire. L'alcool est leur grande jouissance. Quant à la femme, ils la méprisent presque autant qu'ils l'exploitent et qu'ils la battent. Ils n'admirent qu'une chose : la force brutale, le muscle qui frappe ; le muscle qui fascine les filles amoureuses, leur met le rut aux flancs et les rend ensuite dociles et soumises. C'est le muscle fait homme.

XI

Je ne saurais terminer ce chapitre sans dire quelques mots

(1) Voyez *Gazette médicale de Paris*, 1887 ; *Chancre extra-génital de la racine du nez*, par Em. Laurent.

d'une question très discutée; je veux parler de l'analgésie et de la disvulnérabilité des criminels.

Selon l'école italienne, le criminel est analgésique. S'il est féroce et frappe sans pitié, c'est qu'il est lui-même insensible à la douleur; son analgésie morale dérive de son insensibilité physique. Et Lombroso cite des faits : des criminels se sont mutilés affreusement, d'autres on supporté en souriant les opérations les plus terribles. Mais ces faits ne sont que des exceptions, et on pourrait en trouver de semblables chez des gens honnêtes qui n'avaient jamais fait de mal à personne. Qu'un criminel névropathe ou aliéné soit analgésique, ce n'est là, en somme, qu'un fait isolé et qui prouve qu'il y a des névropathes et des aliénés insensibles à la douleur, et rien de plus.

A mon avis, non-seulement les criminels ne sont point analgésiques, mais ils sont lâches et pusillanimes devant la douleur. J'ai passé deux ans dans différents services de chirurgie des hôpitaux et j'ai vu faire des opérations terribles; la plupart de ces braves-gens, de ces honnêtes ouvriers supportaient souvent la souffrance avec un courage admirable. J'ai vu des femmes subir avec des grincements de dents, mais sans pousser un cri, des opérations très douloureuses, telles que l'incision d'abcès du sein. J'ai passé ensuite deux ans comme interne à l'infirmerie centrale des prisons à la Santé. Toutes les maladies graves sont centralisées dans cette maison, et, sauf la petite opération que M. Deibler pratique quelquefois place de la Roquette, toutes les opérations chirurgicales qu'ont à subir les criminels. se font dans cette infirmerie spéciale. J'y ai vu opérer pas mal de malfaiteurs, et quelques-uns étaient des meurtriers célèbres. Si on compare avec l'hôpital, le contraste est frappant. On ne peut se faire une idée de la peur qui envahit ces brutes lâches et sournoises rien qu'à l'annonce de l'opération. A la vue du bistouri ou du fer rouge, leur front se couvre de sueur et ils sont pris d'un tremblement invincible. Plus d'une fois j'ai eu à réduire des paraphimosis chez de jeunes souteneurs que leurs marmites assoifées d'amour avaient mis dans ce piteux état. La réduction est généralement assez douloureuse. Néanmoins, j'ai vu bien des fois le D' Desprès la faire dans sa salle de consultations; les intéressés protestaient quelquefois, mais d'une façon décente. A la Santé, c'étaient généralement des cris qui remplissaient toute la maison.

Mais il est un fait qui m'a particulièrement frappé et qui vaut la peine d'être rapporté.

B... est un garçon de vingt-et-un ans, originaire de Paris. Son père est un alcoolique-absinthique brutal, violent, emporté. Un de ses frères est également un ivrogne absinthique, et une de ses sœurs se livre à un dévergondage notoire.

B... ne sait ni lire ni écrire, mais par contre il aime passionnément le vin et on le rencontre plus souvent « plein qu'à jeun ». Intelligence très obtuse, âme inaccessible à tout sentiment noble et élevé, il a une face de brute avec un front étroit recouvert par une épaisse frondaison de cheveux noirs, avec des yeux noirs très brillants, mais sans aucune expression, comme ceux des bêtes.

B... a déjà subi trois condamnations. Un jour il vole un morceau de viande à l'étalage, et comme le boucher protestait, « il lui f... sur la gueule ». Un autre jour il vole du cuivre, et comme le commerçant protestait comme le boucher, « il lui f... sur la gueule » comme au boucher. Dernièrement, il accoste un passant attardé sur les hauteurs de Belleville et lui dit d'un ton peu rassurant : « Il faut me dire l'heure, bourgeois. » L'autre, pour toute réponse, tire un revolver de sa poche et lui loge une balle dans la cuisse car à la vue de l'arme le drôle avait courageusement pris la fuite. Il s'abattit sur le trottoir et on l'apporta à la Santé. La balle ne put être extraite, un abcès se forma et une opération fut déclarée nécessaire. Vous supposez sans doute que cet être féroce, qui ne parlait que de « casser la gueule et de crever la peau », se montra plein de courage et accepta la souffrance en souriant ? D'abord il refusa énergiquement l'opération, et ce ne fut que sous l'influence du spectre de la mort évoqué, qu'il se décida en tremblant. « Alors, dit-il en larmoyant comme un enfant, faites-moi ce que vous voudrez ; mais, je vous en supplie, ne me laissez pas mourir. » On l'endormit et l'opération alla bien. Mais chaque fois qu'on dut faire le pansement, chose en somme peu douloureuse, il remplissait l'infirmerie de hurlements qui n'avaient rien d'humain. C'étaient des cris de bête qu'on assomme. « Je suis douillet, monsieur le docteur ! hurlait-il sans cesse. Grâce ! grâce ! » Je l'avoue à ma honte : j'éprouvai une joie immense à voir souffrir cet être lâche et cruel.

Ce fait n'est point une exception, et je pourrais facilement multiplier les exemples. M. le Dr Th. Anger, chirurgien de la Santé, en a été frappé comme moi et comme tous ceux qui assistaient à ces opérations.

La disvulnérabilité des criminels ne me semble guère plus acceptable que leur analgésie. Le cas que je viens de citer semblerait cependant faire croire à cette disvulnérabilité, puisque la guérison s'est effectuée admirablement et en peu de jours. Le chirurgien qui l'avait opéré, en l'absence de M. Th. Anger, n'a d'ailleurs pas manqué de me dire : « Si c'eût été un honnête homme, il en serait mort. » C'est bien possible, mais il faut tenir aussi grand compte de ce fait que cet homme était très fort et très vigoureux. Et puis, ne voit-on pas tous les jours dans les hôpitaux des individus guéris très vite d'opérations extrêmement dangereuses ? Or, ce ne sont généralement pas des criminels. A la Santé, je n'ai pas remarqué que les opérés guérissaient mieux et plus vite que dans les hôpitaux.

Benedickt trouve dans cette disvulnérabilité des criminels une autre cause de leur manque de compassion et de leur penchant aux violences. « Quiconque gagne, dit-il, dans une rixe, une fracture de côte et s'attire par là une pleurésie qui le retient des mois au lit, évitera autant que possible une seconde occasion. Mais si un individu, avec une telle fracture, est capable, comme je l'ai vu, de fendre du bois les jours suivants et d'aller en voiture su. des routes raboteuses de montagnes, il n'éprouvera pas un bien grand dégoût à courir de nouveau les risques d'être battu. » Ce n'est point, je crois, cette préoccupation qui pousse ou retient le criminel dans la voie des violences. Il obéit tout simplement à ses instincts et surtout à ses impulsions et l'impulsion ne raisonne pas. « Mauvaise herbe ne meurt jamais », dit le proverbe. Eh bien! le proverbe a tort. Tout dernièrement encore, j'ai vu un vil gredin mourir, à la suite d'une opération peu grave, comme un simple honnête homme. La vie de qui nous aimons nous semble toujours trop fragile; la mort de qui nous détestons nous semble toujours trop lente à venir.

Enfin, pour terminer, je dirai un mot des fonctions des organes des sens chez les criminels.

Pour Frigerio, l'acuité visuelle est plus développée chez les criminels que chez les gens normaux, tandis que l'odorat est moindre. Il existerait même quelquefois chez eux une cécité olfactive. Le goût est également moins développé (1).

Selon Ottolenghi, le sens de l'ouïe est celui qui acquiert la la plus haute perfection chez les criminels (2).

(1) Voyez Congrès international de l'anthropologie criminelle, tenu à Paris en 1889. Rapport sur la sixième question : *Organes et fonctions des sens chez les criminels.*

(2) Id.

XII

En somme, il n'y a pas de type criminel ; il n'y a que des types criminels avec des caractères plus ou moins caractéristiques mais nullement spécifiques. « La recherche de tels caractères, dit M. Manouvrier, ressemble quelque peu à celle de la pierre philosophale qui n'a pas été d'ailleurs sans rendre des services à la chimie. »

Et je ne saurais mieux terminer qu'en citant les sages paroles du Dʳ Manouvrier au dernier Congrès de l'anthropologie criminelle, tenu à Paris en 1889, tout en faisant mes réserves, bien entendu.

« La relation étroite et indissoluble qui existe entre la physiologie (comprenant la psychologie) et l'anatomie, est à l'abri de toute contestation, si ce n'est de la part d'ignorants métaphysiciens. Mais il ne s'ensuit pas que toute différence dans la valeur des actes corresponde à une différence dans la forme ou la structure des organes qui ont servi à les accomplir. La nature des actes peut varier au point de vue sociologique, sans que leur nature varie au point de vue physiologique, et, par suite, sans variation anatomique. Autrement dit, les mêmes organes peuvent produire une infinité d'actes diversement appréciables sociologiquement. Un même individu peut agir de mille façons différentes, suivant les influences auxquelles il est soumis, sans varier pour cela physiologiquement et anatomiquement, et sans cesser de réagir toujours conformément à sa constitution. De même, un instrument peut produire de la bonne ou de la mauvaise musique, mais les sons qu'il peut rendre n'en dépendent

pas moins de sa constitution et de sa forme : c'est là sa physiologie. L'homme est un instrument mis en jeu par un milieu
infiniment variable.

« Le crime, violation grave de la loi, est une matière sociologique ; ce n'est pas une matière physiologique. Pour étudier
analytiquement l'anatomie des criminels, il faudrait préalablement ramener les crimes à leurs éléments physiologiques,
seul relevables de l'anatomie. Cette analyse n'est pas chose
facile, mais on peut s'en dispenser en recourant à une sorte de
compromis d'investigation, c'est-à-dire en cherchant d'abord
par la méthode des moyennes si les criminels diffèrent anatomiquement des honnêtes gens, en faisant cette recherche sur des
catégories de criminels aussi divisées que posible, sinon
analysées. Une fois que l'on aura reconnu l'existence de caractères anatomiques spéciaux, ou plus fréquents, ou plus pro-
noncés chez les criminels et dans telle ou telle catégorie de
criminels, alors on sera sur la voie de l'analyse psychologique
de ce que l'on appelle aujourd'hui vaguement la tendance au
crime et même de la tendance à tel ou tel crime en particulier.
Ces tendances pourront être alors résolues en de véritables
éléments psychologiques bien définis, correspondant à des
caractères anatomiques également élémentaires.

« Voilà dans quel sens l'étude spéciale, complète et approfondie des criminels finirait peut-être par arriver à la solution
du problème anatomo-physiologique que l'on eût appelé naguère
phrénologique. Mais est-il nécessaire de compliquer ce problème en y faisant intervenir les éléments sociologiques si
vagues, crime et honnêteté, au lieu d'aborder directement l'analyse psychologique des défauts et des qualités, des tendances
normales et pathologiques, avec l'analyse anatomique corres-
pondante ? Le problème concerne à la fois les criminels et les
honnêtes gens, et il ne faut pas, je crois, envisager isolément

les criminels; il faut seulement les considérer, au point de vue dont il s'agit, comme des sujets d'étude parfois très favorables, par suite de l'accentuation des caractères à étudier, ou exclusivement disponibles pour certaines recherches » (1).

---

(1) Voyez Congrès international d'anthropologie criminelle tenu à Paris en 1889. Rapport sur la deuxième question: *Existe t-il des caractères anatomiques propres aux criminels?*

CHAPITRE XVI

I

Une légende s'est faite ces temps derniers sur certains criminels : on a voulu en faire les rois de la virilité. Les journalistes appelaient à eux toutes les épithètes laudatives pour décrire l'ampleur et la richesse de leurs formes génitales, et plus d'une fille a rêvé des belles proportions de Pranzini. Si ces drôles étaient redevenus libres, les éloges des journalistes auraient pu être causes de bien des déceptions et telle émule de la courtisane biblique dont parle Ezéchiel, là où l'on annonçait des avantages merveilleux, n'eût sans doute rencontré rien de plus que chez le vulgaire « michet » raccolé aux Folies-Bergère.

J'ai fait quelques recherches dans ce sens et je dois dire que je n'ai rien trouvé d'exorbitant. Au contraire, bien des détenus étaient au-dessous de la moyenne, sauf cependant une seule catégorie, toujours la même : celle des souteneurs de profession. Il ne suffit pas, en effet, pour être aimé d'une prostituée, d'avoir de beaux biceps pour la protéger ou la rosser selon les circonstances ; il faut encore savoir lui plaire et lui donner ce qu'elle n'a point su trouver chez les autres : l'amour, c'est-à-dire le spasme vénérien. Sous ce rapport, elles sont souvent fort difficiles à satisfaire : ce sont des vêtements usés et élargis que bien peu de gens peuvent porter. Aussi elles goûtent peu les eunuques et les infantiles, préférant aux ingénuités des adolescences et aux vieillesses libertines les caresses savoureuses des mâles puissants aux fortes membrures.

Dans son dernier ouvrage, l'ancien chef de police de sûreté, M. G. Macé, rapporte la confession d'un souteneur où ce rôle est bien mis en lumière par le héros lui-même. Qu'on me permette de citer ici cette curieuse histoire (1).

« A treize ans, dit-il, j'ai quitté l'école sans avoir connu les devoirs religieux; mes parents détestaient les *ratichons*, et, comme eux, je ne crois pas à leurs simagrées. Mis en apprentissage chez mon oncle, un fumiste, je me suis sauvé au bout de trois mois. C'était pas drôle de se *balader* sur les toits avec un autre *gouspin* qui, en voulant faire la *rigolade*, a *défourraillé* (tombé) sur la tête d'une pauvre vieille marchande de lacets, sans avoir le temps de lui crier gare. Après m'être *trimardé* (promené) une huitaine de jours sur la voie publique, terrain plus solide que celui des toitures, je fus pincé par deux *raclettes* (agents), et, sur mon signalement, papa, qui me faisait rechercher, me retrouva au Dépôt de la Préfecture de police, où j'étais bouclé sous un faux *centre* (nom). Au milieu de crapauds arrêtés, il n'y avait que moi ayant les *guiches* (cheveux) rouges aussi bien plantés. De là est venu mon surnom le « roucain ». Maman, (oh! la bonne femme, encore plus faible que son mari), me replaça chez un serrurier, état moins dangereux que celui de fumiste, mais toujours noir et gras. La musique militaire me perdit; je lâchais constamment l'atelier pour la suivre, et, par une belle matinée de printemps, je disparus en emportant le trousseau de clés servant à ouvrir les portes récalcitrantes. J'ai vendu le trousseau vingt *rotins* (sous) au grand Louis dit « Pied-Fin », et le maladroit s'est laissé

(1) G. Macé. *Mes lundis en prison*. Chap. III.

prendre avec, au moment où il sortait de dévaliser la *cambriole* (chambre) du gardien de la Morgue. Pied-Fin fut condamné à cinq *berges* (années de prison), et les portes de la petite Roquette s'ouvrir pour me recevoir.

« Après un séjour de six mois, à la suite du décès de *maman*, mon oncle, le fumiste, voulut me sortir de là; il m'imposa l'obligation de travailler, en compagnie de *papa*, ouvrier chez un fabricant de garde-robes, cuvettes, sièges et autres appareils plus ou moins inodores. Je consentis pour obtenir ma liberté. Papa avait la spécialité des réparations, ce qui nécessitait des absences prolongées en dehors des ateliers. Je l'aidais tant bien que mal et plutôt mal que bien. Notre dernière station dans une maison de filles m'a été fatale. Il s'agissait de remettre en état les bascules pourvues de mécanisme à double effet d'eau des cabinets d'aisances. Ce travail, commencé le lundi, se termina le dimanche suivant, par un déjeuner auquel présidait la patronne, entourée de ses pensionnaires. Papa s'éprit d'une fille qu'il introduisit à notre domicile. Brune, jeune, presque jolie, elle voulut commander, devenir doublement maîtresse, et je me suis plié à ses exigences. Pour me récompenser, les nuits où papa était ivre, je le remplaçais. Il s'en aperçut, me flanqua dehors, vendit son mobilier et tous les deux prirent le chemin de l'étranger. On m'a dit qu'ils tenaient le cabaret du « Petit-Soleil », sur le port d'Anvers. Libre, j'ai repris ma vie vagabonde, et parmi les vauriens de mon âge j'ai cherché ceux ayant la chevelure conforme à la mienne; je m'en suis fait des amis. Les roucains sont maintenant répandus partout.

« Il y a ceux de la Bastille, de Belleville, de la Villette, de la Chapelle, de Batignolles et de Montparnasse. La police nous confond; elle est troublée, confuse lorsqu'elle s'occupe de l'un de nous. Ainsi, actuellement, elle recherche sans succès celui qui a vendu sa soi-disant sœur, âgée de moins de quinze ans, au vieux brocanteur, ce passionné de la place Maubert. Avec nos têtes de *rougets*, nous passons pour appartenir à la même famille. Un seul cependant fait ombre au tableau : c'est celui des Halles, reconnaissable par la façon dont il boucle ses cheveux, afin de donner de la valeur à son teint mat. D'une belle laideur, il représente volontiers la tête de veau couronnée de carottes, et comme il est solide, vigoureux, bien en forme, le peintre V..., rue d'Assas, l'a choisi pour son modèle favori.

« Tous les roucains sont à la *coule*, aiment les femmes et forment la pépinière des voleurs et des assassins.

« Personnellement, je déteste le travail, je fréquente le cabaret, j'adore le jeu de billard, préférable à celui des bascules automatiques des *garde-robes* ; je me suis dit : « Soyons souteneur. » Des mœurs? Tout le monde en possède de bonnes ou de mauvaises ; à côté des protecteurs de la vertu, il y a les gardiens du vice. Pour commencer à montrer mon savoir aux filles, il me fallait de l'argent, et je voulais en posséder sans courir de risques. J'ai choisi la chasse aux *valseurs* (ivrognes); le barbotage des poivrots est facile, à la portée des débutants, et mes premiers essais réussirent à merveille. Avec le produit des vols, je pus m'habiller convenablement, et, au bal de la rue de la Gaîté, j'offris un punch parsemé de tranches de citron à mes danseuses en me mettant à leur disposition. L'une d'elles me dit : « *Brochet à la mie de pain* » (jeune souteneur), je vais te charger d'une mission ; tu vas me suivre pour empêcher maman, qui est veuve, de me faire arrêter. » Je fis le nécessaire, et la femme sans mari rentra dans le silence. Une seconde prostituée me mit encore à l'épreuve. Affublée du costume de l'ouvrière honnête, elle pratiquait son commerce en face de la gare Montparnasse, à la station des omnibus et tramways, sur la large plate-forme servant d'abri aux voyageurs. Je la protégeai à l'aide de signaux, et les *roussins* (agents), pendant près de trois mois, ne l'ont pas inquiétée. Cependant, un lundi de Pâques, elle fut surprise racolant à l'intérieur de la gare; elle se débattit, cria, fit du *pétard*. Invisible et présent, j'en profitai pour prendre deux billets pour Versailles, et, m'adressant ensuite aux agents, je leur criai : « C'est ma sœur que vous arrêtez au moment où nous allons voir notre mère malade; voici les places, et le train va partir, vous êtes des misérables, des brigands. » Les voyageurs groupés, croyant à une méprise, donnèrent tort aux agents, qui furent obligés d'abandonner leur capture.

« J'ai appris l'argot pour me permettre de l'approprier aux circonstances délicates : du reste tout débutant, dès son entrée dans la corporation, doit connaître cette langue spéciale aux malfaiteurs.

« Les filles me remarquèrent, et l'une d'elles, plus âgée que les autres, me prit à son service. En lui appartenant, elle devenait ma propriété, je vivais par elle et pour elle. Je n'étais pas un apprenti, car la maîtresse à papa m'avait donné les premières leçons.

« Il y a également des formes dans notre monde. Le jeune homme naïf ne plaît point à la fille galante, qui préfère de beaucoup les actes aux paroles; si elle se donne au premier venu, elle ne se livrera pas tout de suite à celui qui doit devenir son vrai souteneur. Elle le cherche, l'étudie, le met à l'essai, et lorsqu'elle a la quasi-certitude qu'il possède les qualités requises, qu'il est conforme et apte à remplir les obligations de la charge, elle se perd en s'abandonnant tout entière à lui. Le plus souvent l'acceptation définitive dépend de la première nuit. Ils se sont alors compris, sentis, sondés.

« Le bavardage de ma maîtresse fut cause de sa mort. Heureuse, fière de posséder un jeune amant, elle vanta avec trop d'orgueil mon intelligence et mes talents. Elle ne cessait de répéter à ses camarades de la rue : « Voyez comme il est

« beau, mon roucain, avec ses habits neufs ; *moi* je ne suis pas *fai-*
« *gnante*, et je lui donne l'argent gagné pour lui prouver com-
« bien je l'aime. »

« Plusieurs de ses amies, par jalousie, me firent des propositions. Je les repoussai. Elles se battirent, c'était prévu.

« Voulant les mettre d'accord, je me suis laissé jouer en cinq
points à l'écarté, dans la brasserie du Progrès moderne. Elles
buvaient de l'absinthe, moi des bocks et j'assistai, la cigarette
aux lèvres et sans émettre mon opinion, à cette bataille dont
j'étais l'enjeu. Je devins alors le protecteur d'une autre fille,
plus jeune, plus active, et par dépit l'abandonnée se donna, en
rentrant chez elle, un coup de couteau au-dessus du sein gauche, après avoir écrit un billet annonçant l'intention de quitter
la vie.

« Je fus néanmoins dénoncé. On m'accusait, par des lettres
anonymes, d'avoir assassiné ma vieille maîtresse, et le commissaire m'arrêta provisoirement. Cela fit du bruit, flatta ma
vanité, et cette réclame non cherchée me posa aussi favora-
blement qu'un duel sérieux dans la vie galante des grandes
cocottes.

« L'enquête, sous plusieurs points, établit le suicide. Le
premier, le principal, était celui-ci : la porte avait été fermée à
un tour de clé de l'intérieur de la chambre et la clé laissée dans
la serrure. La personne se trouvant dans la chambre pouvait
seule agir ainsi, d'autant plus que la targette était poussée. D'un
autre côté, il était matériellement impossible d'entrer et de
sortir de cette chambre sans passer par son unique porte.

« Je fus remis en liberté.

« Ma nouvelle maîtresse n'avait pas dix-neuf ans ; j'en comptais
à peine vingt-deux. Quelles riches natures, quels vices et quel
ménage ! Nous faisions des jaloux avec nos succès. On voulait
me prendre mon *pain frais*.

« — Dites-nous votre rôle avec cette fille.

« — Je lui servais d'appui, de guide, de maître... (après un silence, il ajouta sur un ton prétentieux) : les souteneurs ont leur utilité ; tous ne deviennent pas criminels ; j'en connais qui, comme l'*Anguille*, le *Doigt-Coupé*, *Maquaubeur*, *Grosses-Lèvres*, ont su protéger, défendre leur maîtresse, sans jamais commettre le moindre délit. Ceux-là sont sérieux, recherchés, cotés, mis à l'enchère ; ils touchent quotidiennement des cachets de cinq à vingt francs. Pendant les absences de leurs *marmites* nécessitées par des *récurages* à l'infirmerie de Saint-Lazare, ils sont sans place, et, ne voulant pas voler, ils recherchent les prostituées libres et leur disent : *Ton homme est au bloc, ma femme est pincée par précaution de salubrité publique*, allons prendre un verre et je suis à toi. Ces souteneurs-là connaissent, aiment la femme et savent l'arranger de toutes les manières en lui procurant des sensations exceptionnelles. Moi je connais l'amour qui vit de brutalités et d'injures, et je me contentais de remonter à coup de pied au bas du dos la pendule de ma drôlesse lorsqu'elle manquait à ses devoirs. Elle est solide, résiste aux coups, à l'absinthe et au tabac. Les corrections manuelles, appliquées, bien senties, exigent encore de la retenue ; il ne faut point, par raison économique, détériorer sa marchandise, et c'est un *art* que celui de savoir battre soigneusement.

« — Cet art, aussi touchant qu'anti-naturel, unique en son genre, est-il nécessaire ?

« — Certainement. Sans cela les souteneurs perdraient leur prestige, leur force, et les prostituées finiraient par les quitter en les traitant d'imbéciles. Pour les rendre souples, dociles et tendres, il faut absolument les *purger* par des moyens actifs, et la plupart éprouvent de la satisfaction en présence des individus osant les frapper. C'est la femelle qui doit aimer le mâle, et celui-ci doit la former à poursuivre l'homme, comme on dresse le chien à chasser le gibier.

« — La fille prostituée a donc réellement besoin d'un souteneur ?

« — D'autres avant vous ont posé la question, je vais y
répondre, et vous jugerez ensuite combien on méconnait notre
véritable caractère.

« Une fille noceuse, publique ou non, soumise ou insoumise,
selon le langage policier, doit *s'acliquer, se maquer* avec un
homme, car sans lui elle ne peut pas battre son quart (situation
d'une prostituée sur la voie publique), les autres filles viendraient l'ennuyer, la gêner, lui dire des sottises, la giffler et la
passer à la corvée (1).

« Avec son protecteur elle ne craint rien, circule en sécurité
et se colle avec lui comme le fer à l'aimant ; si on l'attaque et si on
lui passe de la fausse monnaie, si des passants impatientés la bousculent, la conspuent, elle s'écrie comme les marchands de
marée : « Il arrive! il arrive! » Et lui présent, cela le regarde,
car il doit veiller, défendre celle qui l'entretient pour les explications définitives et le combat. Le souteneur empêche qu'elle
soit exploitée par les *michés de carton* (amants peu généreux),
par les *côtelards grincheux* (hommes), par ceux venant pour *la
peau* (gratis). Elle paie, veut être payée et ne peut donner gratuitement ce qui est marchandisé : lorsqu'elle est *marronne*
(arrêtée), c'est son *petit homme* qui veille, conserve, garde le
pied à terre ; c'est lui qui écrit les lettres amoureuses, indispensables aux habituées de Saint-Lazare. Oui, la fille a besoin de
notre attachement, de nos caresses, de nos coups, parce qu'elle
reçoit des hommes à manie, égoïstes, matériels, n'ayant qu'un
but : contenter leurs désirs en exigeant pour eux seuls tout ce
que la volupté peut offrir. Ils jugent, apprécient la fille comme
une machine à plaisir dont ils examinent la construction dans

(1) Se mettre une dizaine et cogner à tour de rôle.

toutes ses formes. Elle leur plaît, ils l'achètent. C'est une esclave soldée pour éveiller pendant quelques instants des sens aux deux tiers disparus. La femme, selon ses aptitudes, devient un puissant apéritif; ses sens à elle-même sollicitent comme ceux de ses clients un énergique réactif. L'homme salarié par elle devient à son tour son esclave : il a ses devoirs, ses corvées à remplir pour animer cette créature indifférente à ses clients, qu'elle considère absolument comme des pièces de monnaie. En apercevant tel ou tel de ses habitués, elle vous dira : « Voilà mes cent sous, voilà mes dix francs », et c'est le sourire sur les lèvres qu'elle annoncera son *louis*. Celui-là, au moins possède un nom.

« Pour le souteneur, la pièce de monnaie représente, côté pile une trique, côté face un amour.

« Si les filles galantes sont rouées, elles n'en possèdent pas moins un fonds de bêtise inépuisable. Bêtes, rouées, ces deux qualificatifs étonnent. Dans le monde de la débauche, ils font bon ménage.

« La prostitution restera éternelle, et hier comme aujourd'hui, aujourd'hui comme demain, il y aura toujours des femmes pour se livrer au libertinage et se laisser volontairement dépouiller.

« Les souteneurs deviennent les vrais naufrageurs de la vertu ; ils appartiennent à la classe du peuple et débutent, en jouant aux jeux innocents, par déflorer les petites filles. Les gros financiers, les bons bourgeois n'ont jamais eu que le dessous du panier.

« Etes-vous satisfait, monsieur le chef?

« — Pas encore.

« — Que vous faut-il?

« — M'apprendre ce que deviennent les souteneurs.

« — Ceux qui vivent au jour le jour, sans souci du lendemain, semant leur santé, leur jeunesse dans les sentiers du vice facile,

comme Bibi-Miteux, Georges-le-Parisien, Jules-le-Belge. Au-
guste-le-Nantais, meurent de la cristalline sur un lit d'hôpital. D'autres disparaissent dans les prisons ou vont peupler,
comme moi, la Nouvelle-Calédonie. Les plus intelligents s'entendent avec leur maîtresse, font des économies, se marient et
réalisent leur rêve : acheter en province une maison de tolérance.

« Il n'existe pas de vieux souteneurs.

« Maintenant je compte sur ma récompense.

« — Laquelle ?

« — Voir ma « Bergeronnette ».

Fig. 37

Comme on peut en juger, il n'est pas besoin d'être un Adonis
pour devenir un bon souteneur. Si l'on avait encore le moindre
doute à cet égard, il suffirait de jeter les yeux sur la figure 37,

qui représente un personnage très estimé et très apprécié dans la profession.

Enfin, j'ai montré dans le chapitre précédent deux types de souteneurs admirablement musclés: leurs testicules et leur verge n'étaient pas moins dignes d'admiration et répondaient au reste. J'en ai vu un autre qui, bien qu'âgé de quarante-cinq ans, savait encore plaire aux filles, grâce à la magnificence de ses organes génitaux. Sa verge mesurait à l'état flasque treize centimètres de long et douze centimètres de circonférence au niveau du gland. « Vous devez être bien fier, lui dis-je, de posséder un aussi bel organe! — Ah! Monsieur, répondit-il avec cynisme, sans cela il y a longtemps que je serais mort de faim. Néanmoins, ajoutait-il, cela m'a fait perdre quelquefois de bonnes occasions. Avec ça, voyez-vous, on ne passe pas facilement partout et on est quelquefois forcé d'enfoncer des portes ouvertes ». Quand, à cause de sa maturité, une femme lui résistait, il l'entraînait chez un marchand de vin ou sous une porte cochère et lui montrait sa... supériorité : généralement elle tombait dans ses bras, pâmée et les lèvres humides. Mais il y avait le revers de la médaille : si elle n'était point préparée à recevoir de telles caresses, elle devait passer quelque temps ensuite à l'hôpital pour une métrite ou une péritonite.

Quant aux autres criminels, ils m'ont paru plutôt frêles et exigus dans ces parties, ce qui s'explique facilement par le grand nombre d'infantiles et de féminisés qu'on rencontre parmi eux.

Mais je ne saurais me montrer très affirmatif sur de pareils faits, car, à moins d'avoir assisté souvent à des conseils de révision, la comparaison avec les gens honnêtes est difficile, ceux-ci n'ayant généralement point l'habitude d'exhiber leurs parties sexuelles dans la rue.

II

Voyons maintenant les habitudes génitales des criminels.

Les criminels sont-ils des génitaux, c'est-à-dire des individus très portés, je ne dirai pas aux plaisirs de l'amour, mais simplement aux satisfactions sexuelles? Souvent non. J'ai entendu je ne sais combien de fois des individus jeunes et vigoureux me dire qu'ils préféraient un verre de vin à une femme.

Ainsi P... est un garçon de trente-six ans, originaire de Chambéry, condamné trois fois pour faux billets. Depuis longtemps déjà adonné à l'alcool, il est peu tourmenté par des érections et il pense peu aux femmes. Il m'a avoué qu'ayant été libéré l'an dernier au mois d'avril, après plusieurs mois de prison, il n'avait pas eu de rapports avec une femme avant le 14 juillet suivant, ce qui indiquerait bien une ardeur génitale des plus tempérées.

Un détraqué héréditaire condamné deux fois pour abus de confiance, et dont j'ai déjà parlé, place l'alcool infiniment au-dessus de la femme et, aux jouissances éphémères données ou vendues par celle-ci, il préfère de beaucoup les joies procurées par celui-là. Il a perdu sa femme il y a un an, et, depuis ce temps, il n'a cohabité qu'une seule fois avec une autre. Il est vrai que cet individu a quarante-trois ans; néanmoins, à cet âge, les appétits génésiques ne sont généralement pas éteints.

A côté de ces indifférents de l'amour, on rencontre aussi quelques frigides et même quelques impuissants; mais ils sont peu nombreux.

III

On rencontre aussi quelques criminels chez qui le sens génital est exalté. Individus à la puberté précoce, aux passions sexuelles hâtives, aux appétits en quelque sorte insatiables, leurs excitations partent de la moelle, qui chez eux doit être touchée. J'ai observé à cet égard un fait qui m'a beaucoup frappé et que je demanderai la permission de rapporter ici en quelques lignes.

B... est un garçon de vingt-six ans, originaire de Paris. Il ne donne sur ses antécédents héréditaires que des renseignements peu précis. Son père serait mort de la fièvre typhoïde ; sa mère est encore vivante et bien portante.

B... est d'une intelligence très ordinaire ; il sait lire et écrire. Dans son enfance, il s'onanisait beaucoup, et cela jusqu'à l'âge de vingt ans, époque de son mariage. Depuis six ans qu'il a une femme, il se livre au coït au moins deux fois par jour, et souvent plus. La première nuit qu'il coucha avec sa femme, il eut avec elle onze rapports en moins de huit heures de temps, et il se sentait, dit-il, encore assez de vigueur pour la chevaucher deux fois de plus ; il ne s'est arrêté qu'à la prière de la malheureuse, à qui sa vulve endolorie et ensanglantée arrachait des cris.

Sa verge mesure à l'état flasque neuf centimètres de long et neuf centimètres et demi de circonférence ; à l'état rigide, elle a onze centimètres de long et seize de circonférence.

Le sens génital de B... est évidemment exalté. Il y a chez lui un centre génito-spinal facile à émouvoir et pour ainsi dire hyperesthésié. Avait-il une moelle prédisposée et déjà malade, ou bien les hyperhémies répétées dues à ses excès vénériens ont-elles affaibli et prédisposé cet organe aux processus inflammatoires ? La question est délicate à résoudre. Dans tous les cas, voici ce qui s'est passé.

B... se fit arrêter pour avoir volé des fournitures de fleurs chez son patron. Condamné à quelques mois de prison, il fut placé en cellule à la Santé, travaillant à faire du papier de dentelle. Il eut un peu froid dit-il, puis il perdit l'appétit ; constamment altéré, il ressentit des fourmillements dans les membres inférieurs qui commencèrent à faiblir. Au bout de huit à dix jours il ne pouvait plus marcher et ses bras impuissants laissaient retomber les marteaux. Lorsque je vis B... pour la première fois à l'infirmerie, avec M. Variot, il pouvait encore se tenir debout, mais la marche était devenue impossible ; le talon ne pouvait plus quitter le parquet. Le réflexe rotulien était diminué ; mais la sensibilité était conservée sous tous ses modes. Les muscles étaient flasques : à l'avant-bras, les fléchisseurs et les extenseurs ont conservé une partie de leur force ; mais les muscles de l'épaule (biceps, triceps, pectoraux) sont parésiés.

La langue était sèche, la température à 39°, le ventre météorisé avec sensation de brûlure au niveau de la région ombilicale. Les urines avaient une coloration vin de Malaga probablement due à l'hémoglobine dissoute, car on n'y trouvait pas d'hématies. Elles contenaient deux grammes cinquante d'albumine par litre, et la quantité rendue par jour oscillait entre deux et trois litres.

L'intelligence était bien conservée.

Les jours suivants, les phénomènes de paralysie ne firent que s'accentuer ; la température s'éleva, le sommeil disparut en même temps que les pupilles devenaient inégales. Enfin B... se mit à divaguer et, au bout d'un septénaire, il expira doucement avec une face rouge et un ventre très météorisé.

Qu'on veuille ou non voir dans ce fait, qui n'a malheureusement pu être contrôlé par l'autopsie, un cas de cette affection peu connue qu'on a décrite sous le nom de paralysie spinale ascendante de l'adulte, il n'en est pas moins vrai que chez B... cette affection a dû avoir quelque rapport avec son état d'exaltation génitale ; qu'on y voie une cause ou un effet, peu importe : la relation est certaine. Psychiquement ou physiquement B... était un taré.

IV

Si on trouve parmi les criminels des individus chez qui le sens génital parle haut et fort, on peut affirmer que neuf fois sur dix ces individus ne cherchent que la satisfaction grossière et brutale de l'instinct. Ce sont des mâles qui ont le rut aux flancs, qui assaillent la première femelle qu'ils rencontrent et qui veut bien, mais ordinairement sans choix. Jeune ou vieille, belle ou laide, peu importe; leur épithélium génital a parlé, il faut qu'ils répondent à son appel et que le besoin soit satisfait. Incapables d'aucun attachement pour la femme, ils ne voient en elle que la femelle, « l'hôtel du besoin », comme ils disent.

Les viols, et surtout ceux commis sur les vieilles femmes et les enfants, ont le plus souvent pour auteurs des fous, des imbéciles ou de ces brutes aux ardeurs génitales insatisfaites.

Ce sont eux aussi qui, en prison, deviennent des pédérastes. Mais ce sont presque toujours des pédérastes par nécessité. Ils n'ont plus à la prison, sous la main, leur marmite soumise et docile, heureuse de leurs caresses brutales. Tout d'abord ils

s'onanisent, puis, jetant les yeux autour d'eux, ils voient souvent
des êtres juvéniles, des féminisés qui ressemblent un peu à la
femme et ont quelques-unes de ses grâces : c'est à eux dès lors
qu'ils s'adresseront; ils trouveront chez ces mâles faibles un
heureux dérivatif pour leurs instincts d'animal amoureux. Quelquefois ces individus sont tout préparés et même depuis longtemps rompus à ces pratiques : ce sont les « petits jésus », prostitués mâles, qui, au dehors déjà, faisaient commerce de leur
corps et continuent à la prison cet amour mercantile et honteux.
Pour une cigarette, un verre de vin, quelques grammes d'alcool,
ils se livrent avec un cynisme révoltant, presque sous les yeux
des gardiens. Que de fois ne m'est-il pas arrivé de surprendre
à l'infirmerie de ces drôles accouplés et aussi peu gênés de ma
présence que deux chiens dans la rue !

D'autres individus arrivent en prison avant d'avoir connu ces
passions dénaturées et avec un anus vierge. Mais peu à peu les
mauvais exemples, les mauvais conseils, les promesses et les
menaces des autres détenus, en un mot l'atmosphère morale
viciée et pourrie de la prison ne tardent pas à en faire des
« fleurs fauchées ». Chez ces êtres faibles, le sentiment de la
pudeur s'émousse aussi vite que se prend l'habitude du vice.
Comme les autres, ils trouvent qu'il est bien facile de s'éviter
une corvée ou de se procurer des douceurs par une complaisance
qui coûte si peu. Une fois sortis de prison, ils feront le même
raisonnement : ils trouveront plus agréable de vivre à ne rien
faire, en se prostituant quelques heures le soir, et, entraînés par
les mauvaises connaissances qu'ils auront faites pendant leur
captivité, ils iront vite grossir le nombre des « petits jésus » de
pissotières et de latrines publiques. Ils retrouveront même
dehors les protecteurs de la prison qui, eux aussi, auront pris
l'habitude du vice des habitants de Sodome; ils continueront ce
commerce charnel impie commencé sous les verroux et forme-

ront de ces singuliers ménages où le mari est un homme et la femme un adolescent; ils vivront même de cette union, celui-ci se prostituant, celui-là donnant conseils, aide et protection, en cas de besoin.

V

Les invertis, et spécialement les invertis pédérastes passifs, si nombreux dans les prisons, fournissent aussi à ces assoiffés d'amour des plaisirs faciles qui rappellent plus ou moins ceux de la femme. Les invertis passifs, en effet, s'ils ne sont pas toujours jeunes, ont néanmoins sur les « petits jésus » un avantage inappréciable : ils se donnent uniquement pour le plaisir et sans exiger la moindre rémunération; ils appellent d'eux-mêmes ces abominables caresses, et même ils les implorent; il y a volupté partagée et communion dans l'orgie. Et puis beaucoup d'entre eux savent offrir aux personnages qu'ils appellent leurs amants, des raffinements sur lesquels on ne peut que difficilement compter, paraît-il, avec les « petits jésus ». Beaucoup de ces individus pratiquent l'onanisme buccal uniquement par plaisir et sur tous les détenus qui veulent bien leur faire l'aumône de leur verge pendant quelques instants. Quelques-uns poussent même l'enthousiasme jusqu'à « bouffer la camelotte », comme on dit dans ce milieu distingué. J'ai déjà cité un exemple de ce genre dans le chapitre sur les dégénérés dans les prisons. Je pourrais encore en rapporter d'autres. J'ai connu en particulier un détenu employé à la Santé comme infirmier et qui avait cette honteuse habitude. On l'avait surnommé « la marchande de beurre »; probablement, me disait un autre détenu, parce qu'il distribuait avec largesse autour de lui le beurre de la volupté.

VI

Lorsque, dans les bagnes ou les maisons centrales, les « petits jésus » ou les « tapettes » se font rares, les criminels, n'ayant plus ces images de la femme, sont obligés de se suffire à eux-mêmes. Alors des ménages se forment où il y a échange réciproque de complaisances et de caresses ; l'homme d'aujourd'hui sera la femme de demain et *vice versâ*.

Enfin, ces êtres aveuglés par l'instinct génital ne s'arrêtent pas à ces actes sodomiques : la bestialité a aussi pour eux des attraits. J'ai déjà cité un individu, sorte d'imbécile aux mauvais instincts, qui avait violé des brebis. M. Lagesse, directeur de la prison de la Santé, à qui j'ai bien souvent signalé ce commerce honteux d'homme à homme chez ses détenus, m'a plus d'une fois raconté que, lorsqu'il était directeur d'un pénitencier agricole en Corse, toutes les chiennes avaient dû en être exclues, parce que les condamnés pratiquaient sur elles le coït, selon le mode dit de la brouette, et leur donnaient ainsi des inflammations et différentes maladies de la vulve et du vagin.

VII

A côté de ces individus, qui ne cherchent que les satisfactions brutales et grossières, on trouve bien parmi les criminels quelques détraqués héréditaires présentant des perversions plus ou moins immatérielles de l'instinct sexuel, quelques pédérastes platoniques s'éprenant pour un adolescent aux grâces d'éphèbe hellénien d'un amour vraiment socratique et où les sens n'entrent pour rien. Mais ces faits sont tout à fait accidentels.

Il y en a aussi quelques-uns qui souffrent cruellement d'être privés des plaisirs vénériens, mais qui, devant les offres de la pédérastie, se détournent, pris de dégoût, comme les anges se détournèrent de Sodome. Mais ces détenus sont rares également.

VIII

Enfin, si je voulais résumer mon opinion générale sur les habitudes génitales des criminels, je laisserais de côté ces exceptions dont je viens de parler et je ne verrais parmi eux que deux catégories : les individus aux instincts sexuels apaisés ou éteints et ces mâles aux appétits violents qui cherchent et trouvent facilement dans la pédérastie les satisfactions qu'ils demandaient autrefois aux prostituées de bas étage.

CHAPITRE XVII

L'AME DES CRIMINELS

I

Les criminels sont-ils intelligents? En général, ils m'ont paru d'une intelligence au-dessous de la moyenne. Sans doute, j'ai plus d'une fois rencontré parmi eux des esprits cultivés, des gens instruits, mais c'était des exceptions, et souvent ils ne faisaient en prison qu'un séjour tout à fait accidentel. Par contre, combien j'ai vu d'intelligences faibles et débiles! Combien de véritables imbéciles aux facultés obnubilées! Combien d'individus ne sachant ni lire ni écrire, et cela, assez souvent, malgré leur passage à l'école, où on n'avait jamais pu rien leur apprendre! Combien m'ont fait cette confidence, si souvent rapportée dans mes observations, qu'ils avaient la « tête dure » et faisaient le désespoir de leurs premiers maîtres! Puis le milieu dans lequel ils ont vécu, la vie d'abrutissement et de paresse qu'ils ont menée, les abus de toutes, sortes et surtout l'ivrognerie, sont venus souvent compléter cette déchéancei ntellectuelle.

M. Joly a demandé aux deux instituteurs de la Petite-Roquette s'ils trouvaient leurs pensionnaires moins intelligents en général

que les enfants dont ils avaient fait ailleurs l'éducation dans les
écoles ordinaires. Les instituteurs lui ont répondu qu'ils les
trouvaient d'une intelligence plus éveillée, d'une grande et
quelquefois même d'une trop grande vivacité; mais cela ne
prouve pas grand'chose. Combien de ces enfants, en effet, appartiennent à la catégorie de ces petits phénomènes dont le portrait
a été si magistralement tracé par le professeur Brouardel : ils
étonnent d'abord par leur précocité et leurs merveilleuses
aptitudes, puis, au moment de la puberté, leur développement
intellectuel s'arrête tout à coup en même temps que leur développement physique. Ces génies manqués restent indéfiniment
des enfants et par les grâces enfantines de leur corps et de leur
visage et par la puérilité de leur intelligence qui n'arrive jamais
à une maturité forte et féconde.

Du reste, Lombroso est également d'avis qu'on trouve parmi
les criminels une moyenne intellectuelle inférieure à la normale
avec des exagérations de supériorité.

Mais ce qui caractérise ces cerveaux faibles, c'est surtout le
manque de suite dans les idées, le manque de pondération et
d'équilibre dans leurs conceptions, d'où cette folle imprévoyance, fille de l'irréflexion, qui amène tant de criminels entre
les mains de la justice. Pranzini, qui avait su exécuter son
crime avec une rare adresse, se perdit en donnant les bijoux de
sa victime à des filles de lupanar, à Marseille.

C'est cette même imprévoyance qui engendre les confidences
imprudentes faites au premier venu. Pourvu que, par son expression et l'usage de l'argot, un homme leur paraisse appartenir à
leur catégorie, ils en font immédiatement leur ami et s'épanchent
sottement dans son sein. Ne voit-on pas Prado que, comme
Pranzini, on prétend fort intelligent, faire sa confession à une
maîtresse qui peut le trahir et le vendre au premier jour de
brouille ?

Imprévoyants et légers, les criminels, moins que n'importe qui, ne sont gens du lendemain. Ils vivent au jour le jour, espérant que le hasard qui leur donne aujourd'hui du pain ou un bon coup à faire, le leur ramènera demain. Et leur vie s'écoule ainsi dans une insouciance qui les rend incapables de lutter et de rien prévoir. J'ai vu bien des détenus qui, à la veille de leur sortie, se trouvaient sans argent, sans asile, sans amis, et cependant nullement préoccupés de ce qu'ils feraient le lendemain dehors pour avoir un morceau de pain et un gîte.

« Qu'allez-vous faire ? » leur disais-je souvent. — « Je ne sais pas : je verrai quand je serai dehors. J'ai le temps ». Telle était bien souvent leur réponse. C'était une espèce d'anéantissement de l'intelligence qui ne sait plus agir et se mettre en mouvement, ce qui fait que, selon l'expression du Bhagavad-Gita (1), ils ressemblent un peu « à la lumière paisible d'une lampe placée dans un lieu où le vent ne souffle pas ».

Néanmoins, certaines fonctions de l'intelligence m'ont paru chez eux assez bien conservées. Leur mémoire est en effet souvent bonne. Mais comme ils ne comprennent toute chose que par ses petits côtés, ils ne gardent que des souvenirs de surface, si l'on peut s'exprimer ainsi. Ces souvenirs sont cependant assez précis et assez nets. C'est sans doute grâce à cette faculté et aussi grâce à leur esprit d'imitation qu'ils apprennent assez facilement les langues. J'ai connu, en effet, plusieurs criminels d'une intelligence très ordinaire et qui cependant parlaient bien et avaient appris vite différents idiomes modernes, mais naturellement sans avoir une connaissance approfondie de la grammaire et de la langue.

_____

(1) Sixième lecture.

II

Si l'intelligence des criminels est peu développée, leurs facultés imaginatives le sont encore moins, et, chez un assez grand nombre, elles n'existent qu'à un état tout à fait rudimentaire. On verra lorsque j'étudierai la littérature et les dessins des criminels, qu'ils connaissent peu cette « chose ailée et sacrée » dont parle Platon, cette faculté que nous avons de représenter très vivement les objets en leur absence, de donner un corps à nos souvenirs, une sorte de spectacle extérieur aux idées morales. Nous verrons que le criminel, même dans la solitude de la prison, rêve peu, qu'il vit peu de cette vie de songes poétiques qui nous fait échanger en esprit, comme la Perrette du bon La Fontaine, notre pot au lait contre une infinité de biens chimériques qu'un faux pas fait évanouir; il a peu de ces illusions bienfaisantes, de ces nuages dorés qui dérobent les tristesses de l'heure présente et faisaient dire à la jeune captive d'André Chénier, en face de l'échafaud : « J'ai les ailes de l'espérance! » Nous verrons le criminel en prison quelquefois lisant, écrivant et même cherchant à assoner des rimes: mais toujours il rase la terre d'un vol lourd; son imagination rebelle ne sait point l'enlever, l'emmener au palais féerique des rêves, le faire asseoir au festin où Satan fit asseoir Faust dans la nuit de Valpurgis, et dérouler à ses yeux éperdus et ravis tous ses fantastiques mirages. C'est une colombe aveugle et sans ailes; son vol est sans grâce et sans enchantements.

Et même, dans un ordre moins élevé, l'imagination des criminels est peu féconde. On a souvent vanté leurs ruses. Ah! je les ai vues leurs ruses vieilles comme les prisons et connues de tous les gardiens. Ils en inventent rarement de nouvelles ; ce sont toujours les anciennes retapées et cousues de fil blanc. Emile Gauthier, qui, lui aussi, les a étudiés de près, prétend au contraire qu'elles sont merveilleuses. « On ne saurait croire, dit-il, à quel point la claustration développe l'esprit de ruse et d'ingéniosité. Il n'est guère que les héros de Fenimore Cooper et de Gustave Aymard, Peaux-Rouges, happeurs de l'Arkansas ou pirates de la Savane qui puissent, à cet égard, soutenir la comparaison avec la gent détenue » (1). Il ajoute à cela qu'il a vu à Mazas, un soir, un sou qu'on avait fendu par la tranche et dont on avait évidé l'intérieur. Puis, à l'aide d'un pas de vis imperceptible, pratiqué dans l'extrême bord, on l'avait transformé en une petite boîte hermétiquement close qui dissimulait, sous une mince pellicule de cuivre, une petite pièce d'or de cent sous. J'ai connu, de mon côté, un individu d'une intelligence assez éveillée, il est vrai, qui avait inventé une foule de trucs très ingénieux. C'est précisément celui dont j'ai dit l'histoire dans un précédent chapitre.

Lorsqu'il se trouvait à la Santé, une de ses plus grosses privations était de manquer de tabac. Il arrivait assez facilement à s'en procurer, mais il fallait pouvoir en cacher de façon à être sûr d'en avoir régulièrement. Comment faire ? Tout est visité avec tant de soin, la surveillance est si sévère, il y a tant à redouter de la délation des autres détenus jaloux ! Un matin je le trouvai radieux, et, s'il eût su le grec et connu Archimède, il m'eût sans doute dit : Ευρηχα ! L'animal avait trouvé un truc pour dissimuler son tabac. Il se le plaçait sous la plante des pieds, entre la peau et une bande de diachylum. « Cela lui donnera peut-être un parfum un peu spécial, me disait-il ; mais en prison on ne saurait se montrer trop difficile sur le choix de son tabac ».

(1) Emile Gauthier. Le *Monde des prisons*. In *Archives de l'anthropologie criminelle*, novembre 1888.

Comme on le voit, on peut bien rencontrer de temps en temps
une ruse nouvelle, un artifice non encore connu, enfanté par
un détenu plus intelligent, mais généralement ils reservent
toujours les mêmes ficelles, vieilles et usées. Des gardiens souvent peu intelligents suffisent à déjouer leurs combinaisons les
plus savantes.

En somme, ce mince bagage d'artifices exige peu de frais
d'imagination et peu d'efforts intellectuels, surtout si l'on songe
que le criminel enfermé en prison n'a souvent pas d'autres
préoccupations et qu'il peut méditer des semaines et des mois
le truc qu'il se propose d'essayer. D'ailleurs, les animaux, qui
n'ont pas d'imagination, ne sont-ils pas les plus rusés des êtres
vivants quand leur instinct spécial est en jeu?

« Les enfants paresseux et indisciplinés, dit M. Joly, résolus
à tromper leurs maîtres et à s'amuser quand même, sont plus
rusés que leurs camarades qui occupent les premiers rangs de
la classe. » Et il ajoute avec juste raison : « L'ensemble des
ruses de tous les voleurs réunis est quelque chose de prodigieux,
comme l'ensemble des ruses des animaux ; mais chacun de son
côté n'en emploie qu'une. En réalité, les honnêtes gens au service de la police, qui ont à deviner et à déjouer tous ces tours,
dépensent une bien plus grande somme d'intelligence et
d'adresse que les plus habiles de ces bandits pris à part. »

Donc, quand bien même les criminels seraient très rusés, cela
ne prouverait pas qu'ils soient très intelligents.

III

La sensibilité affective est considérablement émoussée chez
les criminels. C'est là un fait hors de doute. Lacenaire disait :
« Je tue un homme comme je bois un verre de vin. » Vantar-

dise sans doute, mais vérité aussi. J'ai déjà cité dans les chapitres précédents des criminels qui aimaient à voir couler du sang et l'un deux prétendait que les assassinats étaient pour lui d'agréables parties de campagne. Lombroso cite également des exemples remarquables de cette froide et impassible analgésie morale. Boutellier, à vingt et un ans, tua sa mère de cinquante coups de couteau, et, se sentant fatigué, se jeta sur un lit voisin où il dormit paisiblement. Robolio fit parer, comme pour une noce, le cadavre de sa femme et le plaça entre lui et les deux fossoyeurs ; tous les trois, dans cette position, eurent l'affreux courage de prendre leur repas.

Du reste, l'argot même indique combien peu les criminels sont sensibles à la douleur d'autrui. L'idée de l'homicide est exprimée par des termes burlesques : faire une saignée, faire une boutonnière, apaiser, faire suer, etc.

L'école italienne veut voir dans cette insensibilité morale une conséquence de l'insensibilité physique. J'ai essayé de démontrer, dans un des chapitres précédents, que cette insensibilité n'était qu'une chimère. J'aimerais mieux voir dans cette insensibilité morale du criminel un résultat de l'éducation et surtout de l'habitude. Le garçon boucher qui tue son premier veau tremble et pâlit, attendri par l'agonie du pauvre animal innocent ; bientôt il regardera couler son sang en souriant. Le carabin qui dissèque son premier cadavre a des nausées ; bientôt il déjeunera au milieu de l'amphithéâtre, à côté de ventres livides et de corps en putréfaction, sans en être le moins du monde incommodé. On s'habitue à tout, à l'assassinat comme au vol. Et puis le jeune drôle à qui l'on aura appris que le bourgeois est l'ennemi, qu'il faut le « chouriner » et que son agonie est douce à contempler, s'habituera vite à la vue du sang et il frappera sans trembler, insultant souvent sa victime suppliante, riant de ses derniers spasmes.

IV

Les passions sont un dérivé du sentiment; il ne sera peut-être pas sans intérêt de voir ce qu'elles deviennent chez le criminel. Néanmoins, je ne saurais les passer toutes en revue. *Capilli capitis*, dit saint Augustin, *magis numerabiles sunt quam affectus et motus cordis.* Aussi je n'analyserai que les principales.

Toutes les passions violentes et émanant des mauvais instincts remontent à la surface chez le criminel et le mènent. C'est de lui qu'on peut dire avec juste raison qu'il est le jouet de ses passions. A tout moment la colère l'agite et l'emporte dans des élans furieux, armant son bras du poignard homicide; la vengeance habite dans son sein, et l'offense la plus insignifiante appelle pour lui des châtiments terribles; la jalousie empoisonne et aigrit son cœur et lui fait aimer la délation; la cruauté l'aveugle et lui donne l'horrible plaisir du sang versé; le mensonge sort constamment de sa bouche, qui semble avoir honte de la vérité.

Et, de cette lutte des passions qui se disputent son âme, résulte une instabilité qui fait du criminel le plus versatile des hommes. Il hait aujourd'hui qui il aimait tendrement hier, et l'ami d'aujourd'hui sera l'ennemi de demain. « Voulez-vous, dit Lombroso, des exemples du peu de stabilité de leurs sentiments, même chez ceux qui paraissent le plus vivement épris? Songez à Gasparone, poussé jadis au premier meurtre par amour excessif de sa maîtresse et qui, peu après, tue cette femme coupable d'avoir laissé échapper un seul mot de reproche; songez à Thomas, qui aimait sa mère à la folie et qui, pourtant, dans un accès de colère, la précipita d'un balcon. Martinati avait désiré pendant de longues années la femme dont, deux mois après son mariage, il songeait déjà à se défaire. »

Et la mère de tous ces vices, c'est la paresse; la paresse, mauvaise conseillère quand l'estomac a faim; la paresse, qui engendre l'ivrognerie, la luxure et la débauche; la paresse qui paralyse le bras désormais incapable de travailler et l'arme du fer homicide afin de jouir sans peiner.

Lemaire disait à ses juges : « J'ai toujours été paresseux; c'est une honte, j'en conviens; mais je suis mou au travail. Pour travailler il faut faire un effort, et je m'en sens incapable; je n'ai d'énergie que pour le mal. S'il faut travailler, je ne tiens pas à la vie; j'aime mieux être condamné à mort. »

Lacenaire était si paresseux que, au dire de son premier maître, il refusait de se lever pendant la nuit pour satisfaire ses besoins naturels, préférant dormir au milieu de ses ordures.

Combien de détenus m'ont avoué préférer vivre d'un morceau de pain, coucher sous les ponts et passer la moitié de leur vie en prison, que de travailler quelques heures par jour. « J'ai essayé souvent, me disait l'un d'eux; mais je ne peux pas; le travail me tue. »

V

Fourbes et cruels, paresseux et menteurs, inintelligents et légers, incapables d'aucune idée de suite, les criminels n'en sont pas moins les plus vaniteux de tous les hommes. Hâbleurs, et souvent pleins d'une faconde de mauvais aloi, ils inventent les histoires les plus saugrenues; ils refont les drames qu'on lit à la troisième page des journaux, et naturellement ils en sont toujours les héros audacieux et dignes de la plus haute admiration.

Ils cherchent à se grandir dans le crime et se vantent même de forfaits imaginaires. Sous ce rapport, ils sont tous un peu hystériques. Et puis il faut voir, dans les quartiers communs des prisons, comme les rois de la pègre trônent et pontifient. Il faut voir de quel œil méprisant et hautain ces étoiles de bagne regardent les vagabonds et les jeunes voleurs. Leurs noms, affublés de particules de ruisseau, sont écrits sur tous les murs, et les jeunes les répètent avec une sorte d'admiration.

C'est d'ailleurs ce sentiment d'orgueil dans le mal qui les pousse si souvent à écrire leurs mémoires en prison : ils veulent que la postérité connaisse leurs exploits. Et Dieu sait s'ils brodent, s'ils enjolivent! Et dans quel style! J'ai entre les mains un grand nombre de mémoires de ce genre. Je me contenterai d'en analyser rapidement un seul, où la vanité la plus ridicule et la plus outrée perce à toutes les lignes.

Voici d'abord de quel individu il s'agit.

M..., trente-sept ans, maréchal-ferrant, est originaire de la Meurthe-et-Moselle. Son père était un homme nerveux et violent qui buvait de grandes quantités d'eau-de-vie sans cependant se griser. Sa mère a toujours été irascible et nerveuse. Un de ses frères est également d'un caractère violent et emporté.

M... est un ivrogne violent et hâbleur, au crâne petit, au front étroit, aux arcades sourcilières saillantes, aux yeux vifs et froids. Sachant à peine lire et écrire, il a cependant jugé à propos de confier au papier les détails de sa précieuse existence. Les faits les plus insignifiants, dès lors qu'ils le touchent, prennent à ses yeux une importance considérable. Il commence par une formule chère à tous ses pareils lorsqu'ils retracent leur vie : « Fils de perre et de mère onnorable », puis il dit son enfance indisciplinée et vagabonde, l'école buissonnière, son apprentissage de maré-chal-ferrant qu'il vint compléter à Paris. A l'entendre, il était le meilleur des ouvriers. C'était au contraire un apprenti inexact et paresseux, et à seize ans il se faisait entrenir par une femme. Mais laissons-lui maintenant la parole : « Ja lé a voir 16 ans lor que je liconnésance de madame D... Son marie étté souvent an voiyage. Je remplace maintenant son orthographe par une autre moins ennemie de la syntaxe). Elle me fit venir chez elle. Moi, qui étais jeune, je ne pouvais pas comprendre la portée de l'amour. Je voyais cette dame jeune et d'une beauté suprème, je me laissai aller à tous ces sentiments. » Voilà donc notre homme qui se pose en adolescent entraîné, en éphèbe blessé par une des flèches d'Éros. Mais écoutez la suite : son esprit vain et léger va laisser passer le bout de la casquette. « Je recevais de sa main tout ce que je désirais ; rien ne m'était privé, pas même l'argent. » Voilà surtout ce qui avait enflammé son cœur. Du reste, il a soin d'ajouter que la bonne dame avait au moins dix ans de plus que lui. La galette devenant rare, l'argent « ne rappliquant plus » dans les poches de l'apprenti, cette âme désintéressée pensa que le moment propice était venu pour lâcher sa Dulcinée, qui devenait « cramponnante ». Mais étant devenu incapable de travailler sérieusement, M... s'engagea, « parce que c'est une gloire de servir la patrie ». Racontant cette période de sa vie, il ne tarit pas sur ses exploits pendant la guerre de 1870. « La première fois que j'allai au feu, dit-il, je fus blessé au bras gauche. Je ne pensai pas à ma blessure, quoique j'étais hors de combat. J'étais sûr que j'avais mis deux Prussiens par terre. J'avais déchargé mon pistolet à bout portant. J'étais sûr que le coup avait porté. J'avais fendu la tète d'un coup de sabre à un autre, et, à ce moment, je fus blessé moi-mème par une balle et un coup de baïonnette sans avoir rien de cassé. » Miraculeuse blessure ! Modestie sans pareille !

Revenu au pays, M... s'établit maréchal-ferrant à son compte et se maria. Mais, grâce à sa paresse et à son ivrognerie, ses affaires allèrent de mal en pis et il ne tarda pas à abandonner

sa maison pour venir vivre à Paris avec son ancienne maîtresse,
devenue veuve. Il dit du reste avec franchise : « Je ne pensais
plus que j'avais femme et enfants. Je ne pensais plus qu'à la
veuve D... et aux marchands de vin. Je devins batailleur,
mauvais et insupportable. Je ne rentrais plus chez moi que pour
disputer ma femme ». Il installe sa maîtresse dans son propre
ménage et en chasse sa femme légitime. Alors il ne désoûle plus
et se fait condamner pour coups et violences. Un beau jour,
après une cuite particulièrement orageuse, sa maîtresse le lâche.
M... continue à boire pour noyer le chagrin et festoie avec une
hétaïre ; puis, sans le sou, il lui vient, dit-il, « l'idée de se
poignarder », idée qu'il se garde bien d'exécuter. Il se rend au
contraire chez sa maîtresse, et, sur le refus de cette dernière de
revenir avec lui et de rapporter le magot, il la frappe de trois
coups de couteau et se sauve chez un marchand de vin, où il
continue à boire joyeusement jusqu'à son arrestation. Voici
maintenant le bouquet. « Le commissaire me fit conduire de
suite à la Morgue. C'est à ce moment que j'ai vu ce que j'avais
fait. J'embrassai ma victime en lui demandant pardon et demandant à Dieu qu'il m'envoie la mort. Il ne restait plus qu'à la
justice de délibérer sur mon sort. Au moment que le président
a prononcé ces paroles : M... est condamné à la peine de mort
et sera exécuté, je pensai que je n'avais que ce que je méritais,
car quand on est assez lâche pour donner la mort, on doit aussi
avoir la force de la recevoir de même. J'étais résolu de recevoir
la mort avec courage plutôt que le bagne. La mort ne m'a
jamais fait peur, et même à l'heure qu'il est, pendant les
quarante-cinq jours que je suis resté à la Roquette, je n'ai
jamais eu un seul frisson de la mort et je n'ai jamais vu dans
mon sommeil l'échafaud. Après mon crime, j'ai toujours demandé
la mort ». Tout cela est pure forfanterie, et M... a bel et bien
signé un recours en grâce, étant à la Roquette. A cette époque,

sa tête était en jeu et il n'était pas du tout du même avis. A la Santé, les choses étaient toutes différentes : M..., gracié et sûr d'aller vivre en paix à la Nouvelle, demandait la mort à grands cris. Tout cela pour épater la galerie. En moraliste et en philosophe, M... tire la conclusion de son histoire, et l'animal me l'offre comme conseil : « Si vous aimez une femme qui ne soit pas votre légitime, ne l'aimez pas de trop ; la femme vous perdra. » Et, pour excuser sa propre chute sans doute, il ajoute : « Je vous dirai que la veuve D... était une belle femme brune », oubliant de rappeler qu'elle avait de l'argent et lui en donnait.

Cette courte analyse du mémoire suffira, je pense, pour faire comprendre quelle haute opinion il avait de lui et voulait en donner aux autres.

Veut-on un autre exemple ?

Au mois de novembre 1888, la cour d'assises de la Seine jugeait le meurtrier Prado qui avait assassiné Marie Aguétan, une fille galante, pour lui voler ses bijoux, qu'elle avait imprudemment étalés devant lui (1). Jamais un homme ne s'est affublé de tant de titres ou de noms divers que ce pitre criminel. Tour à tour Prado, comte de Linska y Castillon, Pablo, Ribo, Granié, Mendoza, il s'attribue une naissance mystérieuse. C'est au Mexique qu'il a été élevé. Son père, sa mère ont péri de façon tragique. Une dame voilée a pris soin de son enfance. A quatorze ans, ayant forcé une malle remplie de papiers, il a appris le secret de sa naissance. Il a fui, et, de ce jour, date sa déclaration de guerre à la société.

Cette naissance illustre et mystérieuse ne suffit point à sa vanité. Poursuivons. Il a passé les premières années de sa jeunesse à parcourir le monde, visiter l'Inde, les Etats-Unis, la Chine. Il se trouvait à San-Francisco au moment où éclata la dernière insur-

(1) J'emprunte la plupart des détails qui vont suivre au livre d'A. Bataille : *Causes criminelles et mondaines de 1888.*

rection carliste. Il est venu servir dans les pays basques, sous don Carlos. Il a assisté, comme officier, au siège de Pampelune, à la bataille de Sommorostro. Blessé et fait prisonnier, il a été soigné par une jeune religieuse qui s'est éprise de lui et qui appartenait à l'une des plus nobles familles d'Angleterre. Il l'a enlevée, il l'a épousée à Jérusalem, car elle avait voulu abjurer ses vœux sur le tombeau du Christ. Au retour, elle s'est éteinte en Italie, près d'Ischia.

Par malheur pour Prado, ces aventures de guerre, cette idylle, cet amour romantique, fatal, tout cela ne paraît jamais avoir existé que dans son imagination audacieuse et fertile. Aucune preuve de cette existence aventureuse ! Bien mieux, toutes les fois que l'instruction a pu contrôler son récit, elle l'a convaincu d'imposture ; le seul rapprochement géographique des distances établit péremptoirement que Prado n'a pu se trouver à Calcutta, à la Havane et à New-York aux dates qu'il a indiquées. Il est seulement probable, d'après certains indices, qu'il a pris part à la dernière campagne carliste, sans que son passage ait éveillé, du reste, aucun souvenir saillant.

On le trouve d'une façon certaine à Madrid en 1879. Fidèle à ses habitudes de vantardise, Prado prétendait s'être marié dans cette ville avec une descendante des anciens rois d'Aragon, Dolorès Garcia y Marcillo. Il l'avait épousée sous le nom de comte Linska y Castillon, fabriqué mi-partie d'espagnol et d'un solécisme polonais ; et, de l'aveu même de l'accusé, ce nom de gentilhomme est un nom de guerre qui ne lui appartient à aucun titre. Quant à sa pauvre femme, on a fini par la découvrir dans une mansarde de Madrid, mourant de faim et de misère. Elle avait eu cent trente mille francs de dot. Prado, qu'elle avait cru gentilhomme, l'a ruinée à plat en quatre ans. La dernière peseta disparue, il a abandonné la maison et il est venu vivre à Paris de l'escroquerie, du vol et des filles. (*Voyez son portrait planche 1, fig. 2*).

L'instruction n'a découvert aucune trace des demoiselles du monde dont **Prado** prétend avoir fait la conquête ou des veuves riches et mûres dont il aurait eu le dernier amour. Mais elle le trouve dans la rue Taitbout, très misérable, vivant aux crochets d'une fille, **Eugénie Forestier**, dont il est l'amant de cœur, attendant dans la cuisine le départ des galants en pied.

Mais où la vanité incommensurable de Prado éclate encore mieux, c'est dans ses réponses au président des assises. Il va même jusqu'à prétendre avoir eu des rapports dans le cabinet du juge d'instruction avec son ancienne maîtresse, **Mauricette Couronneau**. « Il y avait, dit-il d'un ton théâtral, parmi les inculpés, une femme, Mauricette Couronneau, la mère de mon enfant, pour qui j'aurais donné dix fois ma vie. M. le juge d'instruction a voulu profiter de cette circonstance. Il m'a procuré plus de vingt entrevues, portes closes, avec cette femme, sans s'inquiéter de savoir ce qu'il en pourrait résulter, et si, à côté du berceau de mon premier-né, ne s'en placerait peut-être pas un autre bientôt pour l'enfant de ma captivité. »

Lorsque le président Horteloup lui rappelle les accusations de Mauricette Couronneau, il s'écrie avec une indignation jouée : « Savez-vous pourquoi elle m'accuse? Parce qu'on lui avait promis sa liberté. Elle était demandée en mariage par un Allemand, et, pour se prostituer à lui, toute chaude encore de mes caresses, elle a livré la tête du père de son enfant. Elle s'est prêtée aussi aux machinations infernales d'Eugénie Forestier. Ces femmes, qui s'étaient tiré les cheveux en pleine place des Quinconces, à Bordeaux, se tutoyaient, au bout d'un mois, en prison, devenues sœurs dans leur complot contre moi, pour des raisons immondes peut-être, qui sait?... Ah! messieurs les jurés, on vous a promis des débats intéressants. Eh bien! ils seront encore plus curieux que vous ne pensez! » Et, invectivant le président d'un ton vengeur : « Peut-être qu'à la fin des

débats je ramasserai cette accusation que vous me jetez à la face,
dans la fange d'où elle vient, pour en flageller moi-même ceux
qui m'accusent aujourd'hui, et tous applaudiront au verdict
d'acquittement que je viens chercher ici. » Lorsqu'on lui parle
des aveux péniblement obtenus d'Eugénie Forestier, il répond
avec emphase : « On doit avoir besoin d'un aide pour commettre
une pareille infamie. Une maîtresse qui vient livrer la tête de
son amant, cette tête qui s'est si souvent reposée sur son sein ! »

Il faut entendre aussi comment cet entretenu renie sa profession et crache sur la vache d'or. « Jamais entendez-vous,
dit-il au président, je n'ai fermé les yeux sur les infidélités de
ma maîtresse. Je m'en défends, car je considère cette insinua-
tion comme plus infamante que la fameuse accusation qui pèse
sur moi. » Est-il assez infatué de lui, ce meurtrier à tête de singe
féroce !

VI

Mais les criminels sont-ils capables d'accomplir quelques-uns
des actes d'audace dont ils se vantent avec une si ridicule
vanité? Généralement non. J'ai connu bien peu de détenus courageux : quoi qu'on en ait dit et quoi qu'ils en disent, ils redoutent
la souffrance, et la pensée seule de l'échafaud les fait pâlir.
Quelques-uns semblent accepter, le jour des assises, leur condamnation avec un stoïcisme parfois cynique ; mais, comme j'en
ai donné un exemple ailleurs, le criminel, s'il ne tremble pas
devant la sentence qui le condamne à mort, c'est qu'il est le plus
imprévoyant des hommes, qu'il considère sa grâce comme
assurée ou bien la mort comme une chose tellement lointaine

qu'elle ne saurait fixer son attention frivole. Et tel qui accepta la sentence avec un rire de défi aux lèvres, tremble et défaille lorsqu'on lui annonce que son heure dernière est arrivée.

Néanmoins, il y a quelques exceptions. Si la plupart des criminels s'adressent à des gens sans défense, s'ils frappent leur victime désarmée, s'ils n'exécutent leur crime qu'en tremblant et s'ils fuient lâchement à la moindre alerte, il en est cependant quelques-uns parmi eux qui, lorsqu'il s'agit de commettre une mauvaise action, déploient quelquefois beaucoup d'audace et même un certain courage.

J'ai connu à la prison de la Santé une espèce de héros de bagne qui avait accompli plusieurs évasions pleines d'audace et de périls. J'interrogeai cet individu à différentes reprises.

C'était un vieux roué. D'une intelligence superficielle, mais vive, il s'exprime avec une faconde pleine d'abondance, répétant à tout bout de champ qu'il est un grand homme dans son genre, que les évasions qu'il a accomplies sont des actes surprenants. Couvert de tatouages des pieds à la tête, il montre avec orgueil cette inscription qui s'étale sur son ventre : « Pas de chance. » Néanmoins, cette forte tête du bagne ne sait ni lire ni écrire.

Son histoire vaut la peine d'être rapportée. Je ne pourrais certifier que tous les détails en sont authentiques, mais j'ai pu m'assurer que les principaux faits étaient exacts

R... fut condamné une première fois, en 1846, à six années de travaux forcés pour vol avec effraction. Avec l'aide de deux complices il avait dévalisé une maison de la rue des Deux-Ponts : on les arrêta dans l'escalier, en train de descendre les paquets. A la suite de révélations, R... se trouva en même temps compromis dans une bande de cambrioleurs composée de quinze individus. Cette association, peu homogène et mal liée, avait néanmoins quelques règlements. Ainsi, à la tête, se trouvait un chef qui désignait les coups à faire et plaçait les hommes. La désobéissance ou la trahison étaient punies de mort). Pour cette seconde affaire, R... vit douze années de travaux forcés s'ajouter aux six années qu'il avait déjà.

Après avoir été exposé en public, place du Palais-Royal, avec l'écriteau infamant, et un séjour de quelques mois à la Roquette, il fut envoyé au bagne de Toulon. C'est là qu'il tenta sa première évasion, avec un autre forçat. Cette tentative demanda de longs préparatifs assez habilement exécutés. Ils achetèrent d'abord des habits de contre-maîtres libres pour les revêtir au moment de leur évasion. Leurs habits de forçats serviraient à faire des mannequins qu'on suspendrait le long des murs pour dérouter les gardiens et éviter les coups de fusil. Ils achetèrent ensuite une petite lime, coupèrent leurs fers et s'évadèrent par l'atelier de corderie, endroit le plus propice, paraît-il. Les choses se passèrent à peu près comme ils avaient prévu. Les gardiens tirèrent sur les mannequins pendant qu'ils descendaient tranquillement d'un autre côté avec des cordes et gagnaient la campagne. Après avoir fait sauter « la manille » qui leur restait au pied, ils se cachèrent dans une crevasse entre deux rochers. Mais on s'aperçut vite de leur fuite, l'alarme fut donnée, on tira le canon, tous les gendarmes se mirent à leur recherche et jetèrent des sondes dans les crevasses. Le camarade de R... blessé, poussa un cri ; le coup, dès lors, était manqué, et, en effet, cinq minutes après, ils étaient repris, ramenés au bagne, soumis au supplice terrible de la bastonnade, et, avec l'écriteau : Forçat repris, exposés sur un tréteau devant lequel défilèrent tous les autres forçats.

En 1852, R... partit pour Cayenne, espérant y couler des jours meilleurs. Il passa un an aux îles du Salut, puis deux ans au pénitencier de la Montagne-d'Argent, et ensuite quelque temps à celui du Moroni, où il tenta une nouvelle évasion plus audacieuse encore que la première.

Il dit lui-même, en en parlant, avec un enthousiasme comique :
« C'est curieux, c'est triste et c'est beau ! » Cette fois ils étaient
six, et les préparatifs ne durèrent pas moins d'un mois. Ils
commencèrent par mettre des vivres de côté, puis durent
fabriquer un radeau ; ils passèrent pour cela plus de quinze
jours dans la forêt, ayant à lutter contre les animaux féroces,
les serpents et les moustiques. Enfin tout fut prêt. Ils partirent
pendant la nuit, longeant le rivage, puis le lendemain matin ils
gagnèrent le large, sans cependant perdre de vue la terre, car
ils devaient longer les côtes pour gagner la Guyane anglaise,
dont les autorités ne rendent pas les condamnés. Les choses
allèrent d'abord assez bien ; ils avaient dépassé le fleuve Moroni
et se trouvaient en vue des terres hollandaises, lorsqu'ils virent
venir sur eux une embarcation où flottait le pavillon hollandais :
ils durent prendre le large et éprouvèrent ainsi un grand retard.
Néanmoins, le troisième jour ils abordèrent la terre pour se
reposer et manger. Ils passèrent la nuit sur le rivage après avoir
allumé de grands feux pour éloigner les fauves et les serpents.
Le quatrième jour ils se rembarquèrent, et le cinquième jour ils
virent briller le phare vert des Hollandais ; ils ramèrent toute
une journée dans ces parages, et le sixième jour ils arrivèrent
enfin en vue des terres anglaises qu'ils saluèrent d'un hurrah
joyeux. Le bagne était loin derrière eux ; ils n'avaient plus rien
à craindre ; ils allaient être sauvés. Il était temps, car les vivres
manquaient et déjà ils avaient dû manger du poisson cru.
Malheureusement, le matin du septième jour, au moment où ils
allaient toucher au but, un grain s'éleva, bientôt suivi d'une
tempête : la barque fut culbutée ; trois hommes périrent et les
trois autres se sauvèrent à la nage, abordant sur un rivage
inconnu, presque nus, extenués de fatigue, sans vivres et sans
espoir, « résignés à mourir ». Néanmoins, l'un d'eux rassembla
ce qui lui restait de courage et grimpa en haut d'un palmier :

c'était leur dernière chance de salut. Ils découvrirent une tribu d'Indiens, où on les accueillit avec bienveillance et où les femmes les soignèrent avec douceur. Aussitôt rétablis, ils partirent pour un poste anglais, et R... se fit ramener en France.

R... était à peine depuis quinze jours à Paris, caché chez un de ses frères, qu'il fut repris par la police et vivement ramené à Cayenne où on lui ajouta une année de travaux et dix mois de suspection ; de plus, on lui mit la double chaîne. Cette fois, le drôle était vaincu ; il fit sa peine jusqu'au bout, n'osant plus tenter des aventures aussi périlleuses qui, d'ailleurs, devenaient de plus en plus difficiles. Il ne fut ramené en France qu'en 1861. Son temps était fini ; il avait passé neuf ans au bagne de Cayenne. Revenu à Paris, il reprit sa vie d'autrefois, constamment condamné pour vols, rixes, vagabondage. C'était un être absolument incorrigible, et on le renvoya à Cayenne pour dix ans. Au bout de deux ans, la nostalgie de Paris le reprit, et, malgré des dangers nombreux et réels cette fois, il tenta une nouvelle évasion. Un dimanche, avec neuf autres forçats, il se sauva dans la baleinière qui amenait le prêtre dire la messe au pénitencier. Le coup était médité depuis longtemps, les préparatifs faits et les vivres cachés dans l'embarcation. L'alarme fut immédiatement donnée et ils essuyèrent plusieurs coups de feu : quatre de ses compagnons furent tués et R... lui-même eut le pavillon de l'oreille gauche emporté par une balle. Néanmoins ils avaient pu gagner la pleine mer et voguaient pleins d'espérance, hors de la portée des balles. Mais bientôt un navire hollandais apparut à l'horizon, marcha sur eux et les ramena à Surinam, d'où ils furent reconduits au bagne. Malgré tous ces insuccès, malgré tous ces périls, malgré toutes les souffrances endurées, malgré les punitions terribles du bagne, R... fit encore une tentative : il essaya de s'évader en volant une embarcation à des noirs. Cette fois, ce fut une goélette française qui le ramena au bagne lui et ses compagnons.

Son temps fini, R... fut ramené en France. Malgré de nombreux arrêts d'interdiction il a toujours vécu à Paris, ou mieux dans les prisons de la Seine, car il a subi depuis son retour plus de vingt condamnations pour vol, mendicité et vagabondage. Mais cette longue détention n'a pu abattre cet homme de fer. Malgré ses soixante-trois ans, il est encore plein de vigueur et de mauvais instincts.

C'est là un exemple rare d'audace et de courage chez les criminels, et c'est pour cela que j'ai tenu à le rapporter. Généralement, à moins qu'ils ne se laissent emporter par l'instinct ou la passion qui chez eux est en quelque sorte impulsive, ils reculent épouvantés devant le premier obstacle qui se dresse sur leur route. Ils préfèrent la captivité à la liberté perdue, si, pour la recouvrer, il faut affronter des dangers.

En somme Elams Linds a raison : « l'homme malhonnête est un homme essentiellement lâche. » Eux qui aiment tant la vengeance, ils reculent souvent quand il faut frapper leur ennemi en face, même désarmé. On cite à cet égard des faits curieux. Serafini, chef de la police de Ravenne, apprit qu'un assassin des plus dangereux s'était vanté de le tuer : il le fait venir, lui met dans les mains un pistolet et l'invite à tirer sur lui. L'assassin aussitôt de pâlir, de trembler : sur quoi Serafini le chasse en le souffletant. Ce même Elams Linds, que j'ai cité, s'enferma un jour dans une chambre avec un galérien féroce qui avait juré de lui donner la mort; il se fit raser par lui et le congédia ensuite en disant : « Je n'ignorais point vos projets, mais je vous méprise trop pour vous croire capable de les exécuter. Seul et sans armes, je suis plus fort que vous tous réunis. »

A la Santé, comme dans les autres prisons, on ne met qu'un seul gardien sans armes pour surveiller un grand nombre de détenus, libres dans les cours ou travaillant en atelier et ayant par conséquent entre les mains des armes dangereuses. Or, il

est extrêmement rare de voir un gardien frappé par un
détenu. Et Dieu sait s'ils les rudoient et les humilient. Ils sup-
portent lâchement toutes les injures et tous les affronts.

VII

Si l'intelligence des criminels est faible, si leur sensibilité
morale est émoussée ou nulle, leur volonté est peut-être encore
plus atteinte : elle est réellement malade.

Et d'abord, comment admettre que l'homme veuille le crime?
Et par vouloir j'entends entreprendre un acte mûri, déterminé
et consenti. Le crime, en effet, est un non-sens. Il peut procurer
quelques jouissances passagères et préserver du travail, ce grand
ennemi des criminels; mais presque toujours le châtiment suit
infiniment plus grand, infiniment plus terrible, infiniment plus
durable, puisqu'il entraîne la déchéance irrémédiable. Combien
a-t-on vu de criminels heureux? Ils sont bien rares. M. Joly a
mille fois raison. « Celui qui fait le mal est souvent en peine
d'expliquer pourquoi il le fait; il violente en lui la sympathie et
la pitié naturelles à l'être sensible; il méconnaît ses propres
intérêts ; il se met à la merci de coopérations et de circonstances
sur lesquelles il lui est impossible de compter; il déchaîne en
lui-même ceux de ses penchants qui sont les plus illogiques et
les plus rebelles à la discipline. Encore une fois, une volonté
qui devient criminelle est une volonté qui devient malade. »
C'est aux criminels, en effet, qu'on pourrait appliquer avec
quelque raison cette maxime de Spinosa : « *Hæc humana libertas
quam omnes se habere jactant, in hoc solum consistit quod
homines sui appetitus sunt conscii et causarum quibus determi-
nantur ignari.* »

.

Certains criminels sont des natures lâches et paresseuses, des volontés impuissantes. Il y a chez eux une sorte d'aboulie qui les rend incapables de travailler et de lutter. Tels sont les mendiants, les vagabonds et certaines catégories de voleurs. Il y a chez eux, à côté d'un état de débilité intellectuelle, un état de débilité volitionnelle qui les met dans un état d'infériorité notoire. Prenez un des vagabonds, par exemple, dont j'ai rapporté l'histoire dans les premiers chapitres de cet ouvrage. Travailleur peu habile et peu courageux, il vivait misérablement sans essayer d'augmenter son bien-être. Il le voudrait bien, mais il n'a pas assez d'énergie pour faire un effort moral suffisant, et il reste éternellement dans le même état de médiocrité. Cet homme, un beau jour, pris de concupiscence ou de gourmandise, vole ce que son travail n'a pu lui donner : on le chasse; alors il s'en va dans la rue et il y reste. Il ne cherchera pas à se relever, à trouver une autre situation. Il ne peut pas. Sa volonté ne sait pas commander en maîtresse. Et il s'en va au hasard, mendiant ou volant quand il a faim.

Que cette impuissance volitionnelle tienne à un affaiblissement des centres moteurs ou bien à l'action éphémère des incitations qu'ils reçoivent et qui, trop faibles, ne peuvent plus exercer d'influence sur la volonté; que cette impuissance soit due, comme le veut Corre, à un épuisement parésique du système nerveux moteur, de cette portion du cerveau qui préside non-seulement à la locomotion, mais ausi à la sensibilité musculaire, la chose importe peu. Mais ce qui est indéniable, c'est que, chez nombre de criminels, il y a parésie de la volonté, qui ne peut lutter contre la paresse et les mauvais instincts.

Si, chez certains criminels, il y a manque d'impulsion volontaire, il en est d'autres chez qui c'est, au contraire, la puissance de coordination et d'arrêt qui fait défaut, et c'est l'impulsion qui se dépense tout entière au profit de l'automatisme. C'est le

règne de l'impulsion régie uniquement par l'instinct ; c'est la
défaite de la volonté par l'impulsion. A cette catégorie appartiennent un grand nombre de meurtriers, de violateurs,
tous les violents, les impulsifs et la plupart des alcooliques,
chez qui la volonté est si faible et si chancelante.

A côté de ces deux grandes espèces de volontés malades se
place une autre classe où la volonté est plus faiblement atteinte.
Ce sont ceux qui, tout en conservant une certaine puissance sur
eux-mêmes, ne savent pas se diriger convenablement. Il y a
affaiblissement de l'attention volontaire, diminution du pouvoir
directeur, d'où impossibilité finale de l'effort intellectuel. Un
pas de plus, et c'est le règne des caprices. « La volonté ne se constitue pas ou ne le fait que sous une forme chancelante, instable
et sans efficacité. Il n'y a plus que des caprices, tout au plus que
des velléités, une ébauche informe de volition » (1). Or, l'imprévoyance bien connue des criminels ne montre-t-elle pas qu'ils sont
sans cesse le jouet de leurs caprices ? C'est d'eux qu'on peut dire
avec raison qu'ils brûlent aujourd'hui ce qu'ils ont adoré hier.
Changeants, versatiles, sans opinions arrêtées, avec des exagérations dans le mal comme dans le bien, il y a chez eux une
véritable ataxie volitionnelle qui amène un état complet d'anarchie morale.

VIII

« Le tigre déchire sa proie et dort ; l'homme devient homicide
et veille. Il cherche les lieux déserts, et cependant la solitude
l'effraie ; il se traine autour des tombeaux, et cependant il a peur

(1) Th. Ribot. *Maladies de la volonté.*

des tombeaux. Son regard est mobile et inquiet ; il n'ose regarder le mur de la salle du festin dans la crainte d'y lire des caractères funestes. » Ces belles paroles de l'auteur du *Génie du christianisme* peuvent-elles s'appliquer au criminel ? Évidemment non.

Si le criminel avait des remords, s'il avait une conscience, il ne serait pas criminel. Il pourrait quelquefois commettre un crime accidentellement, mais jamais par habitude. Les vers de Juvénal ne peuvent s'adresser qu'à des gens dévoyés mais non mauvais :

> .... *Prima hæc est ultio quod se*
> *Judice nemo nocens se absolvitur, improba quamvis*
> *Gratia fallacis prætoris vicerit urnam.*

Il n'est pas juste non plus de dire que le crime cautérise la conscience. Sans doute il y a grand compte à tenir de l'éducation et de l'habitude ; mais si le criminel croyait faire mal, s'il avait au dedans de lui une voix qui lui crie, impérieuse et tourmentante : tu fais mal, il ne répéterait probablement pas ses crimes.

Le criminel comprend parfaitement qu'il est en lutte avec les lois de la société ; mais il n'est pas en lutte avec celles de sa conscience, sinon il serait vaincu dans cette lutte. Peut-être, au début, une voix faible et mystérieuse, parlant comme en un rêve, est sortie des profondeurs de son être et lui a dit : tu fais mal. Mais les voix toutes puissantes des passions qui le gouvernent, ont étouffé ce murmure affaibli, lui criant : vole, frappe ; il faut nous satisfaire ; je suis l'ivresse : donne-moi à boire ; je suis la luxure : donne-moi des femmes nues. Et cet homme s'est dit : pourquoi n'aurais-je pas ma part des jouissances dont tant d'autres sont rassasiés ?

Saint Jacques, dans une de ses épitres, parle de « celui qui séduit son propre cœur ». Le criminel séduit sa conscience et il croit alors avoir le droit de tout faire. Un voleur milanais disait à Lombroso : « Je ne vole pas, je ne fais qu'enlever aux riches ce qu'ils ont de trop. » J'ai moi-même cité l'histoire d'un débile qui, en volant les lapins des paysans, prétendait ne faire aucun mal, parce que ces lapins ne leur coûtent rien à nourrir. Et puis, dans leur argot, n'appellent-ils pas la conscience : la muette ? La muette ! Ils n'ont donc jamais entendu sa voix pleine de reproches ? « Ainsi, dit M. Joly, le coupable se croit encore un honnête homme, même après s'être regardé à la dérobée dans le miroir de sa conscience, et il discute avec vous, le front et le verbe hauts ».

Et cependant l'éducation a donné aux criminels le sens du juste et de l'injuste. Mais cette notion est restée chez eux improductive parce qu'elle est comprise par l'esprit plutôt que par le cœur, et que les passions et plus tard l'habitude du mal l'ont étouffée. Les criminels ont bien le critérium du vrai et du juste, mais leur volonté, impuissante parce qu'elle n'est pas soutenue par leur conscience, ne leur permet pas de se conformer à ce critérium. « Autre chose est, dit Herwich, avoir la connaissance théorique d'un fait, autre chose agir en conséquence ; pour que la connaissance se transforme en une volonté bien arrêtée, comme les aliments en chyle et en sang, il faut un nouveau facteur, le sentiment ; or ce facteur manque d'habitude aux scélérats. »

CHAPITRE XVIII

CROYANCES ET RELIGION DES CRIMINELS

I

Je serais porté à croire, avec Lombroso et Joly, que chez certains peuples superstitieux les criminels ne se débarrassent pas facilement des croyances nées avec eux. Ils se font sans doute des religions pleinse d'accommodements et de miséricordes ; mais ils ont un sentiment religieux profond et inébranlable. Lombroso cite une bande de malfaiteurs qui croyaient expier leurs crimes en récitant un *Pater noster* pour chacune de leurs victimes. Le curé Lacollonge, tout en étranglant sa maîtresse, lui donnait l'absolution *in articulo mortis*, puis vendait le produit de ses vols pour lui faire dire des messes. L'Avelina place l'empoisonnement de son mari sous la protection divine, et la Zambeccari avait voué un calice à Notre-Dame de Lorette pour le cas où elle réussirait à empoisonner son mari. Ces faits n'ont rien qui surprenne, et tout le monde se souvient encore du drame de Villemonble, où la mystique Euphrasie Mercier assassina Elodie Ménétret.

Lombroso a observé dans un pays où la religion est encore très vivace chez le peuple, qui la pratique surtout par ses petits côtés, préférant aux beaux dogmes que Jésus allait prêchant par les chemins de la Judée les superstitions ridicules, les indulgences qui rachètent les crimes pour quelques sous versés au denier de Saint-Pierre, ou quelques cierges brûlés en l'honneur d'une madone. J'ai vu à la Santé un italien, originaire de Turin. condamné pour vol, et qui écrivait à sa mère des lettres touchantes où il invoquait à tout instant le nom du Christ. Pendant mon séjour à Naples, j'ai eu plusieurs fois affaire à un cocher fort religieux, ce qui ne l'empêchait point de chercher à me voler le plus possible. Le soir, les promenades finies, il m'offrait même de me livrer sa petite-fille, « *una bambinella zitella, una miracolo d'amore, una rosa di volutta* » (1). Or, ce drôle saluait dévotement, au coin de chaque rue, la madone devant qui brûle sans cesse une lampe allumée ; il baisait avec onction les statuettes et les images. Chez lui, il avait une image de saint Janvier, dont le doigt coupé saigne miraculeusement tous les ans à la cathédrale de San Gennaro. Le divin fétiche, qui représentait très vaguement les traits de l'évêque de Bénévent, martyrisé par Dioclétien, était placé sur un petit autel orné de fleurs, et une veilleuse brûlait sans cesse à ses pieds. Notre homme le gourmandait, le priait ou le remerciait, selon les circonstances ou les besoins, le considérant plutôt comme son domestique que comme son patron.

II

Ces aberrations du sens religieux chez des êtres grossiers et pervers, et particulièrement chez les criminels et leurs sœurs les prostituées, ne sont pas rares. Qu'on me permette ici quelques anecdotes. Je n'en abuserai pas.

(1) Une petite fille pucelle, un miracle d'amour, une rose de volupté.

A Rome, via del Tritone, peu importe le numéro, vivait une horizontale sur le retour. Ne pouvant plus se livrer elle-même à la prostitution, elle la favorisait, s'étant donné pour mission de procurer aux vieux libertins de jeunes Abisag pour réchauffer leurs pieds froids, comme il est dit au livre saint. Or, elle venait précisément de livrer une superbe *ragazina* à un député italien. Bien qu'elle eût prié ardemment sa madone, qu'elle eût renouvelé les fleurs de son autel, elle fut trompée dans son espoir. Au lieu de quelques billets de la banque italienne, l'hôte de Monte-Citorio ne lui envoya qu'un lapin, comme on dirait à Paris. Elle entra dans une colère folle, et toute cette colère retomba sur l'inoffensive madone, qu'elle invectivait en ma présence, dans un galimatias franco-italien du plus haut comique : « Ah ! puta ! je t'ai acheté des fleurs ce matin, et le deputato n'a pas donné una lira ! Tu sais, si tu tiens à ta candela, ne m'ennuie pas trop. Le Pio nono est mort ! Vieille puta ! Puta ! » Il est probable que le lendemain elle l'implorait à genoux, et avec ferveur, de lui rendre un service analogue à celui qu'elle venait de lui refuser.

Tout le monde connaît aussi cette coutume qu'on prête, à tort ou à raison, aux Romaines et aux Napolitaines : lorsqu'elles amènent chez elles un amant, on ne laisse Vénus régner en maîtresse qu'après avoir tourné la madone du côté du mur. Le sacrifice consommé, on retourne du bon côté *l'immacolata*, qui n'a rien vu, et il n'y a ainsi ni péché ni scandale.

A Madrid, une jeune Andalouse de mœurs légères rencontre un soir, dans un café bien connu de la *Calle de Alcala*, un étranger qu'elle emmène passer la nuit avec elle. Entre leurs épanchements amoureux, elle l'entretint longuement de la beauté des offices divins qu'on célébrerait le lendemain, jour de Pàques, à la cathédrale de San Isidro. Comme l'étranger incrédule

souriait, elle lui dit avec une tristesse pleine de sincérité :
« *Usted no cree. Que desgracia sin igual!* » (1)

A Moscou, sur la Kpasnaia plochadd, c'est-à-dire sur la place
Rouge, une fille de quinze ans, pieds nus, vêtue seulement de
la robe rouge des Moscovites, aborde le même étranger et lui
offre l'hospitalité. En quittant la place par le côté nord, ils
passèrent devant la fameuse chapelle de la Sainte-Mère de Dieu,
que le tzar vient toujours visiter avant d'entrer au Kremlin :
elle renferme la plus sainte et la plus antique des images de
Marie, une copie de celle du moine Panselinos, du mont Athos.
Des cierges allumés par les fidèles brûlent constamment devant
les autels. La jeune moscovite ne passa point devant la sainte
icone sans se prosterner et se signer pieusement. Comme
l'étranger riait avec cynisme, elle lui cria furieuse : *Chliapa!*
(chapeau)! Celui-ci, considérant les regards peu sympathiques
des assistants, jugea prudent de se découvrir, bien qu'il fût dans
la rue.

III

Donc il n'y a rien d'étonnant à ce que Lombroso ait rencontré
de ces exemples parmi les criminels italiens, qu'il a plus spécialement étudiés. Mais revenons à nos moutons, c'est-à-dire aux
criminels parisiens.

Sont-ils irréligieux? Quelquefois. Sont-ils religieux? Bien
rarement. Ce sont surtout des indifférents. J'ai bien rencontré
quelquefois parmi eux des gens qui blasphémaient et crachaient
sur les choses les plus saintes avec un cynisme révoltant!; mais

(1) Vous ne croyez pas. Quel malheur sans pareil!

c'était bien plus par parade, par vantardise, pour « épater les pantres », que par absence de sens religieux. Par contre, j'en ai vu quelques-uns pratiquer sans hypocrisie, et ceux-là, je ne sais pourquoi, étaient presque toujours des protestants ou des israélites. Les autres sont absolument indifférents. Lorsqu'on leur demande : « Croyez-vous en Dieu? » quelques-uns répondent : « Oui, je crois tout de même qu'il y a quelque chose au-dessus de nous. » Mais ils n'ont pas de conceptions plus précises. D'autres répondent plus simplement : « Je ne sais pas, je m'en f... » ou bien encore : « Je ne me suis jamais aperçu que Dieu s'occupe de moi ; je ne m'occupe pas de lui, je lui f... la paix, qu'il me f... la paix! » Telles sont les professions de foi qu'on entend le plus souvent dans la bouche du criminel parisien. C'est un sceptique et un railleur. Il appelle Dieu le « grand mèque. »

IV

Néanmoins, je croirais volontiers que les condamnés à mort abandonnent ce scepticisme et cette indifférence au dernier moment. Après toutes les péripéties et toutes les émotions du jugement, après la lecture de l'acte de condamnation à mort, après les longs espoirs de grâce, le criminel est abattu, et souvent il a déjà accepté les consolations que lui apporte l'aumônier, qui seul lui parle de pardon, d'amour et de rédemption. Puis, un matin on vient tirer brusquement cet homme de son sommeil et on lui annonce que dans quelques minutes il va mourir.

Après un tel choc, comment ne faiblirait-il pas! Comment le plus endurci ne sentirait-il pas son cœur se fondre dans ce

suprème moment en entendant les douces paroles d'espérance
que lui murmure l'aumônier! Mais ce n'est plus là un criminel;
toutes ces émotions terribles l'ont brisé, anéanti; ce n'est plus
qu'un être affolé par l'idée de la mort qu'il voit debout devant
lui sous la forme de l'horrible machine. Alors il accepte tout,
même de baiser la croix. Mais ces faits ne prouvent absolument
rien au point de vue de l'existence des sentiments religieux chez
les criminels.

V

Quant à cette assiduité des criminels à assister aux offices
religieux quand ils sont en prison, je puis assurer que c'est un
argument sans valeur. Si les détenus vont à la messe, et je le
sais pertinemment, c'est parce que cela est pour eux une distraction. Pour ceux qui sont en commun, c'est un excellent endroit
pour se passer du tabac et se faire une foule de commissions;
pour ceux qui sont en cellule, leur porte entrebàillée leur permet de voir le prêtre officier : ils regardent comme ils regarde-
raient passer les voitures dans la rue; ça les distrait une
demi-heure, et c'est toujours ça de « tiré ».

Il en est de même, à mon avis, de ces prétendues conversions
obtenues par les aumôniers dans les prisons. Il faut en rabattre
beaucoup. Sans doute il se rencontre quelques individus qui,
entrainés par le prêtre, devenu leur ami, et fortifiés par les
dogmes chrétiens, se proposent sincèrement de ne plus retomber dans les mêmes erreurs. Mais à côté de ces rares exceptions,
combien de fourbes et d'hypocrites qui abusent de la candeur
d'àme de l'aumônier! Combien de vils gredins exploitent sa

charité et son bon cœur! Leur repentir n'est que de la fourberie et leurs larmes ne sont que grimaces. Ils ont, en effet, tout intérêt à se concilier les bonnes grâces de l'aumônier, qui peut leur procurer pas mal de petites douceurs et quelquefois, par de bons rapports, améliorer leur sort. Cela ne les empêche pas de l'appeler « le sac de charbon, le vice-ratichon. »

J'ai raconté longuement, dans un autre chapitre, l'histoire d'un vaurien qui, dans les hôpitaux et les asiles, s'amusait à mystifier les religieuses par des promesses de conversion, et cela dans l'unique but d'obtenir un verre de lait ou de quinquina en supplément.

J'interrogeais, il y a peu de temps, un jeune pédéraste enfermé pour escroquerie.

— Quand vous êtes dehors, lui dis-je, allez-vous à la messe?

— Oui, monsieur.

— Alors vous croyez en Dieu?

— Oui, monsieur. Je me suis même approché de la Sainte-Table il y a quinze jours.

— Alors vous croyez aussi aux dogmes chrétiens et au mystère de l'eucharistie?

Il parut ne pas comprendre. Je pensai que sa dévotion était peu sincère et peut-être intéressée. J'insistai.

— Connaissez-vous le curé de votre paroisse?

— Oui, monsieur.

— C'est un homme charitable. Il vous fait sans doute des dons de temps en temps? Et c'est pour cela que vous allez à la messe?

— Oh! naturellement que je n'irais pas là perdre mon temps pour rien.

À la prison, le drôle ne manqua pas de faire appeler l'aumônier et de jouer avec lui la comédie qu'il jouait au dehors.

VI

J'ai vu aussi à la Santé un certain nombre de criminels étrangers, et particulièrement des Arabes. Chez eux les croyances sont vivaces et le crime semblerait devoir effacer difficilement les pieux souvenirs de l'enfance. Eh bien ! même chez ces individus, s'ils sont seulement depuis quelques années à Paris, le sentiment religieux a disparu. Qu'on me permette de citer seulement deux faits.

Mohamed ben Zaïa est originaire de Tunis ; il a trente-deux ans. Sur le front, sa mère lui a tatoué une raie symbolique destinée à éloigner les maléfices. Sur la poitrine, un marabout lui tatoua son nom en cacactères arabes, et différents emblèmes religieux. Plus tard, des tatouages profanes vinrent orner ses bras.

Son père n'avait qu'une femme qui lui donna neuf enfants. Toute la famille était très religieuse, son père ne buvait jamais de vin et regardait le porc comme un animal immonde.

Loin de professer pour le vin la sainte aversion de son père, Mohamed est devenu un ivrogne.

D'une intelligence assez vive, il quitta Tunis à l'âge de vingt-deux ans, vint d'abord en Espagne, où il fit partie de la cuadrilla de Frascuelo comme picador ; il vint ensuite à Paris, s'employant comme modèle chez les peintres, dansant dans les cirques forains, courant les filles et les cabarets mal famés. Il a subi plusieurs condamnations pour rixe et filouterie. Quand on lui parle du culte d'Allah, cela le fait se « bidonner », selon sa propre expression.

Un autre exemple non moins frappant.

Mohamed ben Habbib a cinquante-deux ans ; il est né à Mascara dans la province d'Oran. Son père était un croyant ; chaque jour il allait à la mosquée, se prosternait dans le mirhab et, la face tournée vers l'orient, invoquait le nom d'Allah.

Fig. 38

Après avoir vendu les troupeaux de son père, Mohamed, alors âgé de cinquante ans, vint à Paris pour faire partie de la fanta-sia de l'Hippodrome. Il s'est fait condamner pour filouterie. Mais, dissimulé et patelin, il nie énergiquement : « *Macasch, sidi ! Horasck hakarbih !* (1) » Et, pendant qu'il proteste ainsi de

(1) C'est faux, Monsieur, je le jure sur ma tête.

son innocence, il me vole sournoisement une cigarette qu'il cache
je ne sais où, jurant toujours qu'il ne me l'a pas prise : *Horask
hakarbih, sidi !* Mohamed aime en effet passionnément le tabac
et pour une cigarette on lui ferait commettre toutes les bassesses.
Malgré son âge, il court les brasseries à femmes, buvant et
régalant ces dames avec l'argent des troupeaux de son père.
(Voyez fig. 38).

Au point de vue religieux, il est tout aussi indifférent au fils
d'Abdallah qu'au fils de Meryem.

— Bois-tu du vin, Mohamed ?

— Oui, Sidi.

— Cependant la loi religieuse le défend.

— Je m'en f...

— Manges-tu du porc ?

— Oh ! non.

— Pourqoi ? Parce que le Koran le défend ?

— T'es bête, Sidi. Ça ne vaut rien le cochon. J'aime mieux
le bœuf.

Voilà ce que le scepticisme grossier et gouailleur des criminels
parisiens a fait du fils d'un dévot musulman tombé au milieu
d'eux.

CHAPITRE XIX

L'ARGOT DES PRISONS DE PARIS

I

L'argot est moins répandu et surtout moins parlé qu'on le croit généralement. Même dans les prisons, il n'existe qu'un nombre restreint d'individus qui sachent parler couramment et complètement « cette langue laide, inquiète, sournoise, traître, venimeuse, cruelle, louche, vile, profonde, fatale de la misère ; cet idiome abject qui ruisselle de fange, ce vocabulaire pustuleux dont chaque mot semble un anneau immonde d'un monstre de la vase et des ténèbres » (1). J'ai interrogé un certain nombre de détenus sur leurs connaissances en argot. Souvent ceux qui se vantaient d'être des forts en argot, qui avaient passé de longues années au bagne et dans les maisons centrales, n'étaient que des ignorants à côté de moi. Et cependant je n'ai pas la prétention de parler argot; je n'en ai qu'une connaissance très imparfaite.

La plupart des criminels des prisons de Paris émaillent leur conversation d'un grand nombre de mots empruntés à l'argot de tous les métiers et à l'argot proprement dit, à « cet énigmatique dialecte à la fois révolté et flétri » (2); ils dénaturent plus

(1) Victor Hugo, *Les Misérables*, 4e partie, liv. vii.
(2) V. Hugo, Loc. cit.

ou moins les terminaisons et les désinences des mots, mais le
fond de la langue reste le même, et il est facile de les comprendre,
même sans être initié.

Je vais essayer d'étudier cet argot atténué.

II

Lombroso définit l'argot une « langue qui, tout en gardant
intact le type grammatical, les assonances générales et la syntaxe de l'idiome en usage, en change complètement le lexique »(1).
Cette définition est assez juste. Mais c'est peut-être aller un peu
loin que d'élever l'argot à la dignité de langue. C'est tout au plus
un dialecte, une dérivation, une parodie de l'idiome dont il est né.

Néanmoins, beaucoup d'auteurs ont montré que l'argot avait
de nombreux rapports avec les langues primitives. On trouve
fréquentes chez lui les onomatopées que l'on rencontre si
souvent sur les lèvres des peuples enfants. Souvent aussi il
indique les objets par leurs attributs. Ainsi, la casquette s'appelle
la *couvrante;* l'allumette, la *souffrante.* J'ai sous les yeux un
essai sur la langue Bambara, par le lieutenant de marine G.
Birger. Cet idiome, parlé dans le Kaarta et le Bélédougou,
régions situées dans le nord du Soudan occidental, est, en effet,
extrêmement riche en onomatopées, et dans presque la moitié
des cas le substantif est remplacé par un de ses attributs. Cela
donne peut-être de la couleur et de la poésie au langage, mais
cela lui enlève beaucoup de sa précision et de sa clarté.

Il n'est pas rare non plus de voir dans l'argot, comme c'est le
propre des enfants et des peuples primitifs, ce procédé qui fait

(1) Lombroso, *Il uomo delinquente*, chap. IX.

vivre les objets inanimés et leur donne une forme humaine.
D'ailleurs, ce procédé se rencontre même dans les langues des
peuples civilisés et surtout chez les poètes, qui, pour donner plus
de vie à leurs images, plus de relief à leurs pensées, plus de
pittoresque à leurs expressions, forment ainsi des multitudes
d'allégories embryonnaires. Ainsi, chez les Latins et surtout chez
les Grecs, où chaque élément était personnifié, la mort devient
un hideux squelette armé d'une faux redoutable ; le temps, un
vieillard toujours porteur d'un sablier ; la justice, une femme
aux yeux bandés, tenant en main une balance, etc... Dans les
langues primitives, ce caractère est encore plus accentué, et
ces sortes de substitutions se rencontrent même dans le langage
courant. En argot, la nuit s'appelle *Bernarde*, et le marteau
père Frappart.

Mais, malgré toutes ces analogies, l'argot, même le véritable
argot, celui que ne parlent qu'un nombre très restreint de criminels, diffère profondément des langues primitives, « qui sont
toujours graves, jamais ironiques, jamais plaisantes, ne cherchent point à salir l'objet de la pensée ; simples dans leurs
métaphores, abondantes en formes grammaticales » (1). Et puis
toute langue primitive, si simple soit-elle, a toujours une syntaxe
qui lui est propre. En argot, il n'existe pas de syntaxe : toute la
grammaire de la langue ordinaire est conservée sans altération :
une petite partie du vocabulaire seulement est modifiée.

Enfin, l'argot n'a pas de prononciation spéciale. Il n'existe
aucune consonne, aucune voyelle qui diffère de son avec celles
de la langue mère. Tout au plus existe-t-il dans quelques cas
une intonation un peu différente, et on dira Montmertre pour
Montmartre. Or, même dans les dialectes et surtout dans les
langues dérivées, il existe des différences de prononciation
considérables. Ainsi, par exemple, entre l'espagnol et le portugais

(1) Tarde. *La Criminalité comparée.*

il existe bien peu de différences au point de vue grammatical, et
le lexique est presque semblable dans les deux langues ; mais la
prononciation est absolument dissemblable et donne à chaque
langue un caractère propre.

Donc, comme je l'ai dit, l'argot est tout au plus un dialecte, et
son type linguistique est abaissé au moins de deux ou trois
degrés par rapport à la langue-mère ; il est à celle-ci « à peu
près comme un champignon qui croît sur le chêne est d'une
famille bien inférieure à celle de cet arbre majestueux » (1).

C'est une langue française estropiée, boiteuse et manchote.
« On a peine à la reconnaître, dit V. Hugo. La voilà prête à
entrer en scène et à donner au crime la réplique, et propre à tous
les emplois du répertoire du mal. Elle ne marche plus, elle
clopine ; elle boite sur la béquille de la cour des miracles, béquille
métamorphosable en massue, elle se nomme truanderie ; tous
les spectres ses habilleurs l'ont grimée ; elle se traîne et se
dresse, double allure du reptile. Elle est apte à tous les rôles
désormais, faite louche par le faussaire, vert-de-grisée par l'em-
poisonneur, charbonnée de la suie de l'incendiaire, et le meurtrier lui met son rouge » (2). C'est l'ombre grimaçante et lugubre
de la langue-mère bafouée.

III

Voyons maintenant par quelles transformations l'argot se
forme. Je l'ai déjà dit, l'argot remplace souvent le substantif par
l'attribut. Ainsi, la lune s'appelle la *moucharde*, l'heure la *rapide*,

(1) Tarde. Loc. cit.
(2) Victor Hugo. Loc. cit.

le reverbère *l'incommode*, la bourse la *sainte*. Il est inutile d'expliquer ces expressions si pittoresques : la moucharde est la lune, dont les rayons éclairent tous les crimes et trahissent le coupable ; la lumière du reverbère incommode le voleur, qui ne peut opérer aussi bien que dans l'ombre ; la rapide est l'heure, qui fuit comme un cheval emporté dans un galop sans fin ; la bourse est la sainte, devant qui tous se tiennent agenouillés, la divinité d'où émanent tous les bonheurs et toutes les joies : la joie du ventre rempli de victuailles, la joie du cerveau imbibé d'alcool et d'ivresse, la joie de la débauche et des filles aux cheveux dénoués. Ces expressions sont profondément philosophiques. J'ai déjà dit quel parti on pourrait tirer de leur connaissance pour étudier le caractère et la conscience des criminels. J'y reviendrai avec plus de détails.

Les onomatopées sont également très fréquentes. On dit : *fric-frac, popote, tocante,* pour extraction, soupe et montre. Il en est de même des réduplications : *Bibi* pour Bicêtre, *toc-toc* pour toqué, *gaga* pour gâteux, etc.

Souvent aussi les criminels ont recours à des détournements comiques ou plaisants. Ainsi ils disent *philanthrope* pour filou. Ils intercalent, changent, réunissent des syllabes ou des voyelles, ajoutent des désinences augmentatives ou diminutives, changent les désinences, font des métathèses et des transpositions etc.

Certaines locutions ont une origine des plus curieuses : elles se tirent, comme l'explique Lombroso, d'allusions homophoniques à certaines personnes et à certains lieux. Il en est deux en particulier fort répandues et qui sont de véritables énigmes pour ceux qui ne sont point initiés : *aller à Niort,* — *aller à Montretout :* ce qui veut dire : nier, — aller à la visite de santé. D'autres sont des métaphores phonétiques extrêmement pittoresques, mais qu'on ne peut comprendre sans explication : *étrangler un perroquet* veut dire prendre une absinthe, par

allusion à la couleur verte de la liqueur et de l'oiseau, et aussi
par allusion au geste presque analogue pour boire et étrangler.
Une fille de joie s'appelle un *hôtel du besoin*, sans doute parce
qu'une fille de joie est une maison où tout le monde peut
entrer, quand le besoin s'en fait sentir, comme on entre dans
une auberge quand on a faim. Les détenus parisiens affectionnent beaucoup ces métaphores d'une rare hardiesse, ces
homophonies compliquées, et nous les retrouvons à tout instant
sur leurs lèvres.

Ils ont également une grande tendance à abréger et à supprimer les dernières syllabes des mots, sans doute pour donner
plus de rapidité au discours. Ainsi on dit *sous-off* pour sous-
officier, etc.

IV

L'origine des argots est beaucoup plus difficile à expliquer.
Les criminels, disent beaucoup d'auteurs, ont voulu se faire
une langue de combat, une langue sombre et louche comme
eux, incompréhensible pour les honnêtes gens. Cette théorie est
inadmissible. Tous les policiers et la plupart des gardiens de
prison connaissent l'argot, souvent mieux que les criminels.
J'ai pu m'en assurer par moi-même. Alors pourquoi parler cette
langue, qui est comprise précisément de ceux qui sont les plus
dangereux adversaires des criminels?

Ne voyons-nous pas les individus de presque tous les métiers
former des espèces de dialectes ou d'argots qui leur sont propres et qui ne se parlent que dans leur milieu? Les criminels,

qui forment une vaste corporation, ont inventé un langage qui
leur a paru plus en rapport avec leur situation, plus conforme à
leurs idées et plus apte à rendre leurs sentiments. Toujours
misérables, toujours traqués, ils ont inventé des « mots masques
et des métaphores haillons ».

Mais comment cette langue s'est elle formée? On a estropié et
dénaturé la langue-mère par les transformations que j'ai indiquées plus haut. On a emprunté des mots aux langues étrangères,
mais sans aucune méthode étymologique, sans aucune science.
Les criminels sont rarement des savants et encore moins des
grammairiens. Néanmoins, cet emprunt est facile à expliquer.
Pendant mon internat à la prison de la Santé, j'ai rencontré
des criminels de presque tous les pays : allemands, anglais,
italiens, russes, hollandais, portugais, flamands, arabes, turcs,
persans même. Qu'un de ces individus lâche un mot étranger, le
plus souvent bizarre, aux syllabes étranges, aux voyelles farouches ou lascives, immédiatement la pègre le ramasse et le met
dans son vocabulaire à la place d'honneur ; on lui donne droit
de cité. Je me rappelle un fait personnel qui m'a frappé. Nous
avons eu pendant quelque temps à l'infirmerie centrale un individu né de père arabe et de mère française, parlant français,
anglais, persan et turc. Attaché comme traducteur au ministère de la Sublime Porte, puis professeur de langues orientales
à Paris, il s'était fait arrêter dans l'avenue des Champs-Elysées
pour outrage public à la pudeur. Chaque matin, lorsque nous
passions devant son lit à la visite, il s'inclinait profondément
en disant : *Salamalec*, *effendim* (1). Si nous lui demandions
comment il allait, il répondait souvent en arabe : *Ouachalek*,
sidi (2).

(1) Expression turque qui signifie littéralement : Salutation, seigneur.

(2) Expression arabe qui signifie : Ça va bien, maître.

Les détenus voisins ne tardèrent pas à s'emparer de ces expressions, et, au bout de quinze jours, on ne disait plus, dans les quartiers communs de la prison, que *salamalec* pour bonjour, et le mot *pantre* était remplacé par ceux d'*effend* ou de *sid*, dérivations manifestes d'*effendim* et de *sidi*. Quelle sera la durée de ces expressions ? Peut-être n'auront-elles qu'une vie éphémère comme le caprice qui leur a donné naissance et s'éteindront-elles dans le milieu où elles sont nées. Mais je ne serais que très médiocrement étonné de les entendre un soir siffler à mes oreilles en passant sur les boulevards extérieurs.

C'est ainsi, probablement, que sont entrées dans l'argot la plupart des expressions étrangères. Beaucoup d'auteurs, croyons-nous, ont voulu donner à l'argot des origines trop savantes. Quant aux expressions nouvelles, aux mots propres, ils sont l'œuvre du caprice et de la mode, ces tyrans qui régissent la grammaire et les lois. Ce sont des mots nés dans le vin et dans le sang. Fils de la débauche et du crime, ils sont sortis d'une saillie cynique ou d'un calembour obscène. En effet, les homophonies bizarres et épigrammatiques ont toujours exercé un grand attrait sur les esprits légers et les essences grossières. « Que dans leurs scènes d'orgie, un mot nouveau, une phrase extraordinaire, absurde même, mais vive, piquante ou bizarre, vienne à frapper leurs oreilles, ils s'en emparent aussitôt et lui font les honneurs de leur lexique » (1). Quoi d'étonnant à cela ? Le caprice et la mode jouent également un rôle immense dans la formation des langues, et la sagesse des académies n'y peut rien.

En pareille matière, l'écrivain le plus autorisé, l'auteur le plus divin, comme dirait Boileau, est obligé d'attendre le jugement de la foule et de se soumettre aux caprices de l'usage. S'il

(1) Lombroso. Loc. cit.

hasarde une expression neuve, s'il tente de remettre en honneur une expression inusitée, il ne peut promettre fortune au nouveau-né qu'avec les plus humbles restrictions :

> ......, *Si volet usus*
> *Quem penes arbitrium est et jus et norma loquendi.*

Mais l'argot, plus encore que les autres langues, est fils du caprice. La plupart de ses mots sont nés dans un coin des halles ou d'un bouge, sans qu'on sache jamais ni comment ni pourquoi.

V

Chaque langue a certains caractères propres qui constituent ce qu'on appelle son génie.

Il en est de même pour l'argot.

Je vais passer en revue quelques-uns de ses caractères les plus importants.

D'abord, fait signalé par beaucoup d'auteurs, l'argot est extrêmement riche en synonymes pour exprimer certaines actions qui se produisent fréquemment. Ainsi, il existe soixante-douze synonymes pour exprimer l'action de boire et l'ivresse. Ils sont également nombreux pour les mots voler et tuer. Du reste, ce phénomène s'explique facilement et se rencontre dans presque toutes les langues. La répétition d'une même action, le retour fréquent d'un même besoin amènent la création d'un grand nombre de mots identiques; ainsi, la mémoire ne se trouve jamais à court et tient toujours une expression prête pour seconder le désir ou la pensée.

Les peuples primitifs, qui s'enfermaient dans des cycles

d'actions plus ou moins étroits et dont les idées ne sortaient pas de certaines limites, ont des multitudes de synonymes pour exprimer certains mots, malgré la pauvreté de leurs langues sous les autres rapports. Ainsi, dans le sanscrit, selon Pictet, il y a une centaine de racines qui expriment l'idée de tuer, de blesser, sans compter les dérivations secondaires. Quelques-unes de ces racines sont arrivées jusqu'à nous, comme par exemple *mar, mori, nac, kan*. Dans l'argot des prostituées, peu différent d'ailleurs de l'argot des criminels, les mots employés pour désigner le coït et les organes génitaux sont presque innombrables. Un auteur les a classés sous le titre de *Verba erotica*. Il y a trois cents synonymes pour l'acte vénérien, quatre cents pour les parties sexuelles et cent trois pour la prostituée elle-même (1).

C'est une étude très curieuse et pleine d'intérêt pour les esprits philosophiques.

Malgré cette richesse en synonymes, l'argot est une langue pauvre. Beaucoup d'actions, beaucoup de choses n'ont pas de mots et ne peuvent s'exprimer en argot. Ce sont des lacunes qui étonnent et surprennent l'observateur, qui s'arrête comme l'écolier qui veut, par exemple, traduire les mots vapeur ou électricité en latin. Lorsqu'on s'élève de l'ordre des choses et des faits à l'ordre des idées pures, l'étonnement redouble, car l'argot n'a pas non plus de mots pour exprimer les idées abstraites. Vous voulez rendre une impression philosophique, une émotion morale, une idée synthétique ou esthétique, vous ne trouverez point de mots pour vêtir votre pensée. Cela s'explique facilement. Qui fait l'argot et qui le parle? Le criminel, c'est-à-dire un individu chez qui ces idées n'existent pas, pour qui toute impression morale ou esthétique est le plus souvent

1) Dufour. *Histoire de la prostitution.*

lettre morte. Il y a chez lui table rase de tous ces phénomènes
intellectuels. Alors comment inventerait-il des mots pour
exprimer des sentiments qu'il n'éprouve pas, des images qu'il
n'imagine pas, des idées qu'il ne comprend pas? Ce serait
demander à un sourd de raisonner sur la mélodie et à un aveugle
d'expliquer la théorie des couleurs.

On a dit que l'argot était fort répandu, que c'était presque
une langue universelle, le volapück des criminels. Il y a là,
je crois, une grande exagération. J'ai déjà montré par quel
procédé les mots étrangers s'introduisaient dans l'argot. D'autre
part, j'ai interrogé beaucoup de criminels, principalement
d'anciens forçats. La plupart d'entre eux connaissaient assez
bien l'argot parisien avant leur départ pour la Nouvelle ;
arrivés là, ils ne pouvaient converser avec les autres forçats,
dont l'argot diffère sensiblement.

Enfin, on a dit que l'argot était une langue essentiellement
variable, comme l'esprit futile de ceux qui l'ont inventée. « L'argot, étant l'idiome de la corruption, se corrompt vite. Au
rebours de toute autre végétation, tout rayon du jour y tue ce
qu'il touche. Aussi l'argot va-t-il se composant et se décom-
posant sans cesse, travail obscur et rapide qui ne s'arrête
jamais. Il fait plus de chemin en dix ans que la langue en dix
siècles. Les mots de cette langue sont perpétuellement en fuite,
comme les hommes qui les prononcent » (1).

L'argot est variable certainement, parce qu'il est presque
uniquement le fruit du caprice et du hasard. Mais il existe un
substratum de l'idiome qui persiste et varie peu, et la rénova-
tion est plus lente et plus longue à s'opérer qu'on pourrait le
croire. En voici une preuve. J'ai pris les *Misérables* de Victor
Hugo et j'ai lu à un détenu de dix-neuf ans le passage suivant :

1. Victor Hugo. *Les Misérables*.

« Qu'est-ce que tu nous bonis là ? Le tapissier n'aura pas su tirer sa crampe. Il ne sait pas le truc, quoi ! Bouliner sa limace et faucher ses empaffes pour maquiller une tortouse, caler des boulins aux lourdes, brasser des faffes, maquiller des caroubles, faucher les durs, balancer la tortouse dehors, se planquer, se camoufler, il faut être mariol ! Le vieux n'aura pas pu, il ne sait pas travailler ». Cet argot date déjà d'un certain nombre d'années. Cependant notre homme traduisit sans hésiter, et sa traduction différait très peu de celle de Victor Hugo, que voici : « Qu'est-ce que tu nous dis là ? L'aubergiste n'a pas pu s'évader. Il ne sait pas le métier, quoi ! Déchirer sa chemise et couper des draps de lits pour faire une corde, faire des trous aux portes, fabriquer des faux papiers, faire des fausses clés, couper ses fers, suspendre sa corde dehors, se cacher, se déguiser, il faut être un malin ! Le vieux n'aura pas pu, il ne sait pas travailler ».

Mais si l'argot varie, les autres langues varient aussi. Seulement ce travail se fait plus lentement, parce que la réflexion y est pour quelque chose. Les mots naissent, vivent et meurent comme nous. Leur fortune est pareille à la nôtre. Ils ont leur jeunesse et leur virilité, leur âge mûr et leur décrépitude. Quand l'heure est venue, ils disparaissent de l'idiome dont ils faisaient partie, comme les feuilles mortes se détachent des arbres aux approches de l'hiver.

> *Ut silvæ foliis pronos mutantur in annos,*
> *Prima cadunt : ita verborum vetus interit ætas.*

Mais les langues s'en iraient ainsi feuille à feuille, si la même puissance qui détruit certains mots et les efface du vocabulaire, n'en relevait et n'en faisait d'autres pour remplacer les premiers et suffire aux exigences du langage :

> *Et juvenum ritu florent modo nata vigentque.*

Si Plaute usait de termes que le stylet dédaigneux d'Horace se refuse à écrire, l'ami de Mécène, à son tour, en prononçait que n'avaient point entendu les vieux Cethegus, et de la paille du fumier d'Ennius naissaient les fleurs de Virgile. Telle est la loi universelle qui préside au développement et à la transformation de tous les idiomes.

Mais les caractères dominants de l'argot sont l'ironie cynique et grossière, la gaîté sinistre. Il recherche les images qui salissent et avilissent, les métaphores qui couvrent de lie et de boue.

La peau devient le *cuir*, le bras l'*aileron*, les jambes les *abattis*. Pour exprimer les choses les plus saintes, il a des périphrases hideuses qui bafouent et soufflettent avec des mains souillées. Ainsi, la femme enceinte a un *polichinelle dans le tiroir*; la petite fille couronnée de roses blanches qui va communier *avale le disque*, le moribond qui rend l'âme *avale sa fourchette*, le condamné qui marche au supplice *épouse la veuve*. Certains mots sont comme barbouillés de sang, d'autres macabres et sinistres. Le cercueil devient un *paletot*, le corbillard le *trimballeur de refroidis*, le suicidé un *figurant de la Morgue*, le cimetière un *séchoir*. Certains euphémismes font frémir : l'assassin dit qu'il *apaise* sa victime. « Tel mot ressemble à une griffe, tel autre à un œil éteint et sanglant, telle phrase semble remuer comme une pince de crabe » (1).

Mais, pour exprimer les choses grossières et triviales, les fonctions inférieures de l'humanité, l'argot excelle en termes comiques et piquants, en expressions gauloises d'un goût quelquefois douteux, mais presque toujours drôles. L'individu qui s'oublie et laisse éclater le tumulte de ses entrailles, *lâche une pastille du sérail* ou il *envoie l'âme d'un haricot au ciel*. Le

---

(1) V. Hugo. Loc. cit.

water-closet s'appelle le *garde-manger*, l'anus le *panier à crottes*, un coup de pied devient un *coup de poupe*, et le masturbateur se *colle un rassis*.

VI

Une étude pleine d'intérêt, à mon avis, et négligée jusqu'ici, c'est l'étude de la formation des noms propres dans l'argot des criminels.

Stultorum nomina semper parietibus adsunt, dit le poëte latin. Les criminels aiment à graver leurs noms sur les murs des prisons où ils passent, malgré les grands préjudices que cela peut leur causer. J'en ai recueilli un assez grand nombre sur les murs des cellules à la prison de la Santé. Souvent c'est un prénom ordinaire suivi d'un nom de quartier qui a l'air d'une particule : *Oscar de la Bastille, Emile de Grenelle, Charlot du Latin, Emile de la Maubert.* D'autres s'affublent d'un titre nobiliaire : *le marquis de Montparnasse, le prince de la Maubert.* D'autres fois, l'individu tire son nom de sa nationalité : *Michel le Russe, le Lyonnais de la Maubée.* Chez d'autres, le nom est tiré d'une défectuosité ou d'une qualité physique : *le Frisé, le Rouquin de Clichy.* Mais le plus souvent le criminel s'affuble d'un calembour grossier ramassé dans la rue, plus rarement d'un pseudonyme prétentieux. Un ivrogne signe : *Sirop-Cognac ;* un autre : *Bec d'Acier,* allusion à la solidité de son palais, sur lequel on peut répandre impunément les alcools les plus supérieurs ; un aimable dos vert s'appelle *Fou d'Amour de la Bastille,* un autre chéri de ces dames s'appelle *L'Amour de Grenelle,* et un troisième, *Petit-Homme de Saint-Ouen.* Un rôdeur de barrière de haute taille s'appellera *Bec-de-Gaz*, et un autre qui aura la maigreur en plus, *Lasperge*. Le roué, c'est *Fouinard de Vaugirard*; le subtil, c'est *Caoutchouc;* le disgracié, c'est *Tortillard de Vaugirard* ou *Transparent de Montparnasse;* le hâbleur prétentieux, *Cœur d'Acier de la Villette* ou *Casse-Museau.*

D'autres sobriquets n'ont aucune signification, et ceux qui les portent ne savent ni pourquoi ni comment un parrain inconnu les a un jour baptisés ainsi. Pourquoi l'un s'appelle-t-il *Blanc-Blanc de la Chapelle*, *Coco des Ternes* ou la *Jambe des Halles*, et l'autre *L'Emballeur de l'Ecole*, *La Patente de Montparnasse*, *La Graine de Montmartre* ou *Tripsec?* Eux-mêmes n'en savent rien.

Enfin, certains individus portent des noms en quelque sorte professionnels. Il suffit de les nommer pour savoir à qui on a affaire, leur nom est comme leur carte d'infamie. Ce sont les « petits jésus » du ruisseau; l'un s'appelle : *Môme Rocaille de la Courtille*; l'autre, *Petit Blond des Halles* ou *Denise de la Chapelle.*

Comme on le voit par ces quelques exemples, le fait le plus frappant de cette étude est la tendance à s'affubler d'une sorte de particule nobiliaire. C'est la noblesse du crime, et plus d'un voleur est aussi fier et aussi vaniteux de son sobriquet qu'un comte de sa couronne. C'est son blason.

CHAPITRE XX

L'ÉCRITURE DES CRIMINELS

I

Lombroso, qui a étudié plus de cinq cents autographes de criminels, a voulu distinguer l'écriture des homicides de celle des voleurs.

J'ai eu sous les yeux un grand nombre d'autographes de criminels, tant voleurs qu'assassins. Il m'a été impossible de retrouver dans ces écritures les caractères indiqués par Lombroso pour chaque classe de criminels. Ainsi, chez les homicides, je n'ai pas pu reconnaître cette forme gladiolée des lettres dont il parle. L'écriture du bandit corse Rocchini, par exemple, ne présente rien de particulier à cet égard, comme on peut en juger par l'autographe reproduit ici. *(Voyez fig. 40)*.

Mais les criminels, en général, présentent-ils une écriture spéciale? En comparant les manuscrits que j'ai sous les yeux, il me semble qu'il existe quelques caractères spéciaux qui, sans être constants, se retrouvent assez fréquemment. J'ai également étudié l'écriture de beaucoup d'aliénés de l'asile Sainte-Anne tant hommes que femmes, et j'ai trouvé de grandes ressemblances entre leur écriture et celle des criminels.

Les lettres sont généralement mal formées, les unes entassées, les autres très distantes les unes des autres ; les unes sont lourdes et empâtées, écrasées et arrondies, tandis que d'autres, dans le même mot, sont grêles, maigres, sans pleins, élancées. Ainsi le caractère dominant, c'est, outre la lourdeur, l'irrégularité et l'incohérence. Ce caractère m'a paru réellement caractéristique. Je ne tiens pas compte, bien entendu, de l'écriture tremblée des séniles, ni de l'écriture informe des ignorants qui savent à peine signer leur nom ; de même pour la calligraphie, qui est une écriture à peu près sans caractères et peu différente, selon les individus. (Il n'est pas rare de rencontrer des calligraphes parmi les criminels, ce qui s'explique facilement par l'adresse des mains et des doigts qu'on rencontre assez souvent chez eux)

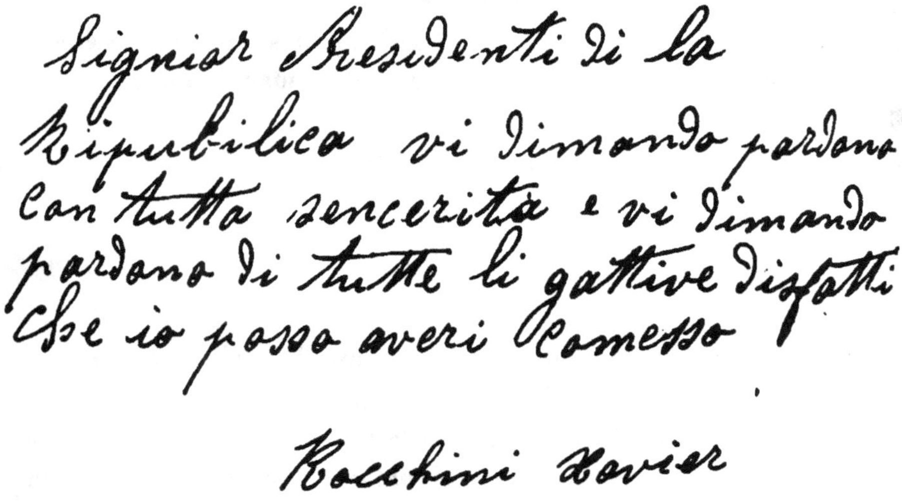
Signior Presidenti di la Ripubilica vi dimando pardono Con tutta sencerita e vi dimando pardono di tutte li gattive disfatti Che io posso averi Comesso

Rocchini Xavier

Fig. 40

Qu'on me permette ici une anecdote.

J'avais souvent l'occasion de voir une personne assez versée dans les sciences médicales et qui prétendait reconnaître le carac-

tère d'un individu par le simple examen de son écriture. Il se
faisait fort de me dire pourquoi tel ou tel criminel était condamné, rien qu'en examinant quelques lignes écrites de sa main.
Un jour je lui remis vingt autographes. Pour les dix-huit premiers, qui appartenaient à des criminels, son diagnostic fut
exact six fois.

Le dix-neuvième autographe, qui était d'un de mes amis,
était ainsi annoté : « Ecriture louche, sournoise, — Inversions
sexuelles. — A dû être condamné pour attentat à la pudeur. »
Je ne suis point l'ange gardien de mon ami; néanmoins je puis
assurer qu'on ne l'a jamais arrêté avenue des Champs-Elysées
pour le motif indiqué. Au-dessous du vingtième autographe, qui
était de moi, on lisait : « Ecriture tourmentée. Caractère violent
et emporté. A dû être condamné pour rixes. » Sans prétendre à
une sérénité d'âme inaltérable, je n'en proteste pas moins énergiquement : je n'ai encore subi aucune condamnation.

II

J'avais souvent lu et entendu dire que les criminels, comme
les aliénés, affectionnaient les grands paraphes. Leur vanité habituelle expliquerait facilement ce fait. Eh bien ! Je dois reconnaitre avec Lombroso que la signature des criminels « n'a rien
de saillant et est presque toujours dépourvue de paraphe ». Je
viens d'examiner les signatures de quelques centaines de criminels de toute espèce, précisément ceux dont j'ai les observations.
Je n'en ai trouvé qu'un très petit nombre suivies de paraphes;
une seule était ornée d'un de ces paraphes magnifiques et compliqués si chers à Joseph Prud'homme. C'était celle d'un indi-

vidu prétentieux et détraqué dont j'ai rapporté l'histoire ailleurs. Son paraphe est aussi ridicule que ses visées politiques. La signature est en effet, dans certain cas, comme le reflet de l'esprit. J'ai en même temps sous les yeux la signature d'un débile délirant avec idées de grandeur qui se trouvait l'an passé à l'asile Sainte-Anne, dans le service de M. le Dʳ Dagonet, et celle d'un marchand de vins en gros peu intelligent et plein d'ambition, qui vise depuis des années le conseil municipal de son village. Dans les trois cas, les paraphes sont aussi compliqués et aussi ridiculement prétentieux.

III

Il me resterait à dire un mot de ces signes hiéroglyphiques dont parle Lombroso et qu'on observerait chez les criminels allemands, anglais et napolitains.

J'ai fait des recherches dans ce sens; j'ai interrogé beaucoup de monde, des gardiens, d'anciens forçats, de vieux chevaux de retour; tous ont été unanimes pour nier l'existence de ces signes parmi les criminels parisiens et dans les bagnes.

J'ai bien relevé sur les marges des livres qu'on prête aux détenus, sur les murs des cellules de la prison de la Santé, quelques signes plus ou moins bizarres, aux apparences plus ou moins cabalistiques. Mais personne n'a jamais pu les expliquer ni les comprendre. Ils étaient simplement le fruit du caprice et de l'ennui; c'étaient, en quelque sorte, des embryons de dessins. Il n'est pas très rare non plus de voir des détenus prétentieux ou farceurs écrire des lettres avec des signes compliqués et étranges. Ils n'ont le plus souvent d'autre but que

de mystifier les employés chargés de lire les lettres et qui
croient y reconnaître des écritures orientales. Ce fait se rencontre plus souvent encore chez les aliénés. Mais chez eux il est
plus difficile d'expliquer les motifs qui les poussent à ces
compositions étranges, aux allures cabalistiques. J'en ai observé un cas fort curieux à l'asile Sainte-Anne. Il y a dans le
service du Dʳ Bouchereau une ancienne femme de lettres qui,
bien qu'âgée de quarante-quatre ans, est actuellement incohérente et bien près de verser dans la démence. Chaque matin,
depuis près de deux ans, elle remet régulièrement au médecin
qui fait la visite, plusieurs feuilles remplies de signes toujours
semblables et qui, depuis le début, n'ont point varié.

En voici un échantillon.

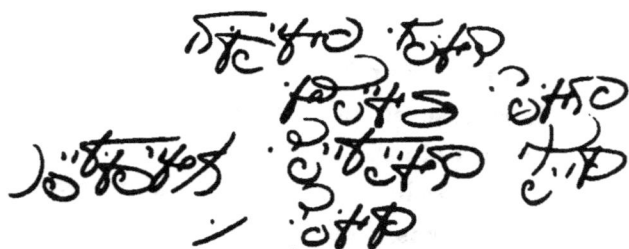

Fig. 41

J'ai montré ces signes à plusieurs personnes versées dans
l'étude des langues, et on m'a toujours répondu que cette calligraphie n'appartenait à aucun idiome et était de pure fantaisie.
La malade prétend qu'avec ces signes, dérivés du chinois, elle
peut se faire comprendre des muettes.

CHAPITRE XXI

LA LITTÉRATURE DANS LES PRISONS

Pour connaître les goûts littéraires de quelqu'un, il faut étudier deux choses : ce qu'il lit et ce qu'il écrit. C'est ce que nous allons faire ici.

I

En principe, les criminels n'aiment pas la lecture, et, à de très rares exceptions près, ils ne lisent que pour tuer le temps et tromper leur ennui. Je parle, bien entendu, des véritables criminels, de ceux que j'ai appelés les piliers de prison, les criminels d'habitude et les criminels-nés ; je laisse de côté les détraqués, les dégénérés supérieurs qui viennent quelquefois échouer dans les prisons. Il peut se trouver parmi ces malheureux des gens instruits et délicats, qui aiment les livres pour les livres et les lisent uniquement pour les beautés qu'ils contiennent.

Les criminels, au contraire, ne lisent jamais pour s'instruire. J'ai souvent choisi moi-même des livres pour des détenus qui se trouvaient à l'infirmerie centrale. Plusieurs me les rendirent

sans les avoir lus; aucun ne m'a jamais dit : voilà un beau
livre; il m'a ému où il m'a intéressé. Non; s'il l'avait lu, c'était
simplement pour « s'appuyer deux ou trois boules » (1) avec
moins d'ennui, pour sentir moins peser la longueur des heures
inoccupées.

Il n'y a guère, d'ailleurs, que dans les cellules et les infirmeries qu'on demande des livres. Dans les quartiers communs, où l'on n'est pas seul, où l'on peut causer, le temps paraît
moins long; aussi presque personne ne lit. On passe le temps
laissé libre par le travail à bavarder, à combiner des coups à
faire quand on sera sorti.

Aussi le prisonnier ne cherche-t-il dans la lecture qu'une vaine
distraction. Y trouve-t-il quelquefois ces émotions exquises dont
parle avec tant d'enthousiasme George Sand, ces émotions qui
font oublier les heures qui passent et le milieu où l'on se trouve?
Lui arrive-t-il quelquefois, en lisant un beau livre, de partir,
emporté sur les ailes de l'imagination, vers « un monde meilleur
où les bons sentiments qu'il a pu conserver se trouvent comme
affranchis du souvenir de ses méfaits ? » (2) — La chose est
possible et se rencontre sans doute quelquefois, car il n'est pas
de conscience obscurcie par des ténèbres si noires qu'aucune
lumière ne puisse y pénétrer; mais cela est certainement très
rare.

Comment en effet voulez-vous que ces individus sans cœur et
sans conscience soient accessibles aux nobles émotions de la
poésie et se laissent emporter dans l'enthousiasme du poète?
Vous leur parlez courage, amour de la patrie, dévoûment,
charité, loyauté, etc. Ils ne comprennent pas d'abord, étonnés,
surpris, puis ils finissent par un éclat de rire, croyant qu'ils ont

---

(1) Pour passer deux ou trois jours.
(2) Joly. *Les lectures dans les prisons de la Seine.* In *Archives de l'anthropologie criminelle.* 15 juillet 1888.

affaire à un fou. On n'a qu'à parcourir les livres qui composent
la bibliothèque de la Santé. Beaucoup sont annotés, comme
j'en reparlerai plus loin. Lisez les plus belles pages, celles où
sont exaltés les vertus, les sentiments, celles en un mot qui
élèvent l'homme et lui crient : *Sursum corda !* Il n'est pas rare
qu'un détenu écrive son impression au bas de la page. Vous
croyez peut-être qu'il s'est laissé toucher, émouvoir. Erreur !
L'un écrit : imbécile ! un autre : blagueur ! et un troisième plus
catégorique et moins poli, grave le mot de Cambronne. A la
fin d'un des plus beaux chapitres du comte Kostia, de Victor
Cherbuliez, de ce livre ravissant, généreux et chevaleresque,
savez-vous ce qu'un lecteur a écrit ? Voici : « quarante jours de
prévention et ne pas savoir quant je passeray en jugement. Je
m'emm... beaucoup ». Cette simple remarque suffit pour montrer combien cet individu s'était intéressé à sa lecture. Il est
certain qu'elle lui avait fait bien peu oublier sa situation et
l'endroit où il se trouvait. Et je pourrais citer cent annotations
semblables, souvent plus triviales encore.

Les criminels n'ont donc pas de goût pour la lecture : le désœuvrement et l'ennui seuls les amènent à lire. Dans ces conditions, quels livres demandent-ils de préférence ? J'ai interrogé
les bibliothécaires de la Santé. Ce que les détenus préfèrent, ce
sont les romans à grosses intrigues et d'où sont bannies les
descriptions, les discussions morales ou philosophiques. De
même qu'au théâtre ils préfèrent les gros mélodrames où il
coule beaucoup de sang et de larmes de concierges, ils préfèrent lire ces grosses fables où les faits ne laissent point leur
imagination en repos. Ceux-là seuls leur plaisent, parce qu'ils
ne les laissent point réfléchir ni penser, et peut être aussi parce
que ce sont les seuls qu'ils peuvent comprendre. Les romans
de Dumas et de Walter Scott sont très lus dans les prisons.
Comme l'a déjà signalé avec raison M. Joly, on lit aussi beau-

coup le *Magasin pittoresque*, le *Tour du Monde*, le *Musée des Familles*, les œuvres de Jules Verne, etc.

Mais ce que les criminels affectionnent par dessus tout, ce sont les livres orduriers et les journaux. Dans les premiers, les débauchés retrouvent leur élément préféré : l'obscénité et le vice ; dans les journaux, tous trouvent de quoi alimenter leur pauvre esprit : les revendications des sectaires ou des farceurs qui en vivent et en rient ; les proclamations anarchistes ; les cris de mort et de haine contre le bourgeois, le riche, le repu ; les déclamations vides et stériles sur le travail, l'extinction du paupérisme, etc. Tout cela fait sur eux une impression profonde et ils passent des semaines à réfléchir ou à discuter sur tel ou tel article fulgurant de l'*Intransigeant* ou de la *Lanterne*. Le fait divers les intéresse beaucoup aussi. Ils applaudissent aux « *coups battes* » (1), exaltent la hardiesse ou la rouerie du meurtrier, admirent le filou habile qui a glissé entre les mains de la police. Je sais qu'un grand nombre de détenus, à la prison de la Santé, se procurent, par l'intermédiaire de gardiens peu scrupuleux, des journaux qui leur coûtent fort cher et qu'ils paient jusqu'à dix sous le numéro. Cela devint une véritable passion lorsque l'escroc Allmayer fut arrêté et jugé. Tous les détenus s'intéressaient à lui, vantaient son adresse, exaltaient ses filouteries, le proclamaient le roi des voleurs et la gloire de la pègre. Des individus qui partaient en centrale auraient donné tout ce qu'ils possédaient pour s'y trouver avec lui. J'en ai même entendu un dire : « Je casquerais raide pour en faire ma môme » (2). Il est inutile de dire que les journaux et les livres obscènes sont interdits dans les prisons.

(1) Aux bons coups.

(2) Je paierais cher pour en faire ma femme.

II

Ceux qui lisent si peu et d'aussi piètres choses, doivent peu produire. C'est là une erreur, car les criminels écrivent beaucoup. Il n'est guère de condamné qui, s'il sait écrire, n'ait, au moins une fois, rédigé une protestation sur l'illégalité de son arrestation et la vénalité de la justice ; il n'est guère de criminel qui n'ait confié au papier ses idées sur le vol, la propriété, la liberté, le travail, etc.

« Des individus fort peu instruits et sans orthographe, dit M. Joly, écrivant fort mal, essaient dans leur cellule de trouver une mesure quelconque et des rimes » (1).

Pendant mon séjour comme interne à la prison de la Santé, les écrits qui m'ont été adressés par les détenus, tant prose que poésie, formeraient bien deux in-octavos de cinq cents pages. Mais, parmi ces mille pages, on ne trouverait peut-être pas cent lignes qui aient un certain mérite littéraire. Les criminels, en effet, ne sont pas littérateurs.

Le même ennui qui les amène à lire les pousse à écrire, et leurs productions littéraires ne sont que le fruit du désœuvrement et de l'ennui, et souvent de la vanité.

III

On s'explique d'ailleurs facilement pourquoi les criminels ne sont pas littérateurs. D'abord il faut tenir compte de leur peu

(1) H. Joly. *Les lectures dans les prisons de la Seine. In Archives de l'anthropologie criminelle*, 1888.

d'instruction. Lombroso prétend que chez certains criminels la prison et la solitude affinent les facultés, que la douleur et la colère rendent éloquents. Cela peut être vrai dans une certaine mesure. Selon lui, certains individus illettrés arriveraient ainsi à produire des œuvres remarquables; mais j'ai peine à admettre que le cordonnier de San Stefano, qui a écrit le morceau suivant, rapporté par Lombroso, fût un illettré et un ignorant.

LE BAGNE DE SAN STEFANO

Dante, qu'on ne vante plus tes cercles infernaux,
Et toi, Virgile, cesse de chanter les flammes sombres de l'Averne,
Et les Cérastes, et les Harpies, et les autels
Qui distillent en ces lieux ténébreux une affreuse pourriture.
Ici, ici, l'on perçoit le grouillement sombre
De ces âmes impies, perverses et sordides.
Ici, l'on entend le son terrible et rauque
Qui retentit sur l'autel de Pluton.
Un monstre s'endort ici, sur ce grabat,
Et bientôt devient la proie d'un autre monstre
Qu'un troisième se hâte de venir dévorer à son tour.
Le sang dégoutte sur le sol; l'air ne respire
Que vengeance, carnage et trahison.
Ici, pendant que l'un périt, l'autre conspire.

Ce passage, en effet, est empreint d'une certaine beauté et d'une certaine poésie. Mais un individu qui a lu le Dante et Virgile est-il vraiment un illettré? Lombroso se montre sévère. Il faudrait connaître l'histoire de cet homme, savoir pourquoi il a été condamné.

Il en était peut-être à sa première condamnation; c'était peut-être un dégénéré supérieur, un détraqué analogue à ceux que nous avons étudiés. Et puis je n'ai jamais rencontré chez les criminels ce mépris pour leurs codétenus; le cordonnier de San

Stefano appelle ses compagnons de captivité des « âmes impies, perverses et sordides. » Les dégénérés criminels sont précisément de ceux qui, sachant distinguer le bien du mal, restent accessibles au repentir. Et c'est là, croyons-nous, un caractère distinctif entre le criminel proprement dit et l'aliéné. Le criminel pourra déployer de l'énergie et de la hardiesse au moment du crime; mais, l'acte accompli, il tombe le plus souvent au-dessous de lui-même; puis la peur le quitte, et, comme il n'a pas de conscience, il recouvre sa sérénité de brute perverse et sournoise; ses facultés intellectuelles n'ont subi ni haut ni bas : elles ont conservé leur platitude immuable. Il en est tout autrement de l'aliéné et spécialement du dégénéré.

Quand le délire est sur le point d'éclore, on dirait que son énergie cérébrale est doublée ou triplée; il devient actif, entreprenant. Sa parole devient facile et abondante; son esprit s'ouvre à toutes choses, ses idées s'élargissent; en un mot, toutes ses facultés s'affinent.

Au début de son délire, cette suractivité cérébrale persiste. Il n'est pas rare alors de voir des hommes presque sans instruction parler avec une certaine éloquence et écrire des pages pleines de couleur et de poésie. Ce sont des espèces de décharges nerveuses. Des auteurs modernes ont même prétendu que le génie n'était rien autre chose.

J'ai observé l'an passé, à l'asile Sainte-Anne, dans le service de M. Dagonnet, un pauvre jardinier, absolument illettré, fils et petit-fils d'aliénés. Il se croyait le fils de Dieu et se disait envoyé sur la terre pour tenter une rédemption nouvelle (1). Il était le frère et le successeur de Jésus-Christ. Eh bien ! cet homme, qui savait à peine écrire, qui ne fréquentait point les églises, qui

(1) Cette observation a été publiée in-extenso dans les *Annales médico-psychologiques* de novembre 1887, sous ce titre : *Mégalomanie religieuse.*

n'avait jamais lu la Bible ni aucun livre sacré, racontait ses
visions dans un langage qui étonnait dans une pareille bouche.
Il me remit un jour une sorte de résumé de sa doctrine, qu'il
avait intitulé : Paroles de Dieu par la bouche d'un ignorant. En
voici quelques passages qui, malgré leur exagération imagée,
ont une tournure presque biblique : « H ...mes, dans ce monde
ici-bas, vous qui jetez au vent les remords de la vie, vous qui
blasphémez votre rédempteur au moment qu'il veut revenir à
vous, que de sacrifices ne fais-je pas pour vous, ingrats qee vous
êtes ! Si je voulais, je vous écraserais du haut des cieux. Vous
qui cherchez dans l'obscurité la lumière éternelle, les flambeaux
de la vie, le remords des hommes, le royaume des cieux et le
bonheur de l'avenir, tremblez à l'horizon qui doit paraître. Du
haut des cieux j'ai descendu sur la terre pour faire trembler
l'univers et répandre sur mon peuple la terreur. Que mes souvenirs restent toujours en vous. Que le blasphème sorte de votre
bouche et que la crainte le remplace, car le passé n'est plus :
les choses sont changées. Si jamais l'univers n'a bougé, vous le
sentirez remuer sous vos pieds. J'éveillerai le lion du désert qui
dort d'un sommeil engourdi. Je ferai flotter la barque du rameur
sur les mers. Par mes tourbillons, je rallierai les flots. Je ferai
trembler l'auxiliaire de l'océan. Je ferai bannir le roi des Alpes.
Je ferai souffler les vents de la Tamise. Je ferai gronder le lion
du Danemark ; j'agiterai les panthères ; j'obscurcirai le jour. »

Malgré leur emphase, malgré certaines alliances de mots d'une
hardiesse rare, ces menaces ont réellement une tournure apo-
calyptique. Ecoutez encore cette prière : « Grand Dieu du ciel,
Père éternel, je viens à jamais dans l'éternité vous convaincre
de ma présence, immortaliser mon nom, châtier les méchants,
calmer les vengeurs, grandir les honneurs, bannir à jamais les
horreurs de la vie. Français, vous qui cherchez à l'ombre de
l'aurore les merveilles de la vie, venez vous ranger ici dans cette

enceinte de lumière qui va s'ouvrir pour vous et qui va faire rayonner l'espérance. Ecoutez ma parole, mes sublimes sentiments. Que ma présence trouble vos cœurs du plus profond sentiment de respect. » Si on veut juger du degré d'instruction de cet homme, on n'a qu'à examiner sa façon d'orthographier. En voici un échantillon : « Homme dans se monde isi ba, vous qui jeté o ven les remorre de la vie, vous qui blasephaizmé votre rédemnteur o momen qu'il veu revenir à vous, que de cacrilise ne faige par pour vous, ingra que vous aite ».

J'ai bien souvent rêvé à ce jardinier devenu subitement prophète. Mais je n'ai jamais observé chez les criminels cette suractivité cérébrale, ces sortes de décharges nerveuses qui, dans quelques cas, peuvent remplacer l'instruction et illuminer le cerveau d'un pauvre jardinier qui n'avait jamais lu que le *Petit Journal*, et dont les idées n'avaient guère dépassé le mur de son jardin.

IV

L'absence du sens moral chez les criminels est encore une des causes de leur inaptitude à la littérature. Ce sont surtout les sentiments nobles qui engendrent les grandes pensées. Or, ces sentiments font presque toujours défaut chez les vrais criminels. Comment voulez-vous qu'un assassin parle de la pitié? Comment pourrait-il trouver dans son cœur de roc une larme, une parole attendrie! Ce serait chercher un diamant dans un égout, des fleurs sur une charogne putréfiée.

Un voleur qui se croit le devoir de mentir, de dépouiller ses semblables, qui n'a pas le sens du juste et de l'injuste, pourrat-il s'enthousiasmer pour une idée généreuse? Que lui fait à lui l'amour de la patrie, le respect du bien d'autrui, la charité!

Parleront-ils d'amour, ces misérables? On n'a qu'à lire les
poésies qui éclosent dans les prisons. L'amour, pour eux, c'est
l'ordure et l'obscénité. Ils ne connaissent que l'amour à quarante sous la séance, l'amour qu'on achète au coin d'une ruelle,
au fond d'un bouge, entre deux absinthes. Et la femme? Ah!
certes, ils ne l'idéalisent pas, ils ne la parent pas, comme les
poètes, de toutes les grâces et de toutes les séductions; ils n'en
font point, comme certain poète contemporain,

> ....La déesse aux beaux flancs
> Qui porte deux rub⁴ . au bout de ses seins blancs,
> Deux astres dans ses yeux plus miroitants que l'onde,
>   Tout l'or fondu dans sa crinière blonde,
> Toutes les voluptés au creux de son nombril. (1)

La femme? Mais ils en vivent, ils l'exploitent et la méprisent.
Toutes leurs poésies, toutes leurs chansons la bafouent, la
traînent dans la boue. Pour l'un, c'est la *môme*, la *marmite*, la
persilleuse, dont on tire jusqu'au dernier sou pour en rire ensuite;
pour l'autre, c'est l'*hôtel du besoin*, où l'on s'arrête en passant.
J'ai sous les yeux un sonnet intitulé : *A une Ribaude*. Je ne puis
le citer même en partie; c'est un abominable tissu d'obscénités.
Du premier jusqu'au dernier vers, la femme est bafouée et salie.
Cette poésie est l'œuvre d'un aimable *mangeur de blanc* qui remer-
cie ainsi celle qui l'a nourri et l'a aimé peut-être, la malheureuse !

Et puis, pour rendre des sentiments élevés, des émotions
purement psychologiques, il faut avoir le sens de l'esthétique.
Or, les criminels ne l'ont pas. J'en ai déjà donné une preuve en
montrant que dans l'argot il n'existe pas de mots pour exprimer
ces idées. Lombroso est d'avis contraire, parce que, dit-il,
« malgré leur abjection, les criminels ont de très belles poésies ».

Lombroso a reçu de diverses mains un grand nombre de poésies: la plupart provenaient d'individus qu'il n'a point pu étudier

(1) J. Richepin. *Les Blasphèmes.*

par lui-même ; d'autres sont l'œuvre de quelques criminels célèbres, pour la plupart des déséquilibrés. A de très petites exceptions près, les vrais criminels sont incapables de pensées élevées
et leurs poésies sont tout ce qu'il y a de plus terre à terre. On doit
cependant reconnaître qu'il est un sentiment qui s'éteint diffi-
lement dans l'âme de ces misérables : c'est l'amour et le respect
de leur mère. Je l'ai trouvé conservé chez beaucoup des criminels que j'ai interrogés. C'était pour eux comme une figure lointaine et douce, presque effacée, la première et souvent la seule
qui leur ait souri. Beaucoup en parlaient avec respect et quelques-uns avec attendrissement. Un italien de Turin, qui avait
subi plusieurs condamnations, écrit à sa mère ces paroles touchantes dont j'essaie la traduction : « Bien que séparé de toi, ô
ma mère, je ne suis pas toujours loin de toi; tu es l'ange qui
veille sur mon sommeil, la chère et triste image qui m'apparaît
quand la nuit est descendue sur nous ; tes douces paroles encou-
rageantes qui si puissamment me résonnent au cœur, je les
entends encore lorsque le jour sans pitié t'éloigne de moi
et me rappelle au triste spectacle de la vie. O toi qui la première
m'as aimé, alors que, ignorant de la vie, bercé sur ton sein, tu
souffrais déjà pour moi, je ne t'avais pas encore affligée! O ma
mère, pardonne-moi. Toi qui fus trop bonne pour moi, pardonne-moi mes fautes. Les larmes que tu répandis pour moi
m'accusent terriblement devant l'Eternel. Pardonne-moi en souvenir de mon enfance, lorsque simple et innocent je vivais sur
tes genoux. O douleur! ces membres dont tu m'appris à me
servir, et que frais et roses tu couvrais de baisers, ces mêmes
membres tu ne les reconnaîtrais plus maintenant, tant Dieu les a
punis dans sa colère; maigres et déformés, ils montrent maintenant les traces des fers qu'ils ont portés et des privations que
j'ai souffert.

« O ma mère, pardonne-moi de ne plus pouvoir m'offrir à tes

yeux tel que tu m'as fait et d'avoir souillé le sang de ton sang, les os de tes os, la chair de ta chair. Ce sang si pur et si vivant que tu mis dans mes veines, y circule maintenant pâle et avili ; mon corps que tu trouvais si beau, mon regard qui te reproduisait toute, tout ce que tu fis en un mot, je l'ai détruit dans la longue captivité que je subis, devenu un squelette vivant. Ton enfant que tu aimais tant et que tu comblais d'attentions, traîne loin de toi une vie misérable. Ce n'est pas du corps, mais bien plus de l'âme que je souffre.

« Toi seule, ô ma mère, tu peux comprendre ce que j'éprouve quand, à mon réveil, je ne vois pas ton cher visage, si bon pour moi, s'offrir à mes lèvres. Des années et des années sont passées, mais l'impression est aussi fraîche que si ce matin même j'avais vu pour la dernière fois mon image reproduite dans tes yeux célestes, lorsque tu te penchais sur mes lèvres. O ma mère, une seule chose est restée en moi inaltérable : c'est que mon cœur bat puissamment quand ton image, avec celle de papa, se présente à ma pensée ».

Cette lettre est empreinte d'une naïveté charmante et d'une douceur infinie. Elle surprend dans la bouche d'un voleur. On la croirait plutôt sortie de la plume d'un enfant qui va faire sa première communion. Lombroso cite également une poésie d'un criminel qui exhale un parfum d'amour filial d'une naïveté exquise.

> Au milieu de la place de la Vicaria (1),
> Avec ses petites mains elle me fit des signes ;
> J'ai vu que c'était ma petite mère
> Et que ses yeux coulaient comme deux sources.
> Mère, qui seule pensez à moi,
> Je suis entouré de mauvais chrétiens.....
> Nous sommes dans l'enfer, condamnés,
> Et vous, tendre mère, vous exhalez en vain vos plaintes.

(1) La Vicaria est le nom de la prison de Palerme.

Cependant il ne faut rien exagérer. L'amour filial, chez les criminels, atteint rarement ce degré d'intensité. Mais la plupart conservent de leur mère simplement un souvenir respectueux. Ils y pensent quelquefois, en parlent rarement ou bien disent : c'était une bonne femme, et puis ils vont prendre une absinthe.

V

Le genre de littérature le plus répandu dans les prisons est la chanson obscène. Il en circule des quantités. Malheureusement il est impossible d'en citer aucune ici, pas même un couplet, tout n'étant qu'ordure et obscénité. Lombroso dit que les livres obscènes d'Ovide, de Pétronne, de l'Arétin leur ont servi de modèles. Quel blasphème ! Comparer ces œuvres, dont la beauté fait pardonner quelques passages graveleux, avec les obscénités plates et sans poésie des criminels ! Il reconnaît, du reste, que les modèles ont été mal suivis, « car. dit-il, c'est un genre de littérature dépouillé de toute fleur de rhétorique, une littérature basse et cachée comme celle des almanachs populaires, sèche comme une chronologie ». Et puis comment admettre que les criminels aient lu Ovide, Pétronne et l'Arétin ! Néanmoins on doit reconnaître que Boccace et Piron sont assez en honneur parmi. eux et que beaucoup les ont lus ; mais presque tous ignorent Rabelais, Villon, Brantôme et Lafontaine. Le rire spirituel de Molière non plus n'est point fait pour eux.

Après les compositions érotiques, ce que l'on rencontre le plus dans leurs écrits, ce sont les théories sur le socialisme, les déclamations anarchistes. Les criminels aiment beaucoup traiter les grands problèmes sociaux, et c'est chose extrêmement curieuse

de voir ces esprits futiles et légers, ces intelligences aux vues
étroites, trancher les questions les plus difficiles, là où les plus
grands esprits se sont arrêtés, hésitants et pleins d'inquiétude.
En phrases déclamatoires, ils bouleversent l'ordre de choses
établi, renversent le vieux monde pourri, et sur ses ruines
élèvent un édifice social nouveau, une république plus utopiste
que la fameuse cité de Fénelon. Les quelques centaines de pages
en prose que je possède ne contiennent guère d'autres idées; ce
sont simplement des répétitions de ce qui se débite quotidiennement dans les réunions anarchistes. On y trouve rarement
une idée neuve, un passage saillant. « La moitié du monde
exploite l'autre, écrit l'un d'eux. D'un côte les dupeurs, de
l'autre les dupés, c'est-à-dire les malheureux, ceux qui souffrent
et dont certains sont restés dignes d'intérêt, pendant que les
autres récoltent le fruit de leurs infamies, se vautrent dans
l'or, quitte à payer la facture acquittée en bafouant les
victimes du désastre qui conduit au suicide ou à la folie (1). »
   Un autre individu, sournois et louche, condamné plusieurs
fois pour escroquerie, se plaint aussi de l'injustice des hommes
forts, qui oppriment les faibles, et demande miséricorde pour les
victimes. « Je parle, conclut-il, des victimes dignes de pitié et
des mâles défenseurs, de ceux dont le cœur déborde, dont la conviction est profonde et l'accent tout aussi sincère que la vérité
qu'ils jettent du sommet de leur courroux au profanateur épouvanté. »

(1) Cette récrimination banale est on ne peut plus déplacée sous la plume de
celui qui l'a écrite. Fils naturel d'un médecin aliéniste célèbre, il reçut une
bonne éducation, ne manquant jamais de rien. C'était un homme fort intelligent; mais la paresse, l'amour immodéré de la table et du bon vin, la débauche
en firent un dévoyé. Il parcourut la France, l'Angleterre et l'Amérique du Sud,
faisant partout des dupes. Puis il revint à Paris, où il ne tarda pas à se faire
arrêter. Protégé et conseillé par ses frères naturels, devenus eux aussi des aliénistes illustres, il simula la folie et passa quelques mois à Sainte-Anne et à
Charenton. Rendu à la liberté, il se fit de nouveau condamner trois ou quatre
fois pour vol.

Il n'est pas rare de rencontrer dans les écrits des criminels des théories sur la réhabilitation, sur le rachat du crime, sur les châtiments, sur la honte et le mépris qui suivent toute condamnation et qu'aucune expiation ne peut effacer. Ils se révoltent contre l'opinion qui les flétrit même après qu'ils ont souffert pour la faute commise, et qu'ils l'ont en quelque sorte réparée par une dure et terrible pénitence. Voici, par exemple, une poésie où cette idée prédomine et est exprimée avec une certaine force malgré les défectuosités d'orthographe et de versification.

A BAS LE PRÉJUGÉ

Que le monde est cruel, pour lui est un vaurien
Tout homme qui un jour put s'éloigner du bien.
Erreur et préjugé de la bêtise humaine.
Si cet homme a fauté, n'a-t-il pas fait sa peine?
Que lui reproche-t-on? En un mot, de quel droit
Chacun se permet-il de le montrer du doigt?
Ah! quand donc verra-t-on les hommes sur la terre
S'aimer et s'entr'aider, soulager leur misère
Et dire au pauvre honteux : si tu as faim, suis-moi;
A l'être qui succombe : ami, relève-toi.
Et vous, qui condamnez, permettez que ma lyre,
En des termes touchants, à vos cœurs vienne dire :
Chassez le préjugé! Ah! Messieurs, croyez-moi,
Quand l'homme, quel qu'il soit, frappé par la loi,
Vient à vous, implorant la clémence,
Ne le repoussez pas; parlez-lui d'espérance!
Parlez-lui d'avenir, d'amour, de jours sereins
Et rendez au pays un de ses citoyens! (1)

C'est ce que le faussaire Ruschovich disait d'une façon plus élégante et plus précise : « Le sable vulgaire que vous foulez

(1) Ces vers sont l'œuvre d'un pauvre relieur condamné un grand nombre de fois pour vol, ivresse et batteries.

aux pieds, donne un cristal brillant après avoir passé par l'ardent creuset. La lie elle-même peut devenir utile, si l'on sait l'employer; en la foulant aux pieds comme on le fait, avec indifférence et sans souci, on mine le sous-sol de la société et on l'emplit de volcans. Connaît-il bien la montagne, l'homme qui n'en a pas visité les cavernes ? Le sous-sol, pour être situé plus bas et plus loin de la lumière, est-il par hasard moins important que la croûte extérieure ? »

VI

Les criminels, étant vaniteux, aiment beaucoup à écrire leur vie. Pour peu qu'on leur inspire confiance et qu'on ait l'air de s'intéresser à eux, immédiatement ils vous font le récit de leur misérable existence. J'ai entre les mains des autobiographies en nombre assez considérable. Beaucoup sont curieuses et j'y ai puisé un grand nombre de documents.

VII

Je le répète, la forme littéraire la plus souvent adoptée dans les prisons, c'est la chanson. J'ai étudié la chanson obscène; mais il en est d'autres, et en nombre considérable. La chanson, en effet, se répand beaucoup plus vite que la prose ou la poésie. On l'apprend par cœur, on la chante dans les cours et les dortoirs: la mélodie la porte partout, et au bout de peu de jours ses couplets volent sur les lèvres de toute la pègre. Le prisonnier, utilisant ses longs loisirs, y peint sa vie. En voici une où l'on regrette le temps de la Bastille remplacée par Mazas. Et la prison nouvelle y est minutieusement et malicieusement décrite.

LA CELLULE

Sous Robespierre, un peuple courageux
Démolissait notre antique Bastille.
Papa Mazas, philosophe ombrageux,
En fit bâtir une bien plus gentille.
Plus de donjons, plus de créneaux altiers
Où l'on voyait passer la sentinelle,
Plus de cachots, de paille, de geôliers,
Plus de salons pour le grand prisonnier ;
Pour tous il fit la cellule,
    Il fit la cellule,
      La cellule.

Et toi, Latude, type de bonnes gens,
 Si tu voyais cette nouvelle cage,
Tu ne pourrais y faire tes trente-cinq ans ;
Tu serais fou avant six mois, je gage ;
Tu ne pourrais y élever des rats,
Car pas un ne reste au vestibule.
Papa Mazas, un cloître fit d'elle
En inventant pour nous la cellule,
    En inventant la cellule,
      La cellule.

Tous les matins, aussi vif que l'éclair,
Le surveillant apporte une gamelle.
Le croirait-on ! c'est un chemin de fer
Qui vous apporte le bouillon et l'écuelle.
Et puis Mazas a conçu le projet
De nous tenir serrés sous ses ferrures ;
Dans sa maison, d'évasion jamais.
Son petit nom garantit l'insuccès,
Lorsqu'il fit construire la cellule,
    Construire la cellule,
      La cellule.

Mes chers amis, quand arrive le lundi,
De vos parents vous recevez la visite.
Le timbre sonne : allez, vous êtes admis
Dans un parloir, c'est une vraie guérite;
On se croirait dans un confessionnal
Où l'surveillant écoute sans scrupule.
Pour remonter, il vous donne le signal
En vous disant toujours d'un air brutal :
       Remontez dans votre cellule,
            Votre cellule.

Plus de jardins où les petits oiseaux
Venaient chanter à la saison nouvelle;
Plus d'espace, plus de grands préaux;
On manque d'air, la mode est nouvelle.
Mais en échange nous avons un promenoir,
Un pigeonnier où le surveillant circule;
Pour mieux vous dire, c'est un entonnoir.
C'est triste, c'est bête et même ridicule;
Ces cours sont presque des cellules,
       Sont presque des cellules,
            Des cellules.

J'allais finir, mais je n'avais pas dit
Que nous avions des lieux à l'anglaise.
Notre cellule est un vrai paradis
Se composant d'une table, d'une chaise,
Carreau brouillé d'où l'on ne peut rien voir.
Il y a aussi une vieille couverture,
Balai de bouleau, puis un précieux crachoir,
Un hamac suspendu pour perchoir
Et l'almanach de la cellule,
       Et l'almanach de la cellule,
            De la cellule.

Ailleurs on décrit les privations, les ennuis, les humiliations
de la centrale.

LA CENTRALE

Dès l'arrivée du prisonnier en centrale,
C'est un spectacle des plus curieux.
Un perruquier, qui vous rase à l'eau sale,
En vrai faucheur vous fait tomber les cheveux.

Un vieux gardien, que réclame la potence,
D'un air sévère vous dit tout en grognant :
Tâchez de vous taire et faites-moi silence ;
Videz vos poches et donnez votre argent.
Il vous saisit papier à cigarette,
Pipes et tabac. Adieu, tout est fini.
Par le flanc gauche on file à la baguette,
Pour prendre un bain qu'a déjà dix fois servi.
Des employés assistent à la toilette ;
Pour vous montrer qu'ils portent des galons,
Font des manières et même de l'étiquette ;
Sous l'habit gris ils font les fanfarons :
Ils ont passé par la même filière,
Tout comme nous, ils sont bien prisonniers.
Sans distinction, au casier judiciaire,
Les camarades ont aussi un dossier.
Un surveillant vous fait regarder terre
En vous disant : baissez-vous à moitié ;
Il vous palpe et regarde le derrière,
De la maison c'est l'usage de fouiller.
A la visite du médecin on vous passe,
Comme un conscrit entrant au régiment.
Sitôt trois francs, vous faites petite masse,
En cas de mort, pour vos frais d'enterrement.
Et de là aussitôt on vous mène
Devant les gros de l'administration :
C'est le prétoir ; mais cela vous ramène
Au cinquième acte du Courrier de Lyon.
Vous y voyez Monsieur le Directeur,
Un hypocrite, un âne décoré,
Et son profil à côté : l'Inspecteur,
Et le plus faux, le plus bas : l'Aumônier.
A cette place est l'instituteur :
Mais il n'est pas à craindre, ma foi ;
C'est lui qui est l'avocat bêcheur ;
C'est lui aussi qui a le moindre droit.
Le gardien chef, prenant la parole,
D'un ton bourru vous dit : Écoutez !
Et des lois vous débite le code
Et la manière de l'observer.

Ici il faut écouter les gardes,
Et travailler, travailler tout le temps ;
Il faut marcher quand on est en promenade
Et tous les mois n'écrire qu'à ses parents ;
Tous les matins, au premier son de cloche,
Faut se lever et très bien faire son lit.
Ne mettez pas les mains dedans vos poches,
Ecoutez bien les prières qu'on dit ;
A l'atelier suivez les camarades ;
Comme des cervelas soyez bien alignés ;
Baissez les yeux si l'on vous regarde.
Voilà l'ouvrage : il faut travailler ;
On vous soumet de suite à une tâche
Qu'il faut faire sous peine de punition.
Enfin ici on est pire qu'un esclave,
On ne peut même pas ch... sans permission.
Bref, mes amis, s'il fallait vous dire
Toutes les singeries qu'on fait à la maison...
Pour le dehors cela prête à rire.
Attendez-vous toujours aux punitions.
Quelquefois, pour refus d'obéissance,
Qui n'est pas le délit le moins léger,
On vous enlève, et d'un air d'importance,
A coups de soulier, on vient vous déporter.
Allons, amis, ne faites pas résistance ;
Faites attention, le gardien est armé.
Surtout de lui n'ayez pas confiance,
Car chacun sait ce qu'il peut arriver.
Et maintenant ici je m'arrête ;
De Gaillon je garde bon souvenir ;
Si vous y allez, pensez aux oubliettes
Où beaucoup vont pour ne plus revenir.

Cette chanson est l'œuvre d'un certain Lepage, individu fort dangereux, célèbre dans les prisons ; elle lui fut inspirée pendant son séjour à la prison de Gaillon. A Poissy, il tua un gardien et fut condamné aux travaux forcés à perpétuité.

Ailleurs, le criminel devient presque un enfant qui pleure et

menace. Écoutez la cantilène de ce malheureux livré pieds et
poings liés à la brutalité des gardiens.

A GAILLON

J'avais vingt ans : réduit à la misère,
A la Roquette je me vis prisonnier.
Malgré mes pleurs, mes plaintes, mes prières,
C'est à Gaillon que je fus transféré.
Par des gardiens que personne n'estime,
Combien de fois je me suis vu frappé!
Ces hommes enfin ne rêvent que le crime.
Ah! si les morts pouvaient se réveiller!

Dans un cachot, à cent dix pieds sous terre,
Soixante-dix jours j'ai souffert le martyre.
Le gardien-chef me fit mettre les fers;
Par ce moyen il me fit obéir.
Et son épée, posée sur ma poitrine,
Prête à frapper si j'eus osé crier.
Ces hommes enfin ne rêvent que le crime.
Ah! si les morts pouvaient se réveiller!

Directeur, toi, vieillard hypocrite,
Si, par tes crimes, tes cheveux ont blanchi,
Ne crains-tu pas, toi et tes acolytes,
De tes méfaits de recevoir le prix?
Ne crains-tu pas que, s'il y a une justice,
Que de par Dieu tu seras bien châtié?
Tu auras beau dire un *De profundis*,
Si ce jour là les morts sont réveillés!

En voici encore une, œuvre d'un forçat en haute estime dans
le monde des prisons et que son amour pour la poésie avait fait
surnommer la Tourterelle. Condamné à vingt ans de travaux
forcés pour vol à main armée, beaucoup de déportés l'ont connu
alors qu'il était boulanger à Téremba ou bien porte-clés, c'est-
à-dire correcteur, à l'île Nou. A côté de certains vers cyniques
on en lit de tendres, de touchants.

Cette poésie est pleine de regrets mal dissimulés, et le dernier adieu du forçat est pour sa mère

Cet individu savait à peine écrire.

LA TOURTERELLE

J'ai débuté à Montparnasse
A fréquenter les jeunes gens.
Ils étaient tous de mon âge,
Et moi j'étais le plus vaillant.
Partout on vantait mon courage;
Aussi ma jambe en fut le prix
Un jour, au milieu du tapage,
Que je me battais pour les amis.

> Il faut, ma Tourterelle,
> Fuir à jamais Paris,
> Pour une bagatelle.
> Adieu donc, mes amis!
> Ma douleur est cruelle!
> Adieu donc, mes amis!

Rue de la Gaîté, dans tous les bals,
J'étais connu, j'étais gobé.
Je fauche (1) un jour les mille balles;
Tous mes amis ont bien soiffé.
Mais l'arnac (2) un beau jour arrive,
Conduit par une sale goton.
N'y avait pas plan que je m'esquive,
Voilà pourquoi j'suis dans l'ballon (3).

Adieu, amis, chers camarades.
Je fus toujours un bon garçon,
Ennemi de l'humeur maussade,
Très mauvaise tête, mais le cœur bon.
Mais je regrette, douleur amère,
En partant pour les travaux.
Je laisse là ma vieille mère
Qui prit soin de moi au berceau.

(1) Je vole.
(2) La police.
(3) Dans la prison.

Ailleurs on chante la pègre malheureuse, le riche respecté et en adoration devant la pièce de cent sous. Un nommé Canada, condamné à vingt ans de travaux forcés pour rébellion à la prison de Clairvaux, et ensuite tué à Téremba par un gardien qu'il avait menacé, a composé une espèce de satire assez curieuse. C'est en même temps du rire et de la colère, de l'ironie et du regret, de la joie et de la tristesse. Écoutez.

> Un certain soir, étant dans la débine,
> Un coup de vague il leur fallut pousser (1),
> Car sans argent l'on fait bien triste mine;
> Mais de courage jamais ils n'ont manqué.
> La condition était fixée d'avance;
> Le rigolo eut bientôt cassé tout.
> Du gai plaisir ils avaient l'espérance.
> Quand on est pègre, on peut passer partout.
>
> Le coffre-fort fut mis dans la roulante (2),
> Par toute l'escorte il fut entouré.
> Chez l' pèr' Clément, on lui ouvrit le ventre :
> D'or et d' faffiots (3) l'enfant était serré,
> Quarant millets (4)! Telle était cette aubaine.
> Ah! mes amis! C'était un fier coup !
> De le manger, ils n'étaient pas en peine :
> Quand on est pègre, on peut se payer tout.
>
> L'ami Lapat', qui n'était pas un' bête,
> Du coffre-fort voulait s'débarrasser.
> Chez l' pèr' Jacob, pour le jour de sa fête,
> A son pur 'ingue il voulait l'envoyer.
> Tout près d chez eux, en face, était la Bièvre,
> On l'y plongea; mais voyez quel casse-cou!
> Il fut r'pêché. Adieu tous les beaux rêves!
> Quand on est pègre, on doit penser à tout.

(1) Ils durent tenter un coup.
(2) La voiture.
(3) Billets de banque.
(4) Quarante mille francs.

Vive le vin! vive la bonne chère !
Vive la grinche (1)! vive les margotons (2)!
Vive les cigs! vive la blonde bière!
Amis, buvons à tous les vrais garçons!
Ce temps heureux a fini bien trop vite,
Car aujourd'hui nous v'la tous dans l' trou.
Nous sommes tous victimes des bourriques (3).
Quand on est pègre il faut s'attendre à tout.

Quinze jours après, ces pauvres camarades
Rentrant chez eux, par l'arnac (4) furent pincés.
Ils revenaient de faire un' rigolade.
Deux contre dix, comment pouvoir lutter!
Ils furent vaincus, mais leur rap (5) porta tout.
Vrais compagnons de la Haute-Farandelle,
Ah! mes amis, à vous gloire éternelle!
Quand on est pègre, le devoir avant tout.

Mes chers amis, j'ai fini leur histoire.
A la Nouvelle, tous trois ils partiront ;
Mais avant peu, bientôt j'en ai l'espoir,
Brisant leurs fers, vers nous ils reviendront
Mort! Cent fois mort à toute la police!
Ces lâch's bandits, sans pitié, coffrent tout.
On les pendra, et ce sera justice ;
Car, pour les pègres, la vengeance avant tout!

Moralité : Ces hommes très forts se sont fait coffrer en coffrant un coffre-fort !

Un autre dit l'ivresse et les ennuis du soiffard sans le sou. C'est, paraît-il, une chanson fort en honneur et fort répandue dans le quartier Maubert. Si mes souvenirs sont fidèles, il me semble l'avoir entendu chanter certain soir au Chateau-Rouge

(1) Vive le voleur.
(2) Vivent les femmes.
(3) Des agents.
(4) La police.
(5) Leur dos.

ou au cabaret du père Lunette. D'ailleurs, elle m'a été donnée par un habitant de ces parages.

La voici:

> Il est minuit sonné,
> Goippeur (1), il faut rentrer;
> Les agents vont passer,
> Tu vas t'faire enfiler.
>
>> Car la vie n'est pas tranquille
>> Pour les goippeurs de la Courtille;
>> Toujours goipper,
>> Jamais massé (2),
>> Sur les boulevards,
>> Je le dis d'un franc cœur,
>> Que les goippeurs
>> N'ont pas de bonheur.
>
> Nous sommes dans le trou,
> Nous n'avons pas le sou ;
> Nous sommes dans l'embarras,
> Nous n'avons pas d' tabac.
>
>> Car la vie, etc.
>
> Sur le port de Toulon
> Nous nous rassemblerons
> Pour voir défiler
> Tous les disciplinés.
>
>> Car la vie, etc.

Mais le sentiment qui prédomine dans toutes les poésies des criminels, c'est la haine. On admire le meurtrier, on glorifie le vol, et le crime est placé sur un piédestal. Telles sont ces chansons que Hepworth Dixon dit avoir entendu chanter dans

(1) Synonyme de soiffard et ivrogne.
(2) Jamais arrêté.

les bagnes et les prisons. C'est une invitation au pillage et à l'assassinat.

> Que peut me rapporter ma bêche?
> Si mes mains sont vides, si mon cœur est souffrant,
> Un couteau! un couteau! Mon ami est dans la forêt.
> Je pillerai le marchand dans sa boutique,
> Je tuerai le noble dans son château,
> J'enlèverai de l'eau-de-vie et de belles filles,
> Et le monde m'honorera comme un roi.

Voici une chanson qui a été saisie à la prison de la Santé par un gardien. L'auteur, qui avait subi plusieurs condamnations pour vol, n'y déguise nullement son admiration pour le vol à main armée.

LES PIÈCES DE CENT SOUS

> Voyez ces jeunes gens
> Aux allures suspectes
> Qui s'en vont nuitamment
> Faire les bourses à sec (1),
> Ne maillochant (2) jamais,
> N'ayant pu, pour subsister,
> Par de bien vilains faits,
> Argent se procurer.
> A bas le point d'honneur!
> Ils ne s'en soucient guère.
> C'est cet argent trompeur
> Qui les mène à la guerre,
> A la guerre aujourd'hui
> Que nous professons tous,
> C'est la guerre, la guerre aux pièces de cent sous,
>
> Voyez sur les boulevards
> Un homme trébuchant,
> A minuit moins un quart,
> A ces jeunes gens parlant.

(1) Les mendiants sans le sou.
(2) Ne travaillant jamais.

Ils se sont empressés
Autour de ce soulot.
Après l'avoir palpé,
L'un dit : il n'a que peau (1),
On le laisse passer
En disant : L'animal!
Comment il est fauché (2)!
Il n'a juste que peau de balle (3).
Mais si ça continue
Nous pourrons nous dire tous
Que nous n'avons pas eu de pièces de cent sous.

Mais en voici un autre.
Faites attention, messieurs!
Faisons le bon apôtre;
Appelons-le mon vieux,
Et au père François (4)
Il faut le régaler.
Par ce moyen, je crois,
Il pourra entraver (5).
Il nous déporte tous (6),
Et, malgré notre attente,
Nous dit qu'il n'a pas le sou,
Et d'une voix tremblante :
Il est tard, voyez-vous, mes amis, je suis soûl,
Et j'ai dépensé toutes mes pièces de cent sous.

Ne voulant pas casquer, (7)
Vu qu'il battait comtois, (8)
Pour le faire entraver,
Nous l'endormions ma foi (9).

(1) Il n'a rien.
(2) Il est volé.
(3) Il n'a rien.
(4) Lui faire le coup du père François, c'est-à-dire lui jeter une corde au cou par derrière, le charger sur les épaules et ainsi l'étrangler pour le dévaliser ensuite. Ce système a été employé pendant longtemps à Belleville, avec succès, par un certain François qui lui a laissé son nom. On dit : le coup du père François, comme on dit : la méthode Pasteur. (*Voyez la note page 101).*
(5) Lui faire donner de l'argent.
(6) Il nous trompe tous.
(7) Ne voulant rien donner.
(8) Vu qu'il faisait l'imbécile.
(9) Nous l'assassinions. Euphémisme sinistre du genre de ceux que j'ai déjà signalés.

Aux cris du malheureux
Deux sergents de ville accourent :
Sur cinq, ils en prennent deux ;
De tout prendre firent un four (1).
Amenés au violon,
Le brigadier demande :
Qu'ont fait ces deux garçons ?
Ils étaient une bande,
Ils cherchaient tous les deux, ces sortes de filous,
Dans les poches de Monsieur, des pièces de cent sous.

Arrivés à la tour,
L'un de ces deux garçons
Disait à l'autr., un jour :
Mon vieux, nous sommes bons,
Et, comme je suis coupable,
Je suis bien décidé
A me mettre à table (2)
Pour être moins sapé (3).
L'autre a beau le prier
De rester toujours homme.
Mais tu as beau chanter
Et ce sera tout comme.
Tous ceux que je connais gémiront dans le trou ;
Par ce moyen, j'aurai les pièces de cent sous.

Tu es un faux copain,
Lui dit l'autre garçon,
Et tu as grand besoin
D'avoir une leçon.
Je vais te la donner,
Ce ne sera pas long,
Et vais te faire passer
Dans la barque à Caron.
Palpe un peu ce vingt-deux (4),
Il est d'un bel ouvrage ;
Prends garde à toi, mon vieux,
D'en avoir le pucelage !
Après l'avoir frappé, il lui dit tout-à-coup :
Tu n'auras pas palpé de pièces de cent sous.

(1) Ils ne réussirent pas à les prendre tous.
(2) Avouer, synonyme et dérivé de manger le morceau.
(3) Moins condamné.
(4) Touche un peu ce couteau.

Le dernier couplet fait frémir dans sa simplicité sinistre ; on sent passer, en le chantant, le froid de l'acier.

Enfin voici une dernière composition fort en honneur chez les « mangeurs de blanc » (1) qui la chantent dans leurs scènes d'orgie. On y dit les douceurs et les avantages du métier ; on y dit la femme méprisée et sacrifiée ; c'est en quelque sorte une *marseillaise* des « dos verts ». (2) Elle m'a été communiquée par un individu que j'avais opéré d'un phimosis très-gênant, individu fort goûté parmi ces dames qui vivent sur les hauteurs de Belleville. Pour me remercier, selon son expression, de lui « avoir fait une verge pour aller dans le monde », il me fit cadeau de la chanson de la compagnie. On la chante entre deux absinthes, le soir.

> En revenant d'la barrière,
> Sortant de me chigner (3),
> Je rencontre sans lisière (4),
> Un linge à s'ballader (5) ;
> C'est une bonne fortune ;
> Je lui dis sans façon :
> Mon p'tit trognon.
> Voilà qu'est bon.
>
> Ma petite demoiselle,
> Veux-tu me donner le bras ?
> Non, me répond Estelle,
> Je ne vous connais pas.
> Ne fais pas la crâneuse (6)
> Ou j'te lâche un bochon (7).
> Voilà qu'est bon !

(1) Souteneurs.
(2)   id.
(3) De me griser.
(4) Sans ami qui l'accompagne.
(5) Une femme qui se promenait.
(6) La fière.
(7) Je te donne un coup.

Arrivés près de la porte,
La petite veut crâner;
Deux aminches la déportent,
Et gare aux coups de soulier!
V'là la patrouille qu'arrive,
Nous flanque tous au violon.
Voilà qu'est bon!

Monsieur le commissaire,
Nous sommes trois jeunes gens
Qui n'demandent qu'à bien faire
Quand nous avons d'l'argent;
Mais quant à mademoiselle
C'est un vieux torchon.
Voilà qu'est bon!

Assez d'vos politesses,
Vous êtes tous des filous;
Donnez-moi vos adresses.
Foutez-moi le camp chez vous;
Mais pour la demoiselle,
Qu'on la garde au violon.
Voilà qu'est bon!

Si c'est la vie suivie
Que les Parisiens font,
Divisez en partie
Comment qu'ils seront :
La moitié pour Poissy
Et puis l'autre pour Toulon.
Voilà qu'est bon!

Telles sont les productions littéraires les plus répandues dans les prisons.

VIII

A part les chansons, qui ordinairement sont simples et sans prétention, quelquefois vives et légères, la plupart des compositions des criminels sont lourdes et emphatiques. Ils aiment la phrase, la période embrouillée qui n'en finit plus, les mots aux longues syllabes. Voici un passage de l'histoire fort curieuse d'un pédéraste, histoire écrite par un détenu à qui un autre détenu avait fait sa confession. Il s'agit d'un adolescent qu'on livre pour la première fois à son maître. « Quand il fut bien parfumé et oint d'huiles embaumées, on lui fit revêtir une chemise de soie, et alors son maître, qui avait fait en même temps une toilette identique, le prit brusquement dans ses bras ; il colla ses lèvres sur les siennes, et frémissant, les yeux en feu, il alla le déposer au milieu de cette couche onctueuse qui semblait être faite pour l'amour et qu'un satyre profanait à présent par les plus sales débauches ». Cet enfant « bien parfumé et oint d'huiles embaumées » forme pour le moins un ridicule pléonasme. D'autre part, on ne voit pas bien ce que c'est qu'un « lit onctueux ». Le passage suivant est encore plus remarquable sous ce rapport : « Dans le fond était un immense lit à baldaquin, surmonté d'un dôme étincelant dont le dessous tout ruisselant de dorures encadrait une superbe glace de Venise formant ciel. Les plus ravissantes garnitures emplissaient cette couche monumentale, où les soies de Chine, la batiste, les dentelles de Malines et la plus fine toile de Hollande, chatoyaient l'œil du jeune Normand ébahi qui contemplait ces merveilles sous la douce lueur d'une lampe d'albâtre dont les tons pâles se jouaient sur les boiseries sculptées et les bronzes magnifiques ». Quelle richesse et quelle abondance d'épithètes !

Cette emphase se retrouve aussi dans les compositions des aliénés. C'est là un point commun et qui s'explique par cette vanité qu'on rencontre presque toujours chez l'un et l'autre, par cette exagération ridicule qui se retrouve chez le premier comme chez le second. Voici un fragment d'une poésie inspirée par la mort de l'empereur Guillaume d'Allemagne, le 8 mars 1888, à un malheureux déséquilibré, autrefois directeur d'un

petit théâtre qui eut une certaine célébrité à Paris. Cet individu
se trouvait alors à l'asile d'aliénés de Ville-Evrard, dans le
service de M. Marandon de Montyel :

> Aujourd'hui sur la terre, où je meurs de pitié,
> Il ne me reste rien que de Dieu l'amitié,
> La seule en qui j'ai foi. Ton valet misérable,
> Ton Bismark pue le sang. O mort si lamentable
> Pour l'honnête ici-bas, sans pitié ni merci
> Fauche donc ce bourreau que l'on craint tant ici.

Ces vers sont simplement prétentieux, mais les suivants sont
tout à fait ridicules. Ils forment le début d'une poésie sortie de
la plume d'un ancien tailleur, devenu paralytique général, que
j'ai eu l'occasion de voir l'an passé à l'asile Sainte-Anne, dans
le service de M. le Dʳ Dagonet.

> Je suis sans pardon et féroce véritable
> Pour ceux qui calomnient.
> Sans peur je vivrai, immuable,
> Aux yeux de ceux qui le nient.

Un caractère commun que l'on retrouve également et dans la
littérature des criminels et dans celle des aliénés, c'est la
recherche des mots bizarres, des alliances de mots exagérées,
des métaphores outrées et des hyperboles hardies. Ils forgent
même des mots. Voici un passage fulgurant d'une procla-
mation anarchiste : « Frères ! citoyens ! citoyennes ! Aux armes
et mort aux vaches ! Rendez-vous au lever du soleil place de la
Bastille, bannières et drapeaux en tête. Invocation à la citoyenne
Louise Michel, notre mère et notre patronne, et en avant au Père
Lachaise. Qu'à l'approche de ce lieu sacré vos cheveux se
hérissent sur vos têtes et que du fond de leur tombe, nos frères,
morts pour la bonne cause, en fassent frissonner les dalles. Que
tout ce qui viendra pour barrer notre passage, que toute cette
canaille, soit mitraillée à bout portant, comme des chiens. Après

qu'à ces nobles morts tous nous aurons rendu nos plus sincères regrets et que la place, balayée des buveurs de sueur, laissera le passage libre, nous continuerons notre course et nous marcherons vers les palais des tyrans, aux hôtels somptueux, et la torche à la main vienne l'heure des représailles! » Ouf! Quel galimatias !

Les aliénés ne sont pas moins riches en périphrases lourdes et en mots sonores. J'ai vu l'an dernier, à l'asile d'aliénés de Ville-Evrard, dans le service de M. Marandon de Montyel, un pauvre vicaire de campagne atteint de délire chronique, qui se croyait pape et signait Pie X. Par la bienveillance et la politesse, j'avais capté la confiance de ce malade. Il me remit un jour un travail débutant par les mots: « Prospérité, liberté, pérégalité », et où il se posait en réformateur universel. Voici le début de ce « messianique travail, dédié à chère bonne Louise Michel », programme de la « constitution réformatrice, transfigurée, impérissable de Pie X ». L'auteur s'adresse à Léon XIII, l'usurpateur de la tiare, et il justifie jusqu'à un certain point sa prétention d'être un grand chimiste de mots : « O jubileur entiaré ! s'écrie-t-il. Sacripan Bismarkisard ! Arbitre vaticaniche à morsures pastorifiques ! Ecoute le chant du cygne de ton impavide redresseur, ton dompté dompteur, ô lion gallophobe ! Antechrist Léon treizième de nom ! Autre Samson, nouveau Lamennais, le bon, le meilleur, l'excellent et surexcellent même... d'autant que j'ai — Moi — Dieu merci — plus de séquestrations à mon actif que de spoliations à mon passif. Devenu présentement un vivant Macchabée, devant être bientôt enfoui sans honneurs dans la fosse commune de leur champ de Navets, à l'état d'infects autant qu'informes débris humains travaillés par les carabins d'une école quelconque. Devenu, dis-je, depuis vingt-deux ans — à les en croire — ces Lasègue, ces Magnan, de leur propre aveu, l'incarnation la plus formidable de la révolution et la personnification la plus redoutable, il paraît bien, de la révélation ».

Je ne voudrais pas faire ici de rapprochements blessants; mais il est un genre de littérature tout nouveau qui présente de singulières analogies avec celle que nous étudions. En effet, il est des poésies « déliquescentes » de décadents qui sont souvent plus obscures et plus hyperboliques que les compositions citées plus haut. Prenons au hasard dans un numéro du *Décadent*, un sonnet mutilé, signé Arthur Raimbaud et intitulé : *Les Cornues*. Le voici.

L'abdomen prépotent des bénignes cornues
Se ballonne, tel un ventre de femme enceinte,
Es dressoirs, elles ont comme des airs de sainte
Procession, vers quel Bondieu ? de plages nues.
Et leur I-dole à ces point du tout ingénues
Pelreines, c'est tes gloires jamais atteintes,
O la science. Phare inaccessible . . . . .

. . . .

Mais c'est dans l'âpre Etna de vos nuits, o cornues!
Que meurt le fœtus des Demains triomphants!
O vulve! de leur bec tels des sexes d'enfants
Et volute du Flanc telles les lignes nues
Du pur torse de l'Eve aux rigidités lisses ;
Sort de leur col fluet comme de jeunes cuisses!

Le critique du *Décadent* reconnaît que « ce miraculeux sonnet est d'une facture tourmentée ». Mais lequel est le plus obscur de l'orateur anarchiste ou du vicaire mégalomane, ou du poète décadent ? Ce sont probablement tous trois des névrosés.

Néanmoins, on trouve par-ci par-là, dans les compositions des criminels, quelques poésies d'une certaine valeur ; mais, on y retrouve toujours plus ou moins ce style prétentieux et tourmenté si cher à ces esprits.

Telle est cette poésie de l'assassin Lebiez.

A UN CRANE DE JEUNE FILLE

De quelle belle enfant, restes froids et sans vie,
    Beau crâne apprêté par mes mains,
Dont j'ai sali les os et la surface blanchie
    D'un tas de noms grecs et latins.
Compagnon triste et froid de mes heures d'étude,
    Toi que je viens de rejeter
Dans un coin, ah! reviens tromper ma solitude,
    Réponds à ma curiosité.
Dis-moi combien de fois ta bouche s'est offerte
    Aux doux baisers de ton amant;
Dis-moi quels jolis mots de ta bouche entr'ouverte
    Dans les heures d'égarement...
Insensé!... Tu ne peux me répondre, pauvre fille;
    Ta bouche est close maintenant,
Et la mort en passant, de sa triste faucille,
    A brisé tes charmes naissants.
Triste leçon pour nous, qui croyons que la vie
    Peut durer pendant de longs jours!
Et jeunesse, et bonheur et beauté qu'on envie,
    Tout passe ainsi que les amours!
Aussi, quand, vers le soir, âpre et dur à la tâche,
    Je travaille silencieux,
Mon esprit suit le monde et, tout inquiet, s'attache
    A des pensers plus sérieux,
Je rêve au temps qui passe...; alors je te regarde,
    Et, songeant aux coups du destin,
Sur ton front nu je crois lire en tremblant : « Prends garde!
    Mortel, ton tour viendra demain! »

Voici également une boutade de Lacenaire assez heureusement rimée.

LA FLUTE ET LE TAMBOUR

Bien fou, ma foi, qui sacrifie
Le présent au temps à venir;
Tout est bien et mal dans la vie,
Le chagrin succède au plaisir.

Contre le sort en vain on lutte :
Amour, richesse, n'ont qu'un jour.
Ce qui vient au son de la flûte
S'en retourne au bruit du tambour.

Un gros financier qui, naguères,
Roulait, gorgé du bien d'autrui,
Rançonné par d'autres confrères,
Marche dans la crasse aujourd'hui.
On voit souvent semblable chute
Chez le peuple ainsi qu'à la cour.
Ce qui vient au son de la flûte
S'en retourne au bruit du tambour.

Quand je vois la superbe actrice
Qui ruina plus d'un amateur,
Aujourd'hui, par un beau caprice,
Se ruiner pour un mince auteur,
Pauvre folle, hélas! Quelle chute!
Ainsi, dis-je, même en amour,
Ce qui vient au son de la flûte,
S'en retourne au bruit du tambour.

Le caporal Géomay, récemment condamné à mort pour assassinat, composait des chansons, dont l'une fut chantée sur une scène parisienne et eut une certaine vogue.

IX

Comme on a pu le voir par ces nombreuses citations, l'argot ne tient que fort peu de place dans la littérature des criminels. Ils en émaillent leurs écrits, comme ils en émaillent leur conversation. Pour donner plus de vigueur ou plus de pittoresque à la phrase, ils l'habillent d'argot : ce n'est qu'un ornement passager, une fleur jetée dans l'herbe ; *veluti flos vernantibus in pratis*, comme disait Cicéron.

Voici néanmoins deux chansons où l'argot tient une certaine place. Elles ont été recueillies à la prison de la Santé par mon excellent ami, le Dr Guillot, mon successeur comme interne à l'infirmerie centrale.

CÉLESTINE OU LA MARMITE QUI FUIT

Lamentations d'un trois-ponts. (1)

Refrain.

C'est pas malin, Célestine,
Depuis que j'suis en turbine (2),
Tu refoules pour trimarder (3),
Nib à tortorer (4),
Tu m'f'ras calancher (5).

Autrefois, je t'appelais ma petite môme (6),
Et mes valades étaient graissées (7) ;
On m'agate et me v'là en paume (8),
Et tu te débines des matelassées (9).
J't'en ai paré de ces attignoles (10) !
Pour ton nière je me serais fais buter (11).
Mais v'là que tu fréquentes les casseroles (12),
Marmite que j'ai fait débuter !

Quand tu fleurissais sur le bitume,
Tous les gonses (13) étaient épatés ;
Ton chasse faisait des levages rien urfés (14),
A chaque traiyage tu faisais ta pièce (15) ;
Pendant ce temps-là, j'allais m'en jeter (16) ;
Maintenant v'là que tu renifles sur le commerce (17),
Et je passe à l'as pour m'les caler (18).

(1) Souteneur. (2) Depuis que je travaille. (3) Tu ne veux plus raccoler. (4) Tu ne veux plus me donner d'argent. (5) Tu me feras crever. (6) Ma petite femme. (7) Mes poches étaient garnies d'argent. (8) On me blague et me voilà dans la misère. (9) Tu te soûles. (10) Je t'en ai évité des affaires. (11) Pour toi, je me serais fait assommer. (12) La casserole est une prostituée d'un ou plusieurs degrés inférieure à la marmite. (13) Tous les individus. (14) Tu raccolais des hommes bien mis (15) A chaque passe tu gagnais cent sous. (16) M'amuser. (17) Tu refuses de te prostituer. (18) Je n'ai plus rien.

Les reluisants que tu t'carrais en grève (1),
J'm'camouflais en boudiné (2);
Tu me r'filais madame la braise (3),
J'flanquais mon galurin (4) de côté,
Puis au tortorent (5), plus d'un pante (6)
Etait bleu d'nous voir morfiller (7).
O'jordhui j'ai du vent dans le ventre,
J'sens le paquet de tripes se cavaler (8).

T'étais nippée à la cocotte (9),
On jactait : est-elle frusquinée (10)!
Ça donne envie de tirer une botte (11),
C'est une marmotte qu'est rien tapée (12)!
Maintenant tu t'toquardes de la frime (13);
Tes deux oranges tombent dans tes bas (14),
T'es des mois sans changer ta lime (15);
Y a même des mois que tu n'en a pas.

Quoi? c'est éteint... tu rebutes au flanche (16)?
Y a pu d'trottinage à la clé (17)?
Des dattes pour que tu fasses la planche (18)?
L'anse de la marmite est cassée (19)?
Pour parer c'gnon qui m'met su'l'sable (20),
Comme ta peau n'veux plus que faignanter (21),
J'vas me recoller avec ta dabe (22)
Que ne refoule pas pour turbiner (23).

(1) Les louis que tu plaçais dans ton faux derrière. (2) Je m'habillais en boudiné. (3) Tu me donnais l'argent. (4) Mon chapeau. (5) Restaurant. (6) Plus d'un individu. (7) Etait étonné de nous voir passer. (8) Figure très hardie et difficile à traduire. Elle signifie : Je n'ai plus rien; je suis perdu. (9) Tu étais bien mise. (10) On disait : Est-elle bien habillée! (11) Ça donne envie d'aller coucher avec elle. (12) C'est une jolie femme. (13) Ta figure se défraîchit. (14) Tes seins tombent dans tes bas, c'est-à-dire deviennent mous et pendants. (15) Sans changer de chemise. (16) Tu refuses de travailler. (17) Tu refuses de faire le trottoir. (18) Tu ne veux plus te mettre sur le dos avec les hommes. (19) Figure très hardie et difficile également à traduire. Une marmite dont l'anse est cassée ne peut plus servir; donc cela signifie: tu n'es plus bonne à rien. (20) Pour parer ce coup qui me renverse. (21) Puisque tu ne veux plus rien faire. (22) Je vais me mettre avec ton amie. (23) Qui ne refuse pas de travailler, c'est-à-dire de se prostituer.

J'TE VAS LACHER UN PAIN (1)

Ecoute, Suzon, il faut que j'te bonnisse (2)
Que tes façons commencent à m'mettre à r'naud (3).
J't'ai démarré d'un gonzier d'pain d'épices (4)
Qui ne savait pas t'arranger comme il faut.
Je l'ai relevé; la môme a l'air gironde (5).
Que j'me disais, croyant avoir fait un chopin (6);
Mais tous les soirs sans pognon j'te trouve ronde (7).
          J'te vas lâcher un pain.

Pour travailler l'soir à la Pépinière,
Pour vingt pélos j't'achète un p'tit panier;
J't'apprends comment l'on peut plumer un lièvre (8).
Et j'te conduis moi-même au pigeonnier (9),
Pendant c'temps-là, faut-il que j'sois bonnasse,
Comptant sur toi, je plaque mon turbin (10):
Tu m'fais greffer, y m'reste plus qu'une limace (11).
          J'te vas lâcher un pain.

Quelques poètes ont recueilli l'argot et l'ont mis en vers. Témoins Villon, parmi les vieux, A. Gill (*la Muse à Bibi*) et J. Richepin (la *Chanson des Gueux*), parmi les jeunes. C'est peut-être là une tendance littéraire curieuse à étudier, mais sans intérêt pour nous, que nous plaçons à un tout autre point de vue.

Il existe à Paris un café que je ne nommerai pas, et où se réunissent un certain nombre de jeunes déclassés qui chantent des chansons obscènes ou disent des monologues en argot de leur cru. En voici un échantillon.

SCÈNE DE MÉNAGE

Enfin! te v'là, toi, p'tit' salope?
Tu m'fais poiroter (12) d'puis minuit.....
Rouspett' pas! ou sinon t'écope (13)!
Tu viens d'vadrouiller (14)? sale outil!

(1) Je te vas donner un coup. (2) Que je te dise. (3) A m'ennuyer. (4) Je t'ai sortie de la misère. (5) La petite a l'air gentille. (6) Une bonne affaire. (7) Tous les soirs, sans argent, je te trouve soûle. (8) Comment on peut dévaliser un homme. (9) Je te mène où on trouve des hommes. (10) Je quitte mon travail. (11) Il ne me reste rien. (12) Attendre. (13) Tais-toi, sinon tu seras battue. (14) De courrir, c'est-à-dire de te promener.

Défring'-toi, pass'-moi la galette (1)!
T'as dû faire des michés sérieux (2).....
Tu voudrais pas t'offrir ma tète (3)
Rien qu'pour l'amour de tes beaux yeux.

Eh bien! qué qu't'as à faire la gueule?
Tu m'connais..... faut pas m'emmerder!
Si tu prends des airs de bègueule,
Gare à ta peau !..... J'te vas bomber (4)!

A la bonne heure, tu t'déshabilles.....
T'es bath! va. J'te gobe (5), mon trognon.
C'est cor toi qu'es la pus gentille;
Aboule un p'tit peu c'beau poignon (6).

Quarant' ronds (7)! mais tu t'fous d'ma fiole (8);
Tu t'as fait poser un lapin (9)?
Réponds donc, eh! boîte à vérole.
Tu t'auras offert un béguin (10)!

Tu sais, Nini, faut pas m'la faire (11);
Moi, j'suis pas comme mon p'tit frangin (12).
Tu n'te payeras pas ma caf'tière (13).....
J'veux pas d'un' feignant', qui fout rien.

Mais réponds donc, eh! sal' punaise!
Ah! chiall' pas (14)! ou j'te crève la peau.....
A qui qu't'as r'passé c'te bell' braise (15)?
Tiens (*)..... Mais réponds-moi donc, chameau!

Réponds-moi, t'entends, ou j't'assomme!
— Alphonse, j't'en prie, écout'-moi!
« (Tu m'as mouchée (16), tu sais, p'tit homme):
« J'vais t'dir' le fin mot du pourquoi :

(*) Il lui fout un pain. *(Note du poète).*

(1) Déshabille-toi. Passe-moi l'argent. (2) Tu as dû aller avec des hommes payant bien. (3) Tu ne voudrais pas te moquer de moi. (4) Je vais te frapper. (5) Tu es gentille. Je t'aime. (6) Donne un peu l'argent. (7) Quarante sous. (8) Tu te moques de moi. (9) Tu es allée avec un homme qui ne t'a rien donné. (10) Tu es allée pour rien avec un homme qui te plaisait. (11) On ne me trompe pas. (12) Mon frère. (13) Tu ne te moqueras pas de moi. (14) Ne crie pas. (15) A qui as-tu donné l'argent. (16) Tu m'as battue.

« J'ai carré (1) dans mon faux derrière
« Deux louis, que j'voulais envoyer
« A ma pauvr' vieill' grenouille d'mère
« Qu'est pus capable d'travailler.

« Attends un peu, qu'je r'tir' ma robe.
« T'impatient' pas, j'vas t'les r'filer (2).
« (Tu vois, mon chéri, si j'te gobe!) »
— Et ta mère ? — « Oh ! a peut crever. »

X

Il existe un genre de littérature criminelle tout à fait inférieur,
dont je n'ai point parlé jusqu'ici, et dont il me reste à dire
quelques mots.

Avant la découverte du papyrus et des roseaux, les peuples
très anciens écrivaient leur histoire sur les murailles de leurs
édifices. Les obélisques se constellaient d'hiéroglyphes mystérieux où les savants ont pu découvrir les secrets de l'antiquité.
On écrivait sur les murailles du temple les hymnes en l'honneur
de la divinité qu'il renfermait. Au fronton, on gravait le nom
d'un grand homme qui avait sauvé la patrie ; au-dessous, on
disait ses vertus et les services qu'il avait rendus ; sur le fût de
la colonne rostrale, sur les architraves des arcs de triomphe, on
inscrivait les dates des grandes batailles avec les noms de ceux
qui étaient morts pour la patrie. Et, ainsi, l'histoire d'un peuple
restait gravée sur ces pierres jusqu'à ce qu'un jour un savant
vienne les exhumer de la poussière des ruines et les mettre au
jour en les expliquant.

(1) J'ai caché (2) Je vais te les donner.

Cette espèce de littérature murale existe aussi chez les criminels. (1) On n'a qu'à examiner les murs d'une prison. Les bergers
de Virgile et de Florian gravaient des noms entrelacés sur
l'écorce des bouleaux. Le criminel qui passe en prison, éprouve,
lui aussi, le besoin de dire son chagrin ou sa haine ; le mur de
sa cellule alors lui servira de tablettes et il y gravera une pensée
triste ou cruelle, cynique ou haineuse. Celui qui viendra après
saura qu'un autre y a souffert déjà. Ce sera un peu de la vie d'un
homme gravé là. Et la vanité du criminel y trouvera aussi une
satisfaction : d'autres, pense-t-il, liront mon nom et le répéteront.

J'ai visité les cellules et les quartiers communs de la Santé ;
mais on badigeonne souvent les murailles, et d'autre part les
détenus qui écrivent leurs noms sont sévèrement punis et paient
les dégradations. Néanmoins, dans les cellules et les préaux d'attente, où la surveillance ne peut guère se faire, parce que chaque
détenu n'y passe que quelques instants, j'ai relevé des multitudes
d'inscriptions. Les murailles en sont tellement couvertes qu'on
pourrait presque les comparer aux feuillets d'un livre.

Ces inscriptions présentent peu d'intérêt par elles-mêmes : on
y lit rarement de grandes pensées.

Quelquefois le criminel, comme je l'ai déjà dit lorsque j'ai
étudié la formation des noms propres en argot, se contente
d'écrire son nom. Le plus souvent il indique la durée de sa
peine. Telle est l'inscription suivante : « Nénesse fait treize
mois. Vive le 19 juillet. »

Je n'avais pas compris d'abord le sens du vivat de la fin. Un
détenu m'a expliqué que c'était la date de sortie. On retrouve, en
effet, ce vivat à la fin d'un grand nombre d'inscriptions, comme
dans celle-ci : « La Patente de Montparnasse fait deux mois.
Vive le 28 septembre 1885 »; ou encore dans cette autre :

---

(1) Elle a été étudiée par M. Lacassagne sous le nom de *Graffiti ou tatouages
des murailles.* Voir l'article TATOUAGE du Dict. encyclop. de Dechambre par
cet auteur.

« Cœur d'Acier de la Villette, sapé (1) à six mois. Vive le 18 septembre 1884 ! »

Quelquefois c'est la date de sortie qu'on trouve gravée sur la muraille. Ainsi on lit : « Coco des Ternes est décarré (2) le 6 mars. »

D'autres expliquent le motif de leur condamnation. Ainsi : « Ernest de la Bastille est ici pour Marie, la femme du cuisinier des Phares de la Bastille. » Ou encore : « La Chique du Bois fait quinze jours pour avoir pissé sur la voie publique. Vive le 22 août 1888. »

Ailleurs, c'est un adieu ou un salut aux amis : « Adieu, Plécheroise, sait Marseillais qui te dit à revoire. Je fait cinq ans de travaux forset, 1882. » Ou simplement : « Bastien de la Villette dit bonjour aux amis. » Souvent aussi le condamné, dont la colère est mal apaisée, y écrit un mot de haine, un appel aux représailles : « Mort au président de la neuvième ! » ou bien : « Courage, les amis, et du sang ! » ou encore : « Courage, les amis, et meilleure chance que moi ! » D'autres se montrent plus vindicatifs encore : « Adolphe, dit l'Ecureuil des Halles, et Blondin du Havre disent bonjour aux amis et à tous les garçons courageux. Mort aux vaches, aux tantes et aux bourriques ! On les pendra par les couilles. »

Soit que le temps leur manque, soit que d'autres préoccupations les en détournent, ils écrivent peu d'obscénités sur les murs, à part cependant le mot de Cambronne, qu'ils dédient à tel ou tel personnage détesté, ordinairement le directeur de la prison ou un gardien. Néanmoins, j'ai vu un jour dans un coin sombre d'un préau, à la Santé, une verge monumentale grossièrement dessinée au crayon avec ces mots au-dessous : « La p... à Théo de la Meuse. »

(1) Condamné.
(2) Sorti.

Il n'en est pas de même des livres qu'on leur prête, car ils écrivent toutes sortes d'obscénités dessus.

J'ai eu entre les mains une morale chrétienne en action, annotée par un individu qui signe *l'anarcho*. Il en a fait un livre vraiment curieux. Grâce à de nombreuses transpositions, à des mots ou à des lettres ajoutés ou rayés, il a transformé toutes ces histoires pieuses en un recueil graveleux et obscène. Pour avoir la patience de transformer ainsi un livre, page par page et pour ainsi dire lettre par lettre, cet homme devait être travaillé d'un érotisme étrangement lubrique. Tous les versets d'un cantique sont rayés et remplacés par d'autres dans le genre de celui-ci, qui n'est pas neuf :

> Louis-Philippe a monté sur sa biche,
> La biche a rué du cul,
> Voilà Philippe foutu.

Ou bien par cet autre plus licencieux :

> Lorsqu'une femme a la jaunisse,
> Le remède le plus certain,
> C'est de lui mettre entre les cuisses
> La racine du genre humain.

Le lecteur n'épargne pas non plus ses réflexions, et il en couvre les marges. L'un écrit à côté d'une tirade sur la justice : « La justice est comme la fille de joie; elle ne prodigue ses faveurs qu'à ceux qui la paient ». Un autre écrit sur la dernière page d'un livre qui l'a peu intéressé : « Quel est donc le jour où l'humanité entière pourra se passer de ces girouettes fabricantes de bouquins ? Ce jour-là, les hommes d'aujourd'hui paraîtront des pygmées. Mais, en attendant, n'allons pas être ingrats; saluons du nom de grands éclaireurs le petit nombre de savants sincères dont Victor Hugo est l'incarnation ».

Le même qui signe Daphnis, écrit à la fin d'un chapitre sur les beautés de la religion quelques réflexions philosophiques aussi prétentieuses quant au fond qu'à la forme: « L'homme est si faible et si peu sûr de lui-même que de tout temps et en tous lieux il a éprouvé le besoin de fabriquer des dieux ou un être plus ou moins palpable afin de se fausser l'esprit. C'est ce qui fait que tous les peuples fanatiques, chrétiens ou déistes, ne marchent pas de front avec les progrès réalisés durant le dix-neuvième siècle. Cependant un jour viendra où la devise : liberté, égalité, fraternité, ne nous appartiendra plus en propre; mais elle sera universelle et tous les peuples chanteront dans un même cantique les beautés de la nature forte et toute puissante. Car de ce nom, Dieu, et par le fait même de cette existence supposée, les accapareurs, intrigants, usurpateurs ont créé les classes de la société, sans excepter pape et monarques, princes, seigneurs, etc. Cette pauvre humanité est une galette dont chacun veut avoir sa part. Le plus intelligent, le plus astucieux aura le gros morceau, d'autres l'auront moins gros et ainsi de suite, et il se trouvera encore une sorte d'individus qui ramasseront les miettes du gâteau. Cette sorte de gens-là formera les religieux : dominicains, carmes, barnabistes, etc, etc., qui, sous la rubrique : de prier pour les pauvres pécheurs, trouveront le moyen de passer leur vie sans apporter le tribut dont chacun est débiteur envers la société ». Ce modeste Daphnis n'est qu'un phraseur prétentieux. Et tous sont à peu près dans le même cas. Un jeune criminel, condamné à mort pour avoir tué et dévalisé un pauvre diable avec qui il s'était grisé, lit dans je ne sais plus quel livre le passage suivant: « Puis, dans le lointain, au milieu d'une place dominée par un édifice aux clochetons aigus, s'élevaient au milieu de la foule, les deux bras rouges, hideux de la terrible machine qui poursuit les assassins dans leurs songes ». Il s'empressa d'écrire dans la marge : « Ce n'est pas vrai, car elle ne m'a jamais fait rêver. » Vérité peut-être ; fanfaronnade peut-être aussi. Un autre, moins prétentieux, écrit à la fin d'un livre qui l'avait peu intéressé sans doute: « Sétit assé con tout ça. » Un individu qui signe Achille du Caire a des prétentions au sentimentalisme, et à la fin d'un chapitre des *Enfants du capitaine Grant*, il versifie ceci :

> Petit oiseau qui chante à ma fenêtre,
> Tu me rappelles les beaux jours d'autrefois
> Que je passai souvent dans le bien-être.
> Ah! chante encore, que j'entende ta voix!
> Mais maintenant dans une triste cellule
> Plus de beaux jours, encore moins de gaîté ;
> Car je frémis, je le dis sans scrupule,
> En attendant que vienne la liberté.

Et il ajoute : « Encore trois boules (1) sur cent soixante-cinq. Vive janvier 87 ! »

Un farceur sinistre, qui s'intitule Luigi di Brescia, fait dans le même livre l'annonce suivante, dont je respecte religieusement le style et l'orthographe, comme dans toutes les citations précédentes du reste : « Un réclusionair délibéré ayant fait ses classes au collèges de Mazas et de Sainte Pélagie et avoir obtenu son brevet à la Conciergerie et sortant récemment de l'université de Melun, demanderait un emploi chez un agence d'échange, se charge du nettoyace de l'or et de l'argenterie et même en outre de l'éducation des enfants. »

Dans un volume du *Tour du Monde*, au-dessous d'une gravure représentant un nègre gras et replet, on lit cette inscription facétieuse : « En voilà un qui n'a pas l'air poury. Ce n'est pas un crève la faim comme les Français. Il ne doit pas avoir de curée ni de députée à nou rire comme en France. »

Souvent aussi le criminel inoccupé et rêveur écrit sur le livre une réflexion tout à fait étrangère à sa lecture. Il confie ses impressions à ce livre que d'autres liront après lui ; c'est en quelque sorte un moyen de communication.

_____
(1) Jours.

Ces réflexions se rapprochent beaucoup de celles qu'on lit sur les murs des cellules. Elles sont ordinairement plus longues. C'est un genre de littérature d'un degré plus élevé. Un individu qui s'ennuie et compte sans doute les jours, écrit sur une marge : « Charlot. Plus que trente-neuf boules à s'appuyer (1) ; 23 octobre 1886 ». Un autre lit la réflexion et l'auteur, lui étant peu sympathique, il ajoute au-dessous : « Oui la tante, qui se laisse enfifrer pour deux ronds aux Halles (2). Je le connais cette salope là ». Un troisième approuve : « T'a raison Fifi, t'est chic » ; et un quatrième conclut : « Que c'est bête d'écrire comme ça sur les livres qu'on prête. »

Ailleurs c'est une véritable provocation, celui qui l'a faite n'ayant pas d'autre moyen de la faire parvenir à celui à qui il l'adresse. « Qu'est-ce qui connaît un mauvais....'. (3) de Montmartre qui s'appelle Riquet. Il se fait passer pour la terreur du passage David. Si il veut venir me trouver, je suis l'ancien homme de la même Marie du passage. — (Charlot de la Maubert.) »

Ailleurs, un individu pour qui la libération va bientôt sonner, laisse éclater sa joie de revoir bientôt les lieux qui lui sont chers, sans cependant oublier ses amis. « Charlot de la Maubert fait six mois. Encore dix-neuf jours. Vive le 23 octobre 86. Bonjour Théo. Courage — On reverra la rue Galande et le Château-Rouge ainsi que le père Lunette. »

Un autre enfin, qui rêve d'évasion, propose un coup : « Si tous les amis voulaient s'en donner la peine, on pourrait sortir d'ici. Il n'y aura qu'à choper un soir le gaffe (4) qui est de garde en l'appelant ; et une fois la cellule ouverte, lui sauter au cou et y

---

(1) Plus que trente-neuf jours à passer.

(2) Le traître qui se laisse sodomiser pour deux sous aux Halles.

(3) Ici un mot inexprimable dans un livre. On pourrait tout au plus le traduire et le remplacer par le mot scientifique anus.

(4) Le gardien.

serrer le piston (1). Une fois le gas abattu, prendre son ca-
rouble (2) et ouvrir toutes les cellules. Alors, vive la liberté!
Celui qui fera ce coup-là, il aura bien mérité de la patrie. Avis
aux garçons qui ont beaucoup à tirer (3). Voilà le moyen de se
liquider. »

Comme on le voit, tout cela a fort peu de valeur au point de
vue littéraire. Mais tous ces écrits peuvent avoir un grand
intérêt pour l'étude de l'âme des criminels qu'on voit vaniteux,
cyniques, et sans goût pour la littérature et la lecture, lisant et
écrivant uniquement par vanité ou par désœuvrement, ne pro-
duisant que des compositions le plus souvent obscènes, le plus
souvent pleines d'une emphase ridicule, très rarement spiri-
tuelles, et presque toujours sans aucune élévation dans le style
ni la pensée.

---

(1) L'étrangler.
(2) La clef.
(3) Beaucoup de temps à faire.

CHAPITRE XXII

LES BEAUX-ARTS DANS LES PRISONS

I

Si j'emploie ici le terme des beaux-arts, ce n'est bien entendu qu'un terme conventionnel, presque un euphémisme. Je veux seulement parler des dessins des criminels.

Généralement on entend par œuvre d'art une œuvre qui exprime une idée esthétique. Dans un beau tableau on admire, plus encore que la science du dessin, l'idée que l'artiste a voulu exprimer et rendre en quelque sorte tangible par des figures qu'il a animées des sentiments qu'il a ressentis et qu'il a voulu rendre. Prenons des exemples. Quand on admire au Vatican la madone de Foligno, ou au musée de Dresde la madone de Saint-Sixte, ce qui excite le plus l'admiration, ce n'est pas cette science admirable des tons et des couleurs, c'est l'angélique douceur empreinte sur le visage des madones, leur sourire ineffable; c'est la grâce enfantine du divin bambino; c'est le visage radieux des anges ravis en extase.

Allez au palais des offices, à Florence, voir la Vénus de Médicis, « cette Eve païenne qui cherche une feuille de vigne absente »; allez au musée de Francfort voir l'Ariane de Danneker, vous admirerez sans doute la perfection des formes, l'harmonie des lignes qui ondulent avec tant de grâce et de pureté; puis vous chercherez à lire sur ces visages de marbre la pensée de l'artiste, et, quand vous l'aurez comprise, votre admiration redoublera et vous monterez avec lui d'enthousiasme en enthousiasme; vous verrez le visage de l'Ariane respirant la fierté et l'amour; vous sentirez que la Vénus de Médicis est la plus vivante de toutes les Vénus, qu'elle est la personnification de la beauté et de l'amour charnel. Alors, ce ne seront plus pour vous des statues, ce seront des pensées symbolisées dans le marbre.

Retrouvera-t-on ces émotions en contemplant les dessins des criminels? Certainement non. Je laisse de côté pour un moment la question du dessin, je n'envisage que l'idée que toute œuvre d'art doit exprimer, car un dessin même informe peut contenir et éveiller de grandes et nobles pensées. L'âme de celui qui contemple laisse de côté la matière représentative et entre en communication immédiate avec l'âme de l'artiste.

J'ai eu entre les mains un grand nombre de dessins de criminels. Eh bien! jamais, au grand jamais, je n'ai pu y saisir une pensée élevée, y sentir palpiter un sentiment noble. Comment d'ailleurs pourraient-ils exprimer ces émotions de l'âme qu'eux-mêmes ne ressentent pas? La première condition pour communiquer une impression à d'autres, c'est de l'avoir ressentie soi-même.

Ce que l'on conçoit bien s'énonce clairement,

disait Boileau, et cette maxime est vraie même dans l'ordre d'idées que j'étudie. Alors que rendra le criminel dans ses dessins? Ce qu'il ressent et surtout ce qu'il voit.

Comment ressent-il l'amour? Je l'ai déjà dit, comme un besoin. Et il l'exprimera de même. Parmi les compositions que j'ai entre les mains, provenant de criminels de tous genres, il est très rare de rencontrer un dessin représentant l'Amour sous une forme plus ou moins idéalisée, et qui en fasse autre chose qu'un acte physiologique. Toutes ces compositions ne sont que des scènes d'un érotisme grossier. Le criminel enfermé dans une prison est obligé de refouler ses instincts génésiques, à moins, ce qui arrive fréquemment, qu'il ne les satisfasse sur un codétenu. Condamné à la solitude, il prend un crayon et se met à dessiner; c'est un moyen de passer les longues heures inoccupées. Alors il rend par l'image ses passions mal contenues; il rêve de lubricités et il recouvre le papier de scènes obscènes, d'accouplements cyniques et souvent contre nature.

Je possède des quantités de dessins de ce genre; leur étude est pleine d'intérêt pour connaître les habitudes génitales des criminels; mais je ne peux malheureusement en rapporter aucun ici : ils sont par trop orduriers.

II

Toute œuvre d'art est faite d'après un modèle emprunté à l'humanité. L'artiste le plus élevé, le divin Raphaël lui-même, prend les formes et les essences mortelles qu'il voit autour de lui; seulement il les idéalise, il voile en elles les défauts inhérents à toute chose humaine. Il prend une partie dans le monde réel et une partie dans le monde imaginaire, et c'est ainsi que son œuvre est autant fille de ses mains que de son esprit.

Le criminel est le plus naturaliste des artistes. (Je le répète, je prends ici le mot artiste dans un sens tout à fait conventionnel.) Il rend la nature dans toute sa banalité. Il copie plus ou moins adroitement ce qu'il voit; il n'imagine rien; il n'ajoute rien, ne supprime rien. Aussi toutes ses compositions se ressemblent; toutes sont d'une navrante banalité; il est impossible d'y trouver une idée, d'y puiser une émotion. Les modèles! Il

les prend autour de lui : aussi quels modèles ! A-t-il besoin
d'une femme nue (les criminels aiment beaucoup à rendre le
nu) ? il va la prendre dans le seul endroit où il a pu en voir, là
où elles sont sans chemise et sans chapeau, comme dit le poète
espagnol, au bouge ou au lupanar *onde muchachas estan sin
camisa y sin sombrero*. Et alors on verra éclore sous sa plume
ou sous son crayon un corps fané et flétri, avec des chairs flasques et pendantes, un visage morne, sans expression, plein
d'hébétude ou d'ivresse, avec un front bas. avec les yeux vagues
et a demi fermés, une bouche perpétuellement entr'ouverte par
un baillement d'ennui ou élargie par un rire bête et cynique.
On ne lira aucune pensée sur ces visages éteints, pas même la
lubricité qui a perdu le pouvoir de les animer. On n'a qu'à jeter
les yeux sur la figure 41, qui est l'œuvre d'un souteneur, et sur-

Fig. 41

tout sur la figure 42, dont j'ai dû supprimer la partie inférieure,
qui était trop obscène pour être reproduite. (Cette seconde figure

est l'œuvre d'un rôdeur de barrière qui avait subi plusieurs

Fig. 42

condamnations pour vols et attaques nocturnes.) Il est évident
que ces deux individus ont reproduit assez exactement ce qu'ils

Fig. 43

ont vu. — Mais si, souvenir presque effacé d'un tableau entrevu
ou d'une page lue un jour en courant, si dans le cerveau

obscurci de ces déshérités de l'esthétique germe quelque vision
chimérique, quelque forme vague et lointaine de divinité nimbée
d'aurore et vêtue de nuages, il ne trouvera point de visage ni
de corps pour la reproduire et ce sera toujours sa marmite qu'il
drapera dans l'éther. Il donnera des ailes à une pierreuse
des boulevards extérieurs et nimbera d'une auréole de sainte le
front d'une habituée des bals de barrière; il mettra sur un piédestal quelque beauté crapuleuse et peu sauvage entrevue à
Belleville ou à la Villette, entre deux salaliers de vin chaud.

Fig. 44

Ces compositions sont comiques et lamentables. *(Voyez fig. 43 et
44.)* Elles m'ont été données par un souteneur enfermé à la prison
de la Santé pour vol. Elles sont extrêmement intéressantes à
étudier sous ce rapport, la figure 44 principalement. Ce misé-

rable venait sans doute de lire quelque beau livre emprunté à la
bibliothèque de la prison et où il était peut-être question de quelque fée bonne et compatissante aux faibles et aux affligés, miséricordieuse à ceux qui ont péché. Il aura fermé le livre, puis se
sera mis à rêver à sa situation pleine de tristesse et la bonne fée
Espérance qui baise au front tous les misérables et leur tend
une main secourable pour les sortir de l'ornière, lui sera appa-
rue, d'abord voilée de nuages, puis de plus en plus visible, et sa
silhouette sera venue se dessiner sur le mur de la cellule. Alors,
craignant de perdre la radieuse image, il aura pris son crayon
pour la fixer. Qu'en est-il sorti ? Sa « môme » vêtue d'ailes qui
ressemblent à des « rouflaquettes ».

Naturellement, plus l'état moral et social du criminel sera
abaissé, plus ses conceptions artistiques seront inférieures. Si,
au contraire, il s'élève d'un degré dans l'échelle sociale, sa conception sera évidemment d'un degré supérieur.

Ainsi, la figure 45, qui représente Orphée défendant Eurydice
contre le serpent, est de beaucoup supérieure comme idée et
comme conception aux figures 43 et 44, par exemple. Aussi elle
est l'œuvre d'un individu fort peu estimable sans doute, mais
d'un monde supérieur cependant à celui de l'auteur des premiers
dessins.

Cet individu, bien que menteur et hâbleur, bien que condamné
plusieurs fois pour escroquerie, a reçu une certaine instruction
et une éducation différente de celle du souteneur dont j'ai parlé.
Il a été successivement comptable, employé de bureau, etc. La
fréquentation d'un monde un peu plus distingué a donné une
tournure un peu différente à son caractère et à son esprit : il en
est résulté des idées et des conceptions différentes ; il a vu
peut-être et senti le beau sous une autre forme : ses productions
artistiques reflètent ses goûts. C'est supérieur aux conceptions
du souteneur ; mais là encore il est difficile de retrouver l'idée

de l'auteur. Il a vu peut-être ce tableau exposé quelque part. et

Fig. 45

il l'a grossièrement reproduit. n'y mettant aucune idée personnelle sans doute, parce qu'il n'avait peut-être pas saisi celle cachée dans l'œuvre qui lui a servi de modèle. Aussi ne cherchez pas à lire sur le visage d'Orphée aucun sentiment de colère, de courage, d'horreur ou de désespoir. Sans la légende explicative, personne sans doute ne reconnaîtrait dans cette figure de calicot prétentieux et frisé les traits du premier Aède de la Grèce, du chantre du Rhodope, de celui dont les chants mouillèrent de larmes les joues des implacables Euménides : *Tum primum lacrymas victarum carmine fama est Eumenidum maduisse genas.*

Ses yeux sont aussi calmes que s'il était occupé à métrer de la soie ou du satin. Sa bouche reste fermée ; mais, si elle s'ouvrait, ce ne serait point pour pousser quelque cri de colère terrible, quelque imprécation contre les divinités impitoyables du Styx ou une invocation à Zeus, maître du tonnerre et des destins. Si elle s'ouvrait, ce serait pour laisser tomber avec un sourire niais les paroles monotones et sacramentelles : Et avec ça, madame ? Quant à Euridise, comme l'appelle l'auteur, elle n'a rien non plus qui puisse faire songer à la beauté antique pour laquelle le poète, sa lyre à la main, a affronté les chiens terribles de l'Érébe et les colères de Perséphone. Le dessinateur a pris la précaution de la faire s'évanouir, et cela l'a dispensé de donner aucune expression au visage. Sa chevelure est fort luxuriante. Mais étudiez ses attaches grossières, sa taille élargie et sans souplesse, sa mâchoire prognathe ! C'est une Eurydice plébéienne, une Euridise de faubourg : l'orthographe même de son nom l'indique. C'est peut-être l'image plus ou moins exacte d'une demoiselle de magasin canaille et déguingandée, ou d'une caissière mal peignée, contemplée et admirée pendant des semaines à travers le grillage de sa caisse, dans la pénombre triste du magasin.

Prenons un dernier exemple, celui d'un criminel plus élevé d'un degré encore.

C'est un employé de bureau doué d'une certaine instruction ;
il a subi deux condamnations pour escroquerie et deux pour
adultère. Assez bien avantagé physiquement, il a une certaine
distinction de langage et une certaine élégance dans sa mise.
Il a eu certainement du succès auprès des femmes. Il a pu,
par conséquent, se trouver en relations avec des femmes assez
distinguées ; à ce contact il s'est certainement affiné au point
de vue intellectuel et moral peut-être ; il a conçu le beau sous
une forme plus idéalisée, en quelque sorte, et il le rend ainsi
dans ses dessins. C'est lui qui a dessiné la figure 46. C'est cer-

Fig. 46

tainement de beaucoup supérieur aux productions précédentes :
il existe une certaine finesse dans les traits du visage ; les lignes
du ventre, des flancs et des cuisses sont assez harmonieuses ;
les seins sont peu flattés, mais il faut convenir qu'ils se rapprochent de la réalité, et leur volume leur fait pardonner faci-

lement leur légère défaillance. Les attaches sont encore très roturières ; les poignets, en particulier, sont ceux d'une servante d'auberge. Les yeux ont une expression de douceur et d'attente amoureuse qui fait que la composition, malgré le nu et la pose peu en harmonie avec l'expression générale du visage, n'a rien de lascif ni d'obscène. Cela exprime certainement un sentiment plus noble et plus précieux que la lubricité mercantile d'une courtisane éhontée.

Fig. 47

Parmi les nombreux dessins de criminels que je possède, il m'a été impossible d'en rencontrer de supérieurs à celui-là au point de vue de l'idée conçue et exprimée. J'en ai de meilleurs au point de vue de l'exécution, mais le sens de l'esthétique s'y fait moins sentir. L'auteur, pour une raison ou pour une autre, avait une connaissance plus précise du dessin et des lignes, mais il n'avait pas en lui ce feu intérieur qui illumine l'œuvre quelle qu'elle soit.

III

Les criminels aiment beaucoup à reproduire le milieu où ils vivent, les gens qu'ils fréquentent et qu'ils coudoient. Pour peu qu'ils aient la notion du dessin, ils réussissent assez bien.

Fig 48

Quelques-uns de leurs dessins sont de véritables photographies. Les figures 47 et 48 en particulier sont vraiment très exactes.

Toute personne qui a passé sur les boulevards de Paris, entre dix heures du soir et deux heures du matin, y a certainement rencontré ce monsieur si bien coiffé et si plein de distinction, et cette dame à la toilette tapageuse et à la prunelle inviteuse. Ces deux dessins sont l'œuvre d'un individu condamné à plusieurs reprises pour vol. Il avait beaucoup fréquenté ce monde intéressant et il y comptait de nombreux amis. La figure 49 est encore

Fig. 49

plus curieuse peut-être. On n'a qu'à passer dans les lupanars des boulevards extérieurs ou du Champ-de-Mars, sur dix femmes on en trouvera au moins cinq qui auront cette tête crapuleuse, peignée à la chien. Et mes cartons sont pleins de figures de ce genre. Les criminels les reproduisent avec amour.

IV

Les criminels sont rarement des caricaturistes. Quelques-uns s'y essaient cependant, mais sans grand succès. Généralement ils n'ont pas cette vivacité d'esprit, cette finesse de jugement qui fait saisir le point faible du personnage, le ridicule à peine per-

ceptible, mais qu'il faudra rendre visible pour tous en le souli-
gnant d'un peu d'exagération. Leurs charges sont lourdes,
banales, sans imagination, sans piquant, très souvent obscènes.
Cependant, un jour je reçus mystérieusement une caricature
assez drôle, mais dont je n'ai pu connaître l'auteur. A ce moment,
des difficultés s'étaient produites entre le service médical de la
prison de la Santé et le directeur d'alors. L'administration
supérieure intervint, et le directeur fut mis à la retraite d'office.

Aussitôt un détenu facétieux crayonna un portrait chargé du
directeur, suffisamment ressemblant et assez réussi. Le malheureux exilé regardait de l'œil gauche, qui pleurait en louchant
horriblement, une porte fermée sur laquelle était écrit : Prison
de la Santé, direction : six mille francs et le chauffage. De l'autre
œil, qui était en verre, il regardait une porte sur laquelle était
écrit : Service médical. De cette porte entrebàillée sortait un
pied qui allait se poser dans les régions les plus charnues de la
personne directoriale; la colère redoublait et l'œil de verre
volait en éclats. Je n'ai point conservé cette caricature, qui m'a
été soustraite aussi mystérieusement qu'elle m'avait été envoyée.
Je l'avais placée un matin sur le bureau du médecin; le soir
elle avait disparu, et le lendemain matin elle était entre les
mains de l'irascible directeur, qui l'avait trouvée collée à sa
porte. Etait-ce l'œuvre d'un criminel? Ce n'était peut-être qu'un
journaliste enfermé pour un entrefilet trop agressif ou un mot
trop licencieux, et qui se vengeait de quelque humiliation.

V

Si les criminels aiment à reproduire ce qu'ils ont sous les
yeux, les faits et les hommes de leur monde, on devra assez

souvent voir sortir de leurs mains des dessins représentant des scènes de meurtre, de pillage, de vol, de rixe. Cela serait assez logique, la vanité les poussant toujours à se mettre en scène. Je m'attendais à voir reproduits dans leurs dessins quelques-uns de leurs exploits criminels. Cependant je n'ai rien trouvé de semblable dans mes collections. Pourquoi? Je ne saurais le dire. Le criminel est-il inhabile à reproduire des scènes compliquées, des tableaux comprenant un grand nombre de personnages dans des poses plus ou moins difficiles à exécuter? Cela est possible pour un petit nombre, mais non pour la majorité, car j'ai vu des groupes érotiques fort compliqués et néanmoins assez bien exécutés. La conscience troublée du criminel redoute peut-être la contemplation prolongée de la victime et du larcin? Cela est possible quelquefois. Est-ce par crainte de se compromettre? C'est encore possible.

Donc les criminels qui deviennent dessinateurs en prison ne reproduisent pas les scènes de meurtre ou de vol. Il serait curieux de savoir si les artistes devenus criminels ont fait des tableaux de ce genre.

J'ai rassemblé mes souvenirs et rappelé à mon esprit les noms de quelques artistes homicides ou ivrognes et j'ai cherché à évoquer ceux de leurs tableaux que j'avais vus en parcourant les différents musées de l'Europe.

Michel-Ange Amérighi dit le Caravage avait, au dire de tous, un caractère violent, querelleur et vindicatif. Un jour, s'étant pris de querelle pour une futilité avec le Joseppin, il voulut se battre en duel avec lui; mais celui-ci ayant refusé son cartel parce qu'il n'était pas chevalier, il alla se faire nommer chevalier servant à Malte. Il revenait la haine au cœur, pour satisfaire sa vengeance, lorsqu'il mourut en route. Les compositions du Caravage se ressentent de ces violences homicides. Il a peint des scènes sanglantes d'une réalité poignante, et Bolleri parle de « ses ombres effrayantes et de ses figures où respirait la menace » (1). Si, comme l'a dit Buffon, le style c'est l'homme, on peut dire aussi que le tableau c'est le peintre, car souvent son âme toute entière se reflète dans son œuvre.

L'espagnol Ribera, qu'on appelait aussi Spagnoletto, s'est plu à rendre des scènes de tortures et de martyres ; il a rendu avec une vigueur et une vérité surprenantes toutes les convulsions de la maladie, de la faim et de l'insomnie. Il excelle à peindre les plaies sanguinolentes, les chairs en lambeaux et pantelantes, les membres brisés et déchirés, les seins arrachés par les griffes du tortionnaire.

Le hollandais Molyn, qui assassina sa femme pour épouser une Génoise, a brossé des toiles magnifiques et étranges qui l'ont fait surnommer Tempesta.

Les criminels, qui sont souvent des ivrognes, reproduisent plus volontiers les scènes d'ivrognerie. Néanmoins je ne possède qu'un petit nombre de dessins de ce genre et tous sont exécutés avec une maladresse rare ; on dirait que ces gens-là n'ont jamais vu un ivrogne tituber ou chanter.

Sans chercher beaucoup, on pourrait citer plus d'un peintre célèbre qui but outre mesure. L'histoire de la peinture hollandaise contient plus d'un nom d'ivrogne. Steen, en particulier, passa sa vie en « noces et beuveries » et fut un ivrogne fieffé. Je n'ai vu de lui, dans les musées de Hollande et de Belgique, que des scènes d'ivresse et d'orgie. On dirait qu'il a voulu immortaliser son vice. « Tous les degrés, toutes les sottises de l'ivresse, tout ce qu'il y a de grossier et de fâcheux dans l'orgie, la frénésie des plus vifs plaisirs, le cynisme du vice le plus vulgaire, la bouffonnerie de la canaille la plus effrénée, toutes les émotions les plus bestiales, tous les

(1) Bolleri. *Vita di Caravagio*.

aspects les plus ignobles de la vie de cabaret et de carrefour, il les a reproduits avec la brutalité et l'insolence de l'homme sans scrupules. Il est impossible de porter à une plus grande puissance l'art d'écraser les nez, de tordre les bouches, de raccourcir les cous, d'accentuer les rides, d'hébéter les figures, d'attacher des bosses et des goîtres, de faire rire aux éclats, chanceler, tomber, d'exprimer dans l'éclair d'une pupille à demi éteinte l'hébétement et la luxure, de révéler l'abrutissement d'un homme dans un sourire et dans un geste, de faire sentir l'odeur de la pipe, entendre les rires grossiers, deviner les discours stupides et déshonnêtes, comprendre en un mot le cabaret et la canaille; il est impossible de pousser cet art plus loin que ne l'a fait Steen (1). »

VI

Lorsque je visitais le musée de Madrid, il est un peintre dont les tableaux m'ont rempli d'étonnement et presque d'horreur.

Goya a fait des caricatures grimaçantes et lugubres. Quand ses personnages rient, on dirait le rire épouvantable d'un spectre, le hoquet qui entrechoquerait les mâchoires d'une tête de mort. Ce fut le plus original et le plus excentrique des hommes de son temps. Sa vie ne fut qu'une suite de contradictions et d'incohérences. Lorsqu'il voulait peindre de grandes surfaces, il puisait la couleur dans des baquets, l'appliquait avec des éponges, des balais, des torchons et tout ce qui lui tombait sous la main; il truellait et maçonnait ses tons comme du mortier et donnait les

(1) **Edmondo de Amicis.** *La Hollande.*

touches de sentiment à grands coups de pouce. Ce sont des
caricatures terribles et lugubres. « On dirait que toutes ces
têtes grimaçantes ont été dessinées par la griffe de Smarra sur
le mur d'une alcôve suspecte, aux lueurs intermittentes d'une
veilleuse à l'agonie. On se sent transporté dans un monde inouï,
impossible et cependant réel. Les troncs d'arbres ont l'air de
fantômes, les hommes d'hyènes, de hiboux, de chats, d'ânes ou
d'hippopotames; les ongles sont peut-être des serres, les souliers à bouffettes chaussent des pieds de bouc; ce jeune cavalier
est un vieux mort, et ses chausses enrubanées enveloppent un
fémur décharné et deux maigres tibias. Jamais il ne sortit de
derrière le poêle du docteur Faust des apparitions plus mystérieusement sinistres (1). »

Ce genre de dessins se rencontre assez fréquemment parmi
les aliénés. J'ai eu, en effet, l'occasion d'en voir quelquefois.
C'étaient des tableaux pleins de fantasmagories incohérentes, de
corps informes ou monstrueux, surmontés de têtes de bêtes ou
d'oiseaux. Mais ces sortes de productions sont assez rares dans
les prisons. Il n'y a que dans les scènes érotiques où leur imagination se donne libre cours. Ce sont des scènes d'orgies épou-
vantables qui doivent finir par des rixes sanglantes, des accouplements monstrueux d'hommes ou de femmes avec des
animaux. J'en ai une sous les yeux qui représente un cheval
mangeant les organes génitaux d'une femme.

Une autre représente un écuyer de cirque couché sur le dos
d'un cheval et tenant une ballerine en équilibre au bout de sa
verge. Une autre composition comprend dix personnages mâles
ou femelles, plus un chien, dans des poses lascives et accouplés
d'une façon plus ou moins naturelle. Le tout est surmonté d'un
pénis symbolique ailé. Sortis de ces tableaux lubriques, ils

(1) Th. Gauthier. *Voyage en Espagne.*

imaginent peu. Néanmoins, la figure 50 est une composition assez fantastique; l'auteur a sans doute voulu représenter un

Fig. 50

acte du Sabbat ou bien une scène de folie furieuse. Ces têtes échevelées, ces corps tordus par la folie ou peut-être par le rut, ces poses de femelles qui s'offrent, tout cela dénote une imagination assez fantastique. Ce n'est peut-être qu'un rêve dont aura été tourmenté l'auteur, un saint Antoine par nécessité.

VII

Si maintenant on étudie les dessins des criminels au point de vue de l'exécution, il faut bien reconnaître que souvent elle est très faible. Néanmoins, quelques compositions indiquent une certaine science dans le rendu des lignes et des couleurs. Or, la plupart des criminels n'ont jamais appris le dessin, et ce qu'ils en savent ils l'ont en quelque sorte deviné. Ils possèdent en général une assez grande adresse manuelle. J'ai déjà dit qu'il est fréquent de trouver parmi eux de bons calligraphes. J'ai vu des criminels peu instruits, peu intelligents, qui en quelques jours apprenaient le dessin. J'en ai vu un en particulier à l'infirmerie qui, en moins de huit jours, sans avoir la moindre notion du dessin, réussissait à copier des gravures, même des photographies, au moyen d'un système de mensuration imaginé par lui; il arrivait à les agrandir en conservant une ressemblance assez parfaite. Cet homme n'avait jamais tenu un crayon avant son séjour à l'infirmerie. Courtier en librairie, il buvait de l'absinthe avec excès et se livrait à l'ivrognerie. Condamné à dix ans de réclusion pour attentat à la pudeur sur une fillette de sept ans, il songea à employer ses longs loisirs en dessinant et en faisant une foule de petits travaux manuels qu'il exécutait avec beaucoup d'adresse. Ce cas n'est certes pas unique, mais c'est un des plus remarquables que j'aie vu.

En examinant la collection de dessins que je possède, j'ai remarqué un certain nombre de caractères qui revenaient assez souvent et qui méritent, je crois, d'être signalés. Un fait des plus frappants, même dans les dessins assez bien exécutés, c'est l'ignorance presque complète de ce qu'on pourrait appeler les poses ou plutôt les attitudes : certains personnages, assez bien dessinés, ont une attitude contraire à toutes les lois physiologiques et anatomiques ; ils ont l'air d'équilibristes qui veulent tenir l'équilibre dans une position instable.

Fig. 51

J'ai remarqué également qu'il existait un point de ressemblance remarquable entre les dessins des criminels et certaines œuvres d'art de l'antiquité. Beaucoup de leurs personnages ont les poses raides, hiératiques, barbares de certaines statues égyptiennes *(voyez la figure 51)*, et on dirait que tous ces dessins ont été faits sur le même modèle, car la pose est presque toujours identique et d'une rigidité immuable : mêmes attitudes raides et contraintes, mêmes gestes hiératiques, même régularité des plis.

En examinant ces dessins, je n'ai pu m'empêcher de penser à ces vierges, à ces saints aux attitudes froides et rigides qui peuplent les cathédrales grecques de Moscou et de Nijni-Novogorod. Ces icones (1) sacrées sont également toutes semblables et peintes d'après des formules précises comme des dogmes.

Il existe, en effet, un manuscrit byzantin traduit par Paul Durand et intitulé : *Le Guide de la peinture*. Ce manuscrit est l'œuvre d'un certain Denys, moine de Fourna d'Agrapha, grand admirateur du célèbre Manuel Panselinos, de Thessalonique, qui paraît être le Raphaël de l'art byzantin et dont il existe encore quelques fresques à la principale église de Karès, au mont Athos. On y indique « la manière de représenter les faits naturels de la Bible et en même temps les paraboles du Seigneur, les légendes, les épigraphes qui conviennent à chaque prophète ; le nom et le caractère du visage des apôtres et des principaux saints ; leur martyre et une partie de leurs miracles, selon l'ordre du calendrier » (2).

Il est peu probable que les criminels que j'ai vus aient lu le précieux manuel d'iconographie chrétienne. Mais cette vague ressemblance avec les productions de l'art byzantin, quelque étrange qu'elle paraisse, est néanmoins facilement expli-

(1) Du russe *ikona*, qui signifie image et dérivé du grec.
(2) Le *Guide de la peinture* de Denys d'Agrapha, traduit par M. Paul Durand.

cable : elle indique simplement que les attitudes hiératiques sont propres aux œuvres d'art des peuples primitifs, car l'art byzantin, étant immuable et imperfectible, est toujours un art en enfance. Les peintures modernes des cathédrales russes ne diffèrent pas sensiblement de celles que l'on peut encore voir dans les églises du mont Athos et qui datent de plus de cinq siècles.

Et cela est si vrai que ces formes primitives se rencontrent aussi dans les tableaux des vieux peintres, mais principalement chez les Flamands et les Allemands.

Fig. 52

J'ai vu dans les musées de Vienne et de Berlin des Èves de Cranach l'ancien ; j'ai été frappé de cette analogie dans les formes et dans les lignes. *(Remarquez surtout la baigneuse couchée, fig. 52)*. Toutes ses Èves ont ce corps aux hanches plates, ces cuisses sans saillies et sans méplats, où les lignes courbes sont remplacées par des lignes obliques ou brisées. La disposition de la chevelure est également identique dans beaucoup de cas.

VIII

J'ai déjà dit que les criminels dessinaient surtout des scènes érotiques et que l'obscénité était la note dominante de leurs productions artistiques. C'est sans doute pour cela qu'ils affectionnent de reproduire les organes génitaux et les seins.

Ils ne peuvent dessiner une femme nue sans la déflorer d'une abominable fente rouge et béante. Ils ne sauraient concevoir un homme nu sans être orné d'un pénis en érection et ils donnent généralement à cet organe un volume qui ferait la joie de la courtisane biblique dont parle le prophète Ezechiel, la jeune Oolla, qui recherchait les hommes *quorum carnes sunt sicut carnes asinorum*.

Le sexe n'est point pour eux quelque chose de **mystérieux** et de sacré, une rose mystique qu'il faut cacher sous la voûte obscure du ventre, comme un talisman étrange et précieux qu'on tient enfermé dans un tabernacle; ils en font au contraire une laideur qu'ils étalent au grand jour et dont ils rient.

Leur façon de dessiner les seins est également assez curieuse: ils les placent presque toujours trop bas et ont une tendance très marquée à les faire tombants. Ceux de la figure 41 ne seraient pas déplacés sur la poitrine d'une Hottentote, et ceux de la figure 42 sur la poitrine d'une femme Achanti. J'ai sous les yeux la photographie d'une femme Achanti qu'on exhiba l'an dernier au Jardin d'acclimatation de Paris et qui répondait au nom de Nanssy. Ses seins ne sont pas plus déliquescents que ceux de la figure 41.

Il n'y a guère que dans la figure 50, qui dénote une certaine science des lignes et des contours, où les seins soient, je dirai presque artistiques, c'est-à-dire naturels, mais un peu flattés, idéalisés, en vue de la perfection idéale où doit tendre toute œuvre d'art.

IX

Je n'ai parlé jusqu'ici que des dessins des criminels, et je crois que c'est la seule façon qu'ils emploient pour exprimer leurs idées ou leurs passions par des images visibles et tangibles. La sculpture même la plus primitive est pour eux une science complètement inconnue. Et cependant, lorsqu'on étudie l'histoire des beaux-arts, on remarque que chez les peuples la sculpture précède presque toujours la peinture ; Praxitèle était un maître avant qu'Apelles fût né, et Michel-Ange aurait animé le marbre avant de peindre le Jugement dernier. Qu'on donne à Phidias un bloc de marbre et un ciseau, et il en fera sortir un Jupiter tonnant.

Il faut au peintre un outillage beaucoup plus compliqué. Cela explique pourquoi le sculpteur est l'ancêtre du peintre. Pour le criminel enfermé dans une prison ou dans une cellule, c'est le contraire qui se produit ; il lui sera fort difficile de se procurer un ciseau et de la terre pour façonner l'idée qu'il veut vêtir d'un corps, tandis qu'il aura toujours sous la main un crayon et une feuille de papier ; aussi le criminel dessine, mais il est rare de trouver dans les prisons, même une grossière statuette taillée dans du bois. On ne saurait considérer comme une œuvre d'art, même primitif, ces travaux grossiers exécutés avec de la mie de pain coloriée et représentant des oiseaux ou des animaux dignes de figurer dans le paradis terrestre de Bosch.

CHAPITRE XXIII

Lorsque j'entrai à la prison de la Santé comme interne de l'infirmerie centrale, M. le Dr de Sinéty, qui avait déjà recueilli un certain nombre de tatouages chez les prostituées de Saint-Lazare, me conseilla de relever les tatouages chez les criminels.

En ce moment j'en ai entre les mains quelques centaines, et j'en ai observé plusieurs milliers.

Sans vouloir refaire, après les magnifiques travaux de Lacassagne et Lombroso, une monographie des tatouages, je me contenterai de présenter quelques faits absolument personnels sur les tatouages des criminels. J'aborderai ensuite deux points secondaires, encore peu connus, et qui ont été étudiés précisément à la prison de la Santé : l'esthétique des tatouages par moi, et leur destruction par le Dr Variot.

I

Les causes qui poussent l'homme à se tatouer sont multiples.

Chez certains peuples superstitieux, le tatouage est une sorte d'amulette qui préserve des maladies; c'est une espèce de vaccination mystique. Chez d'autres, c'est un mode de guérison. Tels

les Botocudos, qui se font une cicatrice au front pour se préserver
des maux de tête. Chez les Kabyles, une croix appliquée aux
tempes, à l'angle externe des paupières, sur un membre, guérira
de la fièvre, des maux de tête, des douleurs, etc.

Chez d'autres peuples, le tatouage est une sorte de cérémonie
familiale et religieuse.

Chez nous, quelques jours après la naissance de l'enfant, toute
la famille se réunit autour du berceau pour le baptême : en
Polynésie, le baptême de l'enfant c'est le tatouage. Chez les vieux
Gaulois, la fille du chef, le soir de ses fiançailles, présentait sa
coupe aux lèvres de tous les invités ; en Nouvelle-Zélande, on la
soumet aux épreuves du tatouage.

« L'historien chinois Ma-Tien-Lin, qui écrivait au douzième
siècle, rapporte la cérémonie complète du tatouage qui s'exécute
chez la jeune fille au moment de son mariage, dans la population
de l'île de Haï-Nan. C'est seulement dans les classes nobles qu'a
lieu cette cérémonie. Au moment où l'enfant atteint l'âge
nubile, les parents offrent une grande fête à tous les membres
de la famille. Les compagnes de la jeune fille apportent elles-
mêmes les aiguilles et les pinceaux et tracent en noir sur son
visage des dessins de fleurs, de papillons, d'insectes, très finement exécutés.

« Les dessins sont alors gravés par un artiste qui est généralement une vieille femme, et les images tracées par la piqûre se
détachent sur un fond pointillé qui semble imiter un semis de
grains de millet. La cérémonie s'appelle Sieou-Mien.

« A Formose, d'après Raoul, la même cérémonie précède le
mariage chez les femmes, dont le visage est entièrement couvert
d'un tatouage très serré.

« On l'observe même chez les femmes Aïnos de l'île Jeso,
à l'embouchure du fleuve Amour, et dans l'île Tarataï (1). »

___

(1) Lacassagne et Magitot, Art. *Tatouages*. In *Diction. encyclop. des
Sciences médicales*.

D'autres obéissent à un sentiment religieux. Le tatouage est pour eux une sorte de consécration, comme la tonsure chez les prêtres chrétiens modernes et la trépanation chez certains musulmans. Les Phéniciens se gravaient sur le front les signes de leur divinité. En Nouvelle-Zélande, la femme qui ne portait pas le tatouage orthodoxe, gravé par une prêtresse, ne pouvait jouir de la félicité éternelle. Lorsque « le berger de l'Ida, l'étranger à la tête dorée », eut enlevé du palais de Ménélas « la blanche Tyndaride Hélène aux pieds d'argent, au corps sublime », il alla aborder au promontoire de Canope, près d'un temple d'Hercule. Dans ce sanctuaire redouté, il s'empressa de se faire tatouer, car il savait que le tatouage était une consécration au dieu et le rendait inviolable (1).

« Les anciens Egyptiens se traçaient sur la peau certains emblèmes aux rites d'Isis et d'Osiris. Les prêtres étaient tatoués de cette façon.

« Suivant Procope, les premiers chrétiens d'Orient et d'Italie étaient tatoués ; d'autre part, Ptolémée Philopator se faisait tatouer d'une feuille de lierre en l'honneur de Bacchus. Chez les juifs qui s'étaient convertis de force au paganisme, cette pratique, on le sait, était en opposition formelle avec les préceptes du Lévitique qui interdisent aux juifs toute espèce de tatouage ou écriture de points. Cette même interdiction se retrouve, d'ailleurs, dans le Coran.

« En Nouvelle-Guinée, les prêtresses du culte du Serpent portent sur les bras, la poitrine et le visage des cicatrices en festons représentant des fleurs, des animaux et surtout des serpents. Cette opération les rend sacrées. De même, suivant Ali-Bey, tout Arabe qui portera sur chaque joue trois incisions parallèles sera par là consacré esclave de la maison de Dieu (2). »

---

(1) Hérodote. Histor. l. ii, chap. cxiii.
(2) Lacassagne et Magitot. Art. Tatouage du *Dict. encyclop.*

Chez d'autres, c'est un signe de supériorité, une sorte de blason. L'homme tatoué est le seigneur, tandis que le pauvre diable dont la peau reste nue et vierge d'ornements n'est que le plébéien

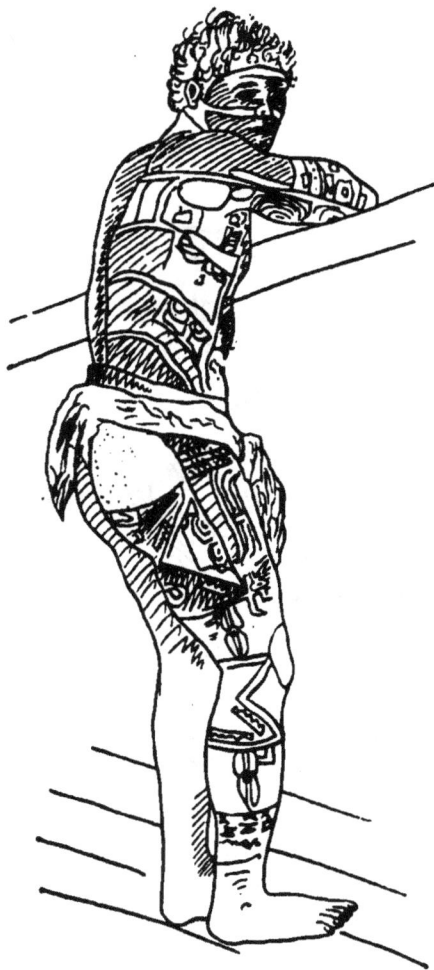

Fig. 53

ou roturier. Chez les Maoris, le vaincu tatoué ne peut être

réduit à l'esclavage. Et le moko est l'homme tatoué, le noble, tandis que le tipaï qui ne l'est pas est presque un esclave.

Le guerrier caraïbe écrit son histoire sur sa peau : les grands combats auxquels il a pris part, le nombre d'ennemis immolés de sa main. Ainsi, les Pagai se font exécuter un signe de tatouage à chaque ennemi tué par eux. (Voyez les figures 53 et 54 empruntées à l'article de M. Lacassagne et représentant des guerriers tatoués.)

Fig. 54

Chez certaines tribus, les tatouages sont des signes distinctifs, et chaque membre porte ainsi gravées sur sa peau les armes de sa tribu.

Mais toutes ces origines ne sauraient être invoquées pour les tatouages des criminels. J'ai interrogé un grand nombre de détenus tatoués : la plupart ne savaient pas pourquoi ils étaient tatoués. Un jour d'ennui, un camarade s'est fait tatouer à côté d'eux dans le dortoir ou dans le préau ; par esprit d'imitation et pour tuer le temps, ils ont fait comme lui. Et alors, très souvent, l'emblème indélébile qu'ils portent n'a aucune signification pour eux. D'autres se sont laissé tatouer un jour d'ivresse. Un tatoueur est venu chez le marchand de vin ; on a causé, on a pris un verre, deux verres, trois verres ensemble ; le tatoueur a fait son boniment, vantant son adresse, l'inocuité de l'opération que l'on ne sent même pas, la finesse et l'élégance de ses dessins, et finalement le malheureux s'est fait graver, pour une somme modique, une danseuse ou un soldat sur le bras.

Pour le tatoueur lui-même, enfermé dans une prison, c'est un passe-temps, une distraction et quelquefois un moyen de se procurer un peu d'argent. « Cela fait passer le temps, disait l'un d'eux au professeur Lacassagne ; j'aime à dessiner, et, faute de papier, j'opère sur la peau de mes compagnons. »

Ou bien la chose s'est passée à l'atelier. L'apprenti a vu tatouer un camarade plus âgé et il a voulu faire le brave : il a tendu son bras à l'opérateur. et, malgré la douleur, il s'est laissé faire.

Tout cela est pur amusement, et généralement le malfaiteur ne cherche à produire aucun effet en se tatouant. « Quand le jeune Océanien, lui, soumet son corps tout entier, et d'abord son visage, tout ce qu'il expose au regard de tous, à la cruelle opération que les rites de sa tribu lui imposent, il sait le motif sérieux qui le détermine et l'avantage sérieux qu'il produit. Sa religion, sa coutume, ce qu'il a de plus sacré, lui recommandent ce courage pour frapper de terreur l'ennemi, pour rendre fières de lui ses femmes, pour être scellé ineffaçablement à l'effigie de sa tribu. Il ne reproduit sur lui-même aucun objet extérieur ; il trace de gracieuses ou caractéristiques arabesques qui s'harmonisent étrangement par leurs lignes avec ses formes corporelles. Le prétendu tatouage du malfaiteur, au contraire, consiste en images aussi étrangères à son épiderme que peuvent l'être les inscriptions d'un enfant au mur d'un édifice. Il est imitatif, non expressif. Que peut-il avoir de commun, sauf le nom, avec ce noble tatouage polynésien, par exemple, qui est une véritable œuvre d'art, incarnée à l'artiste, comme le rôle d'un acteur parfait (1) ! »

Néanmoins, il n'est pas rare de voir des criminels se tatouer par vanité. Quelques-uns sont fiers de leurs tatouages et les montrent avec une ostentation peu dissimulée. J'ai vu un individu qu'on avait amené à la Santé pour purger une condamnation pour rixe. Cet individu était littéralement couvert de tatouages ; il avait sur les jambes et sur les bras des têtes de femmes, des soldats, des généraux, des croix de la Légion d'honneur, le tout entrelacé d'inscriptions plus ou moins prétentieuses. Sur la poitrine, un dessin très compliqué représentait la prise du fort de Hué par les Français. Sur le dos, il portait un groupe de deux personnages : « le marquis Sans-Gêne et la duchesse Sans-Façon ». Ces personnages avaient vingt-huit centimètres de haut et ils étaient encadrés par des vases de fleurs qui mesuraient trente-cinq centimètres de haut. Ces tatouages, très finement exécutés en deux couleurs, rouge et bleu, avaient été faits en Afrique. Ils avaient nécessité plus de trois mois de travail et de courageuse patience et avaient coûté plus de deux cents francs. Tout en reconnaissant la supériorité et l'élégance du dessin, j'étonnai fort l'individu qui les portait en lui disant que j'aurais bien donné quatre cents francs pour qu'on ne me les fît pas.

(1) Tarde. *La Criminalité comparée*, p. 43.

Il me regarda d'un air triste et miséricordieux qui voulait dire : pauvre profane, qui n'entend rien aux choses de l'art ! S'il ne haussa pas les épaules, ce fut sans doute par politesse ou par crainte d'une punition.

Dans certains pays, dans la Nouvelle-Zélande en particulier, le tatouage passe pour un ornement, et les jeunes filles se tatouent pour dissimuler la couleur rouge de leurs lèvres, réputée chez ce peuple comme une marque de beauté. Pendant l'opération, leurs mères leur chantent : « Laissez-vous tatouer pour qu'on ne dise pas, quand vous entrerez dans une fête : Quelle est celle-ci qui a les lèvres rouges ? »

Fig. 55

« L'homme le plus brut, dit Th. Gauthier, sent d'une manière instinctive que l'ornement trace une ligne de démarcation infranchissable entre lui et l'animal, et, quand il ne peut broder ses habits, il brode sa peau (1). »

(1) Th. Gauthier. *Constantinople*, chapitre VIII, cafés. Voyez également G. Variot : *Tatouages et peintures de la peau*. In *Revue Scientifique*, 1887.

Autrefois, le tatouage était fort employé pour marquer les criminels de signes infamants indélébiles. Les femmes thraces étaient assujetties par leur mari à une piqûre indélébile et expiaient ainsi le meurtre sacrilège d'Orphée (1).

Chez les anciens, sur le front des esclaves, des prisonniers, des déserteurs, on imprimait des dessins indélébiles : un cheval, une chouette ou les armes royales (2). Ce ne pouvaient guère être que des tatouages. Les malheureux ainsi défigurés cherchaient bien à ramener leur chevelure pour couvrir leur front stigmatisé, mais les maîtres farouches faisaient raser leurs cheveux (3).

Il y a peu de temps encore, chez nous, on imprimait au fer rouge, sur l'épaule du condamné aux travaux forcés, les initiales T. F.

Fig. 56

Il semblerait que les criminels doivent fuir ces marques infamantes qui les dénoncent à tous et les font reconnaître. C'est

(1) Plutarque. *De sera Numinis Vindicta* l. XII. chap. XX.
(2) Plutarque, *Périclès*, chapitre XXVI. Hérodote, *Histor.* l. VII, chapitre CXXXIII.
(3) Athénée. *Banquet des Sophistes* p. 225. — Pétrone : *Satyricon*, p. 105.

leur infamie écrit en caractères indélébiles sur leurs bras ou leur front. Il n'en est rien. Aujourd'hui que la justice plus humaine a supprimé l'épreuve terrible de la marque au fer rouge, les criminels se chargent d'écrire eux-mêmes sur leur peau le signe infamant. J'ai vu un individu qui portait sur le

J. dit Cotelette.

Fig. 57

bras, tatouées en bleu, les lettres T. F.; un autre avait écrit : Fleur de bagne. Ces faits ne sont pas rares, et toutes les personnes qui ont vécu avec les prisonniers et qui ont pris la peine d'examiner leurs tatouages, ont pu en voir un assez grand nombre. (*Voyez fig. 55, 56 et 57 empruntées à la collection de M. Lacassagne*).

Les tatouages obscènes ou érotiques ■■■ beaucoup moins fréquents qu'on pourrait le croire, du moins d'après ce que j'ai observé ; sur plusieurs milliers de détenus, examinés dans l'intervalle de deux ans à la prison de la Santé, je n'ai rencontré que quelques tatouages obscènes. Bien entendu, je ne considère pas comme tels les personnages complètement nus, car ces motifs de dessin sont très souvent reproduits. Je l'ai déjà dit ailleurs, les criminels aiment à reproduire le nu, bien qu'ils y réussissent fort mal. Parmi les individus porteurs de tatouages obscènes que j'ai examinés, l'un avait sur l'avant-bras droit un appareil génital externe mâle, qu'il s'était fait tatouer en prison à l'âge de dix-sept ans. Il voulut d'abord me faire croire que cette image représentait une pipe ; finalement il m'avoua que c'était une verge qu'un compagnon de cellule, pour qui il avait eu de coupables complaisances, lui avait tatouée en souvenir. Un autre individu portait au-dessus du pubis cette inscription engageante avec une faute d'orthographe : « C'est ici le rendez-vous des belles filles. Aux robinet des amours. » Il avait été tatoué au régiment. Un autre avait dans le dos un diable agrémenté d'un pénis énorme ; d'autres sur les jambes et sur les bras, des tatouages assez finement dessinés et représentant des scènes de coït. Un autre enfin, le plus curieux, après avoir subi un grand nombre de condamnations, s'était fait tatouer à Taïti par un créole. Il avait sur la verge une étoile et une botte pour faire, comme l'indique M. Lacassagne, le légendaire calembour : Je vais te mettre ma botte au... De plus, on lisait sur les différentes faces de la verge des inscriptions alléchantes avec une orthographe d'une naïveté toute primitive : « Le peizir des dames. Bote pour tour pied. » *(Voyez fig. 58)*

Cet individu était très fier de ses tatouages et il prétendait qu'ils lui avaient valu plus d'un succès dans le monde galant. Après tout, cela est bien possible. Son rêve eut été de se faire tatouer un crâne sur le gla███ourquoi cet emblème en pareil endroit? Le pauvre diable n'en savait sans doute rien lui-même. C'était pur caprice; ou bien c'était peut-être pour faire chanter, comme Boccace, l'oiseau de Vénus dans une tête de mort.

Fig. 58

J'ai encore vu quelques individus qui portaient sur les bras des images de femmes nues avec des organes génitaux plus apparents que nature.

Faut-il voir dans ces images lubriques un reflet du caractère et des mœurs du tatoué? Je ne sais; mais il faut tenir grand compte de ceci : c'est que l'individu a été souvent tatoué pendant l'ivresse ou dans un moment d'ennui. J'ai observé un grand nombre de pédérastes pendant mon séjour dans les prisons ; je n'ai jamais trouvé chez eux de tatouages obscènes et surtout ces tatouages caractéristiques que M. Lacassagne dit avoir vu avec tant de fréquence. Un seul, celui qui précisément portait une verge sur le bras et dont j'ai déjà parlé, avait le sein traversé d'un poignard et sur la poitrine ████ pensée avec le mot *Bébé*. Etait-ce là un souvenir ou un emblème de pédérastie? Le drôle n'a rien voulu me dire. Il n'en est pas moins logique et il n'en est pas moins vrai de croire que les passions amoureuses et surtout l'érotisme portent certains individus à se dessiner sur la peau des scènes lubriques en conformité avec leurs goûts et leurs mœurs. J'ai déjà raconté l'histoire d'un individu qui simula la folie pendant trois ans et qui avait été un grand coureur de femmes. Cet individu portait sur le bras droit un tatouage représentant une femme sur une espèce de piédestal. Au dessous on lisait ces mots : « ge t'aime Fracois pour la vie.» Au dire de Mantegazza, on voit des femmes qui ornent leur vulve de dessins obscènes, et les Japonaises, il y a quelques années à peine, se dessinaient sur la main des signes faisant allusion à leurs amants et les remplaçaient par d'autres quand leur cœur changeait. Pour d'autres, surtout chez les prostituées, le tatouage est un stimulant des passions. Ainsi j'ai vu à Naples une prostituée italienne qui portait à la cuisse, au-dessus de la jarretière, ce mot encourageant: *Excelsior!* avec une flèche indicatrice qui, comme on pense, n'était pas tournée du côté du pied. J'ai également rencontré dans une brasserie de Paris une Mauresque qui portait sur le front une feuille d'alpha. Lorsqu'elle jugeait ses charmes extérieurs impuissants, elle avouait mystérieusement qu'elle en avait de secrets et qu'une feuille d'alpha, semblable à celle qu'elle portait au front, était gravée sur ses parties les plus cachées. Il fallait un amoureux d'une frigidité remarquable pour résister à un charme si nouveau et à de telles promesses.

Enfin, il n'est pas rare de rencontrer chez les criminels des tatouages professionnels, des souvenirs de leur passage dans l'armée ou dans différentes corporations. Il en est même parmi eux qui, avant d'être devenus des êtres pervers et incurables au point de vue moral ont quelquefois obéi à un bon sentiment, à quelque souvenir pieux, et alors ils font graver sur leur peau une date, un nom ou une image qu'ils vénèrent et chérissent. « Les bergers de Virgile gravaient le nom de leur amante sur le tronc des arbres ; le plébéien de nos villes modernes fait inscrire d'une manière indélébile, sur sa peau, le nom et les traits de la personne qui lui a été chère. » (1) J'ai vu un individu qui portait

Fig. 59

sur le bras droit un poignard avec les mots : « Mort aux gonsses ». Sur la poitrine, il avait une espèce d'autel surmonté d'une croix. On lisait au-dessous cette inscription touchante : « A ma mère. » (*Voyez la figure 59*). Sur le bras gauche, on lisait d'autres

(1) G. Variot. *Les Tatouages européens.* In *Revue Scientifique*, 1888.

légendes : « Mon cœur à ma femme. Je pense à toi ». La première inscription avait sans doute été tatouée dans un moment
de haine, peut-être en prison, quelques jours après une condamnation. Puis, la faute payée et la liberté recouvrée, la paix s'était
faite dans la conscience du coupable et le repentir avait fait
place à la haine. Le malheureux avait évoqué alors le souvenir
de sa mère morte loin de lui, et, ne pouvant lui faire élever une
tombe au cimetière, il lui en avait fait graver une sur sa poitrine.
Beaucoup se font tatouer une image grossière et peu ressem-
blante de leur fiancée avec son nom au-dessous.

Fig. 60

J'ai souvent rencontré aussi chez certains individus un motif
de tatouage dont je n'ai pu avoir l'explication. J'ai bien vu au
moins une vingtaine de détenus qui portaient sur la poitrine ou
sur les bras un tatouage représentant un Christ presque

toujours semblable à celui de la figure 60, qui a été pris sur le
bras droit d'un garçon marchand de bestiaux, individu grossier
et brutal, qui avait subi plusieurs condamnations pour ivresse

Fig. 61

t pour rebellion envers les agents. (*Voyez encore la fig. 61
empruntée à la collection de M. Lacassagne*). J'ai vu dernière-

ment encore un voleur qui portait sur la poitrine un Christ d'au moins trente centimètres de haut. J'ai interrogé tous ces individus. Aucun d'eux n'avait été guidé par une idée ou un sentiment religieux. Alors, pourquoi cette image du supplice du Nazaréen ? Pur caprice, sans doute.

II

On retrouve dans les tatouages toutes les formes primitives du dessin. La forme la plus inférieure, la plus naïve, consiste simplement en points ou en lignes disposés et enchevêtrés de mille façons. Beaucoup de tatouages de peuplades barbares n'ont pas d'autre procédé d'ornementation. Et cette méthode naïve se retrouve même dans les productions architecturales de certains peuples de l'antiquité. L'esprit humain, en effet, suit toujours les mêmes voies dans son évolution et arrive presque toujours à des effets identiquement semblables. A mesure que le génie de la peuplade se développe, il passe du dessin linéaire et sans autre signification qu'un ornement stérile, à l'écriture employée souvent comme motif de décoration. Pour s'en convaincre, on n'a qu'à aller jeter un coup d'œil sur les murailles de la mosquée de Cordoue. Les murs sont presque complètement recouverts par les versets du Coran. Sur les parois du Mirabh, du saint des saints, ces beaux caractères arabes qui se marient en courbes harmonieuses, qui s'allongent ou s'arrondissent selon la volonté du calligraphe, forment une magnifique et pittoresque ornementation. Je n'ai jamais rien vu de plus capricieux et d'un plus bel effet décoratif.

Les peuples ne suivent pas d'autre loi dans la décoration de leur peau que dans la décoration de leurs édifices. Après les

(1) Voir sur les tatouages religieux et particulièrement ceux qui sont pratiqués au pèlerinage de Lorette une curieuse étude de Mᵐᵉ Caterina Pigorini-Beri : *Costumi e superstizioni* (Citta di Castello, Lapi, 1883).

lignes, vient l'inscription prise tantôt comme motif de décoration,
tantôt comme moyen pour perpétuer une idée ou un souvenir.
J'ai vu un Arabe qui portait sur la poitrine son nom en caractères
arabes. D'autres y écrivent des maximes plus ou moins philosophiques, mais plus souvent cyniques ou obscènes. D'autres
prennent leur peau pour en faire leur livre d'impressions et ils
y inscrivent leurs souvenirs, une date, un nom, etc.

Si l'on s'élève d'un degré de plus encore, on voit apparaître
le dessin, mais informe d'abord. C'est souvent un mélange
d'écriture et de dessin, et certains mots, ou certaines idées sont
représentés par des caractères graphiques et d'autres par des
images. C'est en quelque sorte l'âge des hiéroglyphes du tatouage
ou, pour parler un langage plus moderne, l'âge des rébus. Ces
sortes de dessins hiéroglyphiques sont encore très fréquents
chez les criminels que j'ai observés. Il en est trois en particulier
qui reviennent très souvent. Ainsi on lit souvent celui-ci, que
MM. Lacassagne et Magitot ont reproduit dans leur article du
Dictionnaire encyclopédique : « Enfant du malheur, né sous
une mauvaise ..... » le mot étoile est remplacé par un dessin
représentant grossièrement une étoile. *(Voyez fig. 55.)*

Il en est deux autres qui sont également très communs et que
j'ai bien rencontrés chacun au moins une vingtaine de fois.
Ainsi, on lit très souvent sur le bras d'un individu : « Mon cœur
à ma femme. » Mais le mot cœur n'est pas écrit, il est remplacé
par une image *(voyez fig. 62)*, ou bien : « Je pense à toi. » Le
mot pense étant remplacé par une pensée *(fig. 63)*. Ces inscriptions sont d'une naïveté touchante et on y sent palpiter l'âme
candide des bons et des simples. Mais il n'est pas rare de lire à
côté une inscription dans le genre de celles-ci : « Mort aux
gonsses, — Déporté, — Pas de chance. »

J'ai interrogé beaucoup d'individus porteurs d'inscriptions
imagées dans le genre de celles qu'on vient de lire. C'étaient

presque toujours des gens sans instruction, souvent des naïfs qui, malgré leurs mauvaises habitudes et leur vie de prison, avaient conservé quelques bons sentiments et les avaient fait graver sur leur peau, ne craignant pas d'inscrire un autre jour, à côté, un mot sinistre de haine ou de vengeance.

MON ❤ À

MA FEMME   Fig. 62

Je 🌸 *à toi*

Fig. 63

Mais le tatouage continue à évoluer, et cette forme naïve va disparaître à son tour pour faire place à un véritable dessin, à une image représentative qui exprimera par elle seule une idée sans le secours de légendes explicatives ou complémentaires. Alors le tatoueur reproduira ce qu'il voit autour de lui, et d'abord des fleurs : l'arabe se grave une feuille d'alpha sur le front. La fleur ou la plante est un des motifs les plus employés dans la peinture primitive. Si on étudie l'histoire du dessin chez les peuples primitifs, on ne tarde pas à se convaincre que la représentation de la fleur et de la plante précède celle des animaux et surtout celle de l'homme. Le même fait se remarque pour les tatouages. L'arabe dont j'ai parlé plus haut présentait sur la poitrine et sur les bras plusieurs tatouages d'origines et d'âges différents. C'était un fort curieux sujet, car on pouvait en quelque sorte y étudier l'évolution et les diverses transformations de cet art primitif. Quelques jours après sa naissance, sa mère lui tatoue deux lignes verticales et parallèles sur le front pour le préserver des maléfices. Plus tard, dans son enfance encore, elle fait graver sur sa poitrine son nom en caractères arabes : c'est en même temps et un ornement dont il sera fier un jour et une marque précieuse si le *roumi* venait à l'enlever. C'est le second âge du tatouage, la seconde manière de l'artiste. Plus tard, un

Fig. 64

devin lui grave sur la poitrine une feuille d'alpha, symbole mystérieux qui le met sous la protection d'Allah. Puis cet individu abandonne son pays, il parcourt l'Espagne et vient échouer dans les prisons de Paris ; alors un autre artiste moins primitif orne sa poitrine de nombreux tatouages, mais cette fois apparaissent les figures humaines.

Dans cette reproduction des corps et du visage par les procédés du tatouage, on retrouve ce même fait frappant que j'ai
déjà signalé à propos des dessins des criminels. Ce sont les
mêmes attitudes raides, les mêmes poses hiératiques, les mêmes
lignes barbares et presque droites. Voyez en particulier la figure
64; ce visage a quelque chose de triangulaire et la ligne est à
peine courbe. Aussi le dessin est d'une dureté qu'on ne retrouve
que dans les productions de certaines peuplades primitives.

L' INDIEN

Fig. 65

Dans la figure 65, les lignes sont un peu moins barbares,
mais ce sont toujours des hanches plates, des cuisses sans
contours. Dans la figure 66, les lignes s'incurvent, acquièrent
une certaine harmonie, les traits du visage s'adoucissent, les
angles s'effacent et s'amortissent, les détails sont mieux indiqués, donnent au dessin plus de douceur, et ce visage sans
beauté ne choque plus l'œil comme les précédents. C'est déjà
presque une œuvre d'art. Il est évident que le tatoueur qui a

gravé ce visage avait une idée du dessin, sinon de l'esthétique.
On peut quelquefois rencontrer sur la peau des criminels des
compositions mieux exécutées encore, et cela n'est pas très rare.
J'en ai vu un assez grand nombre. Mais il est à noter que ces
tatouages en quelque sorte supérieurs avaient presque toujours

Fig. 66.

été faits à Paris ou dans une grande ville. Cela s'explique facilement. Dans ces endroits, en effet, les tatoueurs sont nombreux
et jouissent généralement d'une assez grande habileté; tandis
que dans une prison, dans une caserne, ce n'est qu'exception-
nellement qu'on rencontre un bon tatoueur. « A Belleville, me
disait un tatoueur assez distingué, nous sommes dix artistes qui
pouvons en quelques heures couvrir de tatouages magnifiques
les bras d'un individu. Mais ici, à la Santé, je suis le seul qui
sache travailler proprement. Quand je serai parti, il ne restera
personne, à moins qu'un de mes amis vienne à se faire piger;
sinon les détenus se feront tatouer par des saligots, des gens qui
ne savent ni dessiner ni piquer et qui font mal. » Cet homme
avait le respect de son art.

III

Lacassagne fait remarquer avec raison la précocité des tatouages chez les criminels. Beaucoup d'individus se font tatouer extrêmement jeunes.

J'ai vu des criminels de seize ans qui étaient tatoués et j'en ai rencontré un assez grand nombre qui avaient été tatoués à douze ou à treize ans, à l'atelier, par des camarades plus âgés; d'autres à seize ou dix-sept ans, en prison, dans un moment d'ennui ou par esprit d'imitation, pour faire comme les camarades. D'autres, enfin, ont été tatoués dans l'état d'ivresse.

Si certains criminels sont fiers de leurs tatouages et les montrent avec ostentation, je n'hésite pas à dire, d'après ce que j'ai vu et entendu, que la plupart d'entre eux, l'âge et la réflexion venus, seraient heureux de pouvoir se débarrasser de ces marques souvent flétrissantes. D'abord il se figurent que cela aide beaucoup, dans certains cas, à établir leur identité. D'autre part, ils savent parfaitement que lorsqu'on lira dans un atelier, sur les bras d'un ouvrier : « fleur de bagne — mort aux sergots — souvenir du bagne », ou bien lorsqu'on y verra des scènes lubriques, ils savent parfaitement, dis-je, que patrons et ouvriers regarderont le tatoué d'un œil peu sympathique et ne l'accueilleront qu'avec la plus grande réserve. Il est même certaines maisons où l'on refuserait impitoyablement comme domestique un individu qui porterait sur les mains ou les poignets des tatouages même insignifiants. Et cela est vrai non-seulement pour les criminels, mais plus encore peut-être pour les autres tatoués. J'ai connu à la prison de la Santé trois gardiens qui portaient des tatouages : aussitôt que M. Variot eut découvert son procédé, ils le prièrent immédiatement de les débarrasser.

Ils étaient en quelque sorte honteux de ces stigmates, qui n'avaient pourtant pour eux rien d'infamant.

Le Dʳ de Sinéty, médecin de la prison de Saint-Lazare, a recueilli un certain nombre de tatouages sur les prostituées de son service. Or, presque toutes avait été tatouées toutes jeunes et presque toujours par leur premier amant. Sans compter que si elles sont malheureuses et ont un peu de cœur, ces marques sont des souvenirs cuisants et ineffaçables de leur première faute, on comprendra facilement combien cela doit les gêner dans l'exercice de leur métier. Beaucoup payeraient cher pour s'en débarrasser. J'ai connu une prostituée qui avait été tatouée par son premier amant, un garçon coiffeur. Cet imbécile lui avait écrit en assez gros caractères sur le bras droit : J'aime Léon. Elle m'avoua que cela lui nuisait beaucoup pour travailler. Il y a certains individus qui, même dans les scènes d'amour à tant la séance, veulent suivre le conseil de l'avocat Desgenais et s'illusionner. Comment sera-ce possible si le malheureux s'appelle Auguste ou Gustave; ses yeux ne pourront se détacher de ces mots : J'aime Léon, et la grâce lui manquera au moment suprême. « Que voulez-vous, me disait cette fille, il y a des gens que ça crispe; ils sont d'abord très gentils, mais quand ils voient ça, ils se refroidissent subitement et beaucoup s'en vont sans rien faire et... sans payer. »

Aujourd'hui cette malheureuse est débarrassée de ce cauchemar; elle porte bien au bras une petite cicatrice, mais ses amants ne peuvent plus y lire : J'aime Léon. Et chaque jour, ou plutôt chaque nuit, elle bénit le médecin qui l'a détatouée.

Dernièrement une jeune dame, ou plutôt une demoiselle, se présentait dans le cabinet de M. Variot. Fille d'un marchand de vin, elle avait laissé subir à sa vertu un léger accroc. Son amant, homme déjà mûr, craignant de la perdre, ne trouva rien de mieux que de la marquer à son nom, comme il aurait fait de son cheval ou de son chien. Il lui grava sur le bras, je ne sais plus lequel, un oiseau et au-dessous son prénom. Après tout, je puis bien le dire : il en est plus d'un au monde qui s'appelle Martin. Je l'ai dit. Mais voici le revers de la médaille. Les feux de la demoiselle s'éteignirent, elle abandonna son amant, réintégra le domicile de ses parents et pensa sérieusement à se marier. Mais que dirait le mari, lorsqu'il verrait sa femme portant une marque de possession autre que la sienne? La destruction du tatouage a sauvé la situation.

On sait que le prince de Galles, se laissant prendre un jour aux beaux yeux de la fille d'un tatoueur de Jérusalem, se fit tatouer une croix sur le bras gauche (1). La princesse Marie, fille du duc de Chartres, porte également une ancre tatouée sur le bras, du moins d'après ce qu'affirme le correspondant de Berlin au journal la *France* (2). Il s'en serait aperçu dans un bal. La princesse Marie ne voulant avoir d'autre époux que le deuxième fils du roi de Danemarck, le prince Valdemar, qui était marin, sortit un jour sous le costume de sa femme de chambre et se fit tatouer une ancre sur le bras. En prenant l'emblème de celui qu'elle aimait, elle se consacrait ainsi à lui pour toujours. Peut-être que maintenant ces royales personnes ne dédaigneraient pas d'avoir recours aux procédés du tatouage.

M. le Dr Variot, médecin de l'infirmerie centrale des prisons, avait été comme moi frappé de ces faits. Il songea alors à y porter remède et il se mit à la recherche d'un procédé pour détruire les tatouages. Mais auparavant, voulant se baser sur des données scientifiques et enlever à ces recherches tout carac-

(1) Gabriel Charmes : *Voyages en Syrie.* In *Revue des Deux-Mondes,* 15 juin 1881.

(2. Voir journal la *France,* n° du 18 novembre 1888.

tère empirique, il commença par étudier la disposition et la
situation des particules colorantes des tatouages dans l'épaisseur du derme. Il fit des coupes sur des tatouages enlevés, au
grand scandale de l'administration, sur des cadavres de criminels décédés à la prison de la Santé. A l'examen microscopique,
il constata que les particules colorantes, les particules du charbon, siégeaient dans la couche moyenne du derme et « qu'elles
avaient une tendance à se grouper systématiquement autour
des vaisseaux sanguins (1). » *(Voyez la fig. schématique 67*

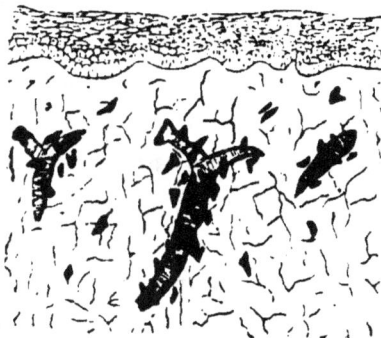

Fig. 67

empruntée au travail de M. Variot.) Ces faits connus, il s'agissait de trouver un moyen de détruire la partie du derme dans
laquelle se trouvent les particules colorantes indélébiles. Il fallait trouver un procédé sûr et peu dangereux qui permit de produire une eschare suffisante pour détruire la couche du derme
colorée, sans cependant produire une cicatrice trop profonde et

(1) G. Variot. *Les Tatouages européens.* — In *Revue scientifique* du
12 mai 1888.

trop visible. Après bien des tâtonnements, il arriva à une méthode simple, facile, absolument inoffensive et presque infaillible. Voici la description qu'il en fait lui-même.

« Je verse d'abord sur les parties de peau tatouée une solution concentrée de tannin; puis, à l'aide d'un jeu d'aiguilles comme en fabriquent les tatoueurs, je fais des piqûres serrées sur toute la surface de peau que je veux décolorer. J'introduis ainsi dans la partie superficielle du derme cutané une certaine quantité de tannin.

« Je passe, en frottant fortement sur toutes les parties que j'ai ainsi piquées au tannin, le crayon de nitrate d'argent ordinaire. Je laisse pendant quelques instants la solution concentrée de sel d'argent agir sur l'épiderme et le derme, jusqu'à ce que je voie les piqûres se détacher en noir foncé. J'essuie alors la solution caustique, et la surface tatouée est devenue noire par la formation d'un tannate d'argent qui s'est produit dans les couches superficielles de la peau.

« Les deux temps de cette petite opération peuvent se faire très vite et ne provoquent qu'une douleur modérée. Quant aux suites, elles sont fort simples. Dans les deux premiers jours qui suivent la cautérisation, il y a une légère réaction inflammatoire avec une sensibilité variable. Puis, les jours suivants, toutes les parties piquées au tannin et cautérisées au nitrate d'argent prennent une teinte noire foncée, formant une sorte de croûte ou d'eschare mince, très adhérente aux parties profondes et, le troisième ou le quatrième jour après l'opération, elles sont tout à fait indolores.

« Au bout de quatorze à dix-huit jours, suivant les cas, la croûte ou l'eschare superficielle se détache spontanément. Le derme et l'épiderme sont réparés au-dessous, et l'on aperçoit, à la place du tatouage qui est tombé avec la croûte, une cicatrice superficielle rougeâtre.

« Cette cicatrice se décolore progressivement, et deux mois après l'opération elle devient peu apparente (1). »

Un certain nombre de détenus furent détatoués à la prison de la Santé par ce procédé et avec un plein succès. Cette découverte fit un certain bruit dans la presse politique. Des employés hypocrites et malveillants dénoncèrent M. Variot comme un médecin inhumain qui martyrisait les détenus et opérait sur eux « comme sur des lapins ou des cobayes, leur donnant des phlegmons et des fièvres ». C'était une accusation aussi fausse que ridicule. D'abord, on n'opéra jamais un détenu sans son consentement, et la plupart sollicitaient eux-mêmes l'opération. D'autre part, j'ai assisté à toutes les expériences. Le procédé de M. Variot est absolument inoffensif : jamais les accidents inflammatoires n'ont dépassé ceux produits par le tatouage lui-même, et la plupart du temps ils sont nuls.

D'autres l'accusèrent de nuire aux recherches de la police « en démarquant les chevaux de retour ».

L'honorable chef du service d'identification anthropométrique, M. A. Bertillon, vint faire une enquête à la Santé. Personne ne pouvait être plus compétent et plus autorisé pour trancher la question. Il déclara, dans une lettre reproduite par un grand nombre de journaux politiques, que les tatouages n'étaient que des signes d'identification accessoires sur lesquels on pouvait peu compter, que la cicatrice laissée par leur destruction était un signe tout aussi probant. Il insista sur la haute portée morale de l'œuvre de M. Variot. Avant d'essayer de blanchir l'âme des criminels, dit-il, il faut d'abord essayer de blanchir leur corps et

____

(1) G. Variot. *Nouveau procédé de destruction des tatouages.* In *Comptes rendus des séances de la Société de biologie.* Séance du 21 juillet, 1888. Voyez encore à ce sujet : G. Variot : *Le Détatouage.* In *Revue Scientifique,* 1889. G. Variot : *Expériences sur la régénération des épithéliums pigmentaires.* In *Bulletin de la Société d'anthropologie.* Séance du 17 janvier 1889.

les débarrasser des tatouages obscènes ou séditieux qu'ils portent. Aussi, propose-t-il, si le tatouage est interdit et sévèrement puni dans les prisons, de favoriser comme conséquence le détatouage et de créer un service spécial dans ce but. Il n'est pas douteux que ce procédé ne soit appelé à un grand avenir et ne fasse le tour des prisons de l'Europe.

CHAPITRE XXIV

LES CRIMINELS DANS LA SOCIÉTÉ

Les Associations criminelles

I

J'ai pu suivre quelques criminels récidivistes en dehors de la prison, ou au moins me procurer sur leur manière de vivre des détails assez circonstanciés. Voyons un peu comment ils se comportent dans la société.

Comme ouvriers? Tantôt paresseux et maladroits, les patrons ne les acceptent que dans les jours de presse, quand le travail va bien; tantôt assez habiles, mais ivrognes et irréguliers, ils forment en somme le rebut de toutes les professions.

Mariés? Ils sont tantôt les esclaves, tantôt les tyrans de leurs femmes. Si ce sont des êtres débiles, des faibles de volonté, leurs femmes les mènent, les trompent et souvent les poussent au crime. Si ce sont des impulsifs, des ivrognes, des violents, les rôles sont renversés : le mari commande impérieusement et la femme doit obéir sous peine de recevoir des coups. Quand, après avoir passé la journée chez le marchand de vin, il rentre le soir les poches et les mains vides, il faut qu'elle lui serve à souper ou gare aux gifles! Combien vivent ainsi du travail de leurs femmes, qu'ils considèrent un peu comme leurs domestiques ou leurs esclaves! J'ai connu une malheureuse couturière qui, avec son travail, nourrissait son mari et ses deux enfants: quand celui-ci était en prison, elle venait le voir deux fois par semaine et lui apportait des secours en argent!

Mais si la femme est leur servante, elle aussi leur femelle. Dans leurs moments d'excitation génitale, ils la prennent violemment, brutalement, presque sans la consulter : puis, l'instinct satisfait, ils la rejettent comme un instrument dont on n'a plus besoin, répondant aux caresses ou aux pleurs par des soufflets. « Les femmes, me disait l'un d'eux, c'est bon pour se vider quand on en a besoin. Moi, je les caresse avec le talon de ma botte. »

Tel est le rôle de la femme honnête mariée à un criminel: c'est souvent une martyre. Mais si la femme suit son mari dans la voie du mal et du vice, si elle devient son complice, les choses changent. C'est alors un personnage avec lequel il faut compter : elle a droit à sa part de jouissance, qu'elle sait d'ailleurs réclamer hautement. Et puis il faut la ménager, à cause des services qu'elle peut rendre et aussi à cause de la délation possible.

Ces quelques lignes sur les criminels mariés attirent naturellement une question : Ont-ils beaucoup d'enfants? En un mot, sont-ils féconds? J'ai rencontré quelquefois des criminels pères d'une nombreuse famille : mais bien plus souvent leur mariage avait été stérile ou bien leurs enfants étaient morts en bas âge. Le premier fait s'explique par la fréquence des dégénérescences chez eux, et le second doit être rapporté, je crois, à la tuberculose et surtout à la syphilis qui décime tant de ces misérables.

Mauvais ouvriers, mauvais maris, ce n'est pas tout : les criminels sont aussi mauvais soldats que mauvais citoyens. Indisciplinés, insoumis, lâches devant l'ennemi, déserteurs au besoin, ils passent souvent leur temps aux compagnies de discipline.

J'en ai déjà cité plus d'un exemple dans les observations que j'ai rapportées : l'un est sans cesse puni, l'autre frappe son chef, l'autre se fait de fausses permissions de sortie, l'autre vole l'argent du trésor, l'autre fuit sur le champ de bataille.

II

Les criminels étant en lutte ouverte contre la société, il semblerait naturel de croire qu'entre eux ils doivent se donner la main et se soutenir contre leurs ennemis communs. Il n'en est rien. Ils se parjurent entre eux : ils violent la parole donnée à l'aminche comme ils violent la parole donnée au bourgeois.

Et non-seulement ils se parjurent, mais ils se tranissent. Qu'on arrête un malfaiteur : neuf fois sur dix « il remue la casserole et mange le morceau », donnant les noms de ses complices et s'offrant même pour aider la police à les retrouver. Ces faits sont monnaie courante. Que de fois l'individu dont il est question au chapitre VIII a été vendu ainsi! Du reste, ne le voyons-nous pas lui-même filer avec le produit d'un vol assez important sans rien donner à son complice, et celui-ci à son tour le faire arrêter dans un théâtre et ainsi se perdre tous les deux?

« La dénonciation, dit Lombroso, est une infamie, si elle se fait à leur préjudice ; mais, par une de ces contradictions qui se rencontrent fréquemment dans le cœur humain, ils n'hésitent pas à se faire eux-mêmes dénonciateurs d'autrui. »

Même dans les prisons, où ils auraient tout intérêt à vivre unis contre les gardiens, leurs ennemis, ils se trahissent lâchement par jalousie, par espoir d'une petite récompense ou simplement pour se concilier les bonnes grâces d'un surveillant. Ils se dénigrent même sans motif : un tel leur paraît plus heureux

qu'eux ou mieux traité ; par vanité ou par dépit ils cherchent à
le perdre, et tous les moyens leur sont bons, même les lettres
anonymes. A l'infirmerie, où je pouvais les observer de près, ils
se conduisaient absolument comme des hystériques menteurs
et pervers, se calomniant avec une rare impudence et se débi-
nant les uns les autres auprès des médecins.

Le tabac est défendu à la prison. Il arrive assez souvent
qu'un détenu, par un artifice quelconque ou plus souvent grâce
à la complaisance d'un gardien intéressé, arrive à s'en procurer ;
il est alors obligé de prendre toutes sortes de précautions pour
se cacher de ses codétenus, beaucoup plus à craindre pour lui
que les surveillants. A moins de consentir à un partage peu équitable, il serait sûrement vendu. « C'est l'habitude des voleurs de
se voler entre eux, comme des assassins de s'entr'égorger »,
dit Lombroso. Aussi j'ai rarement vu un criminel avoir
confiance en son complice ou en dire du bien.

III

C'est sans doute ce manque de confiance des criminels en
leurs complices qui a achevé de tuer leurs associations déjà
émiettées par la police.

Les associations criminelles proprement dites, c'est-à-dire
les associations avec chef reconnu et obéi, avec membres fixes,
avec règlements et statuts, n'existent plus. M. Joly a encore
publié tout récemment les statuts de la bande Gilles et Abadie.
C'est un document fort curieux ; mais, comme M. Joly le reconnaît lui-même, ces règlements n'ont probablement jamais été
suivis par personne. C'était un idéal de règlement, mais l'idéal
ne passe jamais dans la pratique.

Mon attention ayant précisement été éveillée par M. Joly sur cette question, je fis des recherches dans ce sens et j'interrogeai un grand nombre de détenus qui avaient été compromis dans des bandes.

Je ne sais si les grandes associations criminelles telles que les ont décrites certains auteurs, comme la fameuse Camorra italienne ou encore la Mafia de Naples, ont réellement existé, ou bien si ce sont des légendes enfantées par la peur ; mais la perversité des criminels, leur manque de loyauté et de confiance, semblent difficiles à concilier avec l'existence de sociétés qui ne peuvent être basées que sur ces sentiments, la crainte seule étant impuissante.

Actuellement les associations n'existent plus parmi les criminels parisiens. Sans doute il y a et il y aura toujours l'association du souteneur et de la prostituée pour exploiter le « michet ». Il y a aussi l'association de deux ou trois malfaiteurs un soir, au coin d'une rue, pour dévaliser le passant attardé. Mais cette association n'est qu'un hasard et elle ne dure que quelques heures ; car, une fois le butin partagé, chacun s'esquive de son côté et ne reparaît plus. Même dans ces bandes qui dévalisent si souvent la banlieue de Paris, il n'y a ni chefs ni statuts ; on se réunit au hasard des rencontres, on tente une bonne affaire ensemble, on partage ensuite le butin, puis on se sépare et on se donne rendez-vous le lendemain pour faire un nouveau coup. Mais il n'y a aucune autorité, aucun règlement, tout au plus les complices se jurent-ils entre eux de ne pas se vendre et cela quelquefois sous menace de mort. J'ai dit comment les criminels tiennent leurs serments, et ils savent par avance ce que vaut leur parole. Aussi il y a tellement peu d'ordre dans ces bandes, que souvent des disputes et des rixes éclatent au moment du partage du butin volé.

Dernièrement encore, ces faits m'étaient confirmés par un

individu condamné à six ans de réclusion et faisant partie d'une bande qui avait pillé un hôtel abandonné. Le commissaire de police les surprit dans l'hôtel même, à table devant un saladier de vin chaud. Ils ne se dérangèrent même pas et eurent l'audace de lui dire : « Laissez-nous finir notre vin chaud, et après nous vous suivrons sans résistance, si vous nous promettez de nous protéger contre la foule qui attend dehors. » Or, cette bande audacieuse ne datait que de la veille. Deux ou trois drôles s'étaient rencontrés dans un cabaret borgne ; l'un d'eux avait parlé d'une « affaire batte » qu'il connaissait ; on avait résolu de tenter le coup, et le lendemain chacun était arrivé au rendez-vous accompagné de quelques amis qui devaient prêter main-forte. Si elle n'avait été arrêtée, la bande se serait probablement dissoute le jour même pour se reformer ensuite avec des éléments différents.

Les faux-monnayeurs eux-mêmes ne sont plus à la tête d'associations. J'ai interrogé, à la Santé, trois faux-monnayeurs et plusieurs de leurs émetteurs. Voici en quoi consistait leur association, si cela peut s'appeler de ce nom. Le faux-monnayeur fabrique ses pièces, qu'il vend une somme convenue (trois ou quatre francs une pièce de dix francs, par exemple) à des émetteurs ; ceux-ci se chargent de les écouler à leurs risques et périls sans avoir aucun compte à rendre au fabricant, qui souvent, quand il le peut, leur cache son nom et son adresse, pour prévenir les délations qui ne manquent jamais de se produire lors de l'arrestation de l'un des émetteurs. Mais entre ces gens il n'y a aucune loi, aucun règlement ; il n'y a qu'une suspicion perpétuelle et toujours en éveil.

C'est là tout ce qu'il reste des associations criminelles à Paris.

CHAPITRE XXV

DU SUICIDE CHEZ LES CRIMINELS

I

« Mieux vaut goujat debout qu'empereur enterré », disait La Fontaine. Néanmoins, certains individus, jugeant la vie moins précieuse que la mort, commettent un crime sur eux-mêmes : ils se suicident.

Le suicide serait très fréquent parmi les criminels; du moins les statistiques de Morselli semblent le prouver. Et, dans cette fréquence du suicide chez les délinquants, Lombroso retrouve naturellement une conséquence de l'insensibilité analgésique qui détruit l'instinct de la conservation chez les criminels.

J'ai déjà dit ce que je pensais de cette analgésie. Depuis que j'ai quitté mon poste d'interne à la prison de la Santé et que je suis médecin dans un quartier de Paris, où les attaques nocturnes et les rixes sont très fréquentes, les agents qui viennent presque chaque nuit me réquisitionner dans ces circonstances, m'ont toujours dit qu'il leur suffisait de tirer un coup de revolver en l'air pour voir les malfaiteurs s'arrêter brusquement, flageoller sur leurs jambes et demander grâce pour leur vie.

Pour le professeur Lacassagne, le suicide est un dérivatif de l'homicide; les gens qui se suicident sont des violents et, dit-il,

« la quantité de criminalité et de violence qu'on exerce contre les autres ou contre soi est égale... Un grand nombre de suicidés ne sont que des criminels modifiés par le milieu social. Le suicide est le meurtre de soi-même. »

Le Dr Bournet, un élève du professeur Lacassagne, assure que les départements qui occupent le premier rang pour le nombre proportionnel des crimes contre les personnes sont au dernier pour celui des suicides (1).

Chaussinand, un autre élève de M. Lacassagne, s'appuyant sur les recherches de Cazauvieilh, de Ferrus, de Lisle, d'Ebrard, de Brierre de Boismond, de Leroy, de Lombroso et de Morselli, a montré que dans les bagnes et les maisons centrales les criminels de profession, ceux que M. Lacassagne appelle criminels d'instinct ou de sentiments, les criminels incorrigibles, ne se suicident jamais (2).

Enfin, un autre élève de l'école de Lyon, le Dr J. Mesnier, d'après des recherches personnelles, a apporté une preuve de plus à la démonstration de cette thèse. « Les pénitenciers et les corps disciplinaires de notre armée, qui contiennent certainement les natures les plus défectueuses, sont précisément ceux qui fournissent le moins de suicides (3). » Ce fait à frappé tous les observateurs. « C'est chose remarquable, dit Lisle, qu'il existe une certaine somme de dégradation morale parmi laquelle le suicide n'est qu'une rare exception. Il semblerait que l'homme se rattache avec d'autant plus de ténacité à la vie qu'il est plus misérable et plus corrompu. » Et M. Lacassagne conclut en flétrissant le suicide : « Les législateurs du moyen-âge avaient bien vu en atteignant et en frappant les suicidés. Ils ne se pla-

---

(1) Voyez Dr A. Bournet. *De la Criminalité en France et en Italie.* Laborat. de médecine légale de Lyon, 1884.

(2) Chaussinand. *Etude de la Statistique criminelle de France au point de vue médico-légal.* Thèse de Lyon, 1881.

(3) J. Mesnier. *Du suicide dans l'armée.* Thèse de Lyon, 1881.

çaient pas au même point de vue que nous ; mais, sans demander qu'on traîne leur corps sur la claie ou que leurs biens soient confisqués, nous désirons faire une opinion publique scientifiquement convaincue que la plupart des suicidés sont des criminels. Il faut le dire et le répéter, afin que les malheureux qui méditent un pareil acte sachent bien que leur conduite sera flétrie, qu'ils n'ont pas à escompter les regrets que leur conduite coupable produira et que, bien au contraire, on arrivera de plus en plus à être persuadé que leur attentat doit être considéré à l'égal de celui des meurtriers ou des assassins. Comme ces derniers, les suicidés sont des vaniteux, des égoïstes, ils ont des instincts antisociaux. La société ne peut se perfectionner et devenir meilleure que par une heureuse sélection des natures supérieures et sympathiques. Elle voit sans regret spontanément disparaître celles qui sont retardées, égoïstes, dépourvues des qualités généreuses et bienveillantes qui constituent notre civilisation actuelle. »

II

Pendant les deux années que j'ai passées à la Santé, je n'ai eu à constater qu'un petit nombre de suicides. Trois fois des détenus ont été trouvés pendus dans leurs cellules. Quel mobile les avait poussés à supprimer leur vie ? Je ne saurais le dire, n'ayant pas eu l'occasion de les interroger avant. Mais il est à noter que ces individus se sont suicidés en cellule, et qu'ils en étaient, par conséquent, à leur première condamnation, ce qui semblerait donner raison à l'opinion émise par le D' de Beauvais, médecin en chef à Mazas : « On voit plus souvent des gens écrasés sous l'inculpation d'accusations légères se suicider que des assassins, des voleurs dangereux, des récidivistes. En réalité, les grands criminels attentent peu à leurs jours. (1) » J'ai déjà cité, dans les premiers chapitres de cet ouvrage, l'histoire d'un individu condamné pour un délit insignifiant qui se jeta par une fenêtre à Mazas (2). Ce sont là des faits incontestables dont on a cité un grand nombre d'exemples. L'émotion causée par la perte soudaine de l'honneur et de la liberté, le remords sont des motifs suffisants pour pousser au suicide des individus doués de peu d'énergie et de volonté.

III

Selon Lombroso, les suicides sont l'apanage presque exclusif des violents, des impulsifs. « Ils préfèrent un mal qui les frappe subitement, parce que la mort leur paraît moins dure à supporter que l'impossibilité d'assouvir leurs passions d'un moment. » J'ai en effet observé un fait de ce genre, où le suicide a été une espèce d'impulsion.

J..., trente-deux ans, marchand ambulant, est né à Rouen. Son père, un homme violent et brutal, serait médecin à Paris. Sa mère est une femme douce et raisonnable.

J... a commencé à parler et à marcher fort tard, mais il ne peut préciser. Il attribue ce tardif développement à la solitude et au manque de soins. Il apprenait difficilement à l'école ; néanmoins, il a reçu une assez bonne instruction primaire. Il avoue avoir fait beaucoup d'excès de boisson, et ses nuits sont troublées par des cauchemars. Il avoue aussi s'être beaucoup

---

(1) *De l'application de l'emprisonnement individuel.* Brochure publiée par le Ministère de l'intérieur. Paris, imprimerie du *Journal officiel.* 1865. p. 31.

(2) Voyez chapitre III : *Criminels d'accident.*

masturbé étant jeune : mais, depuis l'âge de seize ans, il a renoncé. à ses habitudes d'onanisme, ayant chaque jour au moins un ou deux rapports avec des femmes.

De bonne heure, J... se brouilla avec son père, et, sans l'intervention bienveillante de sa mère, ils auraient dû se séparer depuis longtemps. Dernièrement, au sujet d'une violente discussion au sujet d'une femme, une cuisinière qu'il voulait épouser, J... dut quitter le domicile paternel. Violent et emporté comme son père, il a déjà subi six condamnations pour batteries et violences envers les agents. Lors de sa dernière arrestation, il entra dans un véritable accès de colère furieuse qu'on eut grand peine à maîtriser. « J'étais fou de colère », dit-il. Dans la nuit suivante il essaya de se pendre au grillage de la porte de sa cellule avec le pan de sa chemise. Les agents prévenus par le bruit et les voisins, purent arriver à temps pour lui sauver la vie.

Ce fait est des plus nets. J... ne pouvant commettre de violences sur les agents, a tourné sa fureur contre lui.

J'ai encore connu un souteneur ivrogne condamné cinq ou six fois pour violences et outrages aux agents, qui s'était donné un coup de couteau dans la région du cœur parce que sa marmite l'avait abandonné. C'était un être brutal et impulsif ; il avait sans doute obéi à un sentiment subit de dépit et de colère en voyant s'en aller son gagne-pain.

IV

À côté de ces violents qui se frappent, on voit aussi se suicider des détenus chez qui on peut sans peine constater un affaiblissement des facultés volontaires. Ce sont en général des

individus sans énergie et qui, une fois tombés, ne peuvent plus
se relever, incapables qu'ils sont de tout effort. Ils mendient,
volent quelquefois, puis un beau jour, se voyant sans ressources,
avec l'unique perspective de la prison, ils se suicident ou tentent
de se suicider pour en finir avec une misérable existence qui
leur pèse.

Voici un fait de ce genre très intéressant.

P..., quarante-six ans, peintre sur porcelaines, n'a pas connu
son père, qui a disparu un jour subitement. Il n'a pas connu non
plus sa mère, qui est morte jeune. Un de ses oncles maternels,
par qui il a été élevé, était un ivrogne.

P... a une physionomie insignifiante, plutôt douce et craintive,
avec une attitude triste, abattue, pleine de réserve. Ses arcades
orbitaires sont un peu saillantes.

Elevé à Paris par son oncle, P... est allé à l'école jusqu'à onze
ans et demi : il sait lire et écrire. Plus tard, après avoir passé
quelques mois comme soldat à Dijon, il revint à Paris, où il
exerça différents métiers : peintre sur porcelaine, tourneur
de billes de billard, employé des chemins de fer. Il faisait alors
de temps en temps des excès de boisson et des excès de femmes.

A vingt-cinq ans, P... se mit en ménage avec une femme
qu'il connaissait depuis l'âge de dix-sept ans. Il a eu avec elle
sept ou huit enfants dont deux seulement survivent (1). Pendant
tout le temps qu'il est resté avec elle, il a subi deux condamnations pour tapage nocturne : cinq ou six jours de prison chaque
fois. Mais peu à peu des querelles s'élevèrent dans le ménage
et une séparation s'en suivit. Depuis cette époque, c'est-à-dire
depuis cinq ans, il a subi douze ou quinze condamnations pour

(1) L'aîné de ces enfants a mal tourné, au dire de son père. Il buvait beaucoup
étant jeune et fréquentait la société des souteneurs. Il a subi plusieurs condamnations pour vol et s'est trouvé une fois à la Santé en même temps que son
père. C'est un cas intéressant à noter au point de vue de l'hérédité criminelle.

« avoir dîné à la course », c'est-à-dire pour avoir mangé dans un restaurant sans payer.

Il ne peut se résigner à vivre seul, dit-il ; il a souvent cherché à se remettre avec son ancienne maîtresse, mais elle a toujours refusé. D'autre part il lui est assez difficile maintenant de se procurer du travail et il n'a pas l'énergie nécessaire pour vaincre les obstacles qui surgissent devant lui. Quand il se voit seul, plein d'ennui, sans travail et sans ressources, il préfère se faire arrêter : il prend quelques consommations dans un restaurant, déclare qu'il n'a pas d'argent pour payer, et l'affaire est faite. Il s'ennuie moins en prison, où il est toujours sûr de trouver un emploi qui lui permette de se procurer quelques douceurs. Là, il n'a plus de soucis, plus de craintes ; il vit dans l'insouciance et sans penser au lendemain. Néanmoins cette vie misérable quelquefois lui pèse. Un soir, résolu d'en finir, il se jeta du haut du pont de l'Europe sur les rails du chemin de fer. Il se fit une fracture du pied gauche et dut passer plusieurs mois à l'hôpital Beaujon.

V

En résumé, que le criminel se suicide dans un moment de violence ou bien aux heures de défaillance et d'abattement, il agit toujours lorsque sa volonté est en quelque sorte annihilée. Les deux faits que je viens de citer sont chacun un exemple différent de ces deux causes de suicide.

CHAPITRE XXVI

LES SIMULATEURS DANS LES PRISONS

I

Le genre de simulation le plus fréquent dans les prisons consiste à se faire passer pour malade afin d'entrer à l'infirmerie et d'échapper ainsi aux ennuis de la prison et particulièrement de la cellule. Tous les jours, à la Santé, il se présente à la visite médicale environ vingt-cinq ou trente détenus, dont dix au moins n'ont rien. L'un se plaint de tousser toute la nuit pour se faire déclasser de l'atelier de sacs en toile, où l'on respire beaucoup de poussière ; l'autre a mal à un bras et voudrait bien ne plus travailler à l'industrie malsaine et dégoûtante du cuir factice ; l'autre a mal à une jambe et voudrait bien un travail assis. Avec un peu d'habitude, tous ces artifices sont sûrement déjoués : chacun est renvoyé à son atelier, et, si la supercherie est notoire, le directeur avisé, gratifie le drôle d'une punition plus ou moins sévère.

A côté de ces cas de simulation, on peut dire innocente, on a « le maquillage ». Le détenu qui se « maquille » détermine chez lui une maladie plus ou moins grave destinée à le préserver soit du cachot, soit du transfèrement en centrale, soit de la déportation quelquefois. J'ai déjà parlé d'individus qui se versent de l'acide sulfurique sur les mains pour se faire des brûlures, d'autres qui se contusionnent à dessein un genou pour amener une hydarthrose. Ils ont recours à des procédés plus dangereux encore. Ainsi, un maquillage quelquefois employé est le suivant : le détenu cache dans sa cellule, ordinairement dans la lunette de sa fosse d'aisances, un morceau de viande qu'il laisse corrompre pendant quelques jours ; puis il se frictionne le bras avec une substance irritante qu'il a pu se procurer ; il applique ensuite, avec un bandage solidement serré, la viande corrompue sur l'endroit frictionné et laisse le tout en place. Au bout de quelques jours, il se produit des ecchymoses livides qui peuvent quelquefois donner naissance à des plaies fort graves.

Alors que je débutais comme interne à la Santé, on amena un jour à l'infirmerie centrale un individu qui présentait un vaste phlegmon de la cuisse droite, phlegmon qui nécessita un grand nombre d'incisions et entraîna la mort. Je connus plusieurs mois après la cause de ces accidents formidables. Le détenu, qui se trouvait sous le coup de la relégation, résolut de l'éviter en se maquillant : il s'inocula avec un mauvais canif, sous la peau de la cuisse, du tartre dentaire. Ce procédé lui avait été conseillé par un codétenu, et ce dernier lui avait assuré qu'il n'en résulterait qu'un gros abcès.

D'autres enfin, pour amener des abcès, se passent des sétons avec des cheveux, que les forçats de la Nouvelle remplacent par une fibre extraite de la tige d'une plante irritante dont j'ai oublié le nom. (1)

II

L'épilepsie a souvent tenté les simulateurs, et les criminels ne manquent pas d'en jouer, soit pour atténuer leur responsabilité, soit pour se faire admettre à l'infirmerie.

_____

(1) Consulter Hutre : *Les maladies provoquées au pénitencier de la Nouvelle Calédonie*, (thèse de Montpellier, 1888).

Généralement ils simulent des attaques.. Dans ce cas, neuf fois sur dix on les démasque avec facilité : ils oublient de pousser le cri initial, ils ne se mordent pas la langue, ils n'urinent pas, ou bien ils négligent de placer le pouce à l'intérieur de la main.

J'ai connu un individu qui avait trouvé un procédé très ingénieux et beaucoup plus facile à exécuter, puisqu'on ne pouvait pas le contrôler. Voici son histoire résumée en quelques lignes.

B..., seize ans et demi, marmiton, est né dans la Marne. Son père est mort empoisonné et sa mère ne survécut pas à son mari, emportée par le chagrin.

Bien que sachant lire et écrire, B... est un petit débile, obèse, myope, à la tête volumineuse, enfoncée entre les deux épaules, à la face grosse et joufflue, avec un lobule de l'oreille mal délimité. Il a un tic : les muscles du nez se plissent à tout instant pendant qu'il parle et donnent à sa physionomie un aspect des plus comiques. Il est complètement impubère : ses testicules sont tout petits, sa verge grosse comme un porte-plume et longue d'environ trois centimètres.

B... en est à sa première condamnation : il a volé, je ne sais trop dans quelles conditions, la montre d'un pâtissier et est allé la vendre ensuite. Il prétend que celui-ci lui avait volé vingt francs, et qu'il lui a pris sa montre pour se venger.

Le jour de son jugement, il paraît qu'il a voulu faire un discours au président du tribunal.

Devant nous, il pérore avec des gestes d'un haut comique, racontant qu'à vingt et un ans il héritera d'une boulangerie et de cinquante-cinq mille francs. « J'aurai du poignon un jour, » dit-il.

Il supporte assez courageusement la cellule; néanmoins il préférerait de beaucoup passer son temps à l'infirmerie, et, pour arriver à s'y faire maintenir, voilà comment il s'y prit.

Quelques jours après le premier interrogatoire que je lui fis subir, on me le ramena avec des ecchymoses bleuâtres, livides, sur le front et surtout sur les paupières. Il me raconta alors qu'il était sujet deux ou trois fois par an à des attaques d'épilepsie. Je le fis placer à l'infirmerie; rien ne se manifesta; les ecchymoses disparues, je le fis remettre en cellule. Deux jours après, il revint avec des ecchymoses semblables, siégeant à peu près aux mêmes endroits. Nouvelle entrée à l'infirmerie où, comme la première fois, il n'eut aucun accident convulsif; puis, renvoi en cellule. Il recommença ce manège une troisième fois. Comme il ne présentait pas de morsures de la langue, je commençai à élever des doutes sur l'authenticité de ses attaques épileptiques et je le fis surveiller. Je ne tardai pas à apprendre que le drôle se faisait lui-même des ecchymoses en se frappant avec précaution le front contre le bord de son escabeau. Son air de naïveté m'avait trompé : il simulait.

III

Les simulateurs les plus curieux et quelquefois les plus difficiles à démasquer, sont ceux qui simulent la folie. J'ai pu en observer un certain nombre et j'en ai déjà cité des exemples dans les chapitres précédents. Mais, généralement, ils n'avaient pas le courage de soutenir leur système longtemps ou bien il leur échappait une maladresse qui venait déjouer toutes leurs supercheries. Néanmoins, j'en ai connu deux qui ont simulé avec une rare habileté et ont pu tenir des aliénistes distingués en échec.

Le premier était un individu de vingt et un ans qui avait subi deux ou trois condamnations pour escroquerie. A son arrivée, il refusa de donner aucun renseignement ou d'expliquer pourquoi il avait été arrêté. C'est une vengeance, dit-il; ce sont les partisans de Boulanger qui paient la police pour le faire enfermer. Le premier jour, il refusa toute nourriture, déclarant qu'il voulait aller rejoindre Marie, sa maîtresse morte; il ne se décida à manger qu'en présence de la sonde.

Il se livra ensuite à quelques actes de violence vite réprimés par la camisole. Mais il savait émettre des idées délirantes avec une juste réticence, et il m'écrivit de sa cellule une lettre qui aurait embarrassé plus d'un aliéniste. Il a su, en effet, tout en se tenant dans un juste milieu, prendre le style un peu incohérent d'un persécuté raisonnant. Cette lettre vaut la peine d'être citée, car elle est fort instructive.

« Monsieur le docteur, permettez-moi de vous adresser ces quelques lignes pour vous exprimer ma gratitude. Chaque fois que vous venez me voir, vous me souriez, ce qui me fait infiniment plaisir. J'ai tant vu de visages rébarbatifs dans ma vie, que cela me change. Mais ce qui me contrarie, c'est que les portes ne sont pas fermées la nuit, et il vient des femmes me relancer jusque dans mon lit, ce qui ne fait pas plaisir à Marie, loin de là. Même, c'est pourquoi je prends la liberté de vous demander si vous ne pourriez pas remédier à cela. Je vous en serais reconnaissant, ainsi que Marie, à qui ça ne fait pas son affaire. Je vous léguerai mon corps autopsicalement, chose qui n'est pas à dédaigner. Je préfère qu'il tombe entre vos mains, qu'il soit jeté aux gémonies, chose qui, à la rigueur, m'est tout à fait indifférente. Je tiendrais autant que possible à n'être pas trempé dans l'eau, car j'ai la peau qui se dépouille, et Marie n'est pas de cet avis. Vous me feriez un sensible plaisir de me mettre dans un endroit où il n'y a pas de tube ou bien de me faire une saignée, car je sens que j'en ai besoin; j'ai trop de sang. J'espère, Monsieur le docteur, que vous prendrez ma demande

en considération, chose qui me fera plaisir. Je ne vois plus rien
à vous demander, vu que je ne veux pas abuser de votre bonté.
Je ne regrette rien de ce qu'ils m'ont pris. Cela n'empêchera
pas leur César de passer la barque à Caron, chose qui ne tardera
pas. Si l'on m'avait laissé faire, j'aurais évité bien des malheurs.
Mais cela ne fait rien. D'autres achèveront ma tâche. Je suis martyrisé ; mais cela ne fait rien ; je suis très content. Un regard de
Marie suffit à me dédommager largement des maux que j'endure.
Mon nom passera à la postérité et Marie partagera ma gloire.
Et ce sera à mon tour, quand je serai là-haut, d'ouvrir les
écluses sur tous ces damnés boulangistes. Veuillez agréer,
Monsieur le docteur, mes salutations respectueuses. Votre ser-
viteur. C... »

Mais le cas le plus curieux que j'aie observé (1) est celui d'un
individu qui a simulé pendant trois ans, sans se départir un seul
instant du système qu'il avait adopté. Plusieurs médecins aliénistes et légistes furent appelés à l'examiner ; on fit des rapports
contradictoires et on eut toutes les peines du monde à s'entendre. J'avoue franchement que j'ai cru pendant près de deux
ans que cet homme était fou ou au moins déséquilibré ; si j'ai
été tiré de cette erreur, ce n'est que par un pur hasard. Notre
simulateur, ne sentant autour de lui que des yeux observateurs
et toujours prêts à saisir la moindre défaillance, se voyant entouré d'ennemis qui épiaient tous ses gestes et recueillaient
toutes ses paroles, se montrait extrêmement défiant et se tenait
toujours sur ses gardes. Mais la solitude morale pèse à l'homme ;
il éprouve le besoin de s'épancher, de confier ses peines ou ses
secrets à un autre homme qui puisse le consoler ou le conseiller.

C'est ce qui arriva ici. M... fit sa confession à un codétenu.

---

(1) L'observation a déjà été publiée isolément. Voyez *Annales médico-
psychologiques de* septembre 1888 : *Un Détenu simulant la folie pendant trois
ans*, par Emile Laurent.

Par des moyens qu'il est inutile de relater ici, j'ai surpris ces confidences. Un voile est pour ainsi dire tombé ; mes yeux se sont dessillés ; j'ai connu tout le passé de cet homme et j'ai eu l'explication de tous ses actes ; bien plus, j'étais prévenu à l'avance par ces confidences de ce qui adviendrait les jours suivants.

Voici les faits. On verra quelle force de volonté et quel courage cet homme a dû déployer pour arriver à simuler si bien pendant trois ans.

M... est né en Auvergne, aux environs d'Aurillac, dans un village où son père tenait une auberge. Le petit commerce marchait bien, et, sans être riche, le ménage était à l'aise.

A dix-huit ans, M... vint à Paris, comme la majeure partie de ses compatriotes, pour tenter d'amasser de l'argent. Il resta pendant une dizaine d'années garçon marchand de vin. Sobre et avare, il réalisa quelques économies et s'établit marchand de vin à son compte. Il fit alors la connaissance d'une femme jeune et fort belle, dit-il, et vécut maritalement avec elle. Peu de temps après son installation, M... prit des habitudes qu'il n'avait pas jusqu'alors. De sobre qu'il était, il devint ivrogne, coureur de femmes, enfin ce que l'on est convenu d'appeler un mauvais sujet. Sa maîtresse en fit autant de son côté ; et un beau soir, après une dizaine d'années de cette existence, M... trouva la femme partie avec un beau gars du voisinage. Il l'aurait peut-être peu regrettée, dit-il ; mais elle avait eu soin d'emporter la caisse qui représentait environ dix mille francs. M... se trouvait presque sans le sou sur le pavé de Paris. Il se fit camelot, brocanteur, achetant des reconnaissances du Mont-de-Piété, vendant des bijoux et des montres à raison de tant par mois ou par semaine. A force de volonté et de patience, il se reconstitua une petite fortune qui lui permit de vivre dans une certaine aisance et de satisfaire jusqu'au bout son goût pour la bonne table et pour les femmes.

M... fut accusé en 1885, d'avoir reçu chez lui des obligations volées. Lorsqu'on l'amena chez le commissaire de police, il avait précisément sur lui les obligations. S'attendant à être fouillé, il parvint à tromper la vigilance de ses gardiens pendant quelques minutes ; il déchira les obligations et les jeta dans les lieux d'aisances. On ne trouva rien chez lui ni rien sur lui ; il fut relâché. Mais quelques jours après, pris de vin, il raconta à ses amis le bon tour qu'il avait joué à la police. L'un d'eux était un mouchard et alla le dénoncer. On fit vider les fosses d'aisances, on retrouva les débris des obligations, et le 15 octobre 1885 M... fut arrêté. Aussitôt il se mit à simuler. Envoyé une première fois à la Santé, il fut mis en observation et un premier rapport le déclara responsable. Mais le jour du jugement il fut pris de vomissements pendant l'audience. (J'ai su depuis qu'il avait avalé du tabac.) On dut renvoyer l'affaire à une autre session.

On le ramena à la Santé, où j'ai pu alors l'observer longuement. M... est taciturne ; il cause peu et semble fuir la société de ses codétenus ; quand on l'interroge, il répond par phrases brèves et saccadées, avec des gestes secs. Quand on lui demande la cause de son internement, il cherche, par des réponses évasives, à détourner la conversation ; si on insiste, il s'arrête brusquement, semble prêter l'oreille, comme s'il avait entendu un bruit : « Il y a quelqu'un derrière ce mur, dit-il, on nous écoute ; prenez garde, j'ai entendu ; nous causerons une autre fois. » Il sort et il est impossible de le faire rentrer ni d'en tirer aucun autre renseignement. Souvent il se lève et cause tout haut pendant la nuit. J'essaie de lui faire comprendre qu'il trouble le repos des autres malades et je lui conseille de rester calme. « Il le faut, me répond-il toujours. Quand le grand génie vient me visiter, il faut que je lui parle et lui obéisse. » Il raconte alors qu'un grand génie le visite souvent la nuit et le protège. Les yeux égarés, les mains levées, il invoque la protection de cet être mystérieux ; envoyant des baisers, il s'écrie : « Grand génie, sauve-moi ! je suis M..., ton serviteur ! »

J'avais remarqué à cette époque que M..., qui dormait fort peu la nuit, dormait fréquemment dans la journée. Il n'existait donc pas d'insomnie à proprement parler.

J'avais remarqué également que M... était violent et emporté, toujours prêt à lever la main sur ses codétenus à la moindre querelle. Un jour il souffleta un aliéniste chargé de l'examiner.

Au bout de quelques semaines, il fut transféré à Sainte-Anne, où il fit un séjour de plusieurs mois. Astucieux et intelligent, il observa ce qui se passait autour de lui et il sut en tirer parti. Malheureusement pour lui, il tenta de s'évader : cette tentative le perdit.

Il y avait alors à Sainte-Anne un nommé C..., un individu dangereux, aux instincts mauvais et aux conseils perfides, comptant au moins douze condamnations et plus de dix entrées dans les asiles. C... devint le confident habituel de M..., qui lui raconta son histoire ; ils résolurent de s'évader ensemble. Pour cela, il se firent d'abord placer à l'infirmerie, qui est, paraît-il, l'endroit le plus propice pour les évasions. C... réussit à s'évader. Quatre jours après, M... jugea que son tour était venu. Mais, défiant et toujours sur ses gardes il voulut auparavant tenter une épreuve. Un soir, il fit un mannequin avec ses oreillers et ses habits, le coucha dans son lit et alla passer la nuit aux lieux d'aisances. Le gardien ne s'aperçut de rien et son absence ne fut pas remarquée.

M... pensa alors qu'il pouvait s'évader sans crainte. Mais il avait mal calculé la hauteur du mur d'enceinte, et, en sautant dans la rue, il se cassa la jambe. Des individus attardés qui passaient le relevèrent et le conduisirent à l'hôpital Necker. Tout en sentant combien cette tentative allait contribuer à détruire toutes ses combinaisons, M... comprit néanmoins qu'il devait soutenir son système de simulation jusqu'au bout. On lui mit un appareil plâtré sur sa jambe fracturée. La nuit il l'arracha, et cela à plusieurs reprises. « Je savais bien, disait-il à son confident, je savais bien qu'en agissant ainsi, je retardais ma guérison ; malgré toutes mes précautions, cela me causait les plus vives souffrances ; mais peu m'importait ! Je voulais laisser partout des traces évidentes de folie. »

M... fut alors ramené à la Santé pour la troisième fois. Très observateur et très méfiant, il avait été à Sainte-Anne à bonne école. Il avait modifié son délire, mais d'une façon pour ainsi dire insensible. Il n'invoque plus le grand génie qui le protège ; il n'est plus M...; ce grand génie s'est incarné en lui et lui a donné une puissance formidable. « Le grand génie c'est moi, m'écrit-il, et bientôt je serai dans l'autre monde sans mourir. Vous savez très bien que je ne dois pas mourir, puisque je me suis suicidé plusieurs fois ; mais toujours le grand génie, de sa main toute-puissante, m'a sauvé ; ni corde ni poison ne peuvent rien sur moi. » Et encore : « Un jour, voilà longtemps, il m'a dit : Je t'ai choisi pour me remplacer ; tu auras longtemps mal à la tête, et, lorsque tu seras guéri, tu quitteras le nom de M... et tu diras : Je m'appelle le grand génie, autrefois M... Voilà le nom que je veux que tu portes. Ma mère, ajoute-t-il, vient souvent me dire : Tu es l'enfant du grand génie ; Dieu m'envoie te le dire. Je la vois toutes les nuits, mais elle disparaît de suite pour que personne que moi ne la voie. »

Il ne s'explique pas sur la nature, sur l'essence particulière du grand génie. Lorsqu'on l'interroge à ce sujet, il répond : Le grand génie ne m'a pas dit qui il était. Seulement il est tout puissant et, en s'incarnant en lui, il lui a remis sa force. « Les juges ne peuvent plus rien faire. Je les vois quelquefois ; mais aussitôt que je me lève, ils disparaissent et je ne vois plus personne. Voilà plusieurs fois qu'ils me font aller à la Conciergerie

pour me juger; mais lorsqu'ils savent que je suis le grand
génie, ils ne veulent plus. Ils me retiennent ici, mais ils ne
savent pas qu'un jour ou l'autre je les ferai disparaître tous et
les rendrai tous fous pour l'éternité. Le couteau du bourreau ne
peut rien sur moi. »

Il se mit alors un ruban rouge à la boutonnière. Lorsqu'on
lui demandait quelle était cette décoration : « Je ne sais pas,
disait-t-il; c'est le grand génie qui m'ordonne de la porter. » Si
on insistait : « C'est l'ordre de Wilson, disait-il en ricanant;
j'ai travaillé pour lui, et madame Limouzin est ma cousine »

Une nuit, je fus appelé précipitamment auprès de M... : on
l'avait trouvé pendu dans les cabinets. Il avait les yeux grands
ouverts et la face congestionnée; il semblait respirer avec angoisse et se plaignait d'une douleur vive à la gorge. Je n'ai pu
constater de sillon sur le cou ni le jour même, ni les jours suivants. C'était une tentative de suicide simulée et admirablement
simulée. « J'avais pris, dit-il, toutes mes précautions et j'étais
sûr de ne courir aucun danger sérieux. J'avais attaché les portes
intérieurement, avec des ficelles, afin de faire croire que j'avais
voulu empêcher ainsi qu'on vienne me déranger. Je me mis ma
cravate au cou, je l'attachai à une traverse à laquelle je me sou-
tins avec les mains, un pied appuyé sur la porte des cabinets
et j'attendis que quelqu'un vint essayer d'ouvrir et donner
l'alarme, ce qui ne tarda pas. Quand je sentis la porte céder
sous la poussée des gardiens, je me laissai glisser très doucement,
et, favorisé par l'obscurité, je ne lâchai complètement la traverse que quand l'un d'eux monta sur les cabinets pour couper
la cravate. Je ne sais combien de temps je restai pendu, car je
perdis connaissance pendant quelques minutes. »

Un jour, M. Variot voulut éprouver M... Il prit dans une
armoire un flacon dont l'étiquette portait poison, et dans lequel
on avait préalablement mis de l'eau teintée par du sirop de gro-

seille. « Si vous désirez réellement mourir, lui dit-il, voici du poison ; buvez ». M. but sans hésiter. « Je savais parfaitement, disait-il après, que je n'avais rien à craindre de la part du médecin, aussi j'ai bu en toute sécurité. »

M... n'oubliait jamais son rôle ; comme un acteur en scène, il était toujours prêt à la riposte. Il avait adopté certaines phrases, certains axiomes, certains gestes dont il ne se départissait jamais.

Fig. 68

J'ai observé M... pendant plus d'un an et demi : je l'ai toujours vu avec la même voix brève et saccadée, les mêmes gestes brusques et cassants, la même démarche précipitée et heurtée, le même visage d'extatique avec ses yeux égarés aux pupilles dilatées par quelque chimérique vision. *(Voyez fig. 68).*

Pendant son long séjour à l'infirmerie centrale, il a toujours été relativement calme. Il se levait de temps en temps la nuit, gesticulant et parlant à haute voix. Lorsque le lendemain je lui demandais pourquoi il troublait ainsi sans pitié le repos de ses codétenus malades, il me répondait invariablement : « J'avais mal à la tête. »

De temps en temps son caractère violent et emporté lui amenait de vives altercations avec les autres détenus ou avec les infirmiers. Une seule fois, trompant la surveillance de gardiens négligents et peu attentifs, il s'échappa de l'infirmerie et s'en alla dans une des cours du quartier commun, et, plaçant son oreille contre le robinet de la pompe, il appela les autres détenus, disant : « C'est un téléphone secret qui correspond avec la préfecture de police et l'Elysée. »

Un autre jour, l'ayant privé de vin pour avoir frappé un infirmier, il entra dans une vive colère et me lança un pot de potage à la tête. Ne pouvant le mettre en cellule, je ne vis d'autre moyen, devant ses menaces, que de le faire camisoler pendant trois heures. « On m'a étendu dans mon lit, dit-il, comme un Christ en croix; c'est le martyre qui commence. L'interne est vendu aux juges qui me persécutent depuis longtemps. C'est eux qui l'envoient chaque nuit me tourmenter; c'est eux qui lui ont ordonné de me crucifier. Mais je ne crains rien ; je dois terminer mon martyre pour avoir la grande croix du grand génie. Plus vous me ferez de misère, plus ma croix sera grande. »

Plusieurs aliénistes avaient émis des doutes sur l'état mental de M... et le lui avaient donné à entendre. « Je ne suis pas fou ! s'écriait-il alors avec colère. Vous m'avez placé à Sainte-Anne au milieu des fous : pourquoi? Vous savez bien que la folie se

38

gagne; vous voulez me faire devenir fou pour m'enfermer pour toujours dans un cabanon. »

Il réclame avec insistance qu'on le juge. « Je ne me rappelle plus de ce que j'ai fait, écrit-il à un des médecins-légistes chargés de l'examiner; mais ça ne fait rien. Je dirai tout ce que l'on voudra. Je suis l'auteur de tous les vols qui ont été commis à Paris et dont les auteurs sont restés ignorés. Voilà bien long-temps que je suis en prison et je ne sais pas pourquoi. J'ai été plusieurs fois en jugement, mais les juges ne veulent pas me condamner; ils craignent ma puissance de grand génie et ils voudraient que les médecins leur répondent de tout. Je vous préviens, je suis fatigué; il faut en finir. Je ne vous dis que ça; le reste est mon secret. »

Enfin, un dernier rapport médico-légal fut fait et il fut décidé que M... allait être jugé. Il sentit qu'il jouait sa dernière partie et il mit tout en œuvre pour la gagner. Mais, par malheur pour lui, il employa un moyen détestable. Il y avait alors à l'infirmerie centrale un individu condamné pour homicide involontaire et ayant séjourné à Sainte-Anne, où il avait présenté des accidents de manie aiguë. M... lui demanda des conseils pour mieux simuler et tromper définitivement ses juges. Il obtint peu de renseignements de ce côté. Anxieux, plein d'inquiétude, il se confia à un codétenu et lui raconta son histoire : c'est presque de point en point celle que je viens de rapporter. « Ils ne pourront pas me juger », disait-il souvent, et il exposait son plan, qu'il exécuta du reste comme suit.

On mit M... dans la voiture cellulaire pour le conduire au Palais afin d'être jugé. En arrivant, les gardiens ne furent pas peu étonnés de le voir descendre de la voiture complètement nu. (C'était en février et le thermomètre marquait 15 à 18 degrés au-dessous de zéro.) Néanmoins, on le fit rhabiller et on passa outre. Il espérait alors se procurer des vomissements pendant l'audience, en avalant du tabac, comme précédemment. Mais les matières vomies la première fois avaient sans doute été examinées; on avait eu des soupçons et il ne put s'en procurer. Il usa alors d'un autre stratagème. Après l'audition des différents témoins, il demanda la permission de sortir de la salle d'audience, prétextant un besoin urgent. Le greffier lui fit en vain les sommations d'usage; il refusa formellement de comparaître devant ses juges, et le verdict qui le frappait de cinq années de prison et dix années d'interdiction de séjour fut prononcé en son absence.

Maintenant, quel mobile a poussé M... à simuler si longtemps? Etait-ce pour éviter la prison? Evidemment non, puisqu'il a été amené ainsi à faire trois ans de prévention. D'autre part, il comprenait parfaitement qu'une fois placé dans un asile d'aliénés, il n'en sortirait pas facilement. Le mobile de sa conduite il l'a expliqué lui-même, et, bien que l'explication ne fût pas pour moi, je l'ai presque recueillie de ses lèvres. « Si je passe devant les tribunaux et si je suis condamné, disait-il, je suis complètement ruiné, la justice s'étant emparée, pour rembourser les obligations volées, de tout ce qui constitue ma petite fortune (une vingtaine de mille francs). C'est la plus profonde misère. Reconnu irresponsable et entrant dans un asile d'aliénés, continuait-il, tout me serait restitué à ma sortie. » C'était parfaitement logique et rationnel.

Après le jugement, M... fut ramené à la Santé en attendant son transfèrement dans une maison centrale pour y purger sa condamnation. Il aurait dit peu charitablement à son retour: « Je reçois sur la joue gauche le soufflet que j'ai appliqué sur la joue droite du médecin aliéniste. Les loups ne se mangent pas entre eux. »

Un jour j'allai le visiter dans sa cellule. Je l'observai pendant un instant à travers le petit judas qui permet de voir sans être vu. Il travaillait, le visage résigné, l'air accablé. Aussitôt que la porte fut ouverte et qu'il m'aperçut, il eut une espèce de sursaut et reprit sa physionomie d'extatique ; en deux secondes la métamorphose était complète : il était redevenu l'incarnation du grand génie.

Le malheureux ne compte plus reprendre la petite fortune irrémédiablement perdue et qu'il avait si péniblement amassée ; mais il espère ainsi attirer sur lui l'attention du bureau des grâces et recouvrer le seul bien qui lui reste : la liberté.

CHAPITRE XXVII

DES DIFFÉRENTS GENRES DE DÉLITS ET DE LEURS MOBILES

En mettant de côté certains cas de folie morale, en éliminant les crimes commis par les aliénés et les épileptiques, un examen attentif des différents crimes permettra de se rendre facilement compte qu'ils sont presque toujours dus à un manque de volonté : défaut d'impulsion chez les uns, excès d'impulsion chez les autres.

I

Je ne parle pas des vagabonds et des mendiants; j'ai longuement montré, dans un des premiers chapitres, que ces individus étaient mal armés, qu'ils étaient impuissants pour la lutte et que leur volonté s'avouait défaite avant même d'avoir combattu. J'en rapprocherais volontiers toute une catégorie spéciale de filous, ceux qu'on appelle « les dîneurs à la course » et qui, neuf fois sur dix, commettent ce délit dans l'unique but de se faire arrêter.

Prenons un exemple.

C... travaillait depuis longtemps comme menuisier à Meaux, son pays natal. C'était un garçon noceur, grand buveur et grand coureur de femmes.

Un beau jour, il se trouva sans travail et sans trop savoir à la porte de quel atelier aller frapper. Il fit comme font tous ses pareils : il vint à Paris, espérant trouver là travail et fortune. Il fut cruellement déçu, car au bout de huit jours il était encore sur le pavé de la capitale, et cette fois sans le sou. Il fit connaissance d'un vieux vagabond qui lui tint à peu près ce langage : « Je suis dans la même position que toi. Allons dîner à la course : on nous arrêtera et on nous conduira en prison, où nous aurons gratis le logement et le couvert. A la sortie on avisera. » Ce qui fut dit fut fait. Les deux nouveaux amis allèrent dîner richement dans un restaurant.

L'heure de l'addition arrivée, l'un d'eux sortit sous un prétexte quelconque et ramena un agent en le priant de les arrêter. Cela évitait les discussions et surtout les coups; car il arrive assez fréquemment que certains restaurateurs, habitués à ces mauvaises plaisanteries, se contentent de mettre les dîneurs dans la rue après leur avoir fait administrer par leurs garçons une sérieuse « tripotée. »

Peut-on dire qu'un homme qui n'a pas encore subi de condamnation et qui se fait mettre ainsi en prison de gaîté de cœur, au lieu de lutter courageusement contre la misère et l'adversité, soit un homme dont la volonté est intacte? N'y a-t-il pas dans son organe volitionnel un ressort de cassé et qui paralyse son action?

II

Prenons maintenant les voleurs. Nous allons retrouver chez eux cette même insuffisance de la volonté.

J'ai déjà cité plusieurs exemples de ces individus qui volent sans trop savoir pourquoi et en quelque sorte par irréflexion ; il me semble inutile d'en rapporter d'autres. Ce sont des individus dont la volonté sommeille. Ils passent devant un étalage, regardent différents objets ; une voix s'élève en eux et leur dit : Prends ! Avant que leur volonté ait eu le temps de sortir de sa torpeur pour les arrêter, ils ont étendu la main et le vol est commis.

A côté de ces espèces d'inconscients se placent les paresseux. Ne se sentant pas la force de travailler pour gagner leur vie, ils volent afin de ne rien faire. Le plus grand nombre des voleurs appartiennent à cette classe. Ce sont des faits trop vulgaires pour que j'en cite ici.

Viennent ensuite les voleurs courageux et actifs dont les passions enchaînent et entraînent la volonté. Ils volent pour se procurer une plus grande somme de jouissances. Ainsi, par exemple, un homme actif, laborieux, intelligent assez souvent, se sent envahi par des passions qu'il ne peut satisfaire avec l'argent qu'il gagne. Il résiste d'abord un certain temps : il y a lutte. Mais bientôt les passions crient de plus en plus fort, comme des bêtes en furie ; elles étouffent la voix de la conscience ; elles obscurcissent le cerveau, qui ne discerne plus le châtiment ; la volonté elle-même recule devant le torrent déchaîné et tout sombre dans cet orage : honneur, position, sens moral, pitié même quelquefois.

Et, parmi ces passions qui terrassent la volonté, il en est deux qui font un nombre considérable d'escrocs et de voleurs. La première, c'est la recherche exagérée de la femme et des plaisirs sexuels, de ce qu'on pourrait appeler l'amour dans sa conception la moins élevée. Combien d'individus ont été entraînés à faire des faux ou à voler pour l'amour d'une femme vénale et cupide ! Les exemples fourmillent, et, parmi le petit nombre de faits que j'ai cités, on peut rencontrer au moins deux ou trois de ces misérables entraînés par quelque goule avide. Dernièrement encore, un individu d'une assez bonne famille et sans antécédents judiciaires, était arrêté pour faux. Il avait commis ce crime pour acheter un bracelet de plus à une étoile théâtrale de sixième ordre, qu'on peut voir frétiller tous les soirs sur les planches de l'Eldorado.

La seconde passion, plus puissante encore et faisant un nombre bien plus grand de victimes, c'est la passion de l'alcool. que nous retrouvons toujours et partout, à tous les échelons du crime. On vole d'abord pour satisfaire son appétit immodéré de la boisson ; puis, sous l'influence nocive du poison, on devient une brute dénuée de sens moral : on vole et on tue. L'âme est morte ; la volonté est anéantie ; les passions sont seules toujours vivantes et, fouettées par l'alcool, elles arment le bras du revolver ou du couteau homicide.

III

L'alcool amène ainsi à un troisième genre de délits : les violences et les coups.

Ces sortes de crimes contre les personnes sont l'apanage presque exclusif des violents et des impulsifs. Ce sont quelquefois de bons ouvriers ; mais, à la moindre discussion, leur volonté ne sait arrêter leur bras emporté par l'impulsion ; il y a chez eux une espèce d'éblouissement et une telle promptitude dans l'acte que la délibération devient presque impossible.

Ce sont presque toujours des nerveux et souvent des héréditaires. Si, par-dessus le marché, ils deviennent alcooliques, ce qui arrive dans l'immense majorité des cas, leur violence alors ne connaît plus de bornes. Au premier prétexte leur colère éclate, déborde en invectives et en menaces, puis en coups et en actes d'une brutalité révoltante.

J... est un assez bon ouvrier ajusteur. Mais tous les dimanches il se grise. Caractère irascible et emporté, il est de toutes les rixes et bataille à tout instant. Il a déjà subi deux condamnations de ce fait. Un jour il casse une cloison avec le dos d'un sergent de ville qui lui faisait des observations. Un autre jour il brise la devanture de son patron, à la suite d'une discussion. Il est de ces natures qui ne peuvent se dominer.

Souvent aussi, chez ces mêmes individus, à côté de l'alcool on trouve la femme qui les trompe, excite leur jalousie ou les repousse.

F..., vingt et un ans, est un ivrogne. Il ne sait pas ce que ses parents sont devenus; une de ses sœurs est prostituée. Il prétend avoir toujours de l'argent, bien qu'il ne fasse rien depuis longtemps. « Des expédients m'en procuraient », dit-il. Il était probablement souteneur. Dernièrement il s'est fait condamner à la suite d'une rixe dans un lupanar du boulevard de Grenelle. Il avait bu une partie de la nuit dans l'établissement; une discussion étant survenue entre sa marmite et une autre femme, il fit pleuvoir les coups sur cette dernière.

D'autres fois les rôles sont un peu changés : la catin trompe le pauvre diable qui lui témoigne son mécontentement à coups de poing. C'est l'amour déçu qui se venge.

H... est un nerveux, fils de nerveux. Bon ouvrier chauffeur, mais un peu ivrogne, il vivait collé avec une drôlesse qui le trompait et le volait. Lorsqu'il connut la vérité, il fut pris d'un violent accès de colère et la rossa consciencieusement. Bien que ce fût sa première condamnation, il attrapa huit mois de prison.

Autre exemple du même genre.

C... est également chauffeur et alcoolique. Divorcé depuis un certain temps déjà, il vivait maritalement avec « une particulière qui lui faisait des queues (1) avec son contremaître. » Lorsqu'il apprit la chose, il la chassa, mais non sans violences, puisqu'elle avorta par suite de coups. Cet individu avait déjà subi antérieurement une autre condamnation pour violences envers les agents.

Qu'on place ces individus en face de leur faute et qu'on leur en montre les graves conséquences, ils reconnaissent tous qu'ils ont agi en gens insensés, puisque ce sont eux qui paient les pots cassés. Plusieurs mois de prison pour une gifle donnée à un agent de police ou à une putain! Mais chacun d'eux me répondait, lorsque je lui faisais cette remarque : « Que voulez-vous ? Cela a été plus fort que moi. La colère m'a emporté. »

IV

. Quelques individus, affamés d'argent pour jouir, tuent froidement pour voler. La voix de leurs passions s'est élevée dans leur cœur, grondant comme un orage, et elle a crié à la conscience et à la pitié : silence! Alors ils n'ont plus reculé devant rien pour satisfaire leurs vices. Ils convoitent la fortune de quelqu'un; mais ils ne peuvent la lui prendre sans lui ôter la vie : ils le tuent lâchement pendant son sommeil. On voit tous les jours de ces assassinats longuement et froidement prémédités. Si je voulais citer un exemple, je choisirais celui tout récent de Pranzini.

(1) Qui le trompait.

Qu'était-ce, en somme, que Pranzini? Un individu très égoïste et dont les besoins dépassaient de beaucoup les ressources. Ame sans scrupules et sans pitié, il n'a pas reculé devant le crime pour satisfaire ses passions.

Esquissons en quelques lignes sa misérable existence (1).

Pranzini est né au Caire, de parents italiens. D'abord petit employé des postes égyptiennes dans son jeune âge, il en fut chassé pour indélicatesse. Après avoir habité, à Alexandrie, une maison remplie de chanteuses de café-concert, il se fit croupier de cercle ; puis, pendant la campagne de Plewna, s'engagea comme interprète dans l'armée russe. Il organisa ensuite une caravane et visita la Perse, l'Afghanistan, le Béloutchistan, l'Inde et la Chine. Cette expédition lui rapporta trente mille francs qu'il perdit aussitôt au jeu. Il suivit comme interprète une des colonnes anglaises envoyées contre le mahdi, et, au retour, le colonel d'état-major d'Hardagh lui délivra un certificat constatant qu'il parlait avec la même facilité l'anglais, le français, l'italien, le grec, le turc, l'arabe, le russe et l'hindou. En 1881 on le trouve à Marseille, où il fut condamné par défaut à quinze mois de prison pour avoir touché un mandat destiné à un compagnon de voyage, un Suédois. Il prit la fuite et vint se placer à Naples, à l'hôtel Caprini, comme sous-secrétaire. Il vola douze mille francs et il devint ensuite employé à la Compagnie Pullmann, qui fait le service de vagons-lits entre Bologne et Brindisi. Là encore il fut chassé pour avoir volé un voyageur qui revenait des Indes. Ramené en France par un peintre anglais pour placer ses tableaux, il se fit entretenir par une femme de cinquante ans. « Partout et toujours semblable à lui-même, dit le président Onfroy de Bréville : intrigant, paresseux, escroc, joueur, passionné pour les femmes, non celles qui coûtent, mais

(1) Voyez A. Bataille : *Causes criminelles et mondaines de 1887.* Dentu.

celles qui rapportent. Que ce soit à Alexandrie, à Naples, à Bologne, à Marseille, à Paris, il ne se dément jamais. Habitué à faire payer les femmes, il demande à la mort de l'une d'elles les ressources que la vie des autres lui avait si souvent procurées. » (Voyez planche III, fig. 4)

Mais, parmi les meurtriers, il en est qui, tout en tuant pour voler, n'ont agi que dans un moment de délire du sens moral et d'annihilation de la volonté produits par l'alcool. Tel, qui tua pendant l'ivresse, verrait le couteau lui tomber des mains s'il était à jeun.

Exemple l'histoire de ce jeune assassin célèbre à son heure.

Cornu est un garçon de vingt-deux ans, à la physionomie insignifiante, plutôt douce. Son père est un ivrogne ; il boit de l'absinthe ; de plus, c'est un homme nerveux et violent. Un de ses frères est également un ivrogne et il a déjà subi deux condamnations pour violences et batteries.

D'un caractère violent, emporté et toujours prêt à frapper, Cornu a subi trois condamnations pour batteries. Depuis longtemps déjà il ne travaillait plus, passant son temps à boire, surtout de l'absinthe. (Voyez planche I, fig. 1)

Dernièrement, C... avait fait connaissance, au hasard des rencontres, d'un individu avec qui il passa toute une journée à boire. Le soir, son nouvel ami lui montra des billets de banque dont il était porteur. Aussitôt une convoitise s'alluma dans l'âme de Cornu enivré, et il résolut de s'emparer de cet argent qui lui procurerait de longues journées d'ivresse et de plaisir. Toute la soirée cette idée le hanta. Il réussit à entraîner son camarade dans une carrière, aux environs de Paris, et là, après l'avoir assassiné à coups de couteau et de talon de botte, il le dévalisa. Au bout de deux jours, il vint se remettre entre les mains de la justice, n'ayant presque pas touché à l'argent.

Condamné à mort par le jury de la Seine, Cornu a été gracié

par le président de la République. Il ne témoigne aucun remords et semble plutôt ahuri de ce qui lui est arrivé. « C'est un grand malheur, dit-il ; je ne sais pas ce que j'avais dans le corps ce soir-là. »

Néanmoins, le meurtre a beaucoup plus souvent pour mobile la vengeance que le vol. Le voleur ne tue que quand il ne peut faire autrement, quand le volé résiste et menace. L'homme qui se venge, emporté par la colère, une passion toute-puissante, va droit à celui qu'il déteste et le frappe ouvertement, le plus souvent sans essayer de se sauver et de se dérober au châtiment.

V... est un ouvrier d'un caractère emporté. A la suite d'une discussion où il avait sans doute montré trop de vivacité, un contre-maître le fit mettre à la porte de l'atelier où il travaillait. Ce fut pour lui un gros crève-cœur et en même temps une perte d'argent. Quelques jours après il rencontra le contre-maître dans la rue ; il lui sembla que son ennemi souriait, insultant à sa défaite ; il se précipita sur lui et le frappa d'un coup de couteau. V... fut condamné à cinq ans de réclusion. C'était sa première condamnation.

Dans ce cas, comme dans ceux précédemment cités, nous voyons toujours reparaître l'influence prépondérante de l'alcool. L'homme bien équilibré sait dominer sa haine et sa colère ; l'héréditaire, dont la volonté est affaiblie, résiste beaucoup moins bien ; si l'alcool s'en mêle, il est perdu. Un exemple.

H... a vingt et un ans ; il est originaire de Paris. Son père est un ivrogne, et depuis sept ans il a déserté le domicile conjugal.

H... sait lire et écrire. C'est un individu à face jésuitique, au front étroit, au lobule de l'oreille énorme, aux yeux petits et enfoncés comme ceux du porc, avec des troubles vaso-moteurs ; il rougit à la moindre émotion et pâlit de même. Ivrogne comme son père, il a déjà subi précédemment deux condamnations pour vol. Depu.s longtemps il ne travaillait plus, vivant de l'argent que lui donnaient ses maîtresses. Dernièrement, le frère de l'une d'elles vint, je ne sais trop pour quelle raison, lui chercher querelle chez un marchand de vin, où il était attablé avec des amis. La discussion dégénéra vite en rixe, et H..., excité par l'alcool, tira son revolver. Sa maîtresse, qui s'était jetée entre les deux adversaires pour les séparer, reçut trois balles qui, heureusement, ne lui firent que de légères blessures.

Mais le plus souvent à la vengeance se joint la jalousie, et on sait avec quelle fréquence ces deux passions combinées poussent au meurtre. Tel est l'amant qui tue sa maîtresse infidèle. tel est le mari trompé qui tue l'amant de sa femme.

V

Les individus qui se rendent coupables d'outrages et d'attentats à la pudeur appartiennent à des catégories très différentes.

Il y a d'abord le pochard, qui se montre trop expansif et trop galant avec une dame inconnue et revêche, ou bien qui fait publiquement une plaisanterie de mauvais goût.

Un ouvrier ayant d'excellents antécédents, un jour de noce, se paye un fiacre. Une fois dans la voiture, il se sent pris du besoin d'expulser le superflu de la digestion, comme dirait Sganarelle. Pourquoi pas dans le fiacre? L'idée lui semble drôle et le remplit d'une folle allégresse. « Il faut qu je ch... dans ton sapin ! » crie-t-il au cocher. Celui-ci proteste. « Il faut que je ch... dans ton sapin! » hurle l'autre en faisant ses préparatifs. Le cocher furieux finit par jeter dans la rue le pochard déculotté.

Les agents interviennent et notre homme est condamné pour outrage public à la pudeur.

C... est un journalier de cinquante ans, se livrant de temps en temps à des libations exagérées. Ces temps derniers, se trouvant un peu allumé, il pince les fesses d'une femme dans un omnibus. La dame n'admit pas la plaisanterie, et, malgré des excuses dans le genre de celle de Piron à la dame de la cour, elle porta plainte. C... fut condamné à trois mois de prison.

P... est un garçon de dix-sept ans, fils d'ivrogne et ivrogne lui-même. Il a déjà subi deux condamnations pour vol à l'étalage. Ces jours derniers, un ami vint le trouver et lui proposa « une bonne partie de rigolade ». Il s'agissait d'attirer une jeune fille du voisinage qu'on s'amuserait à violenter. P..., qui trouvait la chose drôle, accepta et se trouva au rendez-vous. Il se contenta, selon sa propre expression, de donner un coup de main à son ami, en tenant les jambes de la jeune fille récalcitrante.

A côté de ces accidentels, on a les habitués, ceux qui font métier de la prostitution, et en particulier les pédérastes, qui se font pincer en raccolant trop ouvertement ou en s'adressant à des gens vertueux et mal disposés. Tous les jours les agents des mœurs arrêtent un certain nombre d'individus pour ce motif.

D.... quarante-quatre ans, originaire de Bar-sur-Seine, est un ancien frère ignorantin. Chassé d'une maison religieuse pour inconduite, il vit depuis plusieurs années de pédérastie. Des agents l'ont trouvé accouplé avec un autre individu dans les pissotières de la place Saint-Sulpice. Bien que ce soit sa première condamnation, il présente des signes physiques évidents de pédérastie passive. *(Voyez fig. 69.)*

C... est un garçon de dix-huit ans qui a perdu ses parents très jeune. Faible de caractère et de volonté, nature froide, indifférente et sans énergie, livré de bonne heure à lui-même, il prit vite des habitudes de paresse qu'il ne put conserver qu'en se prostituant. On l'a arrêté ces temps derniers en train de racoler les passants par le système dit de la dentelle ou des pattes d'araignée (1).

Fig. 69

Quant aux attentats à la pudeur commis sur des enfants, ils ont presque toujours pour auteurs des gens ivres, des invertis ou

_____

(1) Il est ici une remarque importante à faire ; c'est qu'il arrive assez fréquemment qu'on arrête des individus qu'on croit coupables d'outrage public à la pudeur et qui cependant sont innocents. Le professeur Brouardel a insisté sur ces faits d'individus atteints de rétrécissements uréthraux, de cystites, de prostatites, et qui font dans les urinoirs de longues et nombreuses stations. Les agents croient qu'ils raccolent et les arrêtent. Ce sont tout simplement des malheureux victimes d'une maladie douloureuse et très gênante. J'en ai, pour ma part, observé un exemple irrécusable.

des vieillards. Dans l'un comme dans l'autre cas, il y a une espèce d'anéantissement du sens moral. La vieille femme comme l'enfant peuvent allumer des désirs criminels dans l'âme obnubilée de l'ivrogne. J'ai vu un absinthique condamné à huit ans de prison pour avoir fait des attouchements obscènes sur une fillette de sept ans.

Chez les vieillards aussi le cerveau est affaibli. Par quelle aberration en viennent-ils à demander à l'enfant ce que la femme ne peut plus leur donner? On ne sait. Les tentatives réelles de coït sont rares. Quelquefois ils se contentent d'exhiber leurs parties sexuelles. Un vieux maçon, sans antécédents criminels, montra un jour sa verge à deux petites filles au cimetière du Père-Lachaise. D'autres fois il y a des attouchements. Un vieillard de quatre-vingt-deux ans, dont toute la vie a été sans tache, attire dans sa chambre une petite fille de douze ans, lui touche les parties génitales et lui met la main dans son pantalon. (Il n'avait plus d'érections depuis longtemps.)

Le viol proprement dit est réservé à ces brutes amoureuses dont j'ai déjà parlé. L'instinct génital les aveugle et ils assaillent la première femelle qu'ils rencontrent sur leur chemin. C'est, d'ailleurs, souvent excités par l'alcool qu'ils perdent ainsi toute retenue et cèdent avec une impulsivité plus grande et plus irréfléchie à leur besoin.

S... est un cordonnier de vingt-huit ans, fils de voleur. D'une intelligence ordinaire, il sait lire et écrire. A quinze ans, étant garçon de restaurant à Beauvais, il avait déjà des rapports avec une femme de lupanar. A vingt ans il se maria avec une fille de son pays, qui est morte il y a deux ans. C'était un mâle assez vigoureux, et ses rapports étaient fréquents.

S... a déjà subi une condamnation pour abus de confiance. Cette fois il est condamné à huit ans de travaux forcés pour viol complet d'une femme de trente ans. Un soir, un peu pris de boisson et tourmenté par le rut, il alla attendre sur une route une femme qu'il connaissait et qu'il savait devoir y passer. C'était par une nuit noire et une pluie battante. Lorsque la femme arriva, S... se précipita violemment sur elle et préluda aux caresses amoureuses en lui cassant deux dents d'un coup de poing. La femme effrayée appela au secours, puis, l'ayant reconnu, elle aurait dit : « Si c'était cela que tu voulais, pourquoi ne me l'as-tu pas dit tout de suite! » Le coït fut accompli ensuite presque sans résistance. La femme n'en porta pas moins une plainte et S... fut arrêté (1).

J'ai encore connu, en dehors du milieu de la prison, un individu aux appétits génitaux extrèmement impérieux. Bien qu'il travaillàt chaque jour à la terre, il avait plusieurs rapports quotidiens avec sa femme, et celle-ci, grosse mégère cynique, se vantait que son mari pouvait la chevaucher trois fois sans débrider. Individu brutal et grossier, sans instruction, presque dénué de pudeur et de sens moral, il assaillait toutes les femmes qu'il rencontrait seules dans les champs, leur proposant quelquefois de l'argent, le plus souvent débutant par une gifle qui les renversait à terre et facilitait ainsi les rapprochements. Un jour ses domestiques l'auraient surpris en train de pratiquer le coït sur des brebis.

À côté de ces viols et de ces attentats à la pudeur, se place un genre de délit d'une immoralité encore plus révoltante : c'est l'inceste.

Les incestueux sont quelquefois des invertis, c'est-à-dire des individus dont le système cérébro-spinal est touché. Le plus souvent ce sont des êtres grossiers, sans éducation morale et qui, privés de femmes, tourmentés par l'appétit sexuel, jettent les yeux sur leur fille ; ils la trouvent fraîche, jolie, et ils la

_____

(1) Chose assez singulière à noter, S... était monorchide. Son autopsie ayant été faite, on trouva le testicule dans l'abdomen, à l'orifice de l'anneau inguinal.

prennent avec un instinct d'animal en rut. Ces individus sont souvent des veufs ou des divorcés, et, par suite d'un contact quotidien, la fille a remplacé la femme dans le lit du père.

Voici entre autres une histoire de ce genre.

M..., quarante-sept ans, serrurier, est né dans le Calvados. Il a quitté jeune ses parents et il ne peut donner sur eux aucun renseignement.

M... n'a jamais eu d'attaques de nerfs et n'est point sujet aux vertiges ni aux migraines. Il prétend qu'il buvait peu d'eau-de-vie, mais qu'il se rattrapait sur le vin. Il buvait en moyenne deux ou trois litres par jour, sans compter les extras.

C'est un individu au front étroit, aux arcades sourcilières saillantes, aux traits grossiers, avec une mâchoire forte et des yeux gris ternes. Il sait lire et écrire, mais son intelligence est au-dessous de la moyenne. Sous son air patelin, sous ses manières mellifues, il cache un être brutal et violent, prompt à lever la main.

Lorsqu'on demande à M... s'il s'est masturbé autrefois ou s'il se masturbe maintenant en prison, il proteste énergiquement. Il avoue cependant, mais avec des réticences, qu'il aime beaucoup la femme et les plaisirs de l'amour. (Sa verge mesure à l'état flasque dix centimètres de longueur et huit centimètres de cir-conférence.) Il a commencé à voir des femmes très jeune et il avait déjà un enfant avant son mariage. Il assure qu'il ne l'a jamais abandonné et ne l'a jamais laissé manquer de rien jus-qu'à ce qu'il soit en état de travailler.

M... s'est marié à vingt-trois ans. Il prétend qu'à vingt-cinq ans il a contracté la syphilis avec sa femme. De ce mariage naquirent neuf enfants, dont trois seulement survivent. Il prétend que sa femme s'enivre fréquemment et se livre depuis longtemps à un dévergondage notoire, le trompant avec le premier venu pour un verre de vin. Aussi il vit séparé d'elle depuis cinq ans.

M... est condamné pour attentat à la pudeur sur ses deux filles, l'une âgée de onze ans et l'autre de treize ans. Elles habitaient seules avec lui. Les deux fillettes ont raconté que pendant la nuit il les appelait souvent l'une après l'autre, les faisait coucher à côté de lui, les embrassait sur la bouche, les appelant « ses petites femmes chéries ». Il leur touchait les organes génitaux et leur faisait également toucher sa verge en érection. Il les aurait même obligées à le masturber. Le certificat du médecin chargé d'examiner les petites filles, atteste qu'elles étaient vierges et ne présentaient aucune trace de violence du côté des organes génitaux. M... n'est pas inverti. C'est simplement un être peu intelligent et dont le sens moral est faible. Privé de femmes depuis longtemps et tourmenté par des érections sans doute, il lui a paru tout simple d'appeler ses filles qui dormaient à côté de lui.

VI

En résumé, on peut dire que les voleurs sont généralement des paresseux ou des jouisseurs qui ne veulent pas travailler ou dont les appétits dépassent les ressources. Les meurtriers sont plus souvent des impulsifs entraînés par la haine et quelquefois par un amour immodéré du lucre. L'alcool est l'excitant ordinaire qui pousse l'individu prédisposé à ces différents crimes.

Le viol est l'apanage presque exclusif d'individus à appétits génitaux violents. Enfin les outrages et attentats à la pudeur sont généralement commis par des ivrognes ou des séniles.

CHAPITRE XXVIII

INFLUENCE DE L'ÉDUCATION, DES MILIEUX ET DE L'INSTRUCTION

I

Helvétius con. 'ut quelque part que « l'inégalité des esprits est due à la différence de l'éducation », et Locke assure que « de cent hommes, il y en a plus de quatre-vingt-dix qui sont ce qu'ils sont, bons ou mauvais, utiles ou nuisibles à la société, par l'éducation qu'ils ont reçue. C'est de l'éducation que dépend la grande différence aperçue entre eux ».

Sans exagérer cette influence heureuse ou malheureuse de l'éducation, on ne saurait nier l'importance du rôle considérable qu'elle joue dans la vie. Sans doute il est de ces êtres pervers, de ces fous moraux, de ces criminels-nés sur lesquels on ne peut absolument rien et qui naissent avec le crime dans le sang. Mais beaucoup de criminels seraient éducables.

De l'avis même de Lombroso, le sens moral peut s'acquérir. Tous les enfants l'acquièrent, avec plus ou moins de facilité, suivant leurs dispositions ; mais chez aucun ce sentiment n'est inné : il n'est que le fruit de l'éducation. L'auteur italien a longuement montré combien les enfants sont généralement menteurs, voleurs, gourmands, cruels, colères, vindicatifs ; les bons exemples, les remontrances accompagnées, s'il est nécessaire, de légers châtiments physiques suffisent souvent à les ramener à de bons sentiments. Certaines natures, profondément et en quelque sorte fatalement mauvaises, résistent à cette influence et restent telles ou à peu près. Mais tous ceux dont l'âme renferme un bon sentiment, l'éducation, si elle est bien dirigée, suffit pour le faire éclore et donner une abondante moisson de bienfaits.

« On sait, dit le Dr A. Bordier, que les cellules cérébrales, lorsqu'elles ont été très fortement excitées, ou lorsque, sans l'être aussi fortement, elles l'ont été très souvent et toujours de la même manière, gardent, à la suite de cette excitation très forte et unique, ou faible mais répétée, un état anatomique particulier, quelque chose comme une mémoire matérielle, qui fait que toute excitation nouvelle les remet dans l'état même où elles se sont trouvées lors de la grande excitation ou lors de ces excitations toujours les mêmes et mille fois répétées qu'elles ont subies ; il semble qu'elles ne sont plus aptes, dès lors, qu'à un seul genre d'ébranlement, qu'à une seule idée, l'ébranlement et l'idée qui correspondent aux excitations précédentes (1). »

Tel est, conclut M. Paul Copin, le point de départ physiologique de l'action exercée par le milieu social sur les unités qui le composent. Et il ajoute: « Les hommes sont bien ce que les ont faits les milieux par eux traversés, avec les différences du plus ou moins résultant des énergies constitutives et des facultés d'assimilation particulières à chaque individu, différences qui correspondent d'ailleurs aux divers degrés de docilité rencontrés par les hypnotiseurs chez leurs sujets.

« Ceux-ci, comme le prouvent des milliers d'expériences, peuvent être persuadés, au gré du caprice de l'expérimentateur, qu'ils boivent, mangent, marchent, dansent, entendent tel ou tel air de musique, assistent à un mariage ou à un enterrement ;

(1) A. Bordier, *La Vie des sociétés.*

ils se livrent, malgré eux, à une foule d'actes qu'ils s'imaginent accomplir librement, convaincus, d'ailleurs, soit de la nécessité, soit de la légitimité de ces actes.

« Les sujets hypnotisés par les milieux sociaux en arrivent à peu près à ce point d'inconscience. Vaincus par la contagion de ces milieux, leur instinct, leur bon sens, tout ce qu'il y a de sentiment vraiment personnel en eux se trouve comme fasciné par les idées généralement admises. La vérité, le devoir, la vertu ne dépendent pour eux ni de la connaissance exacte des choses, ni des enseignements de la raison naturelle, mais de la façon de penser, d'apprécier, de juger qui règne dans la sphère où ils vivent.

« C'est par la suggestion des milieux que les masses humaines adoptent sans examen les formules religieuses et politiques au milieu desquelles le hasard les a placées et qu'elles leur prodiguent tous les aplatissements de leurs adorations alors même que celles-ci, usées par le temps, corrompues, impuissantes, méconnaissables, ont à jamais perdu leurs vertus moralisatrices. C'est par cette même suggestion que chacun de nous est ce qu'il est et pourrait être exactement le contraire, croyant aussi bien que libre-penseur, protestant aussi bien que catholique, mahométan aussi bien que bouddhiste, allemand aussi bien que français, si le sort nous avait placés dans des conditions différentes de celles qui ont constitué notre individualité, c'est-à-dire si la suggestion subie avait été autre (1). »

Malgré leur pointe d'exagération, ces idées sont profondément justes. Les milieux ne créent pas, mais ils ont une puissance modificatrice considérable.

---

(1) Paul Copin. *La Suggestion des milieux sociaux*. In *Revue de l'hypnotisme*, t. II, p. 72. Voyez également, à ce sujet, ma communication au Congrès international de l'hypnotisme tenu à Paris en 1889 : *De l'Action suggestive des milieux pénitentiaires sur les détenus hystériques.*

« L'éducation n'a et ne peut avoir aucune prise sur la virtualité, les dispositions, l'activité native des facultés intellectuelles, affectives ou morales. Elle s'empare de ces dispositions, de cette activité telles que la nature les a faites, petites ou grandes, débiles ou puissantes et leur imprime des directions variées, en favorise même jusqu'à un certain point le développement en les plaçant dans des conditions favorables, mais elle ne les crée pas. En d'autres termes, la vitalité psycho-cérébrale est essentiellement innée et se rattache à des conditions primitives d'organisation ; elle est, pour ainsi dire, la matière première sur laquelle l'influence éducatrice pourra opérer, sans rien changer à son énergie première, sans la diminuer ou la grandir (1). » Aussi, je crois que beaucoup d'individus pourraient rester vicieux sans devenir criminels, si on les surveillait attentivement pendant leur enfance et leur adolescence. Une éducation sévère et bien entendue, sans en faire de bons sujets, les préserverait peut-être de la prison en les empêchant d'entrer en lutte contre la société.

II

« L'individu moral, dit le Dr Magnan, n'est pas prédisposé naturellement au crime ; s'il devient criminel, criminel d'occasion aussi bien que criminel d'habitude, il le devient sous l'influence d'une passion ou d'une éducation vicieuse (2). »

(1) J. Moreau. *Psychologie morbide.*
(2) Voyez *Congrès international de l'anthropologie criminelle* tenu à Paris en 1889. Rapport sur la cinquième question, par le Dr Magnan : *De l'Enfance des criminels dans ses rapports avec la prédisposition naturelle au crime.* In *Archives de l'anthropologie criminelle,* n° 23, 1889.

Je ne saurais dire combien de fois on retrouve, au début de l'existence des criminels, ce manque de direction et d'éducation qui laisse éclore tous les mauvais instincts. Et puis, que de fois les mauvais exemples viennent compléter les effets pernicieux de cet abandon moral! Non-seulement on ne parle pas à l'enfant de vertu, d'honneur, de probité; mais tous les jours, au contraire, les parents étalent leurs vices à ses yeux : le père s'enivre, vole et va en prison; la mère se prostitue dans le lit même de son mari. Et le fils devient ivrogne et voleur comme son père, et la fille se fait prostituée comme sa mère.

Je n'ai que l'embarras du choix pour citer des exemples.

C... a dix-neuf ans. Sa mère est aveugle; elle vivait collée avec un chauffeur-mécanicien dont elle eut six enfants. C... est de ceux-ci. Cette femme, abandonnée par son premier amant, se remit en ménage avec un autre, dont elle eut encore cinq enfants.

Aussitôt qu'il put sortir, C... fut abandonné à lui-même; il passait presque toutes ses journées à vagabonder. Sa mère, son beau-père et ses frères ne s'occupaient de lui que pour lui distribuer des gifles. A douze ans, il quitta sa mère et s'engagea au cirque Cocherie, où il faisait des culbutes sur le tapis. A quinze ans, il quitta le cirque et se mit polisseur sur métaux, état qui lui rapportait de cinq à six francs par jour. C'est un garçon pâle, chétif, aux yeux noirs, doux et profonds, ombragés par de longs cils. Il est certain que les milieux où s'est passée son enfance ont considérablement influé sur sa conduite; s'il eut reçu une éducation différente, s'il eut été élevé au milieu de gens honnêtes, il eut pu, lui aussi, devenir un garçon honnête et bon. Au contraire, il est devenu voleur. Il a subi cinq condamnations pour vol à l'étalage; la première fois il n'avait que douze ans. La dernière fois il a été condamné pour tentative de vol avec effraction.

40

Si le fils devient voleur, ai-je dit, la fille se prostitue. La prostitution étant si souvent la première étape du crime chez la femme, je ne croirai pas trop sortir de mon sujet en demandant la permission de rapporter ici quelques observations où cette influence du manque d'éducation et des mauvais exemples est absolument indiscutable.

Chez certains parents il n'y a que négligence : on parle et on agit sans se gêner devant les enfants; on les laisse s'habituer à ne rien faire, traîner toute la journée dans la rue et « vadrouiller » (1) le soir. La fille se débauche et tourne mal. Tant pis! Elle n'en sera pas plus malheureuse pour cela, au contraire! Et c'est en quelque sorte l'approuver que de ne point lui faire de reproches.

Jeanne a dix-sept ans. Son père était un ivrogne, un homme violent et emporté, se livrant dans son ménage à des scènes de violence regrettables, tantôt sur sa femme, tantôt sur ses enfants. Il est mort paralytique général à l'asile d'aliénés de Vaucluse. Sa mère est une femme faible de caractère, incapable d'attention, sans volonté comme sans énergie, terrorisée par son mari qui la brutalisait. Ses deux sœurs se livrent à un dévergondage notoire. Son frère a subi deux condamnations pour ivresse et batteries.

Jeanne est une fille de petite taille, aux formes graciles, mais élégantes et harmonieuses, aux yeux noirs très vifs, avec un visage pâle et enfantin. Elle s'exprime avec volubilité, ayant quelquefois des saillies drôles, mais plus souvent grossières ou obscènes. Elle parle argot et déclare que son frère est un « mèque ». Assez intelligente, sachant lire et écrire, bien qu'elle ait passé fort peu de temps à l'école, elle lit les romans de Richebourg avec enthousiasme. « La Terre », malgré ses

_____

(1) Courir dans les rues.

crudités, l'a laissée froide ; néanmoins elle s'est réjouie des
gaîtés tumultueuses du héros venteux de Zola ; cela lui rappelait les « magnifiques pétarades » paternelles qui faisaient la joie
de ses premiers ans.

Jeune, au lieu de l'envoyer à l'école ou d'essayer de lui
apprendre un métier, on la laissa traîner dans la rue avec des
galopins de son âge. Elle devint rapidement savante en vices.
Souvent, le dimanche, son père s'enfermant seul avec sa mère, la
chassait, l'envoyant jouer. Intriguée, elle remontait sournoisement avec d'autres gamines écouter à la porte. Elle ne tarda
pas à comprendre ce qui se passait. C'était chaque fois pour elle
un motif de « rigolade ». Elle ne manquait jamais de venir
écouter à la porte ; puis, en descendant, elle disait en riant à la
concierge ahurie : « Maman vient de se pousser du plaisir. Vous
allez voir c'te gueule éreintée qu'elle a. » Elle ne tarda pas à
essayer d'en faire autant, et, pour un couteau, elle se livra à un
gamin de douze ou treize ans qui fit sur elle des tentatives de
coït dans le nombril. Elle se moqua de lui et le traita d'imbécile,
outrée d'une pareille ignorance. La scène se passait dans l'escalier
d'une cave, et elle avait alors dix ans. A quelque temps de là,
chez des voisins, elle essaya de faire pratiquer devant elle le coït,
par un gamin de onze ans, sur sa sœur qui en avait neuf, aidant
de ses conseils et de ses mains les deux débutants.

A douze ans elle se livra de nouveau à un gamin, sur les fortifications, pour un couteau et deux sous de pommes de terre frites.
Il y eut simplement tentative de coït. A quinze ans, des amies du
même âge et déjà déflorées la présentèrent à un souteneur du
quartier, très connu de ce petit peuple, et qu'on avait surnommé
d'un sobriquet difficile à écrire, mais qui indiquait que chez lui
les érections pouvaient donner à son organe la rigidité de
l'acier. On entraîna Jeanne dans un hôtel meublé. Elle se laissa
faire des caresses saphiques par le « mèque », mais refusa éner-

giquement de se livrer. Ses amies furent obligées de lui tenir les pieds pour que l'acte pût s'accomplir. Elle resta ensuite environ trois mois sans revoir d'homme. Puis, sa sœur lui ayant présenté le frère de son amant, elle se prit pour lui d'un « béguin » et resta avec lui un certain temps. Bien que peu portée aux plaisirs de l'amour, elle n'est cependant pas insensible à l'acte vénérien : il lui arrivait assez fréquemment de rester couchée avec son amant des nuits et des jours entiers, ayant jusqu'à dix rapports de suite. Un jour, ayant entendu parler d'onanisme buccal, elle voulut le pratiquer sur son amant, puis ce fut le tour de ce dernier, qui dut lui faire des caresses saphiques.

A la suite de discussions où les giffles intervenaient trop souvent, elle quitta « le chéri de son cœur », se livra ensuite à différents individus et à plusieurs simultanément. Aujourd'hui elle vit ouvertement de prostitution.

Dans d'autres circonstances, la jeune fille livrée à elle-même prend un amant. La mère, femme peu scrupuleuse, ne tarde pas à s'en apercevoir. D'abord elle se fâche, mais pas sérieusement, et, réflexion faite, elle se dit que si sa fille a mal tourné, il vaut mieux essayer de tirer parti de ce capital perdu ; elle lui conseille elle-même de « lâcher son galvaudeux et de faire la noce avec des michés chouettes ».

Sarah a dix-huit ans. Son père est mort fou. Sa mère est une femme sans pudeur qui vit de la prostitution de sa fille.

D'une taille au-dessous de la moyenne, Sarah est maigriote, avec des cheveux blonds pâles et des yeux bleus. Elle présente du strabisme assez prononcé de l'œil gauche. Peu vicieuse et peu portée aux plaisirs de l'amour, elle fut déflorée à seize ans par un ouvrier du même âge qui fréquentait la maison. Mais bientôt, conseillée par sa mère, elle abandonna son amant et cessa complètement de travailler pour vivre de prostitution.

C'est une fille d'humeur douce, subissant l'homme plutôt qu'elle le recherche, se prostituant avec un cynisme plein de gaîté. Elle habite avec sa mère et son frère, qu'elle nourrit tous les deux.

D'autres fois, et ces cas sont les plus fréquents, ce sont les mauvais exemples de la mère qui ont perdu la fille. Celle-ci a assisté aux fornications de celle-là, et, aussitôt que l'occasion s'est présentée, elle en a fait autant, heureuse souvent de déserter le domicile maternel, devenu un enfer.

Andréa a dix-sept ans. Sa mère s'est toujours livrée à un dévergondage notoire, se prostituant presque au premier venu. Son mari, fatigué de ses fornications, dégoûté de la voir toujours ivre, l'a abandonnée un jour et on ne l'a jamais revu depuis. La mégère se remit alors en ménage avec un autre homme, un individu ivrogne et brutal. Andréa, qui couchait dans la même chambre qu'eux, assista de bonne heure à leurs scènes d'amour, à leurs orgies, à leurs disputes et souvent à leurs rixes. Maltraitée par l'un et par l'autre, elle s'absentait le plus souvent possible, courant les bals de Montmartre, mais allant de préférence au Moulin de la Galette. C'est là, d'ailleurs, qu'elle fit connaissance de son premier amant; elle n'avait que quinze ans.

De plus en plus rudoyée par sa mère, à seize ans elle partit de chez elle, abandonna son métier de piqueuse de bottines et se mit à vivre ouvertement de prostitution. Actuellement elle est rentrée avec sa mère, qui a accepté la situation et en vit.

C'est une fille d'une taille très au-dessous de la moyenne, avec des cheveux noirs abondants, une tête forte au front proéminent et bombé, avec des petits yeux vifs et un nez retroussé en trompette. Bien qu'elle ne soit pas bossue, sa colonne vertébrale n'a pas la courbe harmonieuse habituelle et indique des traces manifestes de rachitisme. Sans être portée d'une façon exagérée aux jouissances de l'amour, elle y trouve cependant un certain plaisir. Enfin, malgré le déplorable milieu où elle a été élevée, elle a encore conservé un certain décorum et elle se prostitue avec quelque dignité.

III

Telle est l'influence de la première éducation sur l'enfant. Mais ce n'est point tout. Plus tard, quand l'enfant devenu adolescent sortira de la famille, quand il ira à l'atelier, le péril ne sera pas moins grand, et c'est là surtout qu'il aura besoin d'être surveillé et conseillé pour pouvoir résister aux entraînements des mauvais camarades. Combien d'enfants ont été perdus de cette façon, et perdus à tout jamais !

Du reste, j'ai été frappé de ce fait : c'est que neuf fois sur dix le premier délit a été commis de complicité avec un autre individu ordinairement plus âgé et récidiviste, et c'est de ce dernier qu'est partie l'initiative.

Je pourrais citer des faits par douzaines. Prenons seulement deux exemples.

L... a à peine connu ses parents et il a été jeté fort jeune sur le pavé de Paris. Il a aujourd'hui seize ans. C'est un garçon au front un peu étroit, à la figure imberbe, douce et presque angélique, à la peau blanche et fine, au pubis glabre, à la verge infantile, aux testicules petits.

Il est condamné pour la première fois. Il a volé des peaux de lapin, en compagnie d'un autre individu âgé de vingt-huit ans. C'est ce dernier qui a eu l'initiative du vol, qui a indiqué à L... l'heure et l'endroit pour le commettre, qui en un mot l'a entraîné. L... reconnaît avec franchise qu'il a agi de propos délibéré et que son complice l'a facilement gagné ; mais il est certain, et il le dit lui-même, qu'il n'eût pas osé tenter le coup tout seul.

Le fait suivant est tout aussi probant sous ce rapport.

F... a perdu sa mère depuis longtemps et son père l'a abandonné fort jeune. C'est un garçon de seize ans, peu intelligent, sachant néanmoins lire et écrire, aux oreilles larges et écartées, aux arcades orbitaires saillantes. Il est condamné pour la première fois, pour vol d'une pipe en écume. Ce vol a été commis à l'instigation d'un complice de dix-neuf ans qui avait déjà subi plusieurs condamnations.

Je parlais tout à l'heure des prostituées. Combien sont entraînées par une amie peu sage qui leur présente un ami de leur amant et aide ainsi à leur déshonneur !

IV

Et cette influence pernicieuse des mauvaises fréquentations n'agit pas seulement sur l'enfant et l'adolescent. Elle agit aussi sur certains hommes peu courageux qui trouvent dans ces milieux un encouragement à leur paresse et à leurs vices.

On va d'abord dans telle brasserie ou dans tel cercle parce qu'on s'y amuse, qu'on y passe agréablement une soirée après son travail fini. Mais rapidement des relations se créent et souvent la soirée se prolonge pendant une partie de la nuit; on cause et on boit. On a laissé ainsi une grande partie de son argent au café, sans compter que le lendemain on a peu de courage au travail. On revient presque naturellement au café, et on expose son embarras aux amis. Ceux-ci encouragent au mal, lèvent les derniers scrupules et proposent de tenter un coup en commun pour se tirer de la misère.

Veut-on un exemple ? Je n'ai que l'embarras du choix.

M... est un garçon assez instruit et fils d'honnêtes cultivateurs des environs de Blois. Il a travaillé au Louvre et dans différents magasins de nouveautés, où il gagnait largement sa vie. Le soir il fréquentait beaucoup une brasserie bien connue du faubourg Montmartre, brasserie où se donnent rendez-vous toutes les prostituées des environs. Là, il fit connaissance d'un faux-monnayeur dont j'ai déjà parlé dans un autre chapitre. Celui-ci fit miroiter aux yeux du commis les agréments d'une vie large et heureuse, les ennuis du travail régulier supprimés, les longues soirées de noce et les journées passées à ne rien faire, à se promener dans les rues. M... se laissa séduire et s'engagea comme émetteur. Il ne tarda pas à être pris et fut condamné à cinq ans de réclusion. C'est maintenant un homme à jamais perdu.

Tous les criminologistes se sont plus à reconnaître cette in-fluence prépondérante des causes sociales. Le milieu social, dit le professeur Lacassagne, « c'est le bouillon de culture de la criminalité; le microbe, c'est le criminel, un élément qui n'a d'importance que le jour où il trouve le bouillon qui le fait fermenter. Les sociétés n'ont que les criminels qu'elles mé-ritent ».

V

Mais, de toutes les écoles du vice, la plus dangereuse c'est sans contredit la prison. Quand un homme a fait deux ou trois séjours dans les prisons de Paris ou les maisons centrales, il n'en faut plus rien espérer : c'est un membre gangrené qu'il faudrait retrancher pour toujours du corps social. « La prison, telle qu'elle est organisée, dit Emile Gautier, est un véritable cloaque épanchant dans la société un flot continu de purulences et de germes de contagion physiologique et morale. Elle empoisonne, abrutit, déprime et corrompt. C'est à la fois une fabrique de phthisiques, de fous et de criminels. J'ose même prétendre que la prison est une sorte de serre chaude pour plantes vénéneuses, et que c'est là surtout que se recrute et s'exerce la redoutable armée du crime (1). »

M. Macé. s'exprime à peu près de la même façon. « Que de vols, dit-il, que de crimes ont été conçus à Sainte-Pélagie, où la promiscuité met en contact direct l'apprenti voleur avec le récidiviste rompu à toutes les ruses du métier! Les malfaiteurs professionnels racontent leurs forfaits en les complétant de détails fantaisistes afin de mieux frapper, par l'audace de l'exécution, l'esprit de leurs auditeurs. Les leçons dans l'art de voler et de se servir habilement du couteau sont écoutées par des élèves complaisants et jaloux de passer maîtres. Là, comme à l'école, et dans toutes les circonstances de la vie, règne la force physique et la force morale (2) ».

Voici, en effet, ce qui se passe pour le commun des criminels. Un individu est condamné pour un premier délit. Si sa peine ne dépasse pas un an, il devra la subir en cellule. Oh! alors c'est pour lui une peine terrible. Vivre de pain noir, de légumes secs et d'eau, souffrir peut-être du froid, tout cela n'est rien : ce qui l'effraie, c'est la solitude à laquelle on va le condamner. Incapable presque toujours de s'intéresser sérieusement à une lecture ou à un travail intellectuel quelconque, les heures lui paraissent des siècles. J'ai vu des hommes à la figure énergique pleurer et demander à genou un compagnon de cellule. Mais le

(1) Emile Gautier. *Le Monde des prisons*. In *Archives de l'anthropologie criminelle* de novembre 1888.
(2) G. Macé. *Mes lundis en prison*.

détenu sait parfaitement que, cette douloureuse étape franchie, il passera, lors d'une seconde condamnation, au quartier commun, où l'on a des amis et où l'on n'est plus malheureux. Cette perspective détruit le plus souvent la réaction salutaire, la crainte qu'avait inspirée la cellule, et le criminel ne tarde pas à revenir. Alors, au milieu d'êtres pervers et dégradés, tous ses vices éclatent; tous les mauvais instincts qui sommeillaient au fond de son cœur remontent à la surface; ceux qui n'étaient qu'en germe grandissent comme une herbe parasite sous une pluie de mauvais conseils et de mauvais exemples; on lui enseigne les vices qu'il ne connaissait pas encore; il fait connaissance de gredins avec qui il médite des coups à tenter une fois dehors; il devient en peu de temps un type complet de déchéance morale. Veut-on des preuves? Veut-on des faits? En voici deux choisis entre mille.

D..., dix-sept ans, est né à Paris. Ayant perdu son père de bonne heure, il était brutalisé par sa mère et son beau-père, qui se grisaient, dit-il, presque quotidiennement. A douze ans, il se sauvait de la maison, vivant depuis de mendicité, de petits travaux et de vols à l'étalage.

Bien qu'il ait dix-sept ans, il en paraît quinze au plus. C'est un garçon imberbe, à la figure douce et agréable, mais avec des yeux lascifs et sournois. Conseillé par un individu qui l'entretenait et à qui il servait de « petit jésus », il se fit condamner deux fois pour vol de sommes assez importantes. On n'a pu le conserver que peu de temps à l'infirmerie centrale. Dès son arrivée, plusieurs détenus se sont empressés de l'accabler de questions infâmes. Sans la moindre pudeur, il y répondait avec l'aplomb d'un roué. Des rendez-vous se donnaient déjà dans les cabinets. Redoutant les rixes et peut-être les coups de couteau, j'éloignai cette drôlesse. « Il y a longtemps, disait-il, que j'y ai passé pour la première fois. Quand je serai en centrale, je ne mourrai pas de faim ; je choisirai mon petit homme. » Il avoue que, lorsqu'il était dehors, il raccolait les hommes place du Châtelet ou sous les ponts. « Je trouvais presque toujours un client à faire. Si c'était un pantre, je le dégringolais et je me faisais la paire (1). »

Autre exemple.

V..., trente-sept ans, comptable, né dans Maine-et-Loire, refuse de donner des renseignements sur ses parents. Il appartient, dit-il, à une honorable famille de l'Anjou et n'eut jamais sous les yeux que de bons exemples. Il fut élevé par sa mère, excellente femme qui le gâtait. « La main ferme d'un père, m'écrit-il, aurait pu peut-être me corriger de certains défauts qui, en germe lors de mon engagement, ne firent que grandir et me précipitèrent dans le crime. Ma mère, bonne et aimante, ne s'aperçut de rien, comme toute femme qui n'a qu'un fils. J'étais son idole et rien ne m'était refusé. »

Ayant reçu une bonne instruction primaire, il s'engagea dans les tirailleurs algériens et devint rapidement sergent-major. Il se mit alors à boire le poison algérien, l'absinthe, à courir les filles, à fréquenter les mauvais lieux. Sa déplorable conduite l'obligea à démissionner.

Rentré dans son pays, il trouve un emploi honorable et assez lucratif. Mais, s'étant fait dresser procès-verbal pour chasse en temps prohibé, il insulte grossièrement le procureur de la République, refuse énergiquement de rétracter ses paroles et se fait condamner à trois ans de prison. En centrale, il fit connaissance de deux faux-monnayeurs. A sa sortie, il se mit à la tête d'une bande avec ces deux individus, et, pendant dix ans, il a émis de la fausse monnaie. La cour d'assises de la Seine vient de le condamner aux travaux forcés à perpétuité.

(1) Si c'était un imbécile, je le dévalisais et me sauvais.

Voici donc deux individus mal équilibrés, je crois : l'un, un enfant, tombe aux mains d'un gredin qui façonne cette argile malléable à sa propre image et en fait « une fleur fauchée, une fleur de bagne »; l'autre, faute d'une main ferme pour le guider, devient un ivrogne et, grâce aux conseils puisés à la centrale, va finir à la Nouvelle. Si ces deux individus n'avaient pas passé dans les milieux défavorables où ils ont vécu, le premier eût pu rester un gavroche vicieux et paresseux, le second un officier indiscipliné et noceur; les mauvaises liaisons et surtout le séjour dans les prisons les ont menés au bagne. Intelligences débiles qui ne savent pas bien distinguer le bien du mal, volontés sans consistance qui côtoient toujours l'ornière du vice et du crime, et que le moindre choc abat pour toujours : « Au lieu de les corriger, dit encore Emile Gautier, la prison les vicie jusqu'aux moelles. Il semble que leur perversité grandit avec la peine et que, dans leur conscience contaminée, la notion du bien et du mal, de plus en plus confuse, tende à s'effacer. Désormais, ils sont voués à vivre en marge de la société, jusqu'à ce que celle-ci les reprenne, la main dans le sac ou dans le sang, pour les écraser sans merci, comme des punaises immondes, entre les deux pages d'un code qu'on ne leur avait pas donné à lire ».

VI

Il me reste un mot à dire sur l'influence de l'instruction.

Ogni scuola che si apre, chiude una prigione (1), a dit un auteur italien. Cette pompeuse formule me semble difficilement

(1) A chaque école qui s'ouvre une prison se ferme.

acceptable. Sans aller jusqu'à admettre le mot de Sénèque :
« *Postquam docti prodierunt, boni desunt* » (1), ou celui de
J.-J. Rousseau : « Les hommes sont pervers, ils seraient pires
encore s'ils avaient le malheur de naître savants », je crois que
l'instruction seule est impuissante, impuissante à faire rétro-
grader le crime. Sans doute l'instruction supérieure élève l'âme,
ennoblit le cœur, enseigne le culte du beau et du vrai. Malgré
tout, elle restera impuissante, si elle n'a pour fidèle alliée l'éducation, « c'est-à-dire les habitudes qui développent la conscience,
font comprendre la nécessité des liens sociaux, l'obligation des
sentiments généreux et, grâce à tout cela, créent la morale et les
mœurs... L'instruction ne détruit pas la criminalité, elle la
déplace et la transforme : il y a diminution de certains crimes,
ainsi des crimes de sang, mais augmentation des délits ; ce sont
les mêmes crimes atténués, ainsi les coups et les blessures.
Quand les illettrés, qui diminuent chaque jour, auront disparu,
on verra disparaître aussi les crimes barbares, tels que le
parricide, l'empoisonnement, et ceux-ci, par leur rareté même,
seront considérés un jour comme les fossiles de la criminalité ».
Ainsi conclut quelque part le professeur Lacassagne. Son élève,
le Dr Bournet, va plus loin et considère l'instruction comme
plus nuisible qu'utile. « Comme la folie, comme le suicide, dit-
il, la criminalité générale augmente avec les progrès de l'instruction (2). » Lombroso est du même avis : « Les connaissances qui ne rendent pas l'individu moral en font un criminel,
plus raffiné, plus fourbe, plus dangereux. »

Si l'instruction supérieure est impuissante, que pourra faire
l'instruction primaire ? Depuis que l'Allemagne répète partout
ce mot dont elle a fait un proverbe : « C'est le maître d'école
prussien qui a vaincu à Kœnigsgraetz, à Sadowa et à Sedan » !

(1) Epitres, 95.
(2) Bournet. Loc. cit.

la contagion de l'instruction primaire obligatoire a subitement gagné tous les Etats. C'est un danger. Selon Jacques Bertillon, la diffusion de l'instruction primaire est un élément pertur-bateur. « Tel individu, dit-il, qui, livré au travail de la terre, n'aurait jamais été qu'un esprit mal fait et peut-être un peu bizarre, succombe à un travail plus intellectuel. Sa faible cervelle ne résiste pas à cette épreuve, et il va grossir la foule des ratés et des déclassés de toute espèce. » Or, où se recrutent le plus grand nombre des criminels ? Parmi les déclassés.

Pavia (1) reconnaît que si l'instruction « n'augmente pas, assurément elle ne diminue pas le nombre des crimes ». Il cite ce mot significatif du procureur Caccia : « *Istruire centinaia di miglia di analfabeti poco importa, se si dona alla statistica qualche centinaia di reati in piu* (2). »

---

(1) *Archiv. di Psich. IV*

(2) Qu'importe qu'on instruise cent mille ignorants, si on augmente la statis-tique de quelques centaines de crimes.

CHAPITRE XXIX

I

« L'homme s'agite et Dieu le mène, » disent les partisans de la doctrine de la grâce et de la prédestination, répétant après les fatalistes païens que l'homme ne saurait être puni parce qu'il est incapable de résister à ses penchants. « Que Titus soit les délices du genre humain, dit de Frayssinous, que Caligula en soit l'effroi, ce sont deux anneaux également nécessaires de la chaîne des êtres ; l'un est d'or et l'autre de fer, voilà tout ; la différence de leur conduite ne dépend pas plus d'eux que la différence de ces métaux ne dépend de leur volonté. »

En montrant les criminels naissant avec des instincts pervers, fruits d'une malheureuse hérédité, en montrant leur volonté faible et défaillante, facilement vaincue par les impulsions, leur sensibilité affective morte ou éteinte, on pourrait croire que je vais me ranger à cette opinion et, suivant l'école italienne, déclarer tous les criminels irresponsables et par conséquent proclamer l'inutilité des peines et des châtiments. Loin de moi cette pensée.

« Nous naissons, dit le Dʳ Dubuisson, avec un corps dont les proportions et la vigueur varient suivant les individus et constitué d'une certaine façon. Mais nous savons bien que cette constitution héréditaire n'est pas absolument immodifiable, et

l'expérience nous a appris ce que peut une éducation physique
bien dirigée pour corriger, développer, assainir des organes nés
défectueux. Eh bien! il en est de même du cerveau. Il est même
plus aisé de modifier le cerveau que de modifier le corps, parce
que le cerveau est le plus compliqué de tous nos organes et que
notre puissance de modification est en toutes choses en raison
de l'objet à modifier. La multiplicité même des fonctions cérébrales ouvre la porte à plus d'agents modificateurs qu'aucun
autre organe de l'économie. Nous avons prise sur lui par le
sentiment, par l'intelligence, par le caractère. Nous pouvons
donc le modifier, l'améliorer (1). »

Je l'ai dit dans le précédent chapitre : l'influence de l'éducation est énorme. Mais l'éducation, au lieu d'améliorer, aurait-elle,
comme dans la plupart des cas que j'ai examinés, une influence
pernicieuse et rendrait-elle plus mauvais un terrain préparé à
recevoir la semence du mal et à laisser germer l'ivraie? le
criminel serait-il toujours punissable? Certainement oui.

Pour être responsable, le criminel n'a pas besoin de sentir le
mal, il suffit qu'il soit assez intelligent pour faire la distinction
entre ce que permettent et défendent les lois de son pays. Est-ce
que le chien qu'on fouaille pour avoir volé un gigot, a l'idée de
la propriété? Et cependant qui oserait nier l'influence salutaire
et préservatrice des coups de fouet chez le chien gourmand?

Sans doute le criminel-né ou le fou moral ne sentiront pas la joie
ineffable du bien accompli et leur âme ne s'élèvera jamais jusqu'à
la compréhension parfaite du το ειδος ειδων de Platon, comme le
pauvre imbécile à l'intelligence obscure et à la conscience
muette ne comprendra jamais le *decorum est pro patria mori*
d'Horace. Alors, s'ils ne sentent pas le bien, si leur conscience
ne leur crie pas : ceci est mal ; si leur raison ne peut discerner

_____

(1) Dr Dubuisson. *Théorie de la responsabilité.* In *Archives de l'anthropologie criminelle.* Janvier 1888.

le juste de l'injuste, ils seront donc livrés tout entiers à leurs
instincts? Il n'y aura pas même lutté, puisqu'ils seront vaincus
avant d'avoir combattu. Ils ne comprendront et ne reconnaîtront
qu'une seule loi morale, celle d'Epicure : notre bien c'est notre
plaisir, ou encore celle d'Hobbes : notre bien c'est notre intérêt.
Oui; mais il y a aussi la loi sociale qui se fait entendre de
tous et qui dit : tu ne voleras point, sous peine d'être empri-
sonné; tu ne tueras point, sous peine de porter ta tête sur l'échafaud. Et ce sera cette crainte du châtiment qui viendra tenir en
échec les mauvais instincts et les mauvais penchants de l'homme
criminel. C'est la pénalité qui, comme le fait fort bien remarquer le D' Dubuisson, « vient au secours du misérable. La
cupidité, la sexualité, l'instinct destructeur veulent être satis-
faits, mais l'intelligence montre à l'homme que le résultat de
pareilles satisfactions sera de l'atteindre dans son bien, dans sa
liberté, dans sa vie, c'est-à-dire dans les instincts mêmes qu'il
est prêt à contenter, et il arrive alors, pourvu bien entendu que
l'intimidation soit suffisante, que les mauvais penchants, tirés en
sens contraire, se font échec à eux-mêmes et sont comme neu-
tralisés... Sans pénalité, c'est-à-dire sans intimidation, le
pervers serait sans secours contre sa perversité et ne pourrait
qu'obéir à celle-ci. C'est parce qu'il y a des châtiments qu'il y
a une pénalité ».

Aussi, excepté les aliénés délirants et les épileptiques lorsqu'ils
obéissent à ces impulsions inconscientes, fatales et irrésistibles
dont nous avons parlé, tous les criminels sont responsables. Les
châtiments sont contre eux la meilleure des garanties. Naturellement il y aura des degrés dans la pénalité comme dans la
responsabilité, et, suivant que le coupable possèdera à un plus
haut degré « ce vouloir à deux tranchants qui peut se tourner
indifféremment vers le oui et le non », il encourra une plus grande
responsabilité et, par conséquent, une plus grande pénalité.

Il est même des aliénés qui sont susceptibles de distinguer le bien du mal et de s'amender sous l'influence des châtiments. Belloc remarque avec raison que toute l'influence des médecins aliénistes sur leurs malades repose précisément sur cette capacité qu'ils conservent de comprendre les conseils ou les reproches qu'on leur adresse (1). « Dès lors qu'un individu cesse de faire, sous l'influence d'un châtiment, un acte répréhensible auquel il se sentait porté, ou que, poussé par l'espoir d'une récompense, il exécute une bonne action que sans l'aide de ce stimulant il serait disposé à ne pas faire, il est responsable (2). » Ainsi s'exprime l'aliéniste portugais Julio de Mattos dans un mémoire sur la responsabilité criminelle des aliénés. Et il ajoute que tous les moyens de coercition employés dans les asiles seraient sans efficacité si les malades n'étaient pas capables de les comprendre. Il cite même des faits. Il a vu un maniaque chronique (*um maniaco em periodo de chonicidade*), un imbécile (*um imbecil*), un débile (*um fraco de espirito*) se montrer très sensibles à l'action des peines et des récompenses et s'améliorer ainsi d'une façon remarquable.

Si l'aliéné lui-même, dont l'intelligence est si souvent dévoyée par les hallucinations, est sensible à l'action du châtiment, comment le criminel ne serait-il pas punissable !

II

Mais quel genre de peines appliquera-t-on et comment les appliquera-t-on ? La question est délicate et il y a lieu de distinguer entre les criminels. Les moyens de répression qu'on emploiera

---

(1) Voyez *Annales médico-psychologiques*, 1861, p. 422

(2) Julio de Mattos. *Responsabilidade criminal dos alienados*. In *Revista de nevrologia e psychiatria*. Janvier, 1898.

pour museler le criminel-né ne sauraient, en effet, s'appliquer au criminel d'accident ou au vagabond.

Je laisse de côté l'infirme, celui qui par incapacité physique ne peut pas travailler. Evidemment il ne devrait jamais venir en prison, où il n'est point à sa place. Les mendiants, les vagabonds et certaines catégories d'alcooliques pourraient avoir des quartiers spéciaux dans les prisons. Là, le règlement ferait ce que leur volonté n'a pu faire : il les forcerait à travailler. Au lieu de les abrutir par une discipline de fer qui n'a pas sa raison d'être avec eux, on les habituerait au travail, punissant et soumettant aux privations les plus dures ceux dont la paresse est invincible. Tout vagabond, tout alcoolique devrait fournir une somme de travail suffisante pour pourvoir à son entretien ; ce qu'il gagnerait en plus lui serait versé et il pourrait en disposer comme il l'entendrait pour son plus grand bien-être. Lorsqu'un individu aurait ainsi donné, à la prison, des preuves de courage et d'amour du travail, il serait rendu à la liberté. Une nouvelle arrestation amènerait un séjour plus prolongé à l'atelier-prison jusqu'à ce qu'enfin il ait encouru un nombre suffisant de condamnations pour être déporté.

Mais ce qu'il faudrait éviter par-dessus tout, c'est le contact de ces faibles d'esprit et de volonté avec les voleurs et les criminels d'habitude ; sans cela, c'est les perdre à jamais. Et, pour cette seconde catégorie, il n'y a qu'un châtiment efficace : la cellule. La solitude mate les criminels les plus forts et les plus redoutables. Que l'on diminue, si l'on veut, la durée des peines, qu'on améliore le système cellulaire actuel ; mais que tous les vrais criminels ne connaissent que la cellule, où les plus violents pleurent comme des femmes, torturés par un insurmontable ennui.

Néanmoins j'ai vu quelques natures révoltées que la cellule ne suffisait pas à abattre. Le cachot même était impuissant. Et cependant, le cachot est un supplice terrible. Passer de longues journées dans une cellule sans lumière, sans feu, presque sans air, où l'on reçoit pour toute nourriture une cruche d'eau et un pain grossier! Ceux qui se redressent invaincus et menaçants au milieu de ces ténèbres, sont généralement des fous moraux. Pour changer ces brutes, il faudrait tuer les instincts et les passions qui hurlent dans leurs entrailles. Chercher à les séduire par de bonnes paroles, c'est frapper un caillou stérile dont ne jaillira jamais la divine étincelle, c'est leur parler une langue inconnue et qu'ils ne comprendront jamais. On pourra peut-être apprendre à un aveugle à marcher seul ; mais jamais on ne pourra lui donner l'idée des couleurs, lui faire sentir la douceur des aurores, la splendeur des soleils couchants. On pourra peut-être apprendre à un sourd à articuler des sons, mais jamais on ne pourra lui donner la sensation de la mélodie et du rythme. Jamais non plus on ne pourra faire sentir le bien à un fou moral ou à un criminel-né. La nuit pèse sur ces consciences ; aucune parole ne saurait y faire la lumière. La douleur physique seule les impressionne. Pour que le châtiment physique soit efficace, il faut qu'il les atteigne dans leurs organes physiques. La privation de l'acool et du tabac sont déjà d'excellents agents de répression. Plus d'un criminel dangereux m'a dit : « Je ne me ferai jamais repincer ; j'ai trop souffert d'être privé de tabac. » Je crois cependant qu'il faudrait plus. La bastonnade, par exemple, est un supplice que redoutent les plus audacieux. Pourquoi ne la rétablirait-on pas? Si c'était insuffisant, on dresserait l'échafaud. On tue la bête féroce que l'on ne parvient pas à museler.

CONCLUSION

Me voici arrivé à la fin de ce travail. J'ai montré les prisons peuplées de dégénérés, de débiles, d'alcooliques, d'épileptiques et même d'hystériques et d'aliénés. J'ai dépeint ces individus mal armés pour le combat de la vie, pour le *str___ for life* ; j'ai étudié leur intelligence faible, leur imaginat___ ___e, leur volonté défaillante, leur conscience muette. J'ai ___ sur leur corps des stigmates nombreux de dégénérescen___ corollaires si fréquents de la dégénérescence psychique___ ai décrits différents des aliénés, mais différents aussi des autres hommes, constituant en un mot toute une classe d'êtres à part. Enfin j'ai réclamé pour eux toutes les rigueurs de la pénalité et j'ai dit pourquoi.

J'ai déjà tiré plus d'une des conséquences qui découlent naturellement de ces faits. J'ai réclamé l'isolement des épileptiques et des hystériques dans des quartiers spéciaux. J'ai montré les effets pernicieux de la vie en commun et j'ai demandé la division de la prison en différents quartiers où les condamnés, après un examen sérieux, seraient classés selon la nature des délits commis. J'insiste sur cette sélection. C'est là, à mon avis, qu'est le salut. Mais qui la fera? Les gardiens? Il n'y faut pas penser. Le directeur? Sans doute il représente l'autorité dans la prison et il est un peu au courant de ce qui s'y passe. Mais la plupart du temps il s'entendra bien mal à discuter ou même à saisir ces délicates questions médico-psychologiques. La routine administrative, qui rétrécit tout, lui laissera-t-elle la largeur de vue nécessaire pour étudier les consciences? Ne se contentera-t-il pas de jouer aux soldats et d'appliquer simplement une discipline rigide et mesquine, plus vexatoire qu'utile?

Sans enlever un seul galon au bel uniforme du directeur, on pourrait cependant lui adjoindre, pour l'aider dans cette tâche difficile, des personnes plus compétentes. L'aumônier et le médecin semblent tout naturellement désignés pour cela.

Je le sais et je l'ai dit, les croyances religieuses n'existent pas chez les criminels parisiens et il faut peu compter les relever par ce moyen. Néanmoins, le prêtre pourrait encore rendre de grands services dans la prison. Il connaît les cœurs, et par des paroles miséricordieuses il pourrait aider au relèvement de plus d'un misérable que le contact pestilentiel de la prison perd à tout jamais.

Le médecin, à condition qu'il ait fait des études suffisantes d'anthropologie et de psychiatrie, pourrait remplir dans les prisons le rôle qu'il remplit dans les asiles. Comme il est devenu l'ami et le bienfaiteur des aliénés, il deviendrait l'ami et le bienfaiteur des criminels. Il saurait reconnaître l'alcoolique, l'épileptique ou l'aliéné et les renvoyer chacun à leur quartier spécial; il saurait distinguer le vagabond du fou moral, et rendre le premier à l'atelier et le second à la cellule. Enfin il pourrait fournir des renseignements précieux au bureau des grâces.

M. Semal insiste, lui aussi, sur cet examen psycho-moral du délinquant. « Mais, dit-il, pour sortir rapidement des obscurités empiriques, il faut la diffusion d'un enseignement qui fait défaut jusqu'ici, la prison devant devenir, sous l'égide de la science médicale, le champ clinique du barreau et de la magistrature (1). »

(1) Congrès international de l'anthropologie criminelle tenu à Paris en 1889. Rapport sur la huitième question : *De la libération conditionnelle.*

La prison, tout en restant prison, se transformerait ainsi selon les données nouvelles de l'anthropologie criminelle et elle aurait tout à y gagner.

Enfin, le Dr Sciammana appelle l'attention sur « l'importance exceptionnelle des recherches que l'on pourrait faire dans les maisons de correction, non-seulement dans l'intérêt scientifique, ces documents pouvant servir de complément aux observations que l'on pourrait faire plus tard sur les mêmes individus dans les prisons, mais aussi parce qu'elles serviraient peut-être de guide pour le traitement à suivre pour atteindre le but de la correction (1) ».

(1) Congrès international de l'anthropologie criminelle tenu à Paris en 1889. Rapport sur la troisième question : *Sur l'opportunité d'établir des règles pour les recherches d'anthropologie et de psychologie criminelles dans les hôpitaux d'aliénés et dans les prisons.*

TABLE DES MATIÈRES

CHAPITRE XXI

CHAPITRE XXII

CHAPITRE XXIII

CHAPITRE XXIV

CHAPITRE XXV

CHAPITRE XXVI

Fig. 1

CORNU, 24 ans, assassinat
Condamné à mort en 1888

Fig. 2

PRADO, 30 ans, assassinat
Condamné à mort et décapité (1888)

Fig. 3

DUCRET, 20 ans, assassinat
Condamné aux travaux forcés à perpétuité (1887)

STORCK imp.- édit, Lyon

Fig. 1

CAMPI, 33 ans, assassinat
Condamné à mort et décapité (1883)

Fig. 2

PEL, 35 ans, assassinats
Cond. à mort, puis aux trav. forcés (1884)

Fig. 3

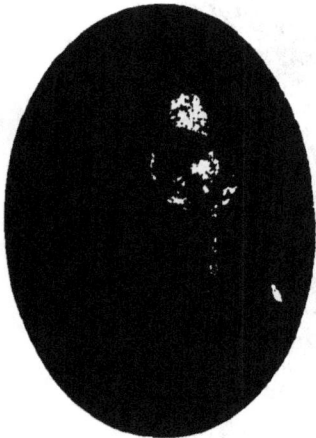

GAMAHUT, 23 ans, assassinat
Condamné à mort et décapité (1884)

Fig. 4

MARCHANDON, 22 ans, assassinat
Condamné à mort et décapité (1885)

STORCK. Imp.- Édit., Lyon

Fig 1

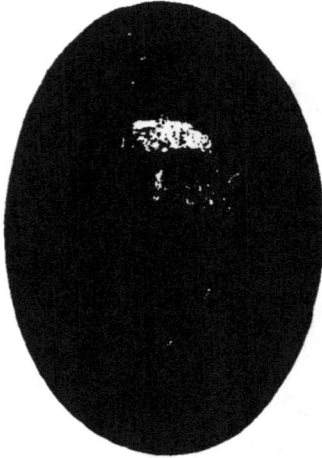

ABADIE, 20 ans, assassinat
Cond. aux trav. forcés à perpét. (1879)

Fig. 2

GILLE, 17 ans, assassinat
Cond. aux trav. forcés à perpét. (1879)

Fig. 3

GEOMAY, 21 ans, assassinat
Condamné à mort et décapité (1889)

Fig. 4

PRANZINI, 31 ans, assassinat
Condamné à mort et décapité (1887)

STORCK, imp.- edit., Lyon

Fig. 1

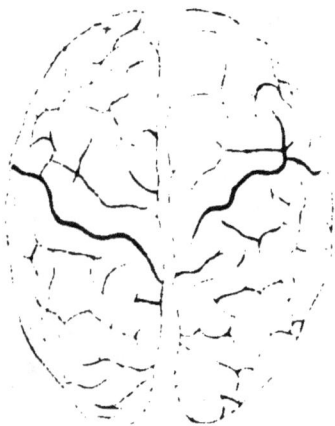

Fig. 4

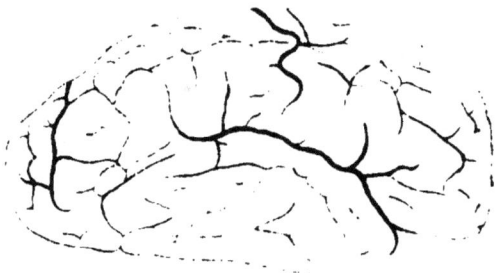

Fig. 5

Fig. 2

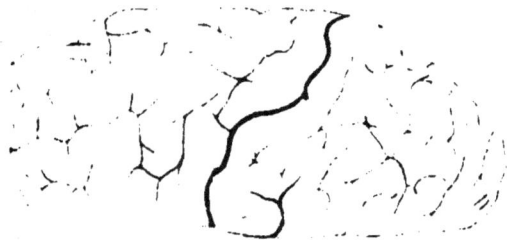

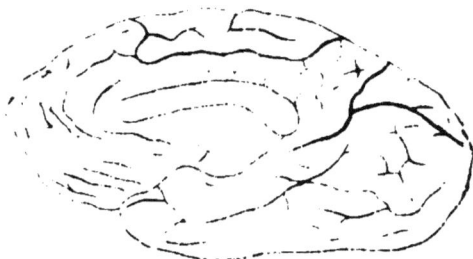

Fig. 3

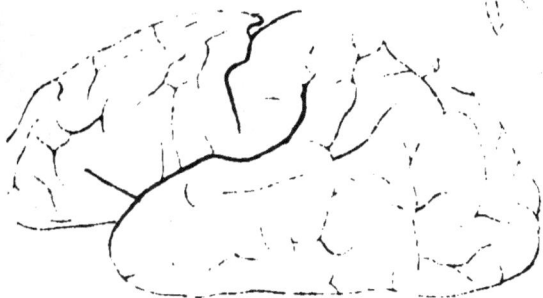

Fig. 6

STORCK, Imp.-édit., Lyon

Fig. 1

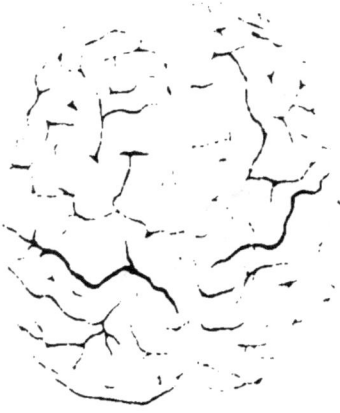

Fig. 4

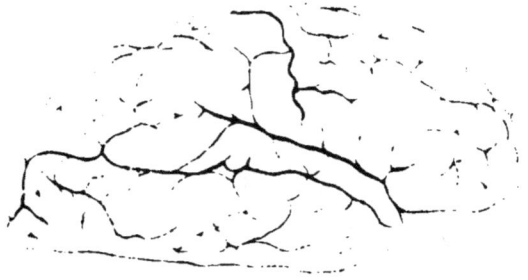

Fig. 2

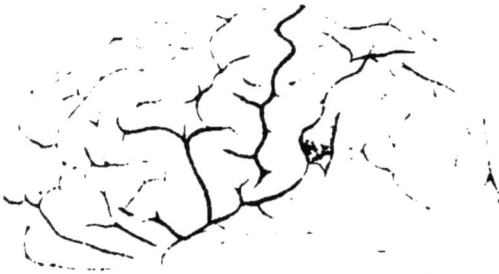

Fig. 5

Fig. 3

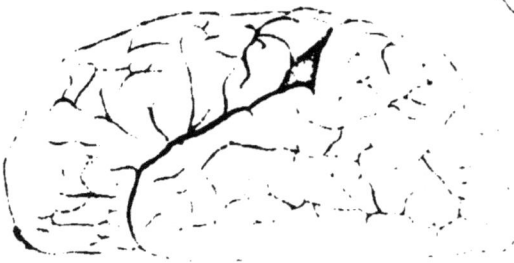

Fig. 6

STORCK Imp. édit., Lyon

Fig 1

Fig. 2

Tegami, 31 ans, assassinat   Esposito, 34 ans, assassinat
Condamnés à mort et exécutés à Aix le 8 octobre 1887.

Fig. 3

Rocchini, 24 ans, assassinat
Condamné à mort et décapité à Sartène en 1888

STORCK, imp.- édit., Lyon

www.ingramcontent.com/pod-product-compliance
Lightning Source LLC
Chambersburg PA
CBHW071138270326
41929CB00012B/1795